语法化与语法研究

(八)

吴福祥　陈前瑞　主编

2017 年·北京

编委会

主编：吴福祥　陈前瑞

编委：陈前瑞　董正存　何宛屏　洪　波
　　　李　明　李宗江　刘丹青　吴福祥
　　　张谊生　朱冠明

目　录

"V得(O)"从动相到能性的语义演变 ………… 刘　璐　陈前瑞(1)
路桥话主观量标记"个"的来源
　　——兼与普通话比较 ………………………… 丁　健(26)
从比较选择到建议
　　——兼论成分隐含在语义演变中的作用 ……… 董秀芳(48)
汉语中约量到可能认识情态的语义演变
　　——以"多半"为例 ……………………………… 董正存(65)
Talmy两分法类型学的奥秘：宏事件的事件融合及语法化
　　………………… 杜　静　李福印　贾红霞　李金妹　徐萌敏(88)
"V/A得慌"的词汇化及"得慌"的词缀化
　　——再论语法化的完形动因 ………… 洪　波　关　键(104)
汉语方言多功能虚词"连"的语义演变 …… 金小栋　吴福祥(119)
从"其"替换"之"看上古-中古汉语的兼语式 ……… 李　明(150)
"X不成"的历时演变及相关问题 ………………… 李思旭(202)
多功能副词"偏""颇"探析 ………………………… 李小军(221)
转述和直述
　　——粤语言说性语气助词的功能分化
　　　　　　　　　　　　　　　　林华勇　李敏盈(240)

现代汉语表提醒"我说"的形成 ………………… 龙海平（266）
句子推理意义变化与词的意义、功能变化
　　——以介词"打"为例 ………………… 马贝加　王　倩（280）
从"回溯推理"的角度看语气词"呢"的功能 ……… 任　鹰（296）
汉语方言中的若干逆语法化现象 ………………… 吴福祥（322）
语义演变的增积性与隐退性 ……………………… 邢志群（359）
结构式的语法化与构式演变 ……………………… 杨永龙（379）
从语义地图看现代汉语"白"的语义演变 …… 曾静涵　袁毓林（404）
试论"有加"的附缀化与"X有加"的构式化 ……… 张谊生（426）
汉语"要"类惯常表达研究 ………………………… 赵葵欣（452）
不同类型重动句的产生时代和来源 ……… 赵林晓　杨荣祥（474）

后记……………………………………………………………（498）

"V得(O)"从动相到能性的语义演变[*]

刘　璐　陈前瑞

(百度自然语言处理部　中国人民大学文学院)

1 引言

近代汉语时期的"V得"带宾语或不带宾语构成的"V得(O)"结构既可以表示宽泛的"完成"义,如例(1)的"得"表示"修书"这一动作的完成、结束;也可以表示宽泛的"可能"义,如例(2)的"行得行不得",肯定与否定对举,表示"可行不可行"的意义。

(1)南轩后来只<u>修得</u>此书。如孟子,竟无工夫改。(《朱子语类》7-2606[①])

(2)后被朝廷写下常平法一卷下来,也不道是<u>行得行不得</u>,只休了。(《朱子语类》7-2717)

---

[*] 本文在第八届汉语语法化问题国际学术研讨会上宣读时得到吴福祥教授、彭睿教授等的指教,研究工作得到国家社会科学基金重大项目"功能-类型学取向的汉语语义演变研究"(14ZDB098)和国家社科基金项目"基于梵汉平行语料库的汉译佛经时体标记研究"(13BYY111)的资助,王继红教授在汉译佛经语料的检索方面提供了帮助。谨此一并致谢!

① 本文所引用和分析的《朱子语类》为黎靖德编、王星贤点校,中华书局1986年版。出处中的数字分别为卷数和页数。

"完成"义属于体貌意义,"可能"属于情态意义。Bybee et al. (1994)不仅区分了"完成"义语法化路径上的一组概念,构拟了从完结体经完成体到完整体的演化路径;而且构拟了从能力经根可能性到认识可能性的演化路径。吴福祥(2009)则构建了"得"义动词的概念空间,建立了从动相补语到能性补语的演化路径,在体貌和情态这两个范畴之间建立了具有区域特征的语法化联系。考虑到吴福祥(2009)的"动相补语"和"能性补语"兼具形式和意义的特点,本文纯粹从语义演变的角度选取"动相"和"能性"作为相关语义类的概括性概念。其中动相包括完结体(completive)和完成体(perfect)及相关意义,但不包括完整体(perfective);能性则参照吴福祥(2002b)的概括,包括能力(ability)、根可能性(root possibility)、认识可能性(epistemic possibility)等。本文拟在此基础上进一步分析两类概念内部的演变过程和演变机制。

近年来,语言学界对"V 得"带宾语或补语结构的历史演变与语法化过程进行了较多的研究。杨平(1989)认为,当"V 得(O)"用于非已然的语境中时,它表示实现某种行为的可能性。但是这些能性用例在唐代以前很少见,在汉代仅见 1 例。刘承慧(2002:88—89)则直接以不同的语境来判断"V 得 O"构式的能性和非能性意义。刘子瑜(2008)指出《朱子语类》中有一些动相和能性双重理解的用例,且认为是该书的特色,不存在于所研究的其他文献。其他研究在论述"V 得(O)"和北方方言"VC 了"时也都采用了相似的分析思路,并已经发现类似结构在将来语境中并非都是能性意义,也有可能仍然是动相意义。因此我们相信,有必要在将来语境之外进一步深究演变的条件。

关于"V 得(O)"结构从动相到能性的语法化机制,沈家煊

(2005)在讨论能性述补结构"V得C"和"V不C"的不对称时试着用语用逻辑来解释这一现象。"省力原则"是言谈的一条重要的语用原则,它包含两条互相制约的准则,即"足量准则"和"不过量准则"。二者共同作用于语言,促进语言的演变。具体到能性述补结构时,即"不可能实现"单向蕴涵"没有实现","不可能实现"是"没有实现"的"回溯推理",并据此得出,从"没有实现"推导出"不可能实现"是一般的语用逻辑在起作用,不限于述补结构。沈先生的相关研究对本文的分析极富启发性。

基于已有研究,本文努力挖掘魏晋到晚唐之前的早期语料,尤其是汉译佛经的材料,从中发现促成双重理解的重要因素(第2节);进一步分析《朱子语类》中兼有动相和能性双重理解的用例,探讨语境类型、动词语义与结构意义之间的关联(第3节);从基于使用的理论视角(Usage-Based Theory,参见 Bybee,2013;Coussé & von Mengden,2014),分析"V得(O)"结构的实际使用情况,从中总结语义演变的路径与机制(第4节)。

2 魏晋时期的"V得(O)"述补结构

关于"V得(O)"述补结构的出现时间,学界有着不同的观点。根据刘子瑜(2008:324)的概述,非取得义动词进入"V得(O)"的可靠用例出现在六朝,就《世说新语》和《贤愚经》而言,未见能性述补结构。

杨平(1989)认为"V得(O)"表可能的例子则是在汉末产生,唯一的用例是例(3)。

(3)吴攻破楚,昭王亡走,申包胥间步赴秦,哭泣求救,卒得助兵,却吴而存楚。击鼓之人,(诚)如何耳;使诚若申包胥,一人击得。假令一人击鼓,将耐(能)令社与秦王同感,以土胜水之威,却止云雨。(《论衡·击鼓》)

此例中"击得"从上下文中可以看出,主要涉及动作行为,并不涉及动作行为的结果;从"一人击得"与"将耐(能)令社与秦王同感"的平行性来看,都是表示在某一假设条件成立的情形下,动作具有实现的可能。因此,此例从动相的角度看,不涉及动作的完结或结果而涉及动作的实现,是较为虚化的动相意义;就能性意义而言,不涉及施事的能力,而涉及动作的可能性,也是一种较为虚化的能性意义。因此,此例虽然被广泛引用,但不足以提供"V得(O)"能性意义发展的信息。作为孤例,也不足以作为"V得(O)"能性意义产生的断代标准。

龙国富(2004:52)认为,姚秦译经中,"得"字的使用极为频繁,主要单用为"获得"义和在未然语境中表可能;同时,"得"做动结式可用于"V得(O)"结构中,依附于非持续性动词之后表示某种动作行为的完成或取得的结果。龙著并未直接提及"V得(O)"构式表可能的用例。不过,龙著所引的例(4)以及据此检索的相关例证,如例(5)却很有启发意义。

(4)般特语阿难言:"我钝根、不多闻,未有所知。我夏四月乃能诵得一拘摩罗偈……"(后秦北印度三藏弗若多罗译《十诵律》,23/80a29[①])

[①] 本文的汉译佛经语料根据中华电子佛典协会 CBETA 汉译佛典 2014 年 4 月检索,引用语料均出自《大正新修大藏经》。出处如 23/80a29 中的 23 为册数,80 为页数,a、b、c 分别表示上、中、下栏,29 为段落起始的行数。标点均据此电子语料。

(5)时长老般特以柔软语言:"诸姊妹!当知我钝根、少所读诵,夏四月过诵得一偈……"(后秦北印度三藏弗若多罗译《十诵律》,23/80a29)

例(4)的"夏四月乃能诵得一拘摩罗偈"与例(5)"夏四月过诵得一偈"语篇结构相同,两例主要内容在同一段落各复现一次。从上下文语境来讲,并非叙述特定的过去事件,前文的"我钝根、少所读诵"就是从禀性、习性等非特定的角度论述人的能力,后续句"夏四月"是一个较长的非特定时间,"一偈"是极言其少,也是论证其能力的低下。前者的"诵得"前有"能"而后者没有"能",但在语篇中一样会在"诵得"上附加能力意义。即使附加了能力意义,"得"依然可以理解为"住","诵得"整体理解为"能背诵下来",而不是单纯的"能诵"。这说明在新的意义产生过程中,会混合产生一种新的意义,让新的意义包含旧的意义。用杨平(1989)的话说,就是表"实现的可能性"。①

从动词的语义类型上讲,"诵"总有一个内在终结点或目标:记住,可以视为在动词语义类型上属于结束情状,"得"表示这一内在终结点的实现。而"讲"并没有一个内在的终结点,可以视为动词语义类型上的活动情状,"讲得"在获得纯粹的能性意义的同时可以完全失去动相意义。如例(6)的"讲得"着眼于一般的能力,而"未诵得"则兼有动相和能性双重理解,偏重能性意义。

(6)其船上人报云:"法师虽讲得《涅槃经》,亦大不可思议缘,法师未诵得《阿弥陀经》及咒,所以不得同去。"法师遂废讲

---

① De Smet(2014:31)指出新的分析和旧的分析并存,这一事实为质疑重新分析的突变性提供了理由。

业,日夜专诵《弥陀经》及咒,计应满二万遍。(刘宋天竺三藏求那跋陀罗译《拔一切业障根本得生净土神咒》,12/351c21)

通过对杨平(1989)、龙国富(2004)提及的魏晋南北朝时期相关文献及动词类型的追踪检索,本文发现了"V得(O)"具有能性理解的23个用例。据此可以看出,"V得(O)"述补结构的动相用法和能性用法在六朝均已产生,并展示了过渡时期特殊的双重理解,是较为可靠的语义演变的例证,提供了早期能性意义产生的诸多信息。

第一,"V得(O)"早期产生双重理解或专门的能性意义的多为"诵、讲、证"等认知动词,共14例,占61%。特别是在"诵得"的用例中还可以兼有动相意义和能性意义,且其中的动相意义为完结体意义,其能性意义为能力意义。

第二,"V得(O)"早期产生双重理解或专门的能性用例主要为肯定句,共19例,占83%。沈家煊(2005)在研究"V得C"与"V不C"的不对称时提出,肯定式与否定式在频率和分布上存在不对称,肯定式的出现频率要明显低于否定式,比例相差悬殊,且肯定式只分布在未然句与对举句中。这似乎说明,沈先生关于"V得C"与"V不C"的推论似乎不适合直接推及早期佛经中的"V得(O)"述补结构的研究。这也说明不同的结构在从动相意义发展出能性意义时具有不同的过程和特点,正如De Smet(2012)提出的那样,语言演变实现的过程具有因项目和语言而异(item-specific and language-specific)的特点。历史语言学研究的旨趣之一就是发掘这些不同项目的演变特点。

第三,"V得(O)"产生双重理解或专门的能性意义的用例均发生在非特定的时间。如例(4)(5)的"夏四月"为过去较长的一段时间,而非过去的具体时间或较短的时段。例(6)的"法师虽讲得《涅槃经》"则着眼于包括当前在内的一段时间。我们把这种非特定时间发生的事件称为非特定事件。23例中发生在过去时的有7例,占30.4%;现在时的有10例,占43.5%;发生在将来或假设条件下的有6例,占26.1%。

第四,"V得(O)"能性意义的产生一定程度上受到语境的能性意义的影响,吸收了语境的意义。共有10例"V得(O)"所在小句或对应小句带有直接表示能性意义的"能",占43%。

上述四点观察对于分析"V得(O)"在后期文献中的用法也同样具有启发意义。

3 《朱子语类》"V得(O)"语义与语境的关联

3.1 "V得(O)"述补结构的语义分类

《朱子语类》语料数量庞大,其中卷七和卷八是"公认的口语化程度较高的两册"(刘子瑜,2008:10)。由于时间限制,本文仅分析卷七的语料。"V得(O)"式述补结构的语法意义同样分为四类:一是"V得(O)"结果述补结构,二是"V得(O)"动相述补结构[①],三是"V得(O)"能性述补结构,四是"V得(O)"动相/能性歧义结构。结果述补结构的述语为取义动词充当,"得"为"获得""涉及"

[①] 刘子瑜(2008)称此类结构为动态述补结构。从汉语史研究的术语系统以及本文的概念系统来看,"动态"关联动态助词,动态助词一般认为具有较高的语法化水平,刘子瑜(2008:215)承认更为虚化的"得"只显示了向动态助词发展的趋向。"动相"关联动相补语,本文指语法化程度较低的体貌意义,因而更加适合描述"V得(O)"述补结构的体貌意义。

等较具体的意义,该类本文不予讨论。在卷七中,动词为非取得义的"V得(O)"结构已经占了绝大多数(1020例,95%),"V得(O)"已经定型为十分成熟的述补结构。

3.1.1 "V得(O)"动相述补结构的语义类型

"V得(O)"动相述补结构是四种述补结构中所占比例最大的一类(558例,占51.76%)。此类述补结构多用于表示动作结果或动作行为的实现。具体而言,可分为完结体和完成体。本文的完结体的"得"是半虚化的成分,其意义相当于刘子瑜(2008:196)所说的"成、完、到、住"等。例(7)是最典型的完结体用例,"得"有"完"义。例(8)在正反对比的语境中,明显强调施事对所学对象彻底的、完全的理解、掌握,所以该例"得"的用法基本符合完结体的定义,即"彻底地做完某事"(Bybee et al.,1994:57)。当然,完结体典型地适用于具有持续特征的活动情状的动词,一旦扩展到其他情状的动词就会带来强调重点的变化。本文的完成体是虚化的成分,相当于现代汉语"了"的部分用法。例(9)的宾语本身为结果宾语,"如此"突出当前结果与"当初""教"的行为的相关性。该例符合完成体的定义,即指情状发生在参照时间之前,并与参照时间的情状相关。(Bybee et al.,1994:54)

(7)今来欲教吏部与二三郎官尽识得天下官之贤否,定是<u>了不得</u>这事!(7-2692)

(8)自初学者言之,它既未知此道理,则教它认何为德?故必先令其学文。既学文后,<u>知得</u>此道理了,方可教其进德。(7-2490)

(9)不知当初韩持国合下被甚人<u>教得</u>个矮底禅如此?(7-2500)

8

衡量体标记语法化水平的一个重要参数是该形式是否可以与跟自身词汇来源义矛盾的动词共现。比如"得"为"获得"义动词,而例(10)的"减"是"去除"义,其中"得"虽然可以带有"掉"的含义;但小句整体表示"减"的动作发生,且对现在造成的影响即"遂有一尺气",两者具有明显的因果关系。例(11)的"看得三五项"表示动作的延续或累积就会产生"自然便熟"的结果。例(10)(11)的"V得(O)"均无法强调"彻底地做完某事",已经发展到了完成体阶段。

(10)盖天在四畔,地居其中,减得一尺地,遂有一尺气,但人不见耳。此是未成形者。(7-2506)

(11)若如此看得三五项了,自然便熟;向后看时,更不似初间难,亦可类推也。(7-2850)

"V得(O)"动相述补结构中,"V得(O)"为完结体和完成体用法,但还没有发展到完整体阶段。

3.1.2 "V得(O)"能性述补结构的语义类型

"V得(O)"能性述补结构在《朱子语类》卷七中,所占比重(377例,34.97%)仅次于动相述补结构。此类述补结构通常包括三类用法:1)能力,指施事是否有能力实现某种行为;2)根可能性,指客观条件是否能满足施事实现某种行为;3)认识可能性,说话人推断某种行为是否能实现。(详见 Bybee et al. 1994:177、179、199)

(一)"V得(O)"表能力。例(12)李初平"读不得书"是因为"公老无及",施事者能力达不到,所以"读不得"在此处应解作"不能读"。例(13)中,人的血气的确是有强弱之分的,但是志气则是"无时而衰"的,此处的"持得"是施事自身"能持"的意思,应为能力义。例(14)的语境是:如果想要辨明道理是非,自家的水平一定要高;如果自身(水平)本身就与他相似,那么也就不能做出判断,遑论自家水平不如他的水平的情况了。此处的"得"为能性义,且强调的是自身水平,所以为能力义。

(12)昔李初平欲读书,濂溪曰:"公老无及矣,只待某说与公,二年方觉悟。"他既读不得书,濂溪说与他,何故必待二年之久觉悟?(7-2882)

(13)人之血气,固有强弱,然志气则无时而衰。苟常持得这志,纵血气衰极,也不由他。(7-2623)

(14)若与他相似,也断他不得,况又不如他。(7-2735)

(二)"V得(O)"表根可能性。例(15)出现在讨论"移义仓放乡下"的方案是否可行的语境中,其中,"行得行不得",肯定与否定对举表"可行不可行"义。在此处是指一般的能动条件,"V得(O)"结构是能性意义的负载者,应为根可能性。例(16)涉及诸多能动条件,且并不限于人内部的自身条件,也为根可能性。

(15)后被朝廷写下常平法一卷下来,也不道是行得行不得,只休了。(7-2717)

(16)游气纷扰,当横看;阴阳两端,当直看,方见得。(7-2507)

(三)"V得(O)"表认识可能性。例(17)中先生认为这件事不可行,但是这个"不可行"不是施事能力限制或一般的能动条件约束,而是主观推测官出扰民这件事是不合理的。整句话是在表达说话人所认为的命题实现的可能性,属于认识可能性的范畴。

(17)李寿翁启请要移义仓放乡下,令簿尉月巡之,丞三月一巡之。先生曰:"如此,则丞、簿、尉只干办此事也不给,都无

10

力及其他事矣。又月月官出扰乡人一番,也是<u>行不得</u>。"(7-2717)

总之,"V得(O)"能性述补结构的能力用法较多,根可能性数量稍少,偶有认识可能性的用法。

3.1.3 "V得(O)"动相/能性歧义结构的语义类型

"V得(O)"动相/能性歧义结构在《朱子语类》中数见不鲜(85例,7.88%)。从句法结构角度来讲,这种歧义是深层次的,在相同的线性排列形式下,有着两种不同的信息内容。从语用来看,此类歧义的产生是由于说话人与听话人之间的博弈——说话人在说话时有着言外之意,听话人也会相应地推理出弦外之音。在推理过程中,如果说话人提供的信息不足以让听话人明确理解其含义,就会产生不同的理解。"V得(O)"动相/能性歧义结构中动相义与能性义有四种不同的匹配。

第一,完结与能力的匹配。例(18)的"理会不得"如果理解为动相义,应理解成完结体,否定成分"不"直接否定补语性质"得",强调连"下梢"这个很低的程度也达不到。如果理解为能性义,"不能领悟"是因为"读书贪多"养成不良毛病,限制了自身的能力。

(18)读书贪多,最是大病,下梢都<u>理会不得</u>。(7-2614)

 a.(书本)下梢的意思都领悟不到。

 b.不能领悟(书本)下梢的意思。

第二,完结与根可能性的匹配。例(19)"这便见得他有才",如着眼于特定的事例,可以理解为完结义的"看出";如着眼于以小见大的认知规律,就可以理解为体现客观条件关系的根可能性。

(19)直卿言:"辛幼安帅湖南,赈济榜文只用八字,曰:'劫

11

禾者斩！闭粜者配！'"先生曰："这便见得他有才……"(7-2717)

　　a.这就看出来他的确是有才能了。

　　b.这(件事)就能看出他的才能了。

第三,完成与能力的匹配。例(20)如理解为动相义,"领悟、理会"这个动作是发生在参照时间之前的,同时又会对人造成"受益匪浅"的影响,所以此处的"理会得"具有现时相关性,应理解为完成体。前文仅提及"只如'明明德'一句",无法也没有必要强调"完全、彻底地"完结义。如理解为能性义,句义是说明人具有理会"明明德"这句话的能力的一般效应。

(20)只如"明明德"一句,若<u>理会得</u>,自提省人多少。(7-2655)

　　a.如果领悟了(它的意思),能提点人多少(道理)?

　　b.如果能领悟(它的意思),能提点人多少(道理)?

第四,完成与根可能性的匹配。例(21)第一个分句的"行得"为明确的动相述补结构,第二个分句中的"行得"才是动相/能性歧义述补结构。后者如理解为动相义,则表示事件之间的先后关系和条件,属于完成体的结果性用法(详见陈前瑞,2016);如理解为能性义,则此处为施事(右脚)受一般能动条件限制,应理解为根可能性。一般来说时间先后也往往包含条件关系,因此后一分句的完成与根可能性两种理解分别凸显时间与条件这两个不同的语义成分。

(21)右脚既行得一步,左脚又<u>行得</u>一步。(7-2856)

　　a.右脚已经走了一步之后,左脚又(跟着)走(了)一步。

　　b.右脚已经走了一步之后,左脚又能跟着走一步。

虽然完结与完成的语义分辨有一定的模糊性,数据可能存在少许偏差,但上述四种歧义匹配模式的量化统计仍显示出很强的规律性(见表1)。

表1 "V得(O)"动相/能性歧义结构的歧义匹配类型统计

能性＼动相	能力	根可能性
完结	75(88%)	5(6%)
完成	1(1%)	4(5%)

"V得(O)"动相/能性歧义结构动相与能性的四种匹配类型中,完结体与能力的匹配是极为集中的类型,占全部歧义用例的88%;完成与能力的匹配最为少见,仅占1%。仅从这一数据来看,从完结义发展出能力义是最有可能的演变路径,从完成义发展能力义仅有极低的可能性。

3.2 "V得(O)"述补结构的语境分类及其意义

以往研究也重视述补结构的语境类型的区分,但区分较为简单,一般只分为已然和未然,其中未然的含义比较宽泛。如沈家煊(2005)的未然几乎等同于非现实性,刘子瑜(2008:206)的未然语境包括表推测、假设和疑问。刘子瑜(2008:210)还指出,汉语中还存在大量无时态标记的句子,它们必须依据特定的语境才能体现出时态特征,一旦语境的时态义模糊,句子所表述的语义就会出现两可解释。本文认可这一观点,但还是要努力结合语境对未然和无时态标记的句子进行进一步的区分。我们对除结果补语之外的1020例语料的语境类型进行细致分析并整理归类,得出实现、假设、条件、推测、恒常五个小类。

(一)实现语境,是指形式上多有"初""昔""向""旧时"等时间副词且内容上是在陈述特定事件中已然发生或完成的动作行为的语句。例如:

13

(22)文蔚后来见得孝是发见之先,仁是天德之全。(7-2526)

(23)又如昔人有以五色线令人暗中学辨,三年而后辨得。(7-2506)

(二)假设语境,是指形式上含有"若""苟""如""纵"、意为"假如、如果"类的词,且内容上不预设动作实现的前提条件,只是单纯假设某个动作行为能够实现或者已经实现的语境。例如:

(24)一人出来,须得许多人大家合力做。若是做不得,方可归之天,方可唤做气数。(7-2685)

(25)以此知,人若能持得这个志气定,不会被血气夺。(7-2623)

(三)条件语境,是指形式上出现"方""只……便……""能……始……"等,表达满足一定条件后,动作行为才得以实现或可以实现之义的语境。例如:

(26)他做正蒙时,或夜里默坐彻晓。他直是恁地勇,方做得。(7-2532)

(27)至论科举要复乡举里选,却说须是歇二十年却行,要待那种子尽了方行得。(7-2697)

此类语境与假设语境的最大区别是,假设语境只是单纯假设某个动作行为可以发生或已经发生,但条件语境加入了预设的限制因素,需要在满足该条件之后动作行为才可以发生或实现。

(四)推测语境,是指形式上出现"必""定""未必""想(当且仅当其出现在句首时)"等关键词且句义是在表达说话人对事物的主观猜想的语境。例如:

(28)人也会解得,只是未必实见得。(7-2484)

(29)此是说井田。伊川高明,必<u>见得</u>是无不可行。然不如横渠更验过,则行出去无窒碍。(7-2495)

推测与假设、条件最大的区别是强调了说话人的主观看法,句义通常会传达出说话人主观上认为命题有可能是真实的。

(五)恒常语境,是指形式上没有明显的时间特征,且从内容上来看多是论述义理的语境。例如:

(30)盖寻常见闻,一事只<u>知得</u>一个道理,若到贯通,便都是一理,曾子是已。(7-2519)

(31)圣人之心如明镜止水,赤子之心如何<u>比得</u>?(7-2504)

此类语句只是单纯论述说理,具有一定的泛时性,类似于一般现在时的意义。《朱子语类》作为一部文人讲学语录,这种语境占有相当比重。

表2是《朱子语类》中除结果补语以外的各类"V得(O)"述补结构的使用数量及对应的百分比统计。我们以频率统计为基础,计算各类"V得(O)"述补结构在不同语境中出现频率的百分比。

表2 不同语义类型的"V得(O)"结构的语境类型

类型 分析	动相 述补结构	歧义 述补结构	能性 述补结构
实 现	327(59%)	6(7%)	95(25%)
恒 常	130(23%)	13(15%)	89(24%)
假 设	68(12%)	43(51%)	137(36%)
条 件	33(6%)	20(24%)	50(13%)
推 测	0(0)	3(4%)	6(2%)
合 计	558(100%)	85(100%)	377(100%)

据表2,"V得(O)"动相述补结构中,实现语境占绝对优势,达到总量的59%,恒常语境占总量的23%,偶有用于假设语境的例子,占到总量的12%,而条件、推测等语境则极为罕见。"V得(O)"歧义述补结构则不同,实现语境只占到总体数据的7%,而在假设语境中出现频率高达51%,出现在恒常语境中的比例占到15%,条件语境的比例为24%。"V得(O)"能性述补结构中,所占比重最大的为假设语境,达36%,其次是实现和恒常语境,分别为25%和24%,条件和推测语境相对较少。

刘子瑜(2008:223)认为:一般来说,初期的"V得(O)"能性述补结构与同形动态述补结构的区别仅在于语境的不同,当"V(得)O"结构处于已然语境时,是动态述补结构,处于未然语境(表示假设、推测、疑问等)时就是能性述补结构。前文对魏晋期间的早期语料的分析已经显示语境两分不能很好地描述语料的实际情况。表2的数据进一步说明,《朱子语类》中能性述补结构不单单可以用于假设、条件、推测语境中,在实现和恒常语境中也有着相当大的比重。即使在假设、条件和推测这三类语境内部,还存在一系列细微的差异。因此,语境类型的五分有助于进一步描述和说明语境和结构语义之间的复杂关系。

在我们区分的五类语境类型中,假设、条件、推测等语境是认为事件可能发生、具备一定条件后可能发生或者主观猜测事件可能发生的语境,可进一步概括为虚拟语境,从而形成虚拟、恒常与实现三类语境的对立,以便在必要的时候更好地概括语境影响的规律性。如有必要,虚拟和恒常还可以在有的研究中进一步概括为非现实语境,但也有研究把惯常与实现语境归为现实语境。经过上述的数据分析和语境类型的归并,我们可以从语境类型的角

度得出以下两点规律性认识:

第一,"V得(O)"动相述补结构通常分布于现实情境与恒常情境,较少见于虚拟语境;"V得(O)"能性述补结构其实不受特定情境的局限,在三类情境中都有分布且分布较为均衡;"V得(O)"动相/能性歧义结构通常分布于虚拟情境与恒常情境,在现实情境中极少出现。因此,语境类型与结构意义具有较高的相关性,但并不能决定"V(得)O"结构的意义类型。

第二,恒常情境在三类述补结构中都有分布,且分布比例都在20%左右。这种广泛适应性是另外两种情境所没有的。因此我们认为,恒常情境很可能在"V得(O)"述补结构语法化的过程中构成了演变的桥梁之一。恒常语境最大的特点是不描述特定时间、场所的特定事件,而是描述不受具体时间限制的非特定事件。因此,事件的非特定性是形成"V得(O)"述补结构多种语义理解的基础。如果把恒常并入非现实语境,就不容易观察到该语境均衡分布的特点及作用。

4 "V得(O)"从动相到能性的演变路径与机制

4.1 "V得(O)"述补结构的语法化路径

本文考察的两个方面的材料显示:在早期的佛经材料中"诵得"的用例还可以兼有动相意义和能性意义,且其中的动相意义为完结体意义,其能性意义为能力意义。在《朱子语类》的动相与能性歧义结构中,动相的歧义结构绝大部分为完结体,完成体极为罕见;而能性意义为能力为主,根可能性与认识可能性只有零星几例。这说明"V得(O)"结构在其动相意义的早期阶段——完结体阶段就产生了能性意义。

基于上述材料,本文拟在吴福祥(2009)"V得(O)"述补结构从动相补语到能性补语的演化路径的基础上细化为(32):

(32)完结体→完成体
　　　　↘
　　　　能力→根可能性认识→可能性

这一路径的提出对相关领域的研究也应当具有启发意义。比如现代汉语部分方言的"了"同样具有动相和能性意义。(参见柯理思,1995;辛永芬,2006;孙利萍,2008;王衍军,2011等)在一些方言中,完结义和能性意义都还保留着较为完整的读音。根据吴继章(2008),河北魏县方言里和普通话"了"相对应的成分有两个,一个读[·lan],记作"了₁";一个读[·lau],记作"了₂"。完结体和能性意义均读相对复杂的[·lau];但是,在魏县方言中,一部分完成体的用法也念[·lau]。实际上,仅根据魏县方言的材料并不能直接得出"了"的能性意义直接源自完结意义的证据。但是,如果把众多方言的材料放在从动相到能性的演变路径中,就能更加准确地分析"了"的形式与意义的关系,进而确认"了"的能性意义的源头。

其他的一些语言也存在动相意义和体貌意义,但由于缺乏详细的历时材料,难以准确地锁定演变的直接环节。从这个意义上讲,汉语早期的材料特别具有研究价值。

4.2 "V得(O)"述补结构的语义演变机制

关于"V得C"述补结构的演变机制,沈家煊(2005)提出了语用推理的观点。他指出现代汉语中肯定式与否定式在频率和分布上存在不对称,肯定式的出现频率要明显低于否定式,比例相差悬殊。而通过对吴福祥(2002a)的述补结构例子进行一一考察之后发现,肯定式(包括"V得C"和"V得(O)")只出现在未然句和对举句中,所以沈先生得出结论——在历代汉语中"V得C"和"V得(O)"述补结构也存在肯定否定形式分布和频率不对称的现象。而针对这种现象,沈先生从语用逻辑的角度给出的具体解释是:表结果的否定式本身就表示"结果没有实现",而肯定式只有出现在未然的语境里(出现在"未然句"里)才表示"结果没有实现"。

我们认为沈先生的解释十分符合认知规律,但是因为在早期语料中,我们并未得到支持沈先生观点的结论,所以,我们希望考察《朱子语类》"V得(O)"动相/能性歧义述补结构来验证这个观点是否适用于"V得(O)"述补结构。

从结构形式上来看,"V得(O)"动相/能性歧义结构大致出现了以下几类:1)V得(37例);2)V得(个)O(38例);3)NegV得(1例),如例(33);4)VNeg得(6例),如例(34);5)VNeg得O(1例),如例(35);6)NegV得O(2例),如例(36)。从数据来看,"V得(O)"肯定式共有74例,达到了总体比例的87%,占据了绝对优势;而否定式只有11例,仅占13%。这些数据不支持上述沈家煊(2005)的观点。所以我们认为,肯定与否定不对称且否定占优势的情况可能仅适用于"V得C"结构,不能类推至"V得(O)"。

(33)某看来,这道理若不是拼生尽死去理会,终<u>不解得</u>!(7-2558)

(34)读书贪多,最是大病,下梢都<u>理会不得</u>。(7-2614)

(35)有<u>理会不得</u>处,须是皇皇汲汲然,无有理会不得者。(7-2574)

(36)某时为学,虽略理会得,有<u>不理会得</u>处,便也恁地过了。(7-2513)

关于"V得(O)"述补结构是如何实现从体范畴到情态范畴的演变的,目前学界相关分析可以追溯到吕叔湘的研究。吕叔湘(1984[1944])在解释"V 不 C"的来源时谈到,唯本用以表实际之结果者,今用以表悬想之可能而已。蒋绍愚(1994:177)对吕叔湘的推断做了具体阐发:吕先生这句话说明了两个问题:(1)"V 不 C"原来是"VC"的否定形式;(2)"V 不 C"原来表实际之结果,后来才表悬想之可能。柯理思(1995)报道,"VC 了"的"了"来源于"了"字的形式,二者在表达上具有平行性,都是从实现义转到可能义。吴福祥(2002a)在论证"V 得 C"述补结构的语法化历程时认为,事实上,表实际之结果与表悬想之可能这两种语义密切关联,由前者衍生出后者本来就有其逻辑基础:一个动作实现了某种预期结果/状态,也就意味着这种结果/状态的实现具备了充分的主客观条件。

Bybee et al.(1994:191)在讨论能力与可能性的词汇来源时指出,表示能力的语法语素在某些方面与完成体或者完整体的表达方式具有相关性,虽然不太清楚这些构式是如何产生的,但是她指出了这样一个事实,即成功地完成(某事)隐含并实际上证明了(施事)的能力。从上述研究中可以看到,在研究"V 得(O)"述补结构的语法化过程时,前人大多是利用二者之间的话语隐含关系来进行推断。我们认为,这种宽泛的语用推理机制是合乎逻辑的,但是我们更希望从语言使用的数据中发现一些有意义的现象,以还原"V 得(O)"述补结构的语义演变过程,探寻语义演变机制。

Bybee et al.(1994:190)在研究跨语言材料时发现,在其考察的 76 种语言中,最常见的表示能力的词汇来源是"知道"义或"知道如何去做"义的动词。Bybee 认为,"知道"义动词与补语连用产生了"知道如何去做"的意义,而这种意义首先会表示心理能力;同时,身体能力会伴随心理能力,所以起初仅限于表示心理能力的动词会扩展到身体能力,进而泛化成能力的一般标记。受此启发,本文统计了跟"知道"义相关的动词的频率。

刘子瑜(2008:210)已经指出,在"V 得(O)"歧义述补结构中,动词基本上带有"知见"语义特征,如"识、晓、认、会(领会)、见(明白)、理会、领会"等。本文在此基础上把这类动词概括为知见类认知动词,并统计了该类动词在各类"V 得(O)"述补结构中的频次,详见表 3。表 3 还列出了知见类认知动词构成的"V 得(O)"述补结构占各类语境总数的比例。比如,"V 得(O)"动相述补结构中,有 327 例是实现语境,其中有 185 例的述语动词是知见类认知动词,占总体的 57%。另外,知见类认知动词做述语的"V 得(O)"述补结构共 521 例,占总量的 51%,具有很高的使用频率。

表3 认知动词构成的"V 得(O)"结构的语境类型

分析＼类型	动相述补结构	歧义述补结构	能性述补结构
现实语境	185(57%)	5(83%)	23(24%)
恒常语境	69(53%)	11(85%)	23(26%)
虚拟语境	65(64%)	56(84%)	85(44%)
共　计	319(57%)	71(83%)	131(35%)

知见类认知动词通常用来表达人们对外在事物的思考与认识,体现了人们本身所具备的主观认知能力,这种语义特点的抽象性使得人们对该类动词所表达的语义因观察角度的转换而产生不同的理解。刘子瑜(2008:210)已经指出,若从论述逻辑事理的角度去理解,强调主体对客体的认知能力,就是能性述补结构;若着重于知见行为的时间特征,强调它的实现性特征,则为动态述补结构,即本文的动相述补结构。据表 3,歧义述补结构中知见类认知

动词在三大类语境中出现的频率均超过80%,其中在恒常语境中的频率达到85%。之前就已提及,恒常情境在"V得(O)"述补结构的语义演变中很可能扮演了一个桥梁语境的角色,认知动词在恒常情境中的高频出现更印证了我们的推测。知见类认知动词虽然因为语义特征的抽象性极易导致歧义,然而动词本身的语义与人类的感知能力联系在一起,其更容易指向能力。所以当它高频出现在桥梁语境中做述语动词时,就会对述补结构从动相向能性过渡产生一定的推动作用,进而发生新的意义的固化,形成新的能性述补结构。

一般认为"V得(O)"能性述补结构在唐五代时期就已经成熟,而《朱子语类》中"V得(O)"歧义述补结构双重理解的大量存在充分证明:以往认为具有突变性的重新分析从基于使用的理论视角来看,不仅是一个渐变的过程,有时还会滞留很长一段时间;特定构式的范例(exemplar)包含了动词语义类型、语境类型等信息,这些范例及其使用频率应当成为说话人关于特定构式的语言经验的一部分。(参见 Bybee,2006)

另外,"得"用于动词之后意义虚化早在汉魏时期就有迹可循,其语义实体在不断地磨损,当其越来越多地失去原有的语义时,那么它也就越来越依赖于其所处小句的意义。因此我们有理由推测,抽象的知见类认知动词在"V得(O)"述补结构中的高频使用,不仅促使"得"的语义进一步磨损,而且使得"V得(O)"构式更依赖于述语动词和所处小句的意义,使得语境吸收成为可能。因此我们认为,高频动词带来的意义固化与语用推理、语境吸收一起作用于"V得(O)"述补结构的语义演变过程,使其从体貌范畴进入情态范畴。

5　结语

从动相的体貌意义到能性的情态意义的演变,是体貌与情态范畴交互作用在历时维度的体现。本文在前人的相关研究的基础上,在理论和材料两个方面继续做了一些工作。

通过魏晋时期的语料和《朱子语类》第七卷的分析,我们有理由认定从动相到能性的演变,准确地说是从完结体到能力的演变。通过对"V得(O)"动相和能性歧义结构的歧义匹配模式的研究,发现一共有四种匹配模式:1)完结体和能力;2)完结体和根可能性;3)完成体和能力;4)完成体和根可能性。其中完结体和能力的歧义匹配模式占据绝对统治地位,从而从共时的角度支持了对早期历时语料的分析结果。

以往研究倾向于认为语境决定了"V得(O)"的能性意义的产生。本文认为语境只是一个高度相关的因素。本文把"V得(O)"的语境分为三大类:1)实现类,2)恒常类,3)虚拟类,可以更好地概括语境类型与结构意义之间明显的相关关系。"V得(O)"动相述补结构通常分布于实现情境与恒常情境,较少见于虚拟语境;"V得(O)"能性述补结构并不受特定情境的局限,在三类情境中都有分布且分布较为均衡;"V得(O)"动相/能性歧义结构通常分布于虚拟情境与恒常情境,在实现情境中极少出现。事件的非特定性而非单纯的语境类型可能是形成"V得(O)"述补结构双重理解的基础。

知见类认知动词本身的语义与人类的感知能力联系在一起,更容易指向能力。所以当它频繁出现在桥梁语境中做述语动词时,就会对述补结构从动相向能性过渡产生一定的推动作用,进而发生意义的固化。以往研究都认识到语用推理在从动相到能性的演变中的重要性,本文则进一步发现,高频动词带来的意义固化与语用推理、语境吸收都起到了重要的作用。

我们的研究也存在一些问题。譬如早期佛经语料用例偏少,所以我们不得不依靠后期材料予以弥补;《朱子语类》共八册,我们只做了第七卷的材料,内容显得单薄,分析还不够深入;对于如何充分结合语言的使用来揭示语言演变规律也还有待探索;汉语史材料与方言和跨语言材料结合的深度不够。这些都是下一步努力的方向。

参考文献

陈前瑞　2016　完成体与经历体的类型学思考,《外语教学与研究》第6期。
蒋绍愚　1994　《近代汉语研究概况》,北京:北京大学出版社。
柯理思　1995　北方官话里表示可能的动词词尾"了",《中国语文》第4期。
李晓琪　1985　关于能性补语式中的语素"得",《语文研究》第4期。
刘承慧　2002　《汉语动补结构历史发展》,台北:翰芦图书出版有限公司。
刘子瑜　2008　《〈朱子语类〉述补结构研究》,北京:商务印书馆。
龙国富　2004　《姚秦译经助词研究》,长沙:湖南师范大学出版社。
吕叔湘　1984［1944］　与动词后得与不有关之词序问题,载吕叔湘著《汉语语法论文集》(增订本),北京:商务印书馆。
沈家煊　2005　也谈能性述补结构"V得C"和"V不C"的不对称,载沈家煊、吴福祥、马贝加主编《语法化与语法研究》(二),北京:商务印书馆。
孙利萍　2008　北方方言中表可能的"了"的历时演变,《华侨大学学报》第2期。
王衍军　2011　《醒世姻缘传》中的[VC了]式能性述补结构,《方言》第3期。
吴福祥　2002a　汉语能性述补结构"V得/不C"的语法化,《中国语文》第1期。

吴福祥　2002b　能性述补结构琐议,《语言教学与研究》第 5 期。
吴福祥　2009　从"得"义动词到补语标记——东南亚语言的一种语法化区域,《中国语文》第 3 期。
吴继章　2008　魏县方言中具有两种语音形式的"了",载邵敬敏主编《21 世纪汉语方言语法新探索——第三届汉语方言语法国际研讨会论文集》,广州:暨南大学出版社。
辛永芬　2006　《浚县方言语法研究》,北京:中华书局。
杨　平　1989　"动词+得+宾语"结构的产生和发展,《中国语文》第 2 期。
Bybee, Joan 2006 From usage to grammar: The mind's response to repetition. *Language* 82.4:711—733.
Bybee, Joan 2013 Usage-based theory and exemplar representations of constructions. In Thomas Hoffmann &. Graeme Trousdale (eds.). *The Oxford Handbook of Construction Grammar*. 49—69. Oxford: Oxford University Press.
Bybee, Joan, Revere Perkins and William Pagliuca 1994 *The Evolution of Grammar: Tense, Aspect, and Modality in the Languages of the World*. Chicago: University of Chicago Press. 中译本《语法的演化——世界语言的时、体和情态》,陈前瑞等译,北京:商务印书馆,2017。
Coussé, Evie &. Ferdinand von Mengden 2014 Introduction: The role of change in usage-based conceptions of language. In Evie Coussé &. Ferdinand von Mengden (eds.). *Usage-Based Approaches to Language Change*. 1—19. Amsterdam: John Benjamins.
De Smet, Hendrick 2012 The course of actualization. *Language* 88.3:601—633.
De Smet, Hendrick 2014 Does innovation need reanalysis? In Evie Coussé &. Ferdinand von Mengden (eds.). *Usage-Based Approaches to Language Change*. 23—48. Amsterdam: John Benjamins.

路桥话主观量标记"个"的来源
——兼与普通话比较

丁 健

(中国人民大学文学院)

0 引言

现代汉语中,主观大量和主观小量的对立是一个普遍现象,而且相应的表达手段也丰富多样,呈现出跨方言的差异。比如,江西丰城话中,主观大量表达式重读量词,主观小量表达式重读数词。(陈小荷,1997)成都话中,助词"打"用来表示主观大量,助词"把"用来表示主观小量。(张一舟,2001)河北孟村方言中,表主观大量要在数量短语后加"子尾",表主观小量则要加"儿尾"。(董淑慧,2006)

浙江路桥话(属吴语台州片)中,"□[kəʔ⁵]"是主观大量标记,"□[gəʔ²]"是主观小量标记。下面具体来介绍这两个主观量标记的用法。

第一,"□[kəʔ⁵]"和"□[gəʔ²]"用在数量短语(以下称 NumP)前分别表主观大量和主观小量。例如:

(1)其枯星早上馒头喫□[kəʔ⁵]五只。他早上(竟然)吃了五只馒头。

(2)其每厨饭都喫□[gəʔ²]一碗。他每顿都(只)吃一碗饭。

例(1)的"五只"和例(2)的"一碗"原本都是客观量,但说话人用"□[kəʔ⁵]"和"□[gəʔ²]"将自我对"客观量的大小"的主观评价表达了出来:例(1)是说话人认为客观量超出自己对量的某种预期而做出的评价,即主观大量;例(2)是说话人认为客观量低于自己对量的某种预期而做出的评价,即主观小量。

第二,"□[kəʔ⁵]"用在形容词(以下称 AP)前表主观大量。例如:

(3)我要寻其把事件问个□[kəʔ⁵]清爽清楚。我要找他把事情问个清楚。

例(3)中"□[kəʔ⁵]"表达说话人把"清爽"的程度"往高里说"的意思。

第三,"□[kəʔ⁵]"用在名词(以下称 NP)前表主观大量。例如:

(4)正月半望灯,街搭都是□[kəʔ⁵]人。正月十五看(花)灯,街上(到处)都是人。

例(4)中"□[kəʔ⁵]"表达说话人把"人"的数量"往多里说"意思。

值得注意的是,路桥话中没有"□[gəʔ²]"用在 AP 或 NP 之前表主观小量的用法。

例(1—4)中,"□[kəʔ⁵]"和"□[gəʔ²]"都没有实在的意义,删掉之后并不影响句子的真值语义,句子依然能成立。不过,说话人的主观情态就无法表达出来了。

普通话中的"个"也是一个主观量标记。"个"用在 NumP 前可以表主观大量或主观小量。例如:

(5)总算来了,我还以为要在这里窝个十天八天!(于晴

《红苹果之恋》》

(6)你去顶,大不了关个十天八天,这个我有数。(方方《一波三折》)

例(5)中"个"表示"十天八天"是一种主观上偏多的时间量,例(6)中"个"表示"十天八天"是一种主观上偏少的时间量。

"个"用在形容词前只能表主观大量,不能表主观小量。例如:

(7)这回一定带你去舅舅家,让你跟小表哥玩个痛快!(潘洪君《起死回生》)

以上表现都与路桥话中的一样。但是,"个"用在名词前却只能表主观小量,不能表主观大量,这与路桥话中的情况刚好相反。例如:

(8)哼,现在倒好,成大爷了。倒个水,都得来叫我。(王朔《编辑部的故事》)

现在的问题是:1)路桥话的"□[kəʔ⁵]"和"□[gəʔ²]"与普通话的"个"都是主观量标记,读音上也相近,功能上也有相似之处,那么它们之间是否存在着某种联系？2)路桥话和普通话的主观量标记在功能上的差异又是由什么原因造成的？比如,同样是以名词为对象,路桥话中只能用"□[kəʔ⁵]"来标记主观大量,而普通话中的"个"只能标记主观小量。本文将着力对上述问题进行深入的探究,并试图从主观量标记来源和演变机制的角度给出相应的解释。

1 个体化与普通话主观量标记"个"的形成

首先来看普通话主观量标记"个"是如何形成的。杉村博文

(2009)、宗守云(2013)和任鹰(2013)等都认为:主观量标记"个"是由量词"个"的个体化(individualization)功能扩展而来的。

普通话中数量短语"'一个'具有表示名词属性的功能,也就是说具有把类名或总称名词聚合成一个特定的个体的功能"(大河内康宪,1993[1985]),即个体化功能。随着数词"一"的脱落,量词"个"会完成自身的"去数量范畴化","个体化功能进一步得到凸显,从而成为强式个体化成分"(任鹰,2013)。

杉村博文(2009)和宗守云(2013)都认为"个"的主观量特征与其个体化功能有关,但却没有说明个体化如何导致"个"形成了"反向"主观量特征(即兼表主观大量和主观小量)。任鹰(2013)以表主观小量的"V个NP"和表主观大量的"V个AP"为例对这个问题进行了探讨,并指出正是对不同对象进行个体化时"所需认知程序的不同"使得"个"形成了不同的主观量特征。

大河内康宪(1993[1985])指出,"类名、总称名词都不表示个体,只表示某种抽象的事物",只有"受'一个'修饰后才能指示具体事物"。从认知的角度看,非个体的抽象事物是"无界"(unbounded)的,而个体的具体事物是"有界"(bounded)的(沈家煊,1995)。任鹰(2013)据此认为,"V个NP"中,"个"的功能是"加在'无界'的非个体性成分前,使其获取'有界'特征,进而使其由一个抽象的'无界'事物变为具体的'有界'事物"。就"量"的特征而言,无界的事物要大于有界的事物。因此,光杆NP所表达的"非个体事物在个体化的同时,是很容易'小量化'的"(任鹰,2013)。这正是"V个NP"形成主观小量特征的语义基础。

张谊生(2003)认为,"V个AP"中的AP"大都表示一个相对完整的事件",强调的是V的"结束性状态"。任鹰(2013)进一步指出,只有当 AP 是 V 的结果状态时,"V 个 AP"才能成立;如果 AP 是 V 的伴随状态,则该结构不能成立。例如:

(9)a. 扫个干净　　b. 扫个干干净净

c. *学个认真　　d. *学个认认真真

任鹰(2013)认为:动作中呈现的状态是"无形"的,而动作的结果是"有形"的。因此,"V 个 AP"中,"个"的功能是将动作中呈现的无形的状态个体化,"直接说成动作的结果","视如有形的事物"。从认知的角度看,"有形的事物要比无形的事物更为显著,更容易被认知"。因此,"V 个 AP"能够表示程度高,形成主观大量的特征。

至于"V 个 NumP",任鹰(2013)没有提及。我们认为,依照任鹰(2013)的思路,NP 个体化的对象是事物,使其具有个体性,由此形成了"V 个 NP"的主观小量特征。AP 个体化的对象是性状,使其具有结果性,由此形成了"V 个 AP"的主观大量特征。然而,NumP 的个体化对象却具有"双重性",既可以是性状,也可以是事物。

一方面,NumP 的功能是对事物或动作进行计量,表达其数量性状。例如:

(10)这附近的蛇多得很,我随时都可以抓个百把条回来的!(古龙《陆小凤传奇》)

例(10)中"百把条"就是"蛇"的数量性状。表数量性状的 NumP 与表其他性状的 AP 一样,都具有修饰 NP 的功能。例(10)中"个"的个体化功能是把"百把条"这种数量性状作为动作"抓"的结果呈现出来,从而使"抓个百把条"产生主观大量的特征。

另一方面,NumP 作为修饰语与其所修饰的 NP 有"同位关系",因此"可以替代整个偏正结构"(朱德熙,1982:51)。例如:

(11)只能种点高粱,一亩地打个一二百斤。(蒋子龙《燕赵悲歌》)

例(11)中的"一二百斤"就是"一二百斤高粱"的意思。这种作为偏正结构来理解的 NumP,在句子功能上就相当于一个 NP。"一二百斤"在"个"的个体化功能作用下具有了个体性,从而使"打个一二百斤"产生主观小量的特征。

在 NumP 的个体化过程中,其性状或事物属性是同时被当作个体化对象的,也就是说两者之间处于一种相互竞争的状态。这就导致了相同的 NumP 可以表达反向主观量的现象,如例(5)和(6)中的"十天八天"所示。究竟表主观大量还是主观小量,取决于具体语境中说话人是将哪一种对象的个体化作为前景信息(foreground information)来表达。

2 路桥话对个体化假说的检视

尽管个体化假说可以对普通话中"个"的主观量特征做出统一的解释,但如果用它来解释路桥话主观量标记的形成,却会遇到一系列的问题。

普通话中之所以是量词"个"在个体化功能的扩展中演变为主观量标记,而不是其他的量词,根本原因在于"个"是一个"通用个体量词,也被称为万能量词"(任鹰,2013)。也就是说,量词"个"的高频使用是其个体化功能扩展的前提条件。这也符合语法化的"频率原则",即"使用频率越高,就越容易虚化"(沈家煊,1994)。

路桥话中虽然也有读音为"[kəʔ5]"的量词"个",但它的使用频率很低,而且使用范围也很受限,只能用于对"人"和"钟头(小时)"

的分类(classify)。例如:

(12)间里三个人:一个老倌搭两个小人。_{房间里(有)三个人:一个老头和两个小孩。}

(13)还有两个钟头,火车字_就到北京爻。_{还有两个小时,火车就到北京了。}

相比较而言,路桥话中的量词"只"更像是一个通用量词,但"只"并没有发展出标记主观量的功能。同样是个体化功能的扩展,如果使用频率高的量词"只"没有发生语法化,而使用频率低的量词"个"却语法化为主观量标记,这是不符合语法化的一般规律的。可见,路桥话中根本不具备使量词"个"个体化功能扩展的前提条件。

上文提到,普通话中"个"的个体化功能使光杆 NP 从无界变为有界,从而形成了"V 个 NP"的主观小量特征,用于 NP 之前的"个"也由此变为主观小量标记。根据"平行虚化"原则(洪波,1999),不同的词汇单位分布在相同的句法环境中且受到相同因素的影响,它们会朝相同的方向语法化。路桥话的"□[kəʔ^5]"与普通话的"个"都可以用于 NP 之前,分布环境相同。如果路桥话的"□[kəʔ^5]"也受到了个体化功能的影响,那么其语法化的方向应该和普通话的"个"一样,即主观小量标记。但事实上"□[kəʔ^5]"却是主观大量标记,如例(4)所示。这显然也不符合语法化的一般规律。因此,路桥话中用于 NP 之前的主观大量标记"□[kəʔ^5]"并不是个体化功能扩展的结果。

就主观量标记与 NumP 的搭配来看,普通话和路桥话在语用条件上也有两个重要差别。一是普通话的"V 个 NumP"只能表达概数的主观量,不能表达确数的主观量。"'个'后面一般都是概数形式,即使是确数形式,也表达概数意义。"(宗守云,2013)例如:

(14)等我有钱了,就给你们买个十几台电脑。

(15)*你只要买个五台电脑,我就赠送你一台液晶电视。

例(14)中的"十几台"是概数,可以与主观量标记"个"搭配。例(15)中的"五台"是确数,就不能与主观量标记"个"搭配了。

路桥话的"□[kəʔ⁵]"和"□[gəʔ²]"既能用于概数的主观量表达,也能用于确数的主观量表达。例如:

(16)等我有钞票爻,孛□[pəʔ⁵]_给你□[t'e⁴²]_{你们}买□[kəʔ⁵]十把只电脑来。[同例(14)]

(17)你只要电脑买□[gəʔ²]五只,我孛送□[pəʔ⁵]_给你一只液晶电视。[同例(15)]

二是普通话的"V个NumP"只能"用于非现实事件"(宗守云,2013),不能用于现实事件。例如:

(18)我们明年再赚个几十万也没有问题。

(19)*他开网店一年就赚了个几十万。

例(18)中"再赚几十万"是非现实事件,可以用"个"来表达说话人对"几十万"的主观评价。例(19)中"赚了几十万"是现实事件,就不能用"个"来表达了。

路桥话的"V□[kəʔ⁵]NumP"和"V□[gəʔ²]NumP"都既能用于非现实事件,也能用于现实事件。例如:

(20)我□[t'e⁴²]_{我们}明年再赚□[gəʔ²]几十万也呒告问题。[同例(18)]

(21)其开网店一年工夫孛赚□[kəʔ⁵]几十万。[同例(19)]

大河内康宪(1993[1985])指出,量词的个体化功能是"把抽象的事物变成具体、个别的事物"。确数是确定的、具体的数量,具有个体性,很容易被人们认知。对于已经以个体形式存在的认知对象来说,人们是没有必要对其进行个体化的。相反,概数是不确定的、抽象的数量,不具有个体性,也不容易被人们认知。因此人们

33

就有必要对概数进行个体化,从抽象变为具体,使其作为一个整体来被认知。正因为如此,在普通话中,概数能被量词"个"个体化,而确数不能被个体化。当个体化功能扩展之后,"个"可以用于对概数的主观量表达,但不能用于对确数的主观量表达。这也符合语法化的"保持原则",即"实词虚化为语法成分以后,多少还保持原来实词的一些特点"(沈家煊,1994)。

同样,非现实事件是抽象的,"存在于思维之中,只能通过想象来了解",而现实事件是具体的,"能通过直接感知来了解"(Mithun,1995:368)。因此在普通话中,同样是 NumP,如果是在非现实事件中表达的,就容易被个体化,使其作为一个具体的对象来感知;而在现实事件中表达的,本身就是具体的,也就难以(或者说是没必要)进行个体化了。当个体化功能扩展之后,"个"也只能表达对非现实事件中 NumP 的主观量评价。

由此可见,路桥话中用于 NumP 之前的主观量标记"□[kəʔ⁵]"和"□[gəʔ²]"也不是由量词个体化功能扩展而形成的。

共时层面上,似乎没有直接的证据证明路桥话中用于 AP 前的主观大量标记"□[kəʔ⁵]"与量词个体化功能无关。不过,可以从间接的角度加以论证。量词最基本的功能就是对 NP 进行分类,充当 NP 的修饰成分。也就是说,量词与 NP 的搭配是最为常见的,而与 AP 等其他词类的搭配是超常的。常规搭配的用频自然要比超常搭配的高。根据语法化的"频率原则",常规搭配发生语法化的可能性要比超常搭配的大。因此,在同一种方言中,如果超常搭配中的量词发生了语法化,那么常规搭配中的量词必然也经历了同样的语法化,反之则不然,这是一种单项蕴涵关系。再来看路桥话,同为主观大量标记的"□[kəʔ⁵]",如果用于 AP 前的是量词在个体化功能扩展的作用下形成的,那么用于 NP 前的也是如此。既然上文已证明用于 NP 之前的"□[kəʔ⁵]"并不是量词个体化功能扩展的结果,那么用于 AP 前的"□[kəʔ⁵]"也与量词的个体化功能无关。

3 从指示到程度大量

接下来要讨论的是,路桥话主观量标记"□[kəʔ⁵]"和"□[gəʔ²]"的来源是什么?其演变机制又是怎样的?我们注意到,在路桥话中,除了量词"个"和主观大量标记"□[kəʔ⁵]"之外,指示词"个"的读音也是"[kəʔ⁵]"。① 那么,同音的指示词和主观大量标记之间是否具有同源关系?

路桥话指示词"个"的基本功能是"指别",即用在名词前充当限定成分,使其能与同一语境中可能存在的其他同类实体区分开来。例如:

(22)我姊妹囡孛个人。我姐姐(或妹妹)的女儿就是这个人。

(23)个本书你囥噶唔哪爻?这本书你放哪儿了?

除了指示事物之外,"个"还能用在形容词之前,表示性状的程

---

① 汉语史的研究表明,指示词"个"由量词"个"演变而来。(曹广顺,1995:148;贝罗贝、李明,2008:13;李小军,2016)在现代吴语中,也有很多方言点的指示词"个"和量词"个"并存,它们在读音上相同或相近,而且声母都是"[k]"或"[g]"。(王健,2007)路桥话中的现象也不例外。鉴于指示词"个"与量词"个"之间的同源关系,我们将路桥话的指示词"□[kəʔ⁵]"也写作个。要注意的是,路桥话中的指示词"个"只有指示功能,没有称代功能,不同于普通话中的"这"。例如:

    a.个本书我望过。   b.个书我望过。   c.*个我望过。

可见,"个"后面必须有量名结构(a 句)或名词(b 句)才行,不能单独使用(c 句)。

度。例如：

(24) 甲：你今日咋呢打扮起个洋？_{你今天怎么打扮起来这么漂亮（时髦）？}

乙：我喫酒开。_{我喝喜酒去。}

(25) 甲：老李讲天酿_{明天}代你值班吭告。_{老李说明天代你值班没关系。}

乙：老李人个好啊，我要谢谢其。_{老李人这么好啊，我要谢谢他。}

张国宪(2006:47)指出，"程度性是所有形容词的典型语义特征"，但性质AP本身不具有"程度的规定性"。比如，当我们说"这本书厚"时，性质AP"厚"表述的只是对"书"的属性断言，没有特别的程度意味。不过，这并不意味着性质AP缺乏程度性。实际上，程度性在性质AP中是作为"一种背景化了的蕴涵语义"来表现的，(张国宪，2006:19)可以用其他成分来对其加以规定。比如，我们可以说"这本书有点儿厚""这本书非常厚"等。

程度副词是以其所代表的不同量级（比如，"有点儿"代表"小量"，"非常"代表"大量"等）来对性质AP的程度加以规定的。与此不同的是，指示词可以联系话语情境中的具体现象来规定性质AP的程度。例(24)中"个"以说话人所看到的听话人的化妆、服饰等来规定"洋"所表现出的程度。例(25)中"个"以上文所述"代班"的事件来规定"好"所表现出的程度。相比较而言，指示词要比程度副词对性质AP程度的规定更为具体和严格，因为它以直接指示的方式把程度的现实表现展示了出来。

光杆性质AP的程度性是隐性的，程度量也是弥散的，而"指示词＋性质AP"的程度性则是显性的，程度量也是固化的。因此，"指示词＋性质AP"在程度的表达上要比光杆性质AP更为凸显。

就人们的百科知识来说，某种性状在程度量上表现得越大，凸

显度也越高,也就越容易被人们识别。我们可以将这种常规性认识表述为:

(26)如果 A 的程度量比 B 的大,那么 A 比 B 更凸显。

既然在程度表达上,"指示词+性质 AP"比光杆 AP 更为凸显。那么在回溯推理(abduction)的作用下,①就可以造成"指示词+性质 AP"的程度量很可能比光杆 AP 的大的"临时会话义"(utterance meaning)。当这种临时会话义反复出现后,就会被规约化,并进一步语义化(semanticization)为"指示词+性质 AP"表程度大量。实际上,例(24)和(25)中的"个洋"和"个好"就已经具有了程度大量的意义,但"个"的指别义还存在,因此可以看作是语法化过程中的过渡性用法。

当说话人有意识地使用"个+性质 AP"来表达程度大量义时,"个"的指别义就背景化了,而且还会逐渐丧失。例如:

(27)你把地扫个清爽干净,晏介下午有卫生检查。你把地扫个干净,下午有卫生检查。

(28)作业先做完起,由你嬉个爽快。作业先做完,由你玩个痛快。

例(27)和(28)中的"个清爽"和"个爽快"都只表示"清爽"和"爽快"的程度大量,并没有指示具体现象来对这些程度加以规定的作用。

由于表程度大量的"个+性质 AP"和光杆性质 AP 在形式上唯一的差别就是有没有指示词"个",所以当"个"的指示义消失之

---

① 回溯推理是基于常识或事理,从已知结果出发来寻求其最佳解释的一种推理模式。其推理过程如下:前提:如果 p,那么 q;结果:q;推论:很可能 p。回溯推理是一种或然性推理,其特点是可以从充分条件假言推理的肯定后件得到肯定前件,因此所推导出的命题不一定为真。

后，人们就很容易把原本由"个＋性质AP"这整个结构来表达的程度大量义重新分析（reanalysis）为是由"个"来表达的。这样，"个"就由指示词演变成了一个表程度大量的标记。而且，这种程度大量表达的同时还带有说话人自我的立场、态度和感情等，是语言的主观性在程度量上的一种体现，因此我们可以说，"个"是一个主观大量标记。

作为主观大量标记的"个"，不仅能用来标记性质AP，使其表现为一种程度较高的性状，而且还能用来标记状态AP，使其原本就具有的高程度性状得以强化。例如：

（29）昨夜贼把间珠宝店偷个精光。昨晚贼把这间珠宝店偷了个精光。

（30）其每次喫酒都喫个烂醉。他每次喝酒都喝个烂醉。

AP是本身具有程度性的，而NumP和NP本身并不具有程度性。不过，可以在语境中通过将其所指的数量或事物"投射到其他具有程度意义的属性维度之上来间接获取程度意义"（金晶，2011）。这就为主观大量标记"个"使用范围的扩展提供了条件。例如：

（31）其屋里多少远啊，我路走个三四里也还呒到。他家多么远啊，我走了三四里路也还没到。

（32）都其咳，手表勿会准，害我迟个十分钟，火车都驶开爻。都（怪）他呀，手表不准，害得我迟（到）了十分钟，火车都开走了。

空间量"三四里"和时间量"十分钟"本身都不具有程度性，但在例（31）和（32）的具体语境中，它们被投射到了具有程度性的属性维度"（距离）远"和"（时间）久"上。当说话人认为动作"走"和状态"迟"分别在"远"和"久"的程度性上有较高的表现时，就可以将相应的NumP与主观大量标记"个"搭配使用了。又如：

(33)李老师书实在多,屋里都是个书囥起。_{李老师书实在(是)多,家里(到处)放的都是书。}

事物"书"本身也不具有程度性。但在例(33)的具体语境中,"书"被投射到了具有程度性的属性维度"(数量)多"上。当说话人认为"书"在"多"的程度性上有较高的表现时,也就可以将相应的NP与主观大量标记"个"搭配使用了。①

综上所述,路桥话中的主观大量标记"□[kəʔ⁵]"是由指示词"个"演变而来的。鉴于这种同源关系,我们也可以把主观大量标记"□[kəʔ⁵]"写作"个"。

4 主观小量标记的形成

既然路桥话的主观大量标记"个"是由指示词"个"演变而来的,那么主观小量标记"□[gəʔ²]"又是如何形成的?它与指示词"个"是否也有同源关系?

我们注意到,普通话中的"只+V+指量名"是一个歧义结构。例如:

(34)你只买这一件衣服,怎么能打折呢?也总得再买点儿别的东西吧。

(35)你只买这一件衣服,怎么能打折呢?也总得多买几

---

① 普通话中指量结构"这个"和"那个"也可以用在 AP 之前,起到"加强程度意义"的作用,使位于其后的 AP"强制性获得'高程度'的解读"(金晶,2011)。例如:

a.我在雷蒙公司干了一星期,管得那个严,让人受不了。

而且,指量结构这种表程度大量的功能还扩展到了没有程度意义的VP上。例如:

b.张三被李四那个打的,脸上青一块肿一块的。

件吧。

通过后续小句,我们可以看出,例(34)和(35)中的"只买这一件衣服"虽然形式上相同,但却有两种不同的理解:前者是"除了这一件衣服,不买别的东西",后者是"衣服就买这一件,不多买"。造成这种歧义现象的原因是限定性副词"只"有两种意思:一是限定事物的范围,表示"除此以外没有别的",如例(34)所示;二是限定数量,表示"数量少",如例(35)所示。

与此不同的是,路桥话中是依靠语序手段来区分这种歧义结构的。例如:

(36)你只买个一件衣裳,咋呢好打折唉?也总各样么事买点凑。[同例(34)]

(37)你买只个一件衣裳,咋呢好打折唉?也总多买几件。[同例(35)]

可以看到,当限定副词"只"表限定事物的范围时,其位置在 V 之前,如例(36)中的"只买个一件衣裳";当限定副词"只"表限定数量时,其位置在 V 和指量名短语之间,如例(37)中的"买只个一件衣裳"。

Bybee et al. (1994:296)认为,小句的语境及其在句子中的功能和语用语境一样,也会对虚词的意义变化产生重要的影响。虚词在使用过程中会将其所在句式表达的意义吸收进来,并固化为自身的一个新义项,这种演变机制被称为"语境吸收"(absorption of context)。

路桥话的主观小量标记"□[gə?²]"也是在语境吸收的作用下产生的,而指示词"个"处于"V+只+指量名"的句法组合中正是语境吸收的必要条件。如例(37)所示,"个"有指别义,指量名短语

"个一件衣裳"也是定指的,即听话人"想要买的那一件衣裳"。然而,在限定性副词"只"的作用下,"买只个一件衣裳"这整个句法组合主要用来表达"所买衣裳的数量(一件)少"的意思。因此"个"的指别义也就显得不重要了。由于"整体的构式义与其组成成分义之间在语义上要和谐"(陆俭明,2010:187),在"买只个一件衣裳"的语境中"个"的指别义就会逐渐弱化。又如:

(38)还有小王老公老婆也讲要来,你走去掇只个两张凳头来凑字有爻。还有小王夫妇也说要来,你只要再去搬两张凳子来就够了。

例(38)中的"个两张凳头"不是定指的。说话人表达的重点在"凳头"的数量"两张",不关心是具体的"哪两张凳头"。可见,这里"个"的指示词语义已经非常弱了,基本不起什么作用。

"语义很弱时的虚词很容易把语境的意义吸收进来"(Bybee et al.,1994:294—295),于是"个"在指别义虚化之后,又将语境表达的"与动作相关事物的数量少"的意义吸收进来,进一步变为一个"表数量少"的标记。而且,这种"表数量少"的标记在使用时也带有说话人的主观性,因此我们可以说,"个"已经是一个"主观小量"标记了。又如:

(39)你□[pə?⁵]给我白酒倒只个半小杯字有爻。你(只要)给我倒半小杯白酒就够了。

例(39)中,由副词"只"起主导作用的句式义(或语境义)与主观小量标记"个"所表达的意思是一样的,即说话人认为"'半小杯'是主观上偏少的数量"。因此,"倒只个半小杯"是一个羡余表达的结构。语言的表达要讲究"经济性",所以可以删除"只"和"个"两者中的任意一个。例如:

(40)a.你□[pə?⁵]给我白酒倒只半小杯字有爻。

b. 你□[pəʔ⁵]给我白酒倒个半小杯字有爻。

例(40a)和例(40b)在路桥话中都是合格的表达。这也符合语法化的"并存原则",即"一种语法功能可以同时有几种语法形式来表现"(沈家煊,1994)。

一般来说,判断语境义是否已经固化为虚词的一个新义项的标准就是:离开了特定的语境,虚词是否还能表达这种意义?如果是的话,就表明已经固化了,反之则没有。我们发现,主观小量标记"个"只能用于 V 和 NumP 之间,对语境有很强的依赖性。例如:

(41)a. 我早介苹果喫两只。我上午吃了两个苹果。

b. 我早介苹果两只喫爻。我上午吃了两个苹果。

例(41a)和(41b)的真值语义基本相同,但前者采用了论元分裂式话题结构,使数量成分"两只"作为自然焦点来表达,是一种凸显语序(salient word order);而后者则是自然语序(natural word order),不强调对数量成分的表达。①

但是,例(41a)的 NumP"两只"之前可以加上主观小量标记"个",例(41b)就不可以。如果加上副词"只",则两例都可以。例如:

(42)a. 我早介苹果喫个两只。

b. 我早介苹果喫只两只。

(43)a. *我早介苹果个两只喫爻。

b. 我早介苹果只两只喫爻。

---

① 路桥话中,当动词后面带完成体标记"爻"时,受事宾语必须前置于动词,如例(41b)所示,不能后置于动词(例如:*我早喫爻两只苹果);也不能采用论元分裂式话题结构(例如:*我早介苹果喫爻两只)。

可见,"个"用作主观小量标记的功能还没有得到固化,"表数量小"也不能作为"个"的一个新义项来对待。"从分布上讲,虚化的程度越高,分布的范围也就越广。"(沈家煊,1994)换言之,虚化程度高是分布范围扩大的必要条件。由于主观小量标记"个"的虚化程度还不够高,还不能脱离"V(个)NumP"的特定语境而使用,因此它的分布范围也不能从 NumP 扩展到 NP、AP 等其他成分上,用来表达人们对事物或性状的主观小量评价。这就是为什么路桥话的主观小量标记只能用于 NumP 之前的原因。

综上所述,路桥话的主观小量标记"□[gəʔ²]"也是由指示词"个"演变而来的。因此,我们也可以把它写作"个"。

但是,同样是来源于指示词"个"的主观量标记,为什么在读音上会有所差异？主观大量标记"个"和指示词"个"的读音相同,都是"[kəʔ⁵]",而主观小量标记"个"则在声母和声调上都发生了变化,读音为"[gəʔ²]"。

我们认为这是"语音象似性"(phonetic iconicity)的一种表现。根据语音象似性的"背景原则","语音对立建立在语音之同的背景之上"(刘丹青、陈玉洁,2008)。功能相似的语言符号,其语音形式也相似,通常是"同属一个小语义场采用同样的语音要素"(刘丹青、陈玉洁,2008)。其中,符号间的功能对立也表现为某个语音要素的对立——最理想的状态是能够构成最小对比对——而其他语音要素则是相同的,用来充当凸显对立的背景。

路桥话中,主观大量标记"个"和主观小量标记"个"均为主观量标记,同属一个小语义场,而且两者又都来源于指示词"个",理论上它们应该都与指示词"个"的读音相同,即"[kəʔ⁵]"。但是,两个主观量标记在功能上又有"主观大量"和"主观小量"的对立,所

43

以在语音形式上就要选择某个语音要素来象似地表现出这种对立。路桥话的声调系统"依然保留着平上去入的格局,且各分阴阳。……阴调稍高,阳调稍低"(林晓晓,2011)。因此,以音高上的高低对立来模拟主观量的大小对立是一种非常直接的象似性表现,即音高高象征着主观大量,音高低象征着主观小量。

路桥话的指示词"个"读音为"[kəʔ^5]",声调调类为阴入,调值为5,音高高。因此主观大量标记"个"直接沿用这个读音即可,不需要进行调整。路桥话中阳入调的调值为2,音高低。因此,主观小量标记"个"需要对指示词"个"的读音稍加调整,即将声调由阴入变为阳入,以降低音高,与主观大量标记"个"形成音高上的对立。不过,由于路桥话与其他吴语区方言一样,都有"阴调与清声母相配,阳调与浊声母相配"(林晓晓,2011)的音韵特点,因而在声调变化的同时,声母也要做出相应的变化,即由软腭清塞音"[k]"变为软腭浊塞音"[g]"。由此就形成了主观小量标记"[gəʔ^2]"的读音。

5 结语

已有的研究倾向于认为普通话的主观量标记"个"是由个体量词"个"的个体化功能扩展而来的。路桥话的主观大量标记"个"虽然与普通话的"个"在读音和功能上都有相似之处,但种种证据显示,路桥话的主观量标记"个"既不直接来源于量词"个",也与量词的个体化功能无关。

本文的研究表明,路桥话的主观大量标记"个"和主观小量标记"个"都来源于指示词"个"。主观大量标记"个"肇始于"个+性质AP"结构。在回溯推理和重新分析等机制的作用下,指示词"个"演变为主观(程度)大量标记。由于NumP和NP等在特定语境中能够与具有程度义的属性维度发生联系并间接获得程度义,因此主观大量标记"个"的使用范围也就由AP扩展到了NumP和NP上。主观小量标记"个"肇始于"V+只+个+NumP"结构。在语境吸收机制的作用下,指示词"个"演变为主观(数量)小量标记。由于语境义尚未固化为"个"的新义项,因此主观小量标记"个"的使用还依赖于特定的句式,也没有扩展到其他的分布环境中。此外,路桥话中主观大量标记"个[kəʔ⁵]"和主观小量标记"个[gə²]"在读音上的区别是对语音象似性的直观表现。

不过,结合汉语史的研究来看,路桥话中的指示词"个"也是由量词"个"发展而来的。因此从根源上说,路桥话和普通话中的主观量标记"个"都源于量词"个"。这也是它们在读音上相似的原因。

最后还要说明的是,同一种语言形式,由于使用环境的不同或受不同机制的作用而发展出"反向"主观量特征的现象在汉语中并不罕见。比如,普通话中单音节性质AP的重叠式AA式,用在定语和谓语的位置表主观小量,用在状语或补语的位置却表主观大量。(朱德熙,1982:27)例如:

  (44)a.高高的个子(定语) b.个子高高的(谓语)
    c.高高地挂起来(状语) d.挂得高高的(补语)

如果不限于主观量,相同语言形式表达"反向"语义的例子更是不胜枚举。比如,动词"借"既可以表示"借进"(我向张三借了一百元钱),也可以表示"借出"(我借了一百元钱给张三);动词"出"既可以指向"动作的起点"(张三病愈出院了),也可以指向"动作的终点"(张三要出海打鱼);介词"叫"既可以表达"使动义"(我叫张三去偷钱包),也可以表达"被动义"(我叫张三偷了钱包)。这些"同形反义"现象的背后可能有某种共通的认知理据,还有待我们去做更深入的研究。

参考文献

贝罗贝、李 明 2008 语义演变理论与语义演变和句法演变研究,载沈阳、冯胜利主编《当代语言学理论和汉语研究》,北京:商务印书馆。
曹广顺 1995 《近代汉语助词》,北京:语文出版社。
陈小荷 1997 丰城话的主观量及其相关句式,《语言学论丛》(第十九辑),商务印书馆。
大河内康宪 1993 [1985] 量词的个体化功能,靳卫卫译,载大河内康宪主编《日本近、现代汉语研究论文选》,北京:北京语言学院出版社。
董淑慧 2006 河北孟村方言的主观量标记:儿尾和子尾,《现代中国语研究》第 8 期。
洪 波 1999 论平行虚化,《汉语史研究集刊》(第二辑),成都:巴蜀书社。
金 晶 2011 述谓性"这/那个+谓词性成分+(的)",《语言科学》第 1 期。
李小军 2016 汉语量词"个"的语义演化模式,《语言科学》第 2 期。
林晓晓 2011 吴语路桥方言的音韵特点,《台州学院学报》第 1 期。
刘丹青、陈玉洁 2008 汉语指示词语音象似性的跨方言考察(上),《当代语言学》第 4 期。
陆俭明 2010 语义和谐律,载陆俭明著《汉语语法语义研究新探索(2000—2010 演讲集)》,北京:商务印书馆。
任 鹰 2013 "个"的主观赋量功能及其语义基础,《世界汉语教学》第 3 期。
杉村博文 2009 现代汉语量词"个"的语义、句法功能扩展,《语言学论丛》(第四十辑),北京:商务印书馆。
沈家煊 1994 "语法化"研究综观,《外语教学与研究》第 4 期。
沈家煊 1995 "有界"与"无界",《中国语文》第 5 期。
王 健 2007 睢宁话中"个"的读音和用法,《方言》第 1 期。
张国宪 2006 《现代汉语形容词功能与认知研究》,北京:商务印书馆。
张一舟 2001 成都话主观量范畴的特殊表达形式,《四川大学学报》(哲学社会科学版)第5期。

张谊生 2003 从量词到助词——量词"个"语法化过程的个案分析,《当代语言学》第3期。

朱德熙 1982 《语法讲义》,北京:商务印书馆。

宗守云 2013 试论"V+个+概数宾语"结构,《世界汉语教学》第1期。

Bybee, Joan, Revere Perkins & William Pagliuca 1994 *The Evolution of Grammar: Tense, Aspect, and Modality in the Languages of the World*. Chicago: The University of Chicago Press.

Mithun, Marianne 1995 On the relativity of irreality. In John Bybee & Suzanne Fleischman (eds.). *Modality in Grammar and Discourse*. Amsterdam: John Benjamins Publishing Company.

从比较选择到建议
——兼论成分隐含在语义演变中的作用[*]

董秀芳

（北京大学中文系、中国语言学研究中心、
计算语言学教育部重点实验室）

汉语中有一些表示建议的副词是从表示比较或选择的用法发展出来的。从表示比较、选择到表示建议有比较自然的语义基础，因而形成了一条语义演变路径。这一演变背后的机制也有一定特点，显示了构式成分的隐含对于构式语义变化所起的作用。

1 "不如"建议副词用法的形成

1.1 "不如"在现代汉语中的用法

"不如"一词有表示建议的副词用法，但目前的词典还没有收录这一义项。《现代汉语词典》（第6版）只把"不如"标注为动词，释义为"表示前面提到的人或事物比不上后面所说的"。这种用法

---

[*] 本文的研究得到教育部人文社会科学重点研究基地重大项目"汉语词汇双音化的形式选择和功能表现"（15JJD740001）、国家社科基金重大项目"功能-类型学取向的汉语语义演变研究"（14ZDB098）的资助。本论文曾在"第八届汉语语法化问题国际学术研讨会"（北京，2015）上宣读，感谢史金生、董正存等先生提出的宝贵意见。

可以概括为表示比较。

"不如"表示比较的动词用法很常见,如:

(1)西餐不如中国饭。/张三不如李四。/看电视不如看书。

(2)西餐不如中国饭好吃。/张三不如李四能干。/看电视不如看书有意思。

表比较时,"不如"既可以出现在"X1+不如+X2"这样的句式中,如例(1)所示;也可以出现在"X1+不如+X2+VP"这样的句式中,如例(2)所示。在表示比较时,"不如"是谓语动词,不能去掉。"不如"前后出现的成分是所比较的双方,可以是表示人的名词性成分,也可以是表示物的名词性成分,还可以是动词性成分。

现代汉语中"不如"表示建议的例子如:

(3)你不如明天再来吧。

在这样的例子中,"不如"如果去掉,句子的基本意思不变,比如例(3)与"你明天再来吧"所表示的意思差不多。这表明"不如"不是句子中的谓语动词。"不如"后面可以找到做谓语的动词[在例(3)中是"来"],所以"不如"应该分析为副词,其功能是提出建议。"不如"前面出现的主语不是比较的双方之一,而且一般是一个指人的名词性成分,"不如"的后面是 VP,整个句子表示建议主语去施行 VP 所表示的行为。

"不如"前面的主语如果是"我",那么"不如"表示的是个人的意愿,如:

(4)反正今天哪里也不能去,我不如在家里把衣服都洗了。

个人的意愿实际也可看作是自己对自己提的建议。

台湾"国语"中,"不如"表示建议的用法更为常见,发展得更为成熟,"不如"可以出现在主语之前做句子层面的副词(sentential adverb)。以下例子出自台湾"中研院"现代汉语语料库:

(5)在一百里外,有一位名医,可以治好一切的疑难杂症,不如你去请他治疗。

(6)变胖后人们会不会讨厌我?月亮担心地问。星星提议:不如去地球看看好了!月亮点点头。

1.2 "不如"表示建议用法的形成过程

"不如"表示建议的用法其实早在上古就已经出现。"不如"表示建议的用法来自其表示比较的动词用法。

表示比较时,"不如"义为"比不上",可以出现在"A,B不如"这样的结构里,如:

(7)管子有一美,婴不如也。(《晏子春秋·内篇谏上》)

(8)此五子者,夷吾一不如。(《管子·小匡》)

"不如"大部分情况下是出现在"A不如B"这样的结构中,指出A没有B好。所比较的双方可以都是名词性成分所表示的人或事物,如:

(9)樊迟请学稼。子曰:"吾不如老农。"(《论语·子路》)

(10)且人之欲善,谁不如我?(《左传·僖公九年》)

有时比较的一方或双方是使用"之"的名词化小句,如:

(11)夷狄之有君,不如诸夏之亡也。(《论语·八佾》)

(12)子犯曰:"吾不如衰之文也,请使衰从。"(《国语·晋语四》)

比较的双方也可以是动词性成分所表示的行为或事件,如:

(13)天时不如地利,地利不如人和。(《孟子·公孙丑下》)

(14) 故相形不如论心,论心不如择术。(《荀子·非相》)

(15) 事乱君而通,不如事穷君而顺焉。(《荀子·修身》)

(16) 夫生而乱,不如死而治。(《韩非子·外储说》)

很多情况下,所比较的双方是泛时的事件,而不是发生在具体时间中的事件。

当用于比较时,"A 不如 B"没有相应的肯定形式"A 如 B"。因此可以认为,"不如"在语义上结合紧密,是一个动词而不是短语。

当通过比较得出结论之后,人们就会选择一方,放弃另一方。因此"不如"还可用于选择,经常与"与其"搭配使用。① 如:

(17) 与其戍周,不如城之。(《左传·昭公三十二年》)

(18) 与其用一人,不如用一国。(《韩非子·八经》)

当表示选择时,"不如"仍可分析为动词,因为其词汇意义仍很实在,而且去掉也会影响意义,所以我们不把这种表示选择的"不如"分析为连词。

当"不如"后的 VP 表示的是未发生的事情时,"不如"有了表示建议的可能。如:

(19) 既杀奚齐,苟息将死之。人曰:"不如立其弟而辅之。"苟息立卓子。(《国语·晋语二》)

在例(19)中,"不如"似乎可以理解为表建议。但是,"不如"所在句子的上文中还可以找出比较的对象,仍可以把"不如"看作将

---

① 李素琴(2011)认为选择用法在表建议的用法之后出现,而本文认为选择用法应该在前,因为选择用法没有脱离比较的语境。在上古文献中,建议用法和选择用法已经都存在了,二者的先后关系在文献上难于分出先后,需要通过历时变化的规律来推断。

"荀息将死之"这个行为与"不如立其弟而辅之"这个行为做比较。因此,例(19)可看作表比较与表建议中间的过渡性例子。例(20)也同样是一个过渡性例子:

(20)泽涸,蛇将徙,有小蛇谓大蛇曰:"行而我随之,人以为蛇之行者耳,必有杀子,不如相衔负我以行,人以我为神君也。"(《韩非子·说林》)

当在上文中找不到比较的对象时,"不如"就可以看作比较明确的表示建议的副词了,如:

(21)姜氏何厌之有?不如早为之所,无使滋蔓!(《左传·隐公元年》)

当"不如"前出现了不是其比较对象的指人名词做主语时,表示建议的用法就更加成熟了:

(22)晏子对曰:"……君不如许之。"公曰:"诺。"(《晏子春秋·内篇谏下》)

(23)鲁人请盟曰:"鲁,小国也,固不带剑,今而带剑,是交兵闻于诸侯,君不如已,请去兵。"桓公曰:"诺。"(《管子·大匡》)

(24)君不如阴重孔子,设以相齐,孔子强谏而不听,必骄鲁而有齐,君勿纳也。(《晏子春秋·外篇第八》)

(25)今日二主朝而出,见臣而其色动,而视属臣,此必有变,君不如杀之。(《韩非子·十过》)

有时"不如"可以用于反语,不是表示常规的建议,而是以一种表面的建议方式表示一种根本不可取的行为,从而达到一种强烈的否定效果。这是表建议用法的语用化,如:

(26)鲋鱼忿然作色曰:"吾失我常与,我无所处。吾得斗

升之水然活耳,君乃言此,曾不如早索我於枯鱼之肆!"(《庄子·外物》)

"不如"表比较时是动词,表建议时是副词,可以说在从表比较到表建议的过程中,"不如"语法化了。

1.3 "不如"从表示比较、选择到表示建议的变化机制与特点

"不如"从表示比较、选择到表示建议的变化依赖于一定的句法条件。

首先,"不如"后面必须接VP。只有当"不如"后接谓词性成分时,才有变为表示建议的副词的可能。后接NP的用法自古至今未变。就像从动词到副词的变化一般都发生在连动环境中一样,"不如"的变化也不例外。

其次,原所在的比较构式"A不如B"中A的隐去是一个重要的引起变化的因素。过程是:先是A与B不紧邻出现,然后A完全不出现,即A由于语境的明确而隐去了。A的隐去造成了"不如B"部分的凸显,"不如"就逐渐脱离了原来的比较构式。这种变化的机制可以看作一种"聚焦"或者说是视点(perspective)的变化,即构式中部分成分被放到核心,语义得到加强。同类的语义变化还有不少例子。比如,"只见"的话语标记用法的形成也是这样。最初"只见"用在"不见A,只见B"的环境中,后来"只见B"单用(最初"不见A"的语义在语境中隐含,后来完全消失),从而造成"只"的限止义脱落,"只见"发展为表示强调的话语标记。(董秀芳2007)再比如,"何必"原来出现在"A,何必B"这样的环境中,语义是:"A也是可以的,为什么一定要B?"后来A隐去了,"何必B"单用,"何必"变成了表示建议的一个副词。(董秀芳2011)这种由于部分成分隐去而发生的语义聚焦型的语义变化,其语义过渡是很

自然的，因此，在旧用法出现不久新用法就可以出现，所以常常会发现新旧用法在同一历史时期并现分不出明显先后关系的情况。而且，新旧用法可以长时期并存。其他从比较选择发展为建议的语义演变例证中也具备这一特点。

"不如"从表示比较、选择到表示建议，有着自然的语义理据。在"A不如B"这种结构中，由于"不如"后面引进的B在与A的比较中是更好的，因此B自然更容易成为人们的选择。选择进一步变为建议的语义理据是：建议就是帮助别人在将来可以采取的行动方案中选择出一种最适合的。建议和选择在语义上是相通的，只不过是使用在不同的言语行为中。选择更偏向客观叙述，属于以言叙事的言语行为；而建议则用于对话环境中，与祈使句有类似之处，属于以言行事的言语行为。

在这一语义演变中，语义成分有变化，也有原语义的部分保留。表示比较和选择时，比较双方可以是已然的事件，也可以是未然的事件；而表示建议时，引入的必须是未然的事件。从比较、选择到建议是一种主观化的过程，因为建议更多是从说话人的主观认识出发的，因而主观性更强。在表示建议时，推荐采取的行动方案与其他可选方案之间可以说在一定程度上仍具有潜在的比较关系。可见，在这种语义变化中，原来的比较含义成为隐含的意义，而新获得的建议含义成为凸显的意义。

2 与"不如"语义相近的一些形式的类似变化

与"不如"语义接近的一些词语也发生了类似的从比较、选择到建议的语义演变。

2.1 "不若"从表示比较选择到表示建议

"若"和"如"语音相似,"不若"可能是"不如"的一个语音变体形式。"不若"发生了与"不如"相同的语义变化。

"不若"表示比较的动词用法如:

(27)鲍国曰:"我信不若子,若鲍氏有衅,吾不图矣。今子图远以让邑,必常立矣。"(《国语·鲁语上》)

(28)婴不肖,婴之族又不若婴。(《晏子春秋·内篇问下》)

(29)则士之计利不若商人之察也。(《墨子·贵义》)

(30)不闻不若闻之,闻之不若见之,见之不若知之,知之不若行之。(《荀子·儒效》)

表示选择的例子如:

(31)与其死夫人所者,不若赐死君前。(《韩非子·奸劫弑臣》)

处于表示比较与表示建议中间的过渡性例子如:

(32)公孙枝曰:"君有施于晋君,晋君无施于其众。今旱而听于君,其天道也。君若弗予,而天予之。苟众不说其君之不报也,则有辞矣。不若予之,以说其众。众说,必咎其君。其君不听,然后诛焉。虽欲御我,谁与?"(《国语·晋语三》)

(33)处一年,公子夷吾亦出奔,曰:"盍从吾兄窜于狄乎?"冀芮曰:"不可。后出同走,不免于罪。且夫偕出偕入难,聚居异情恶,不若走梁。梁近于秦,秦亲吾君。吾君老矣,子往,骊姬惧,必援于秦。以吾存也,且必告悔,是吾免也。"(《国语·晋语二》)

以上两例中粗体标出的是"不若"所在的句子及语境中包含的

55

可能成为比较对象的句子。

表示建议的例子如：

(34)日晏矣,君不若脱服就燕。(《晏子春秋·内篇谏下》)

可以看出,"不若"的发展路径高度平行于"不如"的发展路径,而且每种用法中的小类也高度平行。

2.2 河北黄骅话中的"不跟"

河北黄骅话中的"不跟"的意思相当于"不如",既有比较的功能也有表建议的功能。

表示比较的例子如：

(35)小王能力不跟小李。

(36)站着肯定不跟坐着舒服。

表示建议的例子如：

(37)你不跟问问你们老师。

"不跟"在其他一些北方方言中也有使用。

2.3 山东汶上话中的"胜"

在山东汶上话中,"胜"也是既有比较的用法,也有建议的用法。比较的用法只出现在否定句中,"不胜"相当于"不如"：

(38)小王不胜小张。

"胜"经常用在反问句里,意思相当于"不如",可以对已然的事情做出评价：

(39)吃了这么个小鱼还卡了个刺,胜不吃啊?(普通话义:不如不吃了)。

当"胜"用在未然的事件前,就可以看作提出对别人的建议,原来反问的结构仍然保留,句末出现语气词：

(40)明天出门也得堵车,咱胜在家里玩呀?

(41)这事胜让小张去啊?

"胜"在山东汶上话中只出现在否定句和反问句中,即只出现在否定性语境中,可见,"胜"在这个方言中是一个否定极项(NPI, negative polarity item)。

3 "还是":从选择到建议

在近代汉语中,"还是"从表示选择发展出了表示建议的功能。

据江蓝生(1992)的研究,"还"最迟不晚于晚唐五代就可以充当疑问副词了。

(42)"汝还识此人不?"对曰:"不识。"(《祖堂集》卷二)

(43)问言诸将:"还识此阵?"(《敦煌变文集·韩擒虎话本》)

(44)远公还在何处?(《敦煌变文集·庐山远公话》)

以上例句中,"还"出现在一般疑问句和特殊疑问句中,对疑问语气有一定加强作用。"还"的语义演变轨迹可以简单概括如下:返回原处＞重复＞延续＞强调。在疑问句中的使用就属于强调用法。

梅祖麟(1978)指出,"还"最初用作选择问标记是出现在《祖堂集》里:

(45)古人还扶入门,不扶入门?(《祖堂集》卷三)

宋代以后"还"表示选择疑问的用法更普遍,如:

(46)不知只是首尾用之,还中间亦用耶?(《朱子语类》卷九十二)

(47)老夫大笑问客道,月是一团还两团?(宋杨万里《重

九后二日同徐克章登万花川谷月下传觞》诗)

"还是"是"还"的双音化形式,也可以用在选择疑问句中,可以单用,也可以与"是""只是""却是"等形式配合,还可以两个"还是"配合,如:

(48)君子还是合婚、选日、揣骨、听声、打瓦、钻龟、发课、算命?(《张协状元》)

(49)不知当时薄昭有罪,汉使人治之,因杀汉使也;还是薄昭与汉使饮酒,因忿怒而致杀之也?(《河南程氏遗书》卷十八)

(50)亚夫问:"此是礼乐之实,还是礼乐之文?"(《朱子语类》卷四十三)

(51)酒保上楼来问道:"官人还是要待客,只是自清遣?"(《水浒传》第三十九回)

(52)他三人各执兵器喝道:"毛贼,你们一起有多少人?做了几年买卖?打劫了有多少东西?可曾杀伤人口?还是初犯,却是二犯,三犯?"(《西游记》第九十七回)

(53)且如人而今做事,还是做目前事,还是做后面事?(《朱子语类》卷二十九)

"还是"用在选择问中,有追究的意味,这植根于"还"的强调用法。

有时"还是"与"不是"相继出现进行对比,一反一正,由"还是"引出正确的结论,可以看作引出选择的结果。如:

(54)不是娘生下便会。还是体究练磨一朝自省。(《镇州临济慧照禅师语录》)

"还是"有与"与其"搭配的用例,虽然并不常见。"与其……还

是"明确表示舍弃一方,选择另一方。如:

(55)建文君道:"与其泯泯,死在道路,还是猛烈做他一番。"(《型世言》第八回)

在以下这样的例子中,"还是"出现在小句首,表达经比较之后得出的判断,虽然比较的对象并没有明言。

(56)众人俱各欢喜,道:"还是杨阿叔有见识。"(《醒世恒言》第二十卷)

(57)那妇人道:"还是这位客官省得。我烫来你尝看。"(《水浒传》第二十六回)

(58)又一个小妖拍着手道:"莫说莫说!还是蒸了吃的有味!"(《西游记》第八十六回)

(59)还是武二哥知人甘苦。(《金瓶梅》第一百回)

有时可构成"还/还是VP的是"或"还是VP的好"结构(对这两个结构的详细分析可参看江蓝生,2005),如:

(60)且如一个人坐亡立化,有一个人仗节死义。毕竟还仗节死义底是。(《朱子语类》卷二十)

(61)江老道:"虽然如此,他的恩德毕竟不曾报得,反住在他家打搅多时,又加添礼物送来,难道便是这样罢了?还是改日再送去的是。"(《二刻拍案惊奇》卷十五)

(62)行者笑道:"还是我不唱喏的好,也省些力气。"(《西游记》第八十八回)

这种结构是在表示选择结果的同时对选择结果加上了明确的评价性词语。

"还是"在疑问句中和肯定句中的用法表明汉语可以用相同的形式表示选择疑问和选择结果。

"还是"在近代汉语中也发展出了表示建议的用法,如:

(63)潮音道:"官人虽如此说,奴家未曾过门,不识丈夫之面。今日一言之下,岂敢轻信!官人还是引奴回家,使我爹爹识认女婿,也不负奴家数年苦守之志。"(《醒世恒言》第五卷)

(64)众家人道:"此必是歹人拐了去,怎能勾回来?相公还是着落开封府及早追捕,方得无失。"(《二刻拍案惊奇》卷八)

(65)李纨因说:"绮儿也不大会做,还是让琴妹妹罢。"(《红楼梦》第五十回)

(66)张范二位道:"既然府上有事,老先生还是请回罢。"(《儒林外史》第四回)

以上例中,"还是"前面的主语都是建议行为的对象,"还是"后面引入的是建议的内容。

与"的是""的好"配合使用的结构也可以用来表建议(江蓝生,2005)。如:

(67)夫人,还是不去的是。(《元曲选·望江亭》第二折)

(68)陛下还是进官去的是,不要因为妾们拂了娘娘的兴。(《隋唐演义》第三十回)

(69)何、张二人道:"生冷非病人所宜,还是喝点茶的好。"(《儿女英雄传》第六十五回)

我们认为,"还是"的建议用法是从表示选择的用法中发展出来的。在表示选择时,事件已然未然皆可;表示建议时,事件只能是未然。表示选择时,"还是"带有强调语气,而表示建议时则变为委婉语气。这种语气的变化是建议这种特定的言语行为的语用特点造成的。"还是"的确定含义是内在的,委婉语气则是外加的。

选择和建议两种用法相关的一个佐证是这两种用法在现代汉语层面仍可以形成歧义,如:

(70)还是生一个好。

例(70)可有两种解读。当重音在"一个"上时,表示比较和选择,含义是生一个比生多个好;当重音在"生"上时,表示建议,建议对方生孩子,不要不生。

4 其:由选择到建议

在上古汉语中,"其"也可以用在选择问句中,可以只出现在后一分句,也可以在前后分句中都出现。如:

(71)公仲曰:"子以秦为将救韩乎?其不乎?"(《战国策·韩策二》)

(72)请饮而后辞乎?其辞而后饮?(《晏子春秋·内篇杂下》)

(73)今老邪?其欲干酒肉之味邪?其寡人亦有社稷之福邪?(《庄子·徐无鬼》)

(74)天之苍苍,其正色邪?其远而无所至极邪?(《庄子·齐物论》)

"其"也可以表示建议,如:

(75)(楚使)对曰:"贡之不入,寡君之罪也,敢不共给?昭王之不复,君其问诸水滨!"(《左传·僖公四年》)

(76)君其往也,送葬而归,以快楚心。(《左传·襄公二十八年》)

(77)叔詹谏曰:"臣闻天之所启,人弗及也。晋公子有三焉,天其或者将建诸,君<u>其</u>礼焉!"(《左传·僖公二十三年》)(下加线的"其"表示建议)

"其"的核心意义可能是拟测,即对情况提出一种主观的估计或揣测。一般认定的表示拟测的例子如:

(78)知进退存亡而不失其正者,其唯圣人乎?(《易·干》)

(79)善不可失,恶不可长,其陈桓公之谓乎!(《左传·隐公六年》)

表示拟测的用法可能出现得很早。商代的"其"也许可以分析为表示拟测。郑玄对"其雨其雨,杲杲出日"(《诗经·卫风·伯兮》)的理解是"人言'其雨其雨'而杲杲然日复出,犹我言'伯且来伯且来',则复不来",这里的"人言""我言"表明这些都是主观推测。乃俊廷(1990)指出甲骨文的"其"绝大部分出现于疑问语境(命辞),而拟测是与疑问相容的,拟测具有不确定性,因而常用于疑问句。

"其"很可能是由拟测发展为选择问标记,又进一步发展为表示选择的结果,在可能的情形中选出一种说话人认为最符合实际的情况并提出来,如果用在对话中就成了向对方提出建议。[①] 我们可以把"其"的语义变化路径概括为:拟测>选择>建议。

"其"的语义演变路径比起其他几个形式来较难以确定,这一结论是否正确,还有待于今后更多研究的检验。

[①] 谷峰(2015)认为"其"的祈使用法(基本属于我们说的建议用法)来自将来用法。我们则认为是由拟测变为选择,由选择进一步用于建议/祈使,并发展为表将来。

5 其他与比较选择有关的表建议的形式

在现代汉语中,"要不"也有表建议的用法。(史金生,2005)如:

(80)要不你留下吧。

"要不"的建议用法也跟选择有关系。"要不"的含义在于否定其他方案后引出要选择的方案。

"不行"也可以用在句首表建议,如:

(81)不行咱们开车去吧。

"不行"和"要不"的语义发展模式有相似之处,也是通过否定别的方案来引出要建议的方案。它们所否定的其他方案都是隐含的,在句内没有明确表达出来。

另外,"最好"也是由比较功能发展出建议功能的。(乐耀,2010)

英语中 would better、rather 等表建议的形式也跟其比较的功能有关系。

可见,从比较、选择到建议是一条较为常见的语义演变路径。

6 结论

比较是对事物或事件进行评判,选择是根据比较结果而做出的取舍,建议是对别人未来要采取的行动提供一种说话人认为较好的选择,可见,比较、选择与建议在语义关系上是很密切的。这就决定了一些词可以从表示比较或选择发展为表示建议。① 从比

---

① 用于比较的动词"比"没有发展出表建议的功能,这主要是因为"比"后所引入的比较基准不一定是更优的一方,所以不适合用来表建议。

较、选择到建议的语义演变模式也符合人们从过去的事情中总结经验指导未来的行动这一较为普遍存在的原则。从性质上看,从比较、选择到建议的语义变化也是一种主观化的表现,因为建议是基于说话人的认识而发出的。

在这种从比较、选择到建议的语义演变的背后起作用的一个机制是:构式中部分成分由于语境明确而隐去,从而造成了其他部分的凸显,进而引起构式意义的变化。这样的演变机制造成的语义过渡是很自然的,新义与旧义之间有更多的交叉,因而往往可以在长时间内共存。

参考文献

董秀芳　2007　汉语书面语中的话语标记"只见",《南开语言学刊》第 2 期,北京:商务印书馆。

董秀芳　2011　《词汇化:汉语双音词的衍生和发展》(修订本),北京:商务印书馆。

谷　峰　2015　上古汉语"其"的祈使语气用法及其形成,《语言学论丛》(第五十一辑),北京:商务印书馆。

江蓝生　1992　疑问副词"颇、可、还",载刘坚、江蓝生、白维国、曹广顺著《近代汉语虚词研究》,北京:语文出版社。

江蓝生　2005　"VP 的好"句式的两个来源,《中国语文》第 5 期。

李素琴　2011　"不如"的语法化考论,《湖北社会科学》第 4 期。

梅祖麟　1978　现代汉语选择问句法的来源,《历史语言研究所集刊》第 49 本第 1 分。

乃俊廷　1990　甲骨卜辞"其"字研究,静宜大学(台湾)硕士学位论文。

史金生　2005　"要不"的语法化——语用机制及相关的形式变化,《解放军外国语学院学报》第 6 期。

姚振武　2005　《〈晏子春秋〉词类研究》,开封:河南大学出版社。

乐　耀　2010　汉语中表达建议的主观性标记词"最好",《语言科学》第 2 期。

汉语中约量到可能认识情态的语义演变
——以"多半"为例[*]

董正存

(中国人民大学文学院)

1 引言

在汉语中,表达说话人对某一命题发生或实现的可能性进行推测或估计时,常常使用下列例中画线部分的词语,这些词语均可表达"大概;或许;可能"义,具有[＋不确定性][＋推测性][－结论真]等语义特征(罗耀华、刘云,2008),具有认识情态(epistemic modality)功能,如:

(1)a. 天气这样闷热,回头<u>多半</u>下雨。(曹禺《雷雨》)[①]

b. 如果在这个事上法庭打官司,证据也许不那么足够,但是<u>多半</u>这个事是有的,就看你认不认。(凤

---

[*] 本成果为重大项目"中国境内语言语法化词库建设"(项目号:15ZDB100)的阶段成果。

[①] 本文采用"媒体名\栏(节)目名\日期"格式的用例出自中国传媒大学文本语料库,其余用例来自北京大学中国语言学研究中心 CCL 语料库。

凰卫视\锵锵三人行\2009.08.12)①

c. 郭德纲:反正挺感动的,那天于谦老师也是一直揉眼。他<u>八成</u>有沙眼。(鲁豫有约)

d. 说句迷信话,<u>八成儿</u>他命中绝子。(中国传统相声大全)

e. 我看你这个肚子大啦,<u>大半</u>是有小孩子啦!(中国传统相声大全)

f. (韩松云)伺候着,<u>七八</u>丢下绣球儿来也。(无名氏《赵匡义智娶符金锭》第三折)②

g. 同学表示,周小姐<u>十有八九</u>是上当受骗了。(深圳人民广播电台\新闻调查\2008.08.01)

从以上几例可以看出:

1)这些词语口语性较强,常出现在口语中,有的可以儿化,书面上显示为其后出现后缀"儿"。

2)它们常用作修饰性成分,多出现于谓词性成分前,也可以出现于句子前,在命题之上的超命题层面发生作用,它们的存在与否并不影响命题真值意义的表达,应该视为表达或然性或可能性

---

① "多一半"与"多半"具有相同的用法(吕叔湘,1999:188),下文举例时对二者不做严格区分。a 例用于谓词性成分前,b 例用于句子前,如:

a)瞅着芸生道:"你个东西,敢情这么扎手哪! 咱们这个事情,<u>多一半</u>是闹个阴错阳差,那个高相公<u>多一半</u>是教你给结果了吧?"(《小五义》第八十九回)

b)(北侠)又见杯中酒浑说:"二位贤弟慢饮。你们还看这酒,怎么这样发浑?"二爷说:"<u>多一半</u>这是酒底子了。"(《小五义》第九十一回)

② 罗主宾(2013)指出,"七八""八分""八成"都是由数词虚化成的语气副词,表示较大可能性的推测语气。"八成"出现于清代,共4例,在《儿女英雄传》中都带"儿",后来"八成"取代"八分"沿用到现代汉语。

(probability)的认识情态副词(epistemic modal adverb)①。

3)这些语言形式尽管在构形上几无共同点,但在表义和用法上却具有相同之处。除了都能表达对命题可能性的推测或估计之外,它们在字面义或内部构成上都具有"表量"这一共性特征。这些语言形式的组成成分中都含有数字②,而数字是计算和度量最直接的手段,可知"表量"应该是这些语言形式最初始的用法。从量的特征或本质上来看,这些语言形式所表达的是约量③,并且是表多或表大的约量,而不是表少或表小的约量。约量是实量的一个下位小类,数字所体现出来的量是显性量,具有具体直观、客观实在的特点;而上述例中这些表达约量的语言形式又同时具有表达可能认识情态这一用法。在表达可能认识情态时,它们的意义抽象空灵,具有强烈而鲜明的主观性,这种意义已不能通过字面解读出来,也不宜理解作客观具体的显性量。从语言演变的角度来看,一个语言形式兼有具体和抽象两种意义时,意义具体的一般出

---

① 对此类词,不同学者有不同的称法。有的学者称之为"揣度"或"揣测"类语气副词(如杨荣祥,1999;史金生,2003;盛丽春,2003;朱丽,2005;徐晶凝,2007;罗主宾,2013等);有的称之为"或然性"情态副词(如贺阳,1992;崔诚恩,2002;朱宁,2005;郭瑞娟,2014等);有的将其称为情态词[如李宗江、王慧兰(2011)对"八成""多半""大半"的判定];有的从语气副词的语用功能出发,认为"多半"等词在"传疑评价"中起重要的作用(如齐沪扬,2003),有的认为"多半"属"表主观估量"的语气副词(如齐春红,2006)。本文重在揭示约量和可能认识情态之间的语义关联,无意纠缠于称名及其差别。结合我们的语言理论观及所认同的看法,本文将"多半"等这类词称为"可能认识情态副词"。

② "七""八""九"都是数字,这无须特别指出,需要说明的是"半"。"半"是数词兼量词(邢福义,1993),《现代汉语词典》(第6版)也认为其有"数"词性,义为"二分之一;一半",因而,视"半"为数字是没问题的。

③ "约量"和下文的"实量""显性量"见李宇明(2000)。如无特别说明,下文的"约量"均指表多或表大的约量。

现在前,意义抽象的一般出现靠后。因而,本文认为,汉语的约量范畴与可能认识情态范畴之间存在着语义衍生规律,汉语中应该存在着从约量到可能认识情态的语义演变序列。

为了验证这一结论的合理性,本文以"多半"为例,考察其由约量发展出可能认识情态的演变过程,探究约量与可能认识情态之间发生关联的语义前提,在此基础上揭示这种语义演变的机制与动因。

2 副词"多半"的可能认识情态用法

从目前所能掌握的文献来看,"多半""大半""八成儿"等可能认识情态副词基本被罗列在某些专门讨论副词或副词小类的工具书、专著或学位论文中[①],专门对它们进行研究的单篇论文相对较少。以可能认识情态副词"多半"为例,在对中国知网期刊数据库和学位论文数据库进行了全面检索之后,我们只发现了3篇以"多半"作为研究对象的论文,其中有2篇谈论它的语义指向(高松,2009;刘海生,2012),1篇对"大半"和"多半"进行了共时比较,并对二者的历时演变进行了探讨(石文娟,2013)。结合已有的相关研究成果及语言事实,本节主要对副词"多半"的可能认识情态用法进行详细说明。需要说明的是,由于"多半"的情态用法产生较晚且用例较少,要想窥探其情态用法的全貌有困难。考虑到其刚

[①] 工具书如北京大学中文系 1955、1957 级语言班(1982)、王自强(1998)、吕叔湘(1999)、朱景松(2007)、齐沪扬(2011)等,专著或学位论文除了前文 2)中注所列之外,还有如李泉(1996)、季薇(2001)、肖奚强(2002)、郭新雨(2003)、王振广(2009)、潘田(2010)、余琼(2013)等。

产生时所具有的情态用法在现代汉语中也有所保留,因而本节在说明"多半"的可能认识情态用法时以现代汉语为例。

在现代汉语中,可能认识情态副词"多半"的主要用法表现在如下几个方面。

1)位置相对自由灵活,既可以出现在谓词性成分前,也可以出现在句子前,以前者最为常见,例见引言例(1a)(1b)。

2)除了多与表达认识情态的助动词"会"连用外,"多半"还可以与其他表达道义情态和动力情态的助动词连用。不过,从语料数量和出现频率来看,在与助动词连用时,"多半"倾向于坚持"认识情态＞道义情态＞动力情态"的选择顺序,与表达认识情态的助动词连用的用例最为多见。不管与哪类助动词连用,"多半"都倾向于出现在助动词前,如:

(2)日后如果有人提起他的恶作剧,他<u>多半会</u>否认。(汪曾祺《钓人的孩子》)

(3)南海鳄神笑道:"这小子真像我,学我南海一派武功,<u>多半能</u>青出于蓝。"(金庸《天龙八部》)

(4)不过,基恩的美好打算<u>多半要</u>落空。(新华社2002年7月份新闻报道)

(5)如果现在是上世纪80年代,我毕业后<u>多半得</u>被"发配"回东北老家,我男朋友<u>多半得</u>回湖南,可现在,我们都留在了北京,这是时代的进步。(网络语料)

(6)阿朱道:"只怕他(智光大师,笔者注)不肯跟你说。"乔峰道:"他<u>多半不肯</u>说,但硬逼软求,总是要他说了,我才罢休。"(金庸《天龙八部》)

3)除了助动词,"多半"还可以与同样表达推测的情态副词"可能""大概"对举使用或连用,以"可能"多见。在与"可能"对举使用或连用时,既可以位于"可能"前,也可以位于其后,以前者常见,如:

(7)等奥运开幕的时候,李安明可能不在北京,多半在家里和一家人看着电视。(北京电视台\7日7频道\2008.01.13)

(8)要关注一下华南地区,虽然雨不大,但多半会是那种雨雾蒙蒙的状态,可能会给出行带来一些影响。(中央人民广播电台\新闻纵横\2012.03.15)

(9)如果你仅凭说咱讲故事,然后说行,我跟你签合约,多半可能你就掉沟里了,你就被人家利用了。(凤凰卫视\锵锵三人行\2008.01.14)

(10)王佳一:电脑到底是男是女你们怎么认为?

嘉宾:我觉得可能多半像女性一些,因为是大家的好朋友,好伴侣,好帮手。(北京人民广播电台\一路畅通\2008.12.01)

综合2)和3)两种用法可知,"多半"的语义辖域大于助动词和其他与其同类的表推测义的情态副词,因而会出现于它们之前,这说明"多半"与命题的关系比较疏离,是凌驾于命题层面的超命题成分。

4)"多半"常出现于肯定句,也可以出现在否定句中。否定词既可以是否定动词或否定副词"没/没有",也可以是否定副词"不",未见否定副词"别"即用于祈使句的用例,如:

(11)如果还没见面,就让您花钱买这买那,那么这个人多半没安好心,您最好立刻报警。(北京电视台\法治进行时\2011.06.01)

(12)他痛苦地想着:"我们多半没有再见的机会了!我走

出去,就好像一只出笼的鸟,不会再飞回家来。"(巴金《家》)

(13)以瑞宣的聪明,当然也会想到钱先生既不喜欢见金三爷与野求,明天——或者永远——他<u>多半</u>不会再到那里去。(老舍《四世同堂》)

否定词作用于谓词性成分,而谓词性成分是命题真值表达所不可或缺的必备成分,而"多半"是凌驾于命题层面的超命题成分,它的语义辖域比否定词的大,因而倾向于出现在否定词前。

5)"多半"可以与强调结构"是……(的)"连用,以出现于高位谓语"是"前为常,高位谓语"是"通常表达说话人对某一命题的立场、态度或情感,如:

(14)周炳伸手摸了一下道:"<u>多半是</u>蚊子咬<u>的</u>。"(欧阳山《苦斗》)

(15)男人到了35岁,能成事的就成了,要是35岁还成不了事,<u>多半是</u>没啥前途<u>了</u>。(李可《杜拉拉升职记》)

(16)1995年是全世界反法西斯战争胜利50周年,若用卢沟桥事变、诺曼底登陆、攻克柏林等历史事件的精彩场面印挂历<u>是多半</u>会有市场,却不见有人干这类活儿。(1994年人民日报)

6)"多半"常出现在表达说话人观点或看法等主观性较强的语用环境中,上文常出现心理动词或认知动词,"多半"常位于它们的小句宾语中,如:

(17)据笔者<u>推断</u>,多半因为蒋介石潜意识中的"宗教隔膜"所致。(《蒋氏家族全传》)

(18)我离开尉迟快一年半了,<u>我想</u>,旧尉迟多半早已不复存在了。(1994年人民日报)

(19)他们刚打开地图寻找方向,一个青年男子就主动上前"搭腔"。按照经验,王先生觉得此人多半是小旅馆老板或者拉生意的出租车司机。(新华社2004年5月份新闻报道)

即使在心理动词或认知动词不出现时,"多半"也可以照样出现于表达说话人看法或观点的语用环境中,如:

(20)鉴于中国游泳目前并不景气,缺乏有实力的选手,金牌多半指望不上。(新华社2001年8月份新闻报道)

7)"多半"常出现于表达非现实语义的语用环境中,多出现在假设关系复句或让步条件关系复句的主句中,如:

(21)我们可以发现,在我们的日常生活里边,如果出现这样的情况,多半这个男的已经出轨了。(张颐武《从〈中国式离婚〉看家变》)

(22)就算师兄弟两人齐上,多半也敌不过洪七公这位弟子郭大侠。(金庸《神雕侠侣》)

此外,"多半"还可以出现在表达未然猜测义动词,如"估计""预计"等的小句宾语中,如:

(23)这科学家估计也多半就是球迷,他研究这个问题,怎么能够在点球大战当中取胜呢?(北京人民广播电台\话里话外\2010.06.12)

(24)预计这位32岁的前锋球星多半将自由转会至英格兰足球赛坛。(新华社2001年7月份新闻报道)

8)"多半"可出现于回溯推理句的原因小句中,其后常与"因为""为了""由于"等词连用或共现,前一小句中可以出现"(之)所以"等连词,如:

(25)咱们的日子是够紧的,多半就是因为您跟嫂子好吃

懒做！（老舍《女店员》）

(26) 她所以留下来没走,多半是为了那两个大的,由她带大,又是在家道正旺的时候,小孩子享了福,自然有许多讨人喜欢的风度养成。（王安忆《逃之夭夭》）

(27) 小陈是个营养不良的蜡黄的面孔。而马伯乐的面孔则是青勤勤的,多半由于失眠所致。（萧红《马伯乐》）

回溯推理是从"果"追溯到"因"的一种推理形式,和归纳推理与演绎推理不同,它属于或然性推理,是建立在推理者知识基础上所做的一种主观推测。(蒋景阳,2006)这正与"多半"表达或然性或可能性推测这一表义特征相契合。

通过以上几个方面可知,现代汉语的"多半"能够表达情态意义,已完全可以视作一个表达说话人对某一命题实现的可能性进行推测或估计的认识情态副词,具有较强的主观性,常常用作状语性成分,修饰其后出现的谓词性成分或命题,常出现于表达非现实语义和由果及因的语用环境中。

3 "多半"语义的历时发展

上文对现代汉语中副词"多半"的认识情态用法进行了说明,吕叔湘(1999:187)曾指出现代汉语阶段的"多半"有三种用法:1.表示某一数量内的半数以上;大部分。可儿化。2.通常。3.表示对情况的估计;很有可能。但是,这三个用法之间是一种怎样的关系,未见有人探讨过,因而,有必要从历时的角度对"多半"的语义发展过程进行梳理与说明。

3.1 根据对北京大学中国语言学研究中心CCL语料库古代

汉语库的考察发现,"多"与"半"唐代始连用,用例仅 3 见,如:

(28)郭外相连排殿阁,市中多半用金银。(张籍诗)

(29)更有仙花与灵鸟,恐君多半未知名。(方干诗)

此时的"多半"还未凝合成词,应理解为短语,义为"多于一半;超过一半"。

到了宋代,"多半"的用例仍很少见,如:

(30)两鬓萧萧、多半已成丝。(王之望词)

(31)今人往往过严者,多半是自家不晓,又虑人欺己,又怕人慢己,遂将大拍头去拍他,要他畏服。(《朱子语类》卷一百八)

此时的"多半"似可看成一个词,表达约量,义为"大都;大多数"。例(31)"多半"回指位于其前的具有多数意义的名词性指称集合"过严者"。到了明代,表达约量、用于此种句法环境的"多半"依然使用,"多半"与其所回指的具有多数意义的名词性指称集合之间的关系更加紧密,表现为二者挨邻出现,中间可以不出现逗号,"多半"直接出现在谓词性成分前这一句法位置上,如:

(32)魏延、马岱奋力杀出,蜀兵多半落于水中,余众奔逃无路。(《三国演义》第一百二回)

(33)张天师在九间金殿上立了坛场,文武百官多半都是他的心腹。(《三宝太监西洋记》第十三回)

我们认为,这种句法环境和句法位置为"多半"发展出可能认识情态用法提供了句法基础。

3.2 "多半"作为情态副词,始见于明代,出现于谓词性成分前,例仅 2 见,如:

(34)帖木儿说道:"这个贼多半不是人,是个甚么精灵鬼

怪。"(《三宝太监西洋记》第五十三回)

(35)晁书媳妇在那厢房吃着饭,听见舅爷合夫人说的话,心里道:"苦哉！苦哉！撞见这个冤家,好事多半不成了！"(《醒世姻缘传》第十八回)

到了清代,情态副词"多半"虽用例相对较少,但已开始出现与现代汉语相同的部分用法,如：

(36)这廖天成原是个谄媚之人,立刻逢迎道:"若据门生想来,多半是开封府与老师作对。"(《七侠五义》第四十三回)

(37)宋起凤说:"岳父,千万别叫他进来,多半他是彭大人那边的奸细。"(《彭公案》第一四三回)

(38)据我看来,他并不是赌气投井。多半他下去住着,或是在井跟前憨顽,失了脚掉下去的。(《红楼梦》第三十二回)

(39)我与这朋友上街有事,多半今晚不能回来。(《狄公案》第十七回)

(40)我索性告诉你细细致致吧！你多一半许没安着好心眼。(《小五义》第七十一回)

(41)(艾虎)自己就知道这个骑驴的多一半准是个贼。(《小五义》第八十六回)

(42)据我看起来,那陈人多半是愿去的。(《侠女奇缘》第六十二回)

(43)他必定嫌我老了,大约他恋着少爷们,多半是看上了宝玉,只怕也有贾琏。(《红楼梦》第四十六回)

通过由唐代至明代的语言事实,我们未能发现"多半"由约量演变出可能认识情态用法的详细过程,也未能发现"多半"存在语义理解两可的过渡桥梁阶段。

3.3 除了约量和可能认识情态用法之外,到了清代,"多半"发展出了一种新用法,常出现在表达风俗习惯、性格品质等具有惯常意义的语用环境中,义为"通常;大多数情况下",此时句子一般为具有判断功能的说明型指类句(generic sentence)(徐盛桓,2010;张磊、姚双云,2013),如:

(44)北边人多半是扎着裤腿,那眉梢眼角都是吊得高高的,全没有一些儿温柔袅娜的丰神。(《九尾龟》第一百四十四回)

(45)脉象都和前头差不多,不过两尺沉迟一点,这是年老人多半如此,不要紧的。(《二十年目睹之怪现状》第一百一回)

这种用法在民国时期及现代汉语中也一直存在,如:

(46)河南妇女,尚仍旧俗,多半缠足。(《民国演义》第三十二回)

(47)所谓"包身婆"多半指与男人有性契约关系而无婚姻关系的女人。(1994年报刊精选)

在现代汉语中,还出现了"多半来说"这样的固定搭配,义为"通常来说",如:

(48)民进党过去跟国民党比起来的时候,多半来说,他是比较倾向于跟农、渔、劳,就是农民、渔民、劳工,还有一些乡村地区的老年人口,也是他们最主要的支持对象。(中央电视台\海峡两岸\2008.06.27)

"多半"还可以与"通常""往往"连用或对举使用,可见它们意义较为接近,如:

(49)价值一元论究竟满足了人类的什么要求,价值多元论又为什么总是难以为人接受？……人们<u>通常多半</u>会以为，价值一元论和价值多元论的根本区别无非在于，前者只要一个价值或较少的价值，而后者则要多种价值乃至全部价值……（《读书》）

（50）没有看上的还要愣买，买回去<u>多半儿</u>也扔柜角，而不经意间喜欢上的，<u>往往</u>爱不释手。（北京电视台\7日7频道\2008.01.24）

3.4 综合上述，从唐代到现代，"多半"经历的语义演变过程可概括为下表：

表1 "多半"的语义发展过程

时代 \ 分类角度	语义及用法		
	约量	可能认识情态	惯常
唐	－		
宋	＋		
明	＋	＋	
清	＋	＋	＋
清代以降	＋	＋	＋

注："＋"表示该时期已具备该种语义和用法，"－"表示不具备

由此表可以看出，1)"多半"的约量用法产生最早，可能认识情态用法次之，惯常用法产生最晚；2)吕先生所指出的"多半"在现代汉语中的三种用法最晚在清代就已全部出现。因此，本文认为，"多半"的可能认识情态用法由约量用法直接发展而来，约量是可能认识情态的直接语义源，这可以得到三方面语言事实的支撑：a."多半"的可能认识情态用法产生与出现得较为突然，未能从唐代到明代的语言事实中发现"多半"语义两解的过渡桥梁阶段；b."多半"惯常用法的产生与出现晚于可能认识情态用法，因而不太可能违逆时间而存在由惯常到可能认识情态的语义演变序

列;c.其他表约量的语言形式如"大半""八成儿""十有八九"等也都只有约量和可能认识情态两种用法,没有惯常用法,可见约量和可能认识情态之间的语义关联比较紧密,两个语义范畴之间存在的语义衍生关系具有一定的规律性,不单出现在"多半"的语义发展过程中。

4 "多半"由约量发展出可能认识情态的机制与动因

上文已述,"多半"的可能认识情态用法由约量用法发展而来,那么约量缘何会发展出可能认识情态用法?在其发展过程中,什么因素对其语义演变起着决定性的制约作用?本节着力解决这两个问题。

4.1 根据考察可知,无论是表达约量还是可能认识情态,"多半"都常出现在谓词性成分 VP 前的句法位置上[①],其前常出现名词性成分 NP,所对应的句法结构为"NP+多半+VP"。由此可知,"多半"发生语义变化最典型的句法位置是谓词性成分 VP 前。我们认为,在"多半"常规化、固定化地出现在谓词性成分 VP 前这一句法位置上之后,句法因素在"多半"语义发展过程中所起的作用就相对不大了,而"多半"前名词性成分 NP 的内部语义结构及其变化对"多半"语义演变的发生起着较为重要的作用,因而有必

---

① "多半"也可以作为修饰限定语出现于名词性成分前,如"全国多半土地干旱连连","多半"可能认识情态用法的产生与此种用法关系不大,因而对此种用法本文不做讨论和说明。

要对两种用法中位于"多半"前的名词性成分 NP 的语义结构进行深入分析,找出其语义结构的变化规律,这对于厘清"多半"如何从约量用法发展出可能认识情态用法是非常有必要和有价值的。

4.1.1 在表达约量用法时,"多半"常出现在名词性成分 NP 后,回指 NP 所构成集合内的"大多数",即在数量上超过 1/2 的个体成员,此时该集合须具有[＋个体]和[＋多数]两个语义特征,所对应的句法结构为"[NP$_{[＋个体][＋多数]}$＋多半]＋VP",强调名词性成分 NP 所构成的指称集合内部的多于 1/2 的个体成员都和谓词性成分 VP 发生语义关联,例见(30)(31)。

4.1.2 在表达可能认识情态用法时,"多半"所在的句子往往表达说话人对命题实现的可能性的一种推测,因而"多半"常常出现在表达说话人态度、观点或情感和表达非现实语义的语用环境中,此种用法的"多半"语义后指,所对应的句法结构为"NP＋[多半＋VP]",其前名词性成分 NP 的内部语义结构比前一种用法丰富而且复杂,可分为四种情况:

a. 名词性成分 NP 作为一个整体或以整个集合的面目出现,虽然通过 NP 所含的外延范围仍可将其理解为具有多数意义,但是此时并不强调名词性成分 NP 所构成指称集合的内部个体成员的数量,其语义结构可概括为"NP$_{[－个体][＋多数]}$",如:

(51) 梁文道:(世界末日,笔者注)一定会来的。

　　　许子东:地球末日至少是。

　　　梁文道:对,然后<u>人类</u>也都<u>多半</u>会灭绝吧。

　　　窦文涛:我估计<u>地球末日</u>的时候人早就没了。(凤凰卫视\锵锵三人行\2012.12.19)

b. 名词性成分 NP 为由两个个体成员构成的复数集合,语义上无法再满足约量用法所必须具备的[＋多数]语义特征,其语义结构可概括为"NP$_{[+个体][+复数][-多数]}$",例见(39)。

c. 名词性成分 NP 为只包含一个个体成员的集合,语义上也同样无法再满足约量用法所必须具备的[＋多数]语义特征,其语义结构可概括为"NP$_{[+个体][+单数][-多数]}$",例见(36)—(38)、(41)—(43)。

d."多半"前出现述谓性成分 VP,因占据主语或话题的句法位置,其述谓性减弱、指称性增强,因而可具有指称化解读,可以将其理解为与其自身语义相应的体词性事件,该事件不具备量性特征,语义上无法满足约量用法所必须具备的[＋个体]和[＋多数]这两个语义特征,其语义结构可概括为"NP$_{[-个体][-多数]}$",如:

(52)大人此次出京,多半为这案件。(《施公案》第三百九十一回)

(53)就是说你好像认定了中国人,多半用伪钞的话,说他们用伪钞,多半是很可信,就是你觉得一帮中国游客都有可能用伪钞。(凤凰卫视\锵锵三人行\2008.03.04)

(54)田文华心贴职工,多半因为她是从职工中走来的。(1995年人民日报)

需要说明的是,在"多半"的可能认识情态用法日益成熟和稳固之后,它的使用范围也进一步扩大化了,这是语义发展所带来的必然结果,这种泛化现象可以从两个方面来说明:1)"多半"通常对未然性事件进行推测,但有时也可以对已然性事件进行推测,推测范围从未然扩大到已然,如:

(55)立新:这个星期容易被大家忽略的新闻还有一件,叫作"希拉里效应",您听说过吗?您多半没听说过,为什么?

(北京人民广播电台\话里话外\2010.01.16)

(56)昨天是正月十五元宵节,想必您<u>多半</u>会跟家人围坐在一起,热热闹闹地吃元宵。(天津人民广播电台\新闻广播\2013.02.25)

(57)考虑到丈夫<u>多半已经遇难</u>,但是在向丈夫所在单位报告情况的时候,她选择了失踪的说法。(中央电视台\东方时空\2008.06.23)

2)"多半"前名词性成分NP的内部语义结构与表达约量用法的一样即"NP[+个体][+多数]"时,"多半"不能理解作约量,而是依然理解为表达可能认识情态,这是新出现的用法,用例较为少见,如:

(58)离开普里兹伦,醒目的马其顿阿族"民族解放军"的标语一掠而过,接着又看到城郊增加了许多新坟头。估计,<u>这些新坟多半</u>是今年马其顿冲突中阿族阵亡者的归宿。(新华社2001年8月份新闻报道)

4.1.3 综合上文所述,名词性成分NP的内部语义结构及其变化对"多半"的语义发展起着重要的制约作用,伴随着名词性成分NP语义结构的变化,"多半"的语义演变过程呈现出如下几个特点:

1)指称对象由有到无。表达约量时,"多半"具有明确的指称对象,回指其前出现的名词性成分NP;而表达可能认识情态时,"多半"前的句法位置上出现具有复数或单数意义的名词性成分,甚或是不具备量性特征的谓词性成分时,就无法构成一个满足"多半"字面语义要求的指称集合,造成其指称对象的缺失。

2)指称集合表量意义的消解。表达约量时,"多半"要求其所回指的名词性成分NP具有多数意义;而表达可能认识情态时,与

"多半"具有直接语义联系的名词性成分(含指称化的谓词性成分)不能再作多数意义解,不再强调量的表达。

3)语义指向的位置转移。在"多半"由约量向可能认识情态发展的过程中,其语义指向发生了由前到后的位置转移。表达约量时,"多半"的语义前指,与其前名词性成分 NP 的关系紧密;而表达可能认识情态时,"多半"常常后指,与其后谓词性成分 VP 的关系紧密。有时,"多半"也可以出现在句子前,其语义仍然后指。

结合名词性成分 NP 的语义结构和上述几个特点,"多半"由约量用法发展出可能认识情态用法的演变阶段可归纳为下表:

表2 "多半"语义发展过程中句法、语义、语用关系匹配表

分类角度 用法	名词性成分 NP 的内部语义结构	所出现的 句法格式	所出现的 语用环境	"多半"的 意义解读
约量	[+个体][+**多数**]	[**NP**+**多半**]+VP	客观;叙实; 已然	大多数; 大部分
可能认 识情态	[−个体][+多数] [+个体][+复数] [−多数] [+个体][+单数] [−多数] [−个体][−多数] [+个体][+多数]	NP+[**多半**+**VP**] **多半**+[NP+**VP**]	主观; 非叙实/叙 实;未然/ 已然	可能、 大概、 也许

注:"内部语义结构"栏下加粗显示的部分表示所强调的语义特征,"句法格式"栏下"[ ]"内加粗显示的部分表示它们之间的关系密切

4.2 我们认为,在"多半"由约量发展出可能认识情态的语义演变过程中,隐喻(metaphor)起着至关重要的制约作用。

Traugott & Dasher(2002:29,80—81)指出,隐喻的作用是在演变初始对推理进行限制,并且通常也是演变的结果。"多半"的约量用法作用于数量域(quantification domain),此域本质上属于

行域,表述视角基于客观事物或事件,客观性较强,主要用于陈述客观事物或事件的数量,强调多数义名词性指称集合中的个体数量多于一半;"多半"的可能认识情态用法则作用于认识域(cognitive domain),此域本质上属于知域,表述视角基于说话人的认识,主观性较强,主要用于强调说话人对某一命题或事件实现可能性的推测与判断。概而言之,"多半"的作用域经历了"数量＞认识""行域＞知域"的语义转移,这一转移与隐喻密切相关。

沈家煊(2009)曾指出,"隐喻是用一个概念来表达另一个相似的概念,或者说,是从一个概念到另一个概念的'投射'",而"投射是一种突变"。从本质上来讲,约量用法的"多半"强调对"数量"进行"估量",而可能认识情态用法的"多半"则是强调对事件或命题实现的可能性进行"估量",[＋估量]是"多半"的核心语义,两种用法的"多半"在"估量"上具有相似性或一致性,这是隐喻起作用的重要前提与基础。上文已述,"多半"可能认识情态用法的产生与出现较为突然,在从唐代到明代未能发现"多半"语义两解的过渡桥梁阶段,这一语言事实能够说明从约量到可能认识情态是一种概念投射,是隐喻对语义演变过程起作用的重要表现,约量到可能认识情态的发展是一种突变,不具有渐变性,可能认识情态用法直接由约量用法发展而来,约量是可能认识情态的直接语义源。

5 结语和余论

"多半"在隐喻的作用下,由约量用法发展出可能认识情态用法,"多半"前句法位置上名词性成分 NP 内部语义结构的变化使得"多半"的语义演变得以发生。约量是可能认识情态的直接语义源,汉语中存在着"约量＞可能认识情态"的语义演变序列。

需要进一步补充和说明的是,1)在汉语中,通过表约量的语言形式来表达可能认识情态,而通过表确切大量的语言形式来表达必然认识情态,如"百分之百""百分百",例如:

(59)如果刚上岸时老师就采取控水、人工呼吸等急救措施,明亮百分之百不会死去。(1994年报刊精选)

(60)这段话真的是非常有名,在日本,只要是提到项羽和刘邦的时代,就几乎都会提到这段话,尤其是写给那些商务阶级所看的历史书中,更是百分百一定会出现。(中国武将列传)

2)在汉语中,量与情态之间的关系密切,量对情态敏感,表量成分易于走上情态化的道路。除了上文所述"多半""大半""八成""十有八九""百分(之)百"等语言形式外,汉语中还有许多表量的语言形式同时具有情态用法,下面只以"庶"和"概"为例进行简要说明。"庶"在表量时,义为"众多";同时"庶"也具有"可能"义,表达可能认识情态,例如:

(61)君子之本,既庶且多。(《诗经·大雅·卷阿》)

(62)君姑修政而亲兄弟之国,庶免于难。(《左传·桓公六年》)

"概"在表量时,用作全称量化副词,义为"一律,一概",如:

(63)余以所闻由光义至高,其文辞不少概见,何哉?(《史记·伯夷列传》)

这种用法在现代汉语书面语性较强的语言中仍有,如"概不赊欠"。随着语言的发展和双音化的倾向,由"概"作为构词语素的双音节副词"大概"在近代汉语发展出来了"也许;可能"义,表达可能

认识情态,如:

(64)大概风光霁月之时少,阴雨晦暝之时多。(《大宋宣和遗事·元集》)

董正存(2016)通过对汉语、英语和日语的考察发现,情态倾向于依附在表量的语言形式上,量是情态表达的一个前提和基础,情态是量发展演变的目标和方向之一,情态常常会借助和依附于量进行表达。虽然根据 Van der Auwera & Vladimir A. Plungian(1998)对 30 多种语言的调查,情态的源语义中没有表量这一语义项,但是根据汉语等几种语言的语言事实可知,"量＞情态"的语义演变在这几种语言中有一定的现实性,这一语义演变是否具有语言类型学意义上的普遍性,是否为人类语言语义演变的共相,还有待于对大量其他语言进行广泛调查和深入挖掘。

参考文献

北京大学中文系 1955、1957 级语言班　1982　《现代汉语虚词例释》,北京:商务印书馆。

崔诚恩　2002　现代汉语情态副词研究,中国社会科学院研究生院博士学位论文。

董正存　2016　结构省缩与情态依附——以让步条件结构式为例,《世界汉语教学》第 4 期。

高　松　2009　副词"多半(儿)"的语义指向,《现代语文》第 1 期。

郭瑞娟　2014　现代汉语语气副词研究,吉林大学硕士学位论文。

郭新雨　2003　现代汉语语气副词研究,天津师范大学硕士学位论文。

贺　阳　1992　试论汉语书面语的语气系统,《中国人民大学学报》第 5 期。

季　薇　2001　现代汉语副词问题研究,天津师范大学硕士学位论文。

蒋景阳　2006　溯因推理对幽默的解读,《外语与外语教学》第 3 期。

李　泉　1996　副词和副词的再分类,载胡明扬主编《词类问题考察》,北京:北京语言学院出版社。

李宇明　2000　《汉语量范畴研究》,武汉：华中师范大学出版社。
李宗江、王慧兰　2011　《汉语新虚词》,上海：上海教育出版社。
刘海生　2012　"多半"的语义指向及其制约因素,《语文知识》第1期。
吕叔湘(主编)　1999　《现代汉语八百词》(增订本),北京：商务印书馆。
罗耀华、刘　云　2008　揣测类语气副词主观化与主观性,《语言研究》第3期。
罗主宾　2013　明清时期语气副词研究,湖南师范大学博士学位论文。
潘　田　2010　现代汉语语气副词情态类型研究,武汉大学博士学位论文。
齐春红　2006　现代汉语语气副词研究,华中师范大学博士学位论文。
齐沪扬　2003　语气副词的语用功能分析,《语言教学与研究》第1期。
齐沪扬(主编)　2011　《现代汉语语气成分用法词典》,北京：商务印书馆。
沈家煊　2003　复句三域"行、知、言",《中国语文》第3期。
沈家煊　2009　跟语法化机制有关的三对概念,载吴福祥、崔希亮主编《语法化与语法研究》(四),北京：商务印书馆。
盛丽春　2003　或然语气副词"大概"、"也许"和"恐怕"的功能分析,延边大学硕士学位论文。
石文娟　2013　"大半"和"多半"共时比较与历时演变,华中师范大学硕士学位论文。
史金生　2003　语气副词的范围、类别和共现顺序,《中国语文》第1期。
王振广　2009　多维视野下的现代汉语语气副词研究,西北师范大学硕士学位论文。
王自强(编著)　1998　《现代汉语虚词词典》,上海：上海辞书出版社。
肖奚强　2002　《现代汉语语法与对外汉语教学》,上海：学林出版社。
邢福义　1993　现代汉语数量词系统中的"半"和"双",《语言教学与研究》第4期。
徐晶凝　2007　《现代汉语话语情态研究》,北京：昆仑出版社。
徐盛桓　2010　指类句研究的认知-语用意蕴,《外语教学与研究》第2期。
杨荣祥　1999　现代汉语副词次类及其特征描写,《湛江师范学院学报》第1期。
余　琼　2013　现代汉语语气情态副词的构句、联句能力研究,华中师范大学硕士学位论文。
张　磊、姚双云　2013　从语体视角考察指类句的句法特征和分布情况,《语言教学与研究》第 2 期。

中国社会科学院语言研究所词典编辑室 2012 《现代汉语词典》(第 6 版),北京:商务印书馆。

朱景松(主编) 2007 《现代汉语虚词词典》,北京:语文出版社。

朱 丽 2005 揣测语气和揣测语气副词,上海师范大学硕士学位论文。

朱 宁 2005 价值判断语气副词表达功能中的锚定效应,北京语言大学硕士学位论文。

Traugott Elizabeth Closs & Richard B. Dasher 2002 *Regularity in Semantic Change*. Cambridge:Cambridge University Press.

Van der Auwera,Johan & Vladimir A. Plungian 1998 Modality's semantic map. *Linguistic Typology* 2:79—124.

Talmy 两分法类型学的奥秘：
宏事件的事件融合及语法化

杜 静 李福印 贾红霞 李金妹 徐萌敏

（北京航空航天大学外国语学院）

1 引言

认知语言学创始人之一 Leonard Talmy，从类型学视角出发，依据路径（path）元素的跨语言表征，将人类语言划分为动词框架语言（verb-framed languages）与卫星语框架语言（satellite-framed languages）两种类型，称为 Talmy 两分法类型学。（Talmy，1985、2000:117）迄今为止，Talmy 的两分法类型学产生了广泛影响，并引发了大量实证研究。其中，语言学研究大都以运动事件为出发点，通过对比运动事件中不同语义元素（包括焦点、运动、路径、背景、方式和原因等）的形式表征来判定某种语言的类型归属，进而揭示人类认知的普遍原则和不同语言或民族的认知类型模式。目前所涉及的语言遍布不同语种，包括日耳曼语（如英语、德语、荷兰语）（Slobin，1996、2004；Özçalışkan，2004、2005；Beavers et al.，2010）、罗曼语（如法语、意大利语、西班牙语、罗马尼亚语）（Aske，1989；Cardini，2008；Kopecka，2013）、斯拉夫语（如俄语、波兰语）

(Croft et al.,2010)、汉藏语(如汉语)(Chu,2004;Chen & Guo,2009、2010;阚哲华,2010;李雪,2009、2012;史文磊,2011、2012)以及阿尔泰语(如土耳其语)(Özçalışkan & Slobin,2003)等。由此可见,Talmy 的两分法类型学为探究人类认知开辟了独特路径。

本文以汉语动趋式为案例,从事件融合和语法化视角系统阐释两分法类型学的理论本质。本文第 2 部分详细阐释宏事件的概念结构,第 3 部分介绍研究方法和研究假设,第 4 部分运用具体语料论述事件融合和语法化,第 5 部分为结论。

2 宏事件

宏事件是 Talmy 认知语义学中的重要理论发现之一。作为一个语义概念,宏事件实际上是一个基本的、复杂事件范畴或事件复合体(event complex)。(Talmy,2000:216)一方面宏事件由一个单句表达,常常概念化为整合的单元事件;另一方面,对这样的单句更详细的句法和语义分析表明,它们的概念结构和内容与一种复杂事件很相似,而且它们确实经常可以用复合句替换表达(Talmy,2000:216—217)。下面,我们具体介绍宏事件的概念结构和 Talmy 目前提出的五类宏事件。

首先,就概念结构而言,宏事件由框架事件(framing event)、副事件(co-event)以及三个事件之间的支撑关系(support relation)构成(如图 1)。顾名思义,在宏事件中,框架事件是主事件,为整个宏事件提供整体概念框架。相对而言,副事件是附属事件,是一个辅助角色,对整个宏事件概念结构的贡献和决定能力较小。框架事件为副事件提供基底,在概念上作用于副事件。副事件为框架提供支撑,可以补充、阐释、增容以及激活框架事件。框架事件和副事件之间的支撑关系包括先发关系、使能关系、使因关系、方式关系、伴随关系以及后发关系等。(Talmy,2000:41—47)

同时,由图1可知,框架事件包括焦点、运动、路径和背景四个核心语义元素。其中,[路径]或[路径+背景]构成宏事件的核心图式。与框架事件不同,副事件仅由一个语义元素构成,方式或原因是最常见的副事件。两分法类型学的提出正是基于宏事件中[路径]或[路径+背景],即核心图式的句法表征提出的。具体来说,典型动词框架语言表示核心图式编码在动词词根中的语言,主要包括西班牙语、意大利语等罗曼语;典型卫星语语言表示核心图式编码在动词词根周围卫星语(如词缀、小品词等)中的语言,主要包括英语、俄语以及德语等。就汉语来说,古代汉语属于典型动词框架语言(史文磊,2011、2012),而现代汉语则属于非典型卫星语框架语言,因为现代汉语还包括少量均衡框架构式(如他走进房间;他进了房间)。(Slobin,2004;Talmy,2012)这里需要注意的一点是,Talmy的类型学是针对宏事件核心图式的语言编码提出的,因此判断语言类属过程中,应首先判断所分析的事件是否是宏事件,然后再分析其核心图式是编码在动词词根中还是卫星语中。

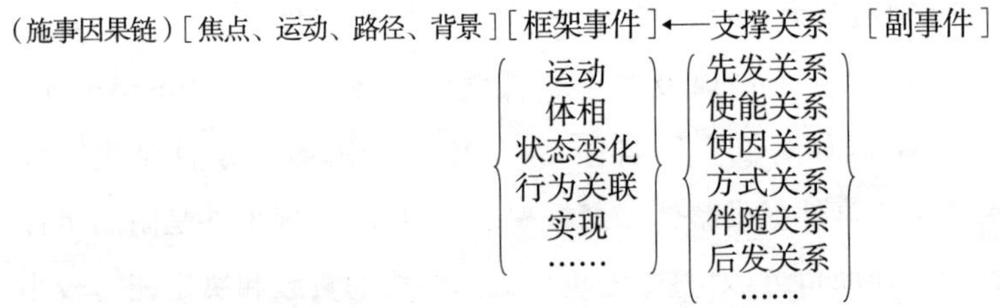

(施事因果链)[焦点、运动、路径、背景][框架事件]←——支撑关系　[副事件]

{运动 / 体相 / 状态变化 / 行为关联 / 实现 / ……}　{先发关系 / 使能关系 / 使因关系 / 方式关系 / 伴随关系 / 后发关系 / ……}

图1　宏事件的概念结构(Talmy,2000:221)

如图 1 所示,以框架事件作为分类标准,Talmy 提出如下五类宏事件:运动事件、体相事件、状态变化事件、行为关联事件和实现事件。表 1 为五种宏事件的现代英语和汉语表征。运动事件,如表 1 中(1),表示焦点在空间中的位移,由框架事件"球进来了"和副事件"球滚动"融合而成,核心图式编码在"in"和"进来"中。体相事件,如表 1 中(2),表示焦点沿时间背景的运动,由框架事件"他们继续下去"和副事件"他们谈话"融合而成,在表征层面,体相事件的核心图式编码在补语"on"或"下去"中。状态变化事件,如表 1 中(3),表示焦点沿特征背景的变化,由框架事件"蜡烛熄灭"和副事件"吹蜡烛"构成。在英语和汉语中,状态变化事件的核心图式分别编码在介词"out"和"灭"中。行为关联事件,如表 1 中(4),表示两个施事的伴随活动,如第一个施事唱歌,第二个施事随着他一起唱。行为关联事件体现的是框架事件"第二个施事伴随"和副事件"第一个施事唱歌"的融合,核心图式编码在副词"along"和"随着"中。实现事件实际表示施事目的实现过程,表示焦点沿目的背景的运动,直到目的实现。如表 1 中(5)中,"警察追捕到逃犯"融合了框架事件"逃犯抓到"和副事件"警察追捕逃犯",核心图式编码在补语"down"和"到"中。

表 1　五类宏事件(Talmy,2000:214)

(1)运动事件	The ball rolled **in**.	(球滚进来了。)
(2)体相事件	They talked **on**.	(他们继续谈下去。)
(3)状态变化事件	The candle blew **out**.	(蜡烛吹灭了。)
(4)行为关联事件	She sang **along**.	(她随着唱。)
(5)实现事件	The police hunted the fugitive **down**.	(警察追捕到逃犯。)

目前,大多数 Talmy 类型学的文献主要依据运动事件来判定所探讨语言的类型归属,而其他四类宏事件的研究关注明显不足。

(李福印,2013)鉴于此,本文以汉语中的动趋式为例,阐述动趋式如何表征这五种宏事件,并探讨宏事件的事件融合和语法化等问题。

3 研究方法

本文通过实例列举的定性研究方法,论证宏事件中的事件融合及语法化。语料均取自北京大学CCL语料库。

本文的研究假设为:

宏事件的简单表征结构由表征框架事件和副事件的两个简单小句融合和语法化而成。

在现代汉语中,动趋式属于动补结构,由方式动词和趋向动词组合而成。(赵元任,2015[1979]:204)本研究选择现代汉语动趋式作为论据,主要基于三个原因:一、动趋式中的趋向动词数量有限且稳定,有利于语料检索;二、动趋式表征了五种不同的宏事件,有利于全面系统地论证五种宏事件中的事件融合和语法化;三、趋向动词属于封闭语类。

表2列举了现代汉语中的所有简单趋向动词和复合趋向动词,其中复合趋向动词由简单趋向动词"来"和"去"与其他简单趋向动词搭配构成。在第4部分,我们通过具体例句阐述动趋式如何表征五种宏事件,以及宏事件的事件融合和语法化。

表2 趋向动词列表(朱德熙,2000[1982]:128—131;刘月华,2008[1998]:1)

简单趋向动词(11)	来,去,上,下,进,出,回,过,起,开,到
复合趋向动词(17)	上来,上去,下来,下去,进来,进去,出来,出去,回来,回去,过来,过去,起来,开来,开去,到……来,到……去

4 宏事件的事件融合及语法化

4.1 宏事件的事件融合

如上文所述,宏事件主要包括五类,即运动事件、体相事件、状态变化事件、行为关联事件和实现事件。运动事件之外的四种宏事件均为运动事件的隐喻扩展。

运动事件是日常生活中最为普遍和最易于感知的事件类型,这一宏事件主要融合了位移性框架事件和方式副事件,可以表示为[运动事件]=[运动+方式]+[路径]。在现代汉语中,焦点的路径可以通过上述 11 个简单趋向动词和 17 个复合趋向动词表示。但是在实际语言应用中,这些趋向动词通常和具体方式动词融合,构成宏事件。由于现代汉语中表示运动的方式动词较为多样化(如"跳、蹦、走、爬"等),我们选择常见的方式动词"跑"作为关键词,观察该动词与趋向动词的融合。如例(1)中,动词"跑"是方式副事件,表征运动的具体方式。趋向动词"到、进、去、出来"等表征焦点从一个空间运动到另一个空间的具体路径,为框架事件。在实际运动中,方式副事件与框架事件同时发生,融合为一个宏事件。由此看来,在运动事件中,动趋式表征了框架事件和副事件的融合。

(1) a. 陶行知从美国留学归来,不久就从城市跑到农村。

b. 洪英植跑进王宫,宣布中国兵变。

c. 科学史家都跑去搞科学社会史。

d. 但温公终于不听,旁边跑出来一个蔡京。

体相事件指焦点在时间维度上的位移。(Talmy,2000:231)以谈话为例,谈话实际是交流的一种方式,因为交流可以通过文字、手势甚至眼神等方式进行。如例(2)中,趋向动词"到、起、过、出来"等表示交流活动的继续,可以识解为焦点即谈话的内容在时间路径上的位移,是体相事件的核心图式,为框架事件。动词"谈"编码了口腔肌肉的运动和通过声音媒介传递信息的方式,是具体的副事件。副事件动词与体相事件即趋向动词之间的支撑关系是构成关系,"填充"在以时间结构为框架的概念域里。(Talmy,2000:232)因此,动趋式"谈到、谈起、谈过、谈出来"等表征了体相类宏事件中框架事件和副事件的融合。

(2)a.人们谈到哲学或宗教时,心中所想的与之相关的观念,可能大不相同。

b.如果缺少了这个"中介",史学便无从谈起了。

c.前面谈过,语言一进入使用就发生演变。

d.有意见尽量谈出来,不要……

状态变化事件表示物体或情景特征的变化。(Talmy,1991、2000:237;杜静、李福印,2015、2016)在状态域中,物体的性质存在从无到有、从少到多或相反方向的性质变化过程,可以类比为空间域中物体的位置变化。以动词"热"和"涨"作为关键词,在语料库中进行搜索,本文发现动趋式也适用于表征状态变化事件,如例(3)中,天气、专业、股票等可概念化为焦点实体,非施事性动词"热"和"涨"词汇化了[状态变化+原因]两个义素,是整个宏事件的副事件;而趋向动词"起来、下去、上去、回来"等则表示状态的变化趋势,隐喻性地识解为温度计刻度或标尺上的数量位移,是整个状态变化事件的核心图式,为框架事件。由此可见,动趋式也可以表征状态变化事件中框架事件和副事件的融合。

(3)a.天热起来了,病房里的空气黏滞而郁闷。

b. 热门专业真的能热下去吗?

c. 有人说,杨百万来了,股票也不会涨上去。

d. 这次指数是从512点涨回来的。

行为关联事件表示两个施事之间的共同活动,在这一宏事件中,一个有意图的施事者影响或维持他自己的行为和后一个行动者行动之间的一种特定关联。(Talmy,2000:254)框架事件由这种特定关联构成,而副事件由施事发出的具体行为构成。如例(4)中,谈话、唱歌等活动通常都至少有两个参与者。在现代汉语动趋式中,框架事件即关联成分编码在趋向动词中(如"起来、下去"),而副事件则编码在方式动词中(如"谈、喝、唱")。由此可见,动趋式表征了行为关联事件中框架事件和副事件的融合。

(4) a. 我跟他就是谈不来,他很幼稚!

b. 二人斟满杯子又喝起来。

c. 小孩儿跟在后面凑趣儿,竟在那里拍着小手唱起来了。

d. 闻此,笔者不好意思接着话茬谈下去。

实现事件是表示施事者意图实现的一种事件类型。(Talmy,2000:261;严辰松,2005;贾红霞、李福印,2015)在实现事件中,框架事件表示意图的实现,副事件则指意图实现的方式。(Talmy,2000:262—263)如例(5)中,施事性动词"抓"暗含了施事者抓某人的意图,表达未尽完成义或是隐含完成义,是副事件,而趋向动词"到、进去、起来"等卫星语表达施事者意图的最终实现,表征框架事件。因此,在实现事件中,动趋式也体现了框架事件和副事件的融合。

(5) a. 曹操把华佗抓到许都。

b. 杰克布被日本人抓进去了。

  c. 最后单雄信被抓起来了。

  d. 我们也把他抓回来了。

  综上所述，Talmy提出的五种宏事件都可以通过动趋式表征。动趋式中方式动词和趋向动词的结合恰好呈现了宏事件中框架事件和副事件的融合。更重要的是，五种宏事件在现代汉语中所呈现的融合模式和表征结构论证了本文的研究假设：Talmy的类型学实质为事件融合类型学，宏事件的简单表征结构式由表征框架事件和副事件的两个简单句融合而成。但是需要注意的是，动趋式只是现代汉语中的一种句法结构，古汉语中的谓语通常由单音节动词充当。(石毓智，2011:109)这说明，宏事件中的事件融合在语言发展过程中呈动态变化，经历了语法化过程。下面，我们将结合古汉语中的具体实例阐释事件融合的语法化。

4.2 事件融合的语法化

  语法形式的变化是语言发展过程中不可避免的趋势，因为语言在使用过程中会受到各种因素的制约或影响。(石毓智，2011:1)本研究认为，在众多因素中，概念化方式的变化是语法形式变化的一个主要动因。具体来说，不同民族或者同一民族在不同历史时期运用不同方式来概念化外在世界，从而形成了不同的语义系统和语法系统。(石毓智，2011:109)以宏事件(或复杂事件)为例，汉民族在不同历史阶段采用不同的概念化方式认知宏事件，因此，在不同时期运用不同的语法结构来表征这一事件复合体。从上古到中古再到近现代，宏事件的形成经历了复杂事件、低融合宏事件到高融合宏事件三个主要阶段。下面，我们通过不同时期的历史语料阐释与动趋式相匹配的事件融合过程。

  首先，在上古时期，趋向连动式是表征复杂事件的典型构式，由趋向动词和运动动词搭配构成。(如例6)这一时期的连动式与动趋式是同形异构,因为一方面趋向连动式中的趋向动词和运动动词可以插入中间语法成分,如"以"和"而"[(6a)和(6b)],另一方面两类动词可以更换顺序[如(6c)和(6d)]。(梁银峰,2007:82—83)另外,不同于动趋式,趋向连动式中的趋向动词包含致使义素,如(6a)和(6b)分别表示"拿出宝玉和大弓以使某人出来""因为率领而使得某人进入关塞"。在概念结构层面,趋向连动式中的运动动词和趋向动词分别表征两个简单事件,这两个事件在时间维度上呈并列顺序分布。如例(6)中,"取出""引入""逐出""出逐"均表示两个连动事件。由此看来,在上古时期,汉民族倾向于将两个看似紧密承接的事件概念化为两个独立的子事件,进而表征为趋向连动式。

(6)a.取宝玉、大弓以出。(《左传·定公八年》)

b.因引而入塞。(《左传·季将军列传》)

c.其舍人临者,晋人也逐出之。(《史记·秦始皇本纪》)

d.项羽出逐义帝彭城,自都之。(《史记·高祖本纪》)

中古时期,新兼语式和发展后的趋向连动式成为表征事件融合的主要构式结构。在这时期,新兼语式($V_动$+$V_趋$+O)进入发展阶段,构式中的$V_动$槽位不再局限于少数动词,而是开始容纳更广范围的动词。(梁银峰,2006:111)在新兼语式中,运动动词与趋向动词由一个名词(或名词短语)隔开,该名词既是运动动词的主语,又是趋向动词的宾语。(如例7)就事件融合程度而言,新兼语式中动宾($V_动$+O)和主谓(O+$V_趋$)两个结构的融合表征两个事件的融合。如(7a),"瑾引船"和"船出"两个事件融合为"瑾引船出"。与此相似,(7b)表示"引一鲈鱼"和"鲈鱼出"两个事件的融合。然而,虽然新兼语式呈现了事件融合,但是由于两个动词之间有语法成分隔开,两个事件之间的边界仍然保留,因此为低度事件融合。

较之新兼语式,进一步发展后的趋向连动式表征的事件融合度更胜一筹。具体来说,西汉以降,趋向连动式中的插入成分迅速减少,(魏兆惠,2005)趋向动词的致使语义脱落,连动结构内部结合的紧密度增强,两个动词之间的界限逐渐模糊。(梁银峰,2007:84)与先秦时期相比,趋向连动式在概念层面仍然表示两个简单事件的组合,但是两个事件的融合程度提高。两个事件开始由时间上的先后关系向逻辑上的因果关系转化,呈现时间到因果的隐喻。(Heine et al.,1991)如(7c),"引出五脏"意为"由于某人的引导,五脏六腑从孔中出来"。(7d)中,"引出周时鼎"表示"由于秦始皇的引诱,周时鼎出来"。事件关系的变化说明汉民族对客观世界的认知处于动态更新状态,由将承接事件概念化为两个简单事件向认知事件的逻辑关系发展。

(7) a. 瑾便引船出,逊徐整部伍,张拓声势,步趋船,敌不敢干。(《三国志·裴松之注》)

b. 须臾,引一鲈鱼出。(《搜神记》卷一)

c. 平旦,至流水侧,从孔中引出五脏六腑洗之,讫还内服中。(《搜神后记》卷二)

d. 秦始皇将我到彭城,引出周时鼎。(《道论·抱朴子》)

进入近代之后,动趋式的语法地位逐步确立,主要表现为趋向动词由核心动词弱化为动词补语,韵律格式也由重音弱化为轻音。随着趋向动词向趋向补语的转变,动趋式两个语法成分之间的边界完全消失,两者凝固成动趋式复合动词,如例(8)。(梁银峰,2007:85—90)与形式表征的语法化并行,动趋式的深层概念结构也发生了语法化。具体来说,在趋向连动式和新兼语式中,$V_动$和$V_趋$表征两个呈顺序分布的事件,两个事件在概念结构中地位相同,不分伯仲。相比之下,在动趋式中,$V_动$和$V_趋$融合为宏事件,$V_趋$表征宏事件中的框架事件,而$V_动$则表征副事件。也就是说,$V_动$和$V_趋$所表征的两个事件在概念结构中的地位发生了变化。$V_趋$所表征的事件为框架事件,包含了宏事件的核心图式,而$V_动$所表征的事件为副事件,是宏事件的附加事件。同时,两个事件的融合程度随着动趋式的形成也更为紧密,从顺序发生的两个事件融合为一个完整的事件复合体。这说明在近代时期,汉民族对事件的概念化方式再次发生变化,不但认知事件关系,还对事件的地位形成高度认识。宏事件的形成大大减轻了思维的概念加工负荷,成为一种经济有效的概念化方式。

(8) a. 丫鬟、养娘等引出新人交拜,鼓乐喧天,做起花烛筵席。(《喻世明言》卷六)

b. 要投入寺里强人,先引出寺外和尚。(《水浒传》第十七回)

c. 陈林一见,心内着忙,急将太子引出,仍回正宫去了。(《七侠五义》第一回)

d. 邓九公这话,正是要引出安老爷的话来。(《侠女奇缘》第十九回)

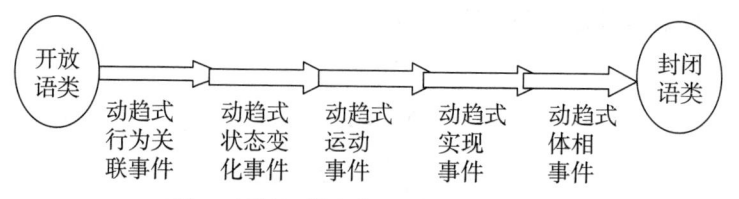

开放语类 → 动趋式行为关联事件 → 动趋式状态变化事件 → 动趋式运动事件 → 动趋式实现事件 → 动趋式体相事件 → 封闭语类

图 2 开放语类向封闭语类的变化路径

综合4.1中的五类宏事件和4.2中的事件融合语法化，我们可以发现趋向动词语法地位的变化是事件融合以及汉语类型归属的关键点。当趋向动词处于谓语动词地位时，事件融合程度低，汉语属于动词框架语言。当趋向动词处于动词补语地位时，事件融合程度高，汉语属于卫星语框架语言。由此，趋向动词的语法化过程可以概括为由开放语类(open-class)向封闭语类(closed-class)变化的进程。(如图2)在这一演变过程中，趋向动词对应五种不同的宏事件，但是这五个宏事件语法化程度不尽相同。可以确定的一点是，动趋式体相事件的语法化程度最高，因为"了""着""过"等在10世纪之前还是普通动词，发展至今已经虚化为体标记，成为动词的附着成分。(石毓智,2011:2—3)其他四个宏事件的语法化程度还需商榷，因此图2只是初步构想，还需要在未来研究中进一步探讨。

总体来讲，在汉语发展的历史长河中，汉民族对客观世界的概念化方式发生了显著变化。宏事件中的事件融合恰好反映了汉民族这种思维方式的渐进变化。同时，在概念化方式转变的驱动下，汉语的语法系统也发生了变化，主要表现为谓语动词向动词补语的转变。这种变化直接促使汉语的类型归属由动词框架语言发展为卫星语框架语言。简言之，概念化方式的变化直接导致语法系统的变化。概念化方式表现为事件融合，语法系统表现为类型归属。由此可见，事件融合和语法化推动了语言的转型，也就是说，事件融合及语法化是类型学的本质。

5 结论

Talmy两分法类型学通过考察事件语义元素的句法表征将

语言划分为动词框架语言和卫星语框架语言,为语际、语内研究提供了新视角,为探究人类认知开辟了一条路径。本文以汉语动趋式为案例,论证了 Talmy 两分法类型学的理论本质。通过古今语料定性分析,我们初步得出结论,Talmy 两分法类型学实质是事件的融合及语法化。现代汉语尤为如此。事件的融合及语法化过程从一定视角反映了汉语中概念化方式的演变,驱动了汉语从动词框架语言转型为卫星语框架语言。诚然,汉语的转型同样还受到双音化、语用以及社会发展等其他因素的影响,但是本文认为概念化方式的转变是促使汉语转型的一个至关重要的动因。本研究的创新之处在于将事件和语法化两大相对独立的研究领域有机结合,并尝试提出事件才是语法化和人类概念化方式演变过程中的不可消失的元素。通过对动趋式的分析,初步验证了本文的假设,即宏事件简单结构的小句表征是事件融合及语法化的结果。这一观点呼吁学界开展更多实证研究。

参考文献

杜 静、李福印 2015 施事性状态变化事件的词汇化模式,《语言学研究》第十八辑。

杜 静、李福印 2016 存在性状态变化事件的词汇化模式,《外语教学》第 1 期。

贾红霞、李福印 2015 状态变化事件与实现事件的概念界定,《外语教学》第 1 期。

阚哲华 2010 汉语位移事件词汇化的语言类型探究,《当代语言学》第 2 期。

李福印 2013 宏事件研究中的两大系统性误区,《中国外语》第 2 期。

李 雪 2009 英汉隐喻运动表达的对比研究,《外语学刊》第 3 期。

李 雪 2012 空间移动事件概念框架理论述评,《外语教学》第 4 期。

梁银峰　2006　《汉语动补结构的产生与演变》,上海:学林出版社。
梁银峰　2007　《汉语趋向动词的语法化》,上海:学林出版社。
刘月华　2008［1998］　《趋向补语通释》,北京:北京语言大学出版社。
石毓智　2011　《语法化理论:基于汉语发展的历史》,上海:上海外语教育出版社。
史文磊　2011　汉语运动事件词化类型的历时转移,《中国语文》第6期。
史文磊　2012　汉语运动事件词化类型研究综观,《当代语言学》第1期。
魏兆惠　2005　论两汉时期趋向连动式向动趋式的发展,《语言研究》第1期。
严辰松　2005　英汉语表达"实现"意义的词汇化模式,《外国语》第1期。
赵元任　2015［1979］　《汉语口语语法》,吕叔湘译,北京:商务印书馆。
朱德熙　2000［1982］　《语法讲义》,北京:商务印书馆。
Aske, J. 1989 Path predicates in English and Spanish: A closer look. Paper presented at the Annual Meeting of the Berkeley Linguistics Society.
Beavers, J., Levin, B. & Wei Tham, S. 2010 The typology of motion expressions revisited. *Journal of Linguistics* 46.2:331—377.
Cardini, F.-E. 2008 Manner of motion saliency: An inquiry into Italian. *Cognitive Linguistics* 19.4:533—569.
Chen, L. & Guo, J. 2009 Motion events in Chinese novels: Evidence for an equipollently-framed language. *Journal of Pragmatics* 41.9:1749—1766.
Chen, L. & Guo, J. 2010 From language structures to language use: A case from Mandarin motion expression classification. *Chinese Language & Discourse* 1.1:31—65.
Chu, C. 2004 Event conceptualization and grammatical realization: The case of motion in Mandarin Chinese. PhD dissertation, University of Hawai'i.
Croft, W., Barðdal, J., Hollmann, W., Sotirova, V. & Taoka, C. 2010 Revising Talmy's typological classification of complex event constructions. In H. C. Boas (ed.). *Contrastive Studies in Construction Grammar*. 201—236. Amsterdam: John Benjamins Publishing Company.
Heine, B., U. Claudi & F. Hünnemeyer 1991 *Grammaticalization: A Conceptual Framework*. Chicago: Chicago University Press.

Kopecka, A. 2013 Describing motion events in Old and Modern French. In G. Juliana & A. Stefanowitsch (eds.). *Variation and Change in the Encoding of Motion Events*. 163—183. Amsterdam: John Benjamins Publishing Company.

Özçalışkan, Ş. 2004 Typological variation in encoding the manner, path, and ground components of a metaphorical motion event. *Annual Review of Cognitive Linguistics* 2.1:73—102.

Özçalişkan, Ş. 2005 Metaphor meets typology: Ways of moving metaphorically in English and Turkish. *Cognitive Linguistics* 16.1:207—246.

Özçalışkan, Ş. & Slobin, D. I. 2003 Codability effects on the expression of manner of motion in Turkish and English. Paper presented at the Studies in Turkish Linguistics. Istanbul: Boğaziçi.

Slobin, D. I. 1996 Two ways to travel: Verbs of motion in English and Spanish. In M. Shibatani & S. A. Thompson (eds.). *Grammatical Constructions: Their Form and Meaning*. 195—220. Oxford: Clarendon Press.

Slobin, D. I. 2004 The many ways to search for a frog. In S. Strömqvist & L. Verhoeven (eds.). *Relating Events in Narrative: Typological and Contextual Perspectives*. 219—257. Mahwah, NJ: Lawrence Erlbaum Associates.

Talmy, L. 1985 Lexicalization patterns: Semantic structure in lexical forms. In T. Shopen (ed.). *Language Typology and Syntactic Description: Grammatical Categories and the Lexicon*. 57—149. Cambridge: Cambridge University Press.

Talmy, L. 1991 Path to realization: A typology of event conflation. Paper presented at the Annual Meeting of the Berkeley Linguistics Society.

Talmy, L. 2000 *Toward a Cognitive Semantics, volume II: Typology and Process in Concept Structuring*. Cambridge, MA: The MIT Press.

Talmy, L. 2012 Main verb property. *International Journal of Cognitive Linguistics* 3.1:1—23.

"V/A得慌"的词汇化及"得慌"的词缀化
——再论语法化的完形动因[*]

洪 波 关 键

(首都师范大学文学院 南开大学汉语言文化学院)

1 "V/A得慌"结构的古今差异

汉语的状态补语大约产生于唐代,自那以后,"V/A 得 Vp"结构逐渐成为汉语中一种很常见的句法结构。在这一句法结构已经相当盛行的元代前后,产生了"V/A得慌"。就我们所掌握的语料来看,最早的"V/A得慌"实例见于元代的戏曲作品。例如:

(1)好歹要吃得醉饱了才去,被他打搅得慌。(《全元杂剧·李寿卿·说鱄诸伍员吹箫》)

(2)这个来的却是蔡小娘子,怎生恁地走得慌?(《全元南戏·高明·蔡伯喈琵琶记》)

---

[*] 本成果为重大项目"中国境内语言语法化词库建设"(项目号:15ZDB100)的阶段成果。本文初稿是多年前我跟关键合写的,原标题为《"V/A得慌"的语法化和词汇化》,曾以关键个人名义在一次学术会议上选读。这次发表时我们对初稿进行了较大幅度的修改。

"V/A得慌"结构打一开始就有一种变体形式"V/A的慌"。例如：

(3)我这里走的慌,他可也赶的凶。(《全元杂剧·关汉卿·尉迟恭单鞭夺槊》)

(4)白侍卿要住下,着这二位催逼的慌,好生败兴。(《同上·马致远·江州司马青衫泪》)

我们说"V/A的慌"是"V/A得慌"的变体形式,而不仅是"V/A得慌"的异写形式,因为异写形式仅仅是书面的问题,而"V/A的慌"与"V/A得慌"之间恐怕不仅仅是书面异写问题,它很可能还反映了"V/A得慌"这一句法结构的不同语法化程度。

在现代北京话里,"V/A得(的)慌"是一种很常见的说法,拿现代北京话里的"V/A得(的)慌"与早期的"V/A得慌"进行比较,会发现有很大的不同。具体体现在以下几个方面：

(一)现代北京话里的"V/A得慌"结构的重音在V/A上,而不在"慌"上,并且已经成为固定重音模式,"慌"因此而发生语音弱化,在口语里的实际读音是 xəŋ⁰。在早期,尽管我们现在已经无法知道当时口语的实际念法,但是有一点却是肯定的,这个结构中的"慌"字一定不轻读,更不可能读轻声,因为所有的实例都显示句子的语用信息焦点就在"慌"上。所以,那时的"V/A得慌"确确实实是一个表示状态的述补结构,而现代北京话里的"V/A得(的)慌"怎样分析才是正确的这个问题还有待讨论,但绝不会有人把它看作表示状态的述补结构。《现代汉语八百词》认为该结构"表示情况、状态达到很高的程度",显然是把它归入了表示程度的述补结构里面去了。

(二)现代北京话里出现在"得(的)慌"前面的可以是动词,也可以是形容词,形容词还更常见。《现代汉语八百词》说"得慌""常用在以下词的后边:闷、闲、困、累、急、渴、愁、咸、闹、干、涩、苦、挤、呛、憋、气、热、堵、难受、憋闷",它所列举的多数都是形容词或有形容词用法。而在早期,"得(的)慌"基本只跟动词搭配。在《全元杂剧》里能与"得(的)慌"搭配的有:缠缴、缠、搂、打搅、赶(追赶)、催逼、揣、打、饿、渴、走、惊惊颤颤。这其中除了"饿""渴"和"惊惊颤颤"可以算作形容词或形容词短语之外,全部是动词,而且是自主的行为动词。

(三)现代北京话里的"V/A 得(的)慌"结构有着非常显著的词汇化倾向,它具有这样一些词汇性特征:其一,它与"清楚""明白""大方""小气""吝啬""方便""高兴""快乐""糊涂""干净""利索"等形容词一样具有前重后轻的重音模式,而且它的内部不可以再被打开插入别的成分。其二,它跟上述形容词一样可以接受程度副词"很""特""怪"等的修饰。例如:

(5)怪闷得慌/特憋闷得慌/很别扭得慌

也可以接受程度副词"有点儿"和"太"的修饰。例如:

(6)有点儿渴得慌/太憋屈得慌了

其三,它与"大方""小气""吝啬""方便""高兴""快乐"等形容词一样只能接受一般否定副词"不"的否定,而不能接受已然否定副词"没(有)"的否定。所以只能说:

(7)不闷得慌/不憋屈得慌/不想得慌/不愁得慌

却不能说:

(8)*没闷得慌/*没(有)憋屈得慌/*没有愁得慌/*没有愧得慌

其四,它总是以一个"整体"来充当句子的谓语、某些动词的宾语或者充当名词的定语。例如：

(9)拉惯了车,空着手儿走比跑还累得慌！(老舍《骆驼祥子》)

(10)王铁牛几乎不懂什么叫累得慌。(老舍《铁牛和病鸭》)

(11)天赐学了不少这种词藻,到真闷得慌的时候,会对着墙角送出几个恰当的发泄积郁。(老舍《牛天赐传》)

其五,形容词当中有一些会具有某种色彩意义,"V/A得(的)慌"结构就具有鲜明的色彩意义,它表示一种不如意的感受或感觉。所以能在这个结构中出现的动词形容词受到很大限制,常见的就是《现代汉语八百词》所列举的那些。能进入这个结构中的动词或者形容词要么本身就含有不如意感受的色彩意义,要么进入该结构之后会表达出这样的色彩意义。例如：

(12)……上面什么也不盖;底下热得好多了,可是上边又飘得慌。(老舍《牛天赐传》)

(13)"虱子皮袄",还得穿它,又咬得慌。(汪曾祺《云致秋行状》)

(14)不是,他身上一冷,脚也吸得慌,上下身儿都得活动着！(郭德纲相声《可鹊进京》)

"飘""咬""吸"本身都是不含不如意感受的色彩意义的,可是当它们进入这个结构中之后,整个结构具有表示不如意感受的色彩意义。

其六,由于"V/A得(的)慌"是一个具有形容词性的词汇单位,所以它不再能按句法模式来运作,它不能进入处置式,不能说：

(15)*把我闷得慌/*把我气得慌/*把我咬得慌/*把我

扎得慌

也不能进入被动式,不能说:

(16)*被他气得慌/*被头发茬子扎得慌/*被虱子咬得慌

这一点显然与其他状态述补结构迥异,其他状态述补结构都与处置式和被动式有着非常强的亲和力。例如:

(17)把我气得半死/把他整得很惨/把人闷得喘不过气来。

(18)我被他气得半死/他被我整得很惨/里面的人都被闷得喘不过气来。

根据以上六点七个方面,我们完全有理由把现代北京话里的"V/A 得(的)慌"看作一个词汇性单位,把其中的"得(的)慌"看作这个词汇性单位的后缀。

与现代北京话的情形相比较,早期的"V/A 得(的)慌"却是一个真正的句法结构,它完全遵循句法的模式运作,具体表现在以下几个方面:

(一)前面已经说过,早期"V/A 得(的)慌"的逻辑重音并不在 V/A 上,而在"慌"上,但 V/A 并不轻读,更不会读轻声,所以当时该结构应该有两个重音,只是"慌"字拥有了全句的逻辑重音,是句子的语用焦点,它在语流中读得更重些。有两个重音,就说明该结构不是词汇性单位,而是句法结构。

(二)早期的"V/A 得(的)慌"结构是可以打开的。例如:

(19)小生害得眼花,搂得慌了些儿,不知是谁,望乞恕罪。(《全元杂剧·王实甫·崔莺莺待月西厢记》)

(20)爹爹,我饿的慌可乐。(《全元杂剧·马致远·邯郸道省悟黄粱梦》)

(21)吓的慌了手脚,走不动。(《水浒传》第 10 回)

以上三个例子中"慌"的后面都有扩展,其中例(19)(21)两例"慌"后还出现了时体成分"了"。不仅如此,早期"V/A 得(的)慌"也不是唯一形式,其中的"慌"还可以被"慌张""慌速""慌慌张张"等替代。例如:

(22)我出城来,见一人走的慌张,敢是那人?(《全元杂剧·郑廷玉·宋上皇御断金凤钗》)

(23)楚重瞳杀的怕撞阵冲军,走的慌心忙意紧。(《全元杂剧·金仁杰·萧何月夜追韩信》)

(24)你看这厮走的慌慌张张的,你是什么人?(《全元杂剧·乔吉·李太白匹配金钱记》)

(25)把这些道士吓得慌上慌。(《三宝太监西洋记》第 9 回)

(三)早期的"V/A 得(的)慌"只能做句子的述谓成分。根据我们的调查,《全元杂剧》中"V/A 得(的)慌"共 21 例,《水浒传》中"V/A 得(的)慌"6 例,全部都是做句子的谓语,没有做宾语和定语的用例。

(四)早期的"V/A 得(的)慌"经常出现在被动式中,有时也出现在处置式中。根据调查,《全元杂剧》"V/A 得(的)慌"出现于被动句中的有 6 例,《水浒传》"V/A 得(的)慌"出现于被动句中的有 2 例。例如:

(26)白侍郎要住下,着这二位催逼的慌,好生败兴。(《全元杂剧·马致远·江州司马青衫泪》)

(27)好多要吃得醉饱了才去,被他打搅得慌。(《全元杂剧·李寿卿·说鱄诸伍员吹箫》)

(28)因此高太尉被赶得慌,飞奔济州。(《水浒传》第79回)

(五)早期"V/A得(的)慌"结构不能接受程度副词的修饰。根据我们的调查,"V/A得(的)慌"结构能接受其他程度副词修饰是相当晚的事情,在我们调查的语料范围内,清初的《醒世姻缘传》中有1例前面出现了"实是":

(29)小的实是穷的慌了,应承了他。(第47回)

到清代中叶的《红楼梦》里,有1例前面出现了"怪":

(30)贾母道:"那文的怪闷的慌,武的又不好。你倒是想个新鲜玩意儿才好。"(第108回)

不过"实是"和"怪"实际上都不是地道的程度副词,而是表示情态的副词,真正的程度副词是"很""特别"等,"V/A得(的)慌"结构接受这类地道程度副词的修饰则是很晚近的事情。例如:

(31)祥子本来觉得很冷,被这一顿骂骂得忽然发了热,热气要顶开冻僵巴的皮肤,浑身有些发痒痒,头皮上特别的刺闹得慌。(老舍《骆驼祥子》第9章)

(六)早期"V/A得(的)慌"结构的"慌"字后面可以加完成体标记"了",这个"了"与"慌"构成直接成分关系,"V/A得(的)慌了"的结构层次是:

(32)V/A得(的)‖慌了

洪波(2009)认为"(NP)V得 VP"结构若重音在VP上,则"(NP)V得"有显著的话题化倾向。早期的"V/A得(的)慌了"结构,正是重音在"慌"上,所以,"V/A得(的)"也具有显著的话题化倾向。现代北京话里的"V/A得(的)慌"后面也可以出现"了",但这个"了"不是完成体助词"了"而是句末助词"了",也就是"了$_2$",

所以"V/A得(的)慌了"的结构层次是：

(33) V/A得(的)慌 ‖ 了

早期"V/A得(的)慌了"和现代北京话里的"V/A得(的)慌了"虽然字面形式相同,而两者的结构层次是不相同的,早期"V/A得(的)慌了"的结构层次显然是句法运作的产物。

2 "V/A得慌"结构的词汇化及"得慌"的词缀化

以上我们论述了现代北京话的"V/A得(的)慌"与早期"V/A得(的)慌"的差异,这些差异显示现代北京话的"V/A得(的)慌"具有词汇性特征,而早期的"V/A得(的)慌"则是一个地道的句法结构,这是现代北京话"V/A得(的)慌"与早期"V/A得(的)慌"的根本性区别。不过,现代北京话里词汇性"V/A得(的)慌"也不是凿空产生的,它由早期的句法结构"V/A得(的)慌"演变而来,是一种词汇化的过程,而这个词汇性单位的产生则与"得慌"的凝固化和词缀化同步发生,"得慌"的词缀化属于语法化现象。无论是"V/A得慌"词汇化,还是"得慌"的语法化,"V/A得(的)慌"从古到今的演化主要反映在两个方面:一是结构重音转移导致原结构的信息结构图形重组,"得慌"跨层融合并发生"慌"的语音弱化;二是"慌"字原有词汇意义的弱化和丧失,"得(的)慌"作为一个整体获得了特定语用意义并逐渐稳固下来、强化起来。

我们先来谈"得(的)慌"的跨层融合和词缀化。

"V/A得(的)慌"产生于元代左右,其词汇化和语法化也是从那个时候开始的。"V/A得(的)慌"的词汇化首先表现为"慌"作为句子的语用焦点成分的失落。前面说过,在早期,"V/A得(的)

慌"只充当句子的述谓成分,而且状态补语"慌"一般情况下总是充当句子的语用焦点成分,拥有句子的逻辑重音。但是,我们注意到,就在元代文献里,有时候"V/A 得(的)慌"结构里的状态补语"慌"已经不再充当句子的语用焦点。例如:

(34)【正末云】你恰才在那里去?【魂子云】我恰才口渴的慌,去寻一钟儿茶吃。(《全元杂剧·无名氏·玎玎珰珰盆儿鬼》)

(35)【看介】这个来的却是蔡小娘子,怎生恁地走得慌?【旦慌走上介白】天有不测风云,人有旦夕祸福。【见末介】公公,我的婆婆死了。(《全元南戏·高明·蔡伯喈琵琶记》)

例(34)"V/A 得(的)慌"所在的句子是一个背景句,后面的"去寻一钟儿茶吃"才是正面回答前文"你恰才在那里去"的前景句,所以这个句子中的"慌"不可能是句子的语用焦点,因为背景句不可能拥有语用焦点。例(35)"V/A 得(的)慌"结构前有一个情态副词"恁地",这个情态副词是一个唯焦点成分,也就是说它总是作为句子的语用焦点成分出现的。既然句子的语用焦点已经被别的成分占据,那么"慌"也就不可能成为句子的语用焦点成分了。

"V/A 得(的)慌"结构充当述谓成分而"慌"可以不充当句子的语用焦点成分,这就背离了状态补语占据句子的语用焦点成分的惯常模式,也动摇了这个结构惯有的重音模式,"慌"字因此而失去句子的重音垄断,句子重音开始向充当谓语核心的 V/A 转移。这种重音的转移为该结构的凝固和内部信息结构的图形重组(reconfiguration)提供了可能。我们注意到,"V/A 得(的)慌"结构的重音位置不同,其信息结构也不同,句子的意思就不同。例如:

(36)她说道:"南膳部洲难过日子,走到东胜神洲花果山上去住。"又着孙行者吵得慌,却才飞进海口,占了这个山头。(《三宝太监西洋记》第19回)

此例中"着孙行者吵得慌",如果重音在"吵"上,表达的是一种不如意的感受,如果重音在"慌"上,句子表达是"被吵得不耐烦"的意思。在这个具体语境中,这两种理解似乎都讲得通,但我们认为仍以"慌"重读的语义理解为更恰当。这个例子说明,重音转移导致结构的信息结构重组乃是"V/A得(的)慌"结构融合和内部结构发生重新分析的根本动因。

到明代,"V/A得(的)慌"的融合与凝固化越来越明显,具体表现在两个方面,其一是该结构出现在背景句的情形越来越常见。例如:

(37)小神饿得慌,那里管他甚么好?扯着他就要吃。(《三宝太监西洋记》第55回)

(38)忽然撞着一个大饿蚊虫,正没处寻个人咬,肚里饿得慌,听见王明寻瞌睡虫儿,他只说是有甚么好处寻瞌睡虫儿,他意思就要充他。(《三宝太监西洋记》第83回)

其二是"V/A得(的)慌"结构可以进入宾语从句中,而不再限于充当句子的谓语。例如:

(39)只见耿埴在桶里闷得慌,轻轻把桶盖一顶起,那董文虽是醉眼,早已看见。(《今古奇观》卷十九)

(40)妈妈听见阁前嚷得慌,也恐怕女儿短见,忙忙催下了阁。(《初刻拍案惊奇》卷二十九)

(41)汪革见逼得慌,愈加疑惑。(《喻世明言》卷三十九)

到清代初期"V/A得(的)慌"的融合与凝固化程度进一步加

强,词汇化倾向也开始显露出来。表现在句法上较明代有四个方面的变化,其一是它开始出现在感觉动词的宾语从句中,甚至直接充当感觉动词的宾语。例如:

(42)他还嫌那扶嘴闲得慌,将那日晁夫人分付的话,捎带的银珠尺头,一五一十向着珍哥晁大舍学个不了。(《醒世姻缘传》第8回)

(43)那海会师傅他有头发,不害晒的慌。(同上,第8回)

(44)素姐说:"我害坐的慌,进来走走。"(同上,第59回)

(45)狄大娘,你不自家经经眼,不怕闷的慌么?(同上,第59回)

其二是"V/A得(的)慌"结构前开始出现体认类情态副词。例如:

(46)小的实是穷的慌了,应承了他。(《醒世姻缘传》第47回)

其三是"V/A得(的)慌"结构开始出现否定形式,而且否定词"不"出现在V/A前而不是"慌"字之前。例如:

(47)晁夫人说:"真个,倒不诧异的慌了!"(《醒世姻缘传》第46回)

其四是"V/A得(的)慌"可以进入紧缩的正反选择句中。例如:

(48)有活儿我情愿自己做,使的慌不使的慌,你别要管我。(《醒世姻缘传》第54回)(按:"使"在《醒世姻缘传》中有"累"的意思。)

根据以上四个方面,可以说,到清代初期的《醒世姻缘传》里,"V/A得(的)慌"的融合凝固化已经完成,它已经不再是一个句法结构,而是一个词汇性的单位。相应地,其中的"得(的)慌"也就不再是一个跨层的接邻成分,它们因弱化而凝固缩合成一个整体,成为一个词缀性质的东西。

需要指出的是,虽然"V/A得(的)慌"结构到清代初期已经完成了凝固化过程,成为词汇性成分,但是该结构作为一个句法结构的使用并没有因此而立刻消亡,因此形成同一形式的两种用法相互竞争的局面,只是新的用法已经占据了绝对优势,《醒世姻缘传》里它的新旧两种用法的比例是31:3。该结构原有用法在《醒世姻缘传》的用例如:

(49)那个小孩子才下草,也不知道羞明,睁着两个眼狄良突卢的乱看,把众人喜的慌了。(第21回)

(50)那小和尚看见胡无翳,把手往前扑两扑,张着口大笑,把胡无翳异样的慌了。(第22回)

到清代中叶的《红楼梦》里,"V/A得(的)慌"结构中V/A的选择范围已经与现代北京话基本一致了,而且该结构的原有用法也就是作为一个句法结构来使用的情况已经消亡殆尽。到再晚一些时候的《红楼复梦》里,"V/A得(的)慌"前就可以出现程度副词"很"了,这个时候的"V/A得(的)慌"就与现代北京话完全一致了:

(51)多时不骑牲口,很觉颠的慌,我也要下来歇歇。(《红楼复梦》第70回)

以上梳理了"V/A得(的)慌"结构的词汇化过程,下面再来看看"V/A得(的)慌"结构的语义功能的改变。

"V/A得(的)慌"最初作为一个述补结构,并没有属于整个结构的固定语用意义。作为一个句法结构,它表达的语法意义是:V或A所表示的行为或变化使主体产生"慌忙""慌张"的感觉,这种感觉尽管带有"不如意"的色彩,但是它并非主体施行某种行为或

产生某种变化时对这种行为或变化本身的感觉,而是行为或变化造成的一种结果。这种语义表达可以从下面的例子中看出来:

(52)睡魔缠缴得慌,别恨禁持得煞。(《全元杂剧·白朴·裴少俊墙头马上》)

此例中"缠缴得慌"与"禁持得煞"形成对文,由此可知"慌"并不是表达主体对"缠缴"这种行为本身的感觉,而是表达"缠缴"所造成的结果,正如"煞"是"禁持"所造成的结果一样。但是像"缠缴"这样的状态动词所表达的状态行为本身也很容易使主体根据经验产生一种语用推理:它们能给人造成"不如意"的感觉。正是这种语用推理使得"慌"的词汇意义被推嬗到整个结构上,结构的语义重心也因此由"慌"而转移到前面的动词或形容词上。在这种情况下,一些本身表达"不如意"感觉的动词或形容词就开始进入这个结构。例如:

(53)王庆勾着老婆的肩胛摇头咬牙的说道:"啊也!痛的慌!"(《水浒传》第102回)

像上例中"痛"这样的动词或形容词本身就含有"不如意"的色彩意义,它们进入这个结构,使得结构的语用推理意义得到了进一步强化,并逐渐被作为一种语言经验积累起来,沉淀下来,成了这个结构的一种语用意义。从时间上说,这种语用意义在元代还仅仅是一种语用推理意义,到明代就逐渐成为结构的固定语用意义。我们注意到,在《全元杂剧》中出现在该结构中的动词和形容词有"赶(追赶)""走""催逼""揣""打""饿""渴""惊惊颤颤",其中大部分动词本身都不含"不如意"的色彩意义;到明代的《三宝太监西洋记》里,出现在该结构中的动词和形容词有"吓""冻""饿""吵(吵闹)""晒""激(急)""逼"等7个,全部都含有"不如意"色彩意义或容易造成"不如意"的语用推理。到了清代初年的《醒世姻缘传》里,除了个别例子保持了该结构的原有功能之外,绝大多数用例都表达"不如意"的感觉,如果结构中的动词或形容词本身不能表达这种语用意义,前面就要加上一个能够体现这种意义的轻动词"害",如"害坐的慌""害走的慌""害晒的慌"等。所以到清代初年,这个结构不仅完成了结构的凝固化和内部结构关系的重新分析,而且它的语用意义也被最终固定下来成为结构的固定含义,至此一个有着自身内部形式并有着自身"词汇"意义的新的词汇单位就正式诞生了,也就是说,到清代初年,"V/A得(的)慌"完成了它的词汇化过程,与此同时,"得慌"也演变成为一个类词缀性的成分。

到当代北京话,"V/A得慌"的"词汇意义"又有新的发展,不再局限于表达"不如意"的感觉,也可以用来表达"美好感觉"。例如:

(54)郭:学生郭德纲,向我的衣食父母们致敬。来了很多人哪,我打心里那么痛快。

于:高兴啊。

郭:看着你们我就美得慌。(郭德纲相声《白事会》)

尽管从我们搜集的语料来看,"V/A得慌"的这种用法还很罕见,但上面的真实例子说明,该词汇性单位中的"得慌"的语法化程度进一步提高了,不仅"慌"本身固有的不如意感觉彻底丧失了,原来获得的"词汇意义"也发生了改变,转而只表达人的主观感受。我们可以预测,随着该词汇性单位的"词汇意义"的改变,"得慌"的搭配范围将会再一次发生大的变化,任何一个只要能与之一起表达人的主观感受的动词或者形容词都将可能与之搭配。

参考文献

洪　波　2009　完形认知与"(NP)V 得 VP"句式 A 段的话题化与反话题化，载沈家煊、吴福祥、崔希亮主编《语法化与语法研究》(四)，北京：商务印书馆。

洪　波、王丹霞　2007　命令标记"与我""给我"的语法化及词汇化问题探析，载沈家煊、吴福祥、李宗江主编《语法化与语法研究》(三)，北京：商务印书馆。

吕叔湘(主编)　1984　《现代汉语八百词》，北京：商务印书馆。

聂志平　1993　说"X 得慌"，《齐齐哈尔师范学院学报》第 1 期。

唐健雄　2008　河北方言里的"X 得慌"，《河北师范大学学报》第 2 期。

汉语方言多功能虚词"连"的语义演变[*]

金小栋　吴福祥

（湖北民族学院文学与传媒学院
中国社会科学院语言研究所）

0　引言

"连"的语义演变和语法化，以往有很多文献做过讨论，如刘坚（1989）、于江（1996）、蒋冀骋、吴福祥（1997：495—498）、高育花（1998）、冯春田（2000）、洪波（2001）、钟兆华（2002）、马贝加（2002：316—318、321—322）、太田辰夫（2003：248）、胡晓萍、史金生（2007）、邢志群（2008）等。这些研究主要侧重于考察"连"从动词到介词的语法化历程，比较一致的看法是："连"由"连接"义动词（经"连带"义动词）演变为"连带、连同"义介词（或称"牵涉介词"，本文称作"包括介词"），包括介词进一步演变为"甚至"义介词（本文称作强调介词）。此外，蒋冀骋、吴福祥（1997：495—498）勾勒了

---

[*] 本文受国家社会科学基金重大项目"功能-类型学取向的汉语语义演变研究"（14ZDB098）资助。感谢为本文提供方言材料和帮助的诸位师友：张安生、雒鹏、莫超、芦兰花、杨敏、张振羽、吴媛、黄大祥、苏建军、汪海峰、谭治琪、范丽荣、何艳萍、张竟婷、刘小丽、王小平、周月娟、侯杰。

"连""和""兼""并"等虚词所经历的相同的语法化路径;胡晓萍、史金生(2007)揭示了"连"类介词语法化的动因和机制。

以往的研究主要关注"连"的包括介词和强调介词的用法,虽有学者注意到"连"在近代汉语中有并列连词功能(于江,1996;郑剑平,2003;刘爱菊,2005;曹炜,2007;孙怀芳,2008;席嘉,2010:34—35),但并未具体考察其语法化和语义演变的路径。我们发现方言中"连"除了具有与普通话一致的三种功能(即"连接"义动词、包括介词和强调介词)外,还有很多异常复杂的用法(见下文)。方言中"连"的诸多功能之间是有概念联系,还是偶然同音?如果有概念联系,那么其语义演变的路径是怎样的?这些都值得深入研究。本文就是一个尝试。

1 汉语方言"连"的多功能模式

汉语方言中"连"有动词、介词和连词等三种词性[①],功能多达14种。本节先对"连"在方言中的各种功能举例说明,然后描写它在汉语方言中的多功能模式(功能关联模式)。

1.1 汉语方言中"连"的功能

汉语方言中,"连"除见于普通话的"连接"义动词、包括介词和强调介词等用法外,还有很多不见于普通话的功能。

A."连接"义动词,例如:这两句话连不起来。(普通话,中国

---

① 方言中"连"还可用作副词,表示"连续"义、"一直、总是"义、"全然、根本"义;(张振羽,2010)用作名词,表示军事的编制单位。据我们初步考察,副词与名词的"连"与本文讨论的多功能介词(与连词)的"连"无直接联系,加上篇幅的限制,本文暂不涉及。

社会科学院语言研究所词典编辑室,2012:803)

B. 包括介词,表示包括在内或不排除另一有关事物,例如:连根拔(普通话,中国社会科学院语言研究所词典编辑室,2012:803)|连今天是五天。(普通话,吕叔湘,1999:363)

C. 强调介词,表示强调,含有"甚而至于"的意思①,例如:你怎么连他也不认识?(普通话,中国社会科学院语言研究所词典编辑室,2012:803)

D. 伴随介词,引介动作行为的另一参与者,如:你后日连他一搭去(陕西扶风方言,毋效智,2005:289)|你去连老五研究一下。(西安方言,孙立新,2007:224—225)

E. 平比介词,引介比较对象,所在句子的谓语表示相同、不同等意义,例如:这个连那个一样大(宁夏银川方言,李树俨、张安生,1995)|这个连兀个不一样。(陕西扶风方言,毋效智,2005:289)

F. 并列连词,表示平等的联合关系,例如:我连你都是属虎的。(宁夏银川方言,李树俨、张安生,1996:247)

G. 有生方向介词,引介"言说等行为所达及或指向的有生对象"(张定,2010:153),所在句子的谓语指的是单方面的行为,例如:你连你妈说去。(宁夏同心方言,张安生,2006:309)

H. 有生来源介词,引介"索取"义动作行为关涉的有生对象来源,例如:你连你妈要去。(宁夏中卫沙坡头(香山乡)方言,杨敏②,私人交流)

---

① 关于这种用法"连"的词性,学界有不同看法,我们根据它的来源及功能暂且把它看作介词。
② 杨敏,宁夏中卫沙坡头(香山乡)人,中国社会科学院研究生院语言学系2014级博士生。

I.处所源点介词,引介动作行为的处所起点,例如:你连阿来来的?——连乡里。(甘肃通渭方言,苏建军,2011)

J.经由介词,引介动作行为经过的路线、场所,例如:你连前头过,嫑连后头走。(你从前面过,不要从后面过。)(甘肃白龙江流域方言①,莫超,2004:122)

K.处所终点介词,引介动作行为所及的终点、目的地,例如:我们连屋里说话去。(甘肃白龙江流域方言,莫超,2004:120)

L.工具介词,引介动作行为所凭借的工具,例如:你连铅笔写,嫑连水笔写。(你拿铅笔写,别拿钢笔写。)(甘肃白龙江流域方言,莫超,2004:123)

M.时间源点介词,引介动作行为的时间起点,例如:我连明早儿就好好儿学习呢。(我从明天起就要好好学习。)(甘肃临潭方言,刘小丽,2012:68)

N.处置介词,引介施事发出的动作行为所处置的对象,例如:你连门关上。(山东东平方言,许宝华、宫田一郎,1999:2599)

1.2 汉语方言"连"的多功能模式

汉语方言中"连"的多功能模式有以下几种:②

1.2.1 具备"连接"义动词、包括、强调等 3 种功能。属于这种类型的方言有浙江杭州(鲍士杰,1998:186)、安徽绩溪(赵日新,2004:225)、江西南昌(熊正辉,1995:178—179)、黎川(颜森,1995:

---

① 白龙江流域汉语方言指的是甘肃省迭部、舟曲、宕昌、武都和文县等五个县的汉语方言。(莫超,2004:2)除迭部电尕、洛大外,流域其余 13 个方言点普遍使用"连"。(莫超,2004:122)

② 下文提及"连"的功能时,凡属介词的功能标签则一律省去"介词"二字,如"包括介词"径称"包括",其他准此。

143)、广东东莞(詹伯慧、陈晓锦,1997:173)、贵州贵阳(汪平,1994:223)等方言。以杭州方言"连[liɛ²¹³]"为例:

(1)a.心连心。

b.连你一共五个人。

c.他连我都忘记得。

1.2.2 具备"连接"义动词、包括、强调、伴随、平比、并列等6种功能。属于这种类型的有山西万荣(吴云霞,2009:135—136;吴建生、赵宏因,1997:294—295)、陕西西安(王军虎,1996:225;孙立新,2007:224—225;许宝华、宫田一郎,1999:2599)、扶风(毋效智,2005:354、289)、甘肃酒泉(孙占鳌、刘生平,2013:85、303、305)等。以山西万荣"连[liæ²⁴]"为例:

(2)a.把这两圪截绳连到一块。

b.西瓜不能连皮吃。

c.她搁ₖ云南来,连字都不识。

d.你连你爸亲,还是连我亲?

e.你买的这条裤,料子连我的一样。

f.他连我哥是一外厂的。

1.2.3 具备"连接"义动词、包括、强调、伴随、平比、并列、有生方向等7种功能。属于这种类型的有新疆乌鲁木齐(周磊,1995:262、128;周磊,1994;许宝华、宫田一郎,1999:2599)、甘肃定西(汪海峰①,私人交流)等。以乌鲁木齐方言"连[lian⁵¹]"为例:

(3)a.天下穷人心连心。

b.连你算上,一共六个人。

---

① 汪海峰,甘肃定西人,定西师专图书馆馆长。

c. 你连我也认不得咧?

d. 你连她一搭呢一块儿去吧。

e. 她连我一样大。

f. 我连他是同班同学。①

g. 这个事情你得连头儿去说,连我说不管用。

1.2.4 具备"连接"义动词、包括、强调、伴随、平比、并列、有生方向、有生来源等 8 种功能。属于这种类型的有宁夏同心(张安生,2006:309、342)②、银川(李树俨、张安生,1996:247;李树俨、张安生,1995)、中卫沙坡头(杨敏,私人交流)等方言。以同心方言的"连[lian^{53}]"为例:

(4)a. 回回的亲,苦子蔓的根,打断咧骨头连着筋。

b. 院子里连老杨一共住咧八个人。

c. 干一天活儿连 50 块钱都挣不上。

d. 你连俺们一搭里走。

e. 这个连那个不一样。

f. 医生叫你多睡给些一下,烟连酒再不敢揄动了。

g. 你连你妈说去。

h. 连他要咧几根绳绳子。

1.2.5 具备"连接"义动词、包括、强调、伴随、平比、并列、有生方向、有生来源、处所源点、经由、处所终点等 11 种功能。如甘肃环县环城镇方言即环城话"连[liæ^{13}]"③(谭治琪,私人交流):

---

① 例(3f—g)由替换"和"而来,乌鲁木齐方言中"连"与"和"二者都有这两种用法。

② 除了见于张安生(2006:309、342)"连"的用例(4d—g)外,其余的来自张安生先生的补充调查(2015 年 4 月)。

③ 处所源点、经由和处所终点等用法一般只见于环城老派口音中。环城话"连接"义动词"连"读作[liæ^{13}](阳平),其他用法"连"声韵不变,只是轻读[liæ](调值接近于21)。

(5) a. 我们两家子的地连着呢。

b. 连我都算上是五个人。

c. 都三四十岁的人了,连媳妇都没找下。

d. 我夜来_{昨天}还连我妈商量了。

e. 我们娃连他们娃一样大。

f. 最近麦子连豆子的价格都涨了。

g. 有啥事,你连你爷说去。

h. 他一直连我借钱呢。

i. 我连地里刚回来。

j. 不要连人前面走,连人后头过去。

k. 把书连箱子里放。

1.2.6 具备"连接"义动词、包括、强调、伴随、平比、并列、有生方向、有生来源、工具等 9 种功能。如甘肃靖远方言"连[ɕliæ˦]"/[ɕlæ˦]"①(雒鹏,私人交流):

(6) a. 致_这两句话连不到一搭来。

b. 连今儿算上是五天。

c. 你咋连王县长都不认得?

d. 茶_他将将儿连我骂完仗。

e. 我在_{现在}连再滴人_{别人}一样下了。

f. 生儿育女滴哈数_{经验和知识}连是啥_{其他的常识}她知道得不多。

g. 我连你说滴奈_那个钟鼓楼,沤_那算是城里头了。

---

① "连"用作"连接"义动词时读作[ɕliæ˦],表包括和强调时读作[ɕlæ˦],也读作[ɕliæ˦],其他用法一般读作[ɕlæ˦]。

h.你连茶_他要去。

i.茶_他连毛笔写字,我连铅笔写字。

1.2.7 具备"连接"义动词、包括、强调、伴随、平比、并列、有生方向、处所源点、工具、时间源点等10种功能。如甘肃临潭话(刘小丽,2012:63、68;刘小丽,私人交流):

(7)a.把两截绳头子连上。

b.连你才来了三个。

c.噢会儿家连肚子都吃不饱,还讲究啥呢。

d.连你过日子就是脑子进水了_{跟你生活的话可能是大脑不正常}。

e.尕张连尕王同岁。

f.苹苹连红红都睡着了。

g.我真正连你没心说_{我真的跟你不想说话}。

h.实话没钱,你连别处寻去_{真的没钱,你从别处找吧}。

i.你连脚夏开门_{你不要用脚开门}!

j.我连明早儿就好好儿学习呢_{我从明天起就要好好学习}。

1.2.8 具备"连接"义动词、包括、强调、伴随、平比、并列、有生方向、有生来源、处所源点、经由、工具、时间源点等12种功能。属于这种类型的有甘肃通渭(苏建军,2011[①])、兰州方言[②](笔者调

---

① 除了见于苏建军(2011)"连"的用法外,其余的来自与苏建军老师的私人交流。通渭方言"连"读音的大致情况是根据实虚的不同读音有所不同,用作"连接"义动词、包括只读[lian^{24}],用作强调、伴随等十种用法有两读即[lian^{24}]或[lan^{24}],这两种读音一般可以自由替换。

② 兰州方言"连"除了不能表示时间源点外,其他功能都与通渭方言相同;由于时间源点一般被认为是处所源点由空间到时间的隐喻,它的来源清晰,所以也暂且列在这种多功能模式中。

查)等。以通渭方言"连"为例：

(8)a.把这个连兀个连起来。

b.连这个对象算上,他谈了四个了。

c.你连生你养你的妈妈都不认,还说各人_自己_是孝子。

d.我连阿啥_谁_去兰州开会？——连张科长。

e.他岁数连我一样。

f.我连他都是通渭的。

g.你连他说。

h.你连他要。

i.你连阿来来的？——连乡里。

j.曹连小路上走是近。

k.你连毛笔写。

l.你连几时工作开的？——连1990年7月。

1.2.9 具备"连接"义动词、包括、强调、伴随、平比、并列、有生方向、有生来源、处所源点、经由、处所终点、工具、时间源点等13种功能。如白龙江流域汉语方言"连"[①]（莫超,2004:39、122—124、120[②]）：

(9)a.手指头连心着[tau]呢,伤不起。

b.你出的劲太大了,把竹子连根都拔出来了。

[①] "连"的前三种用法读[lian]（阳平）（莫超,私人交流）,其余用法都读[lan]（阳平）,（莫超,2004:122）因白龙江流域各汉语方言点阳平的调值不一,所以暂不标调值。另外,文县志编纂委员会(1997:898)记录了文县方言（属白龙江流域）相当于"和、与、跟"的"难",并认为"难"即"连"的转音。例如:"我难你是一齐回来的。"或"陈平难李伟,还有刘健,他们都爱打篮球。"白龙江流域汉语方言 n 和 l 是自由变体,读 l 者居多。（莫超,2004:26）那么"[lan]"和"难"都可能是"连"的音变。

[②] 除了见于莫超(2004)的用例外,其余的来自与莫超教授的私人交流。

c. 天干得泉里连一点水水子都没的。

d. 你连他两该到青海去_{你跟他两个到青海去}。

e. 我的连他的一样。

f. 吃连住是一辈子的大事情。

g. 你连你爷说去。

h. 他连我要钱呢。

i. 我跟前没致本书,我连别处给你找_{我跟前没这本书,我从别处给你找}。

j. 你连前头过,要连后头走_{你从前面过,不要从后面过}。

k. 我们连屋里说话去_{我们在屋里去说话}。

l. 你连铅笔写,要连水笔写_{你拿铅笔写,别拿钢笔写}。

m. 你连明天起就上学去_{你从明天起就上学去}。

1.2.10 具备"连接"义动词、包括、强调、处置①等 4 种功能。属于这种类型的有是山东枣庄方言(笔者调查)等。例如:

(10) a. 一个连一个。

b. 连你一共十个人。

c. 他连饭都没吃。

d. 他连杯子打碎了。

以上是汉语方言"连"的几种多功能模式,现归纳成表 1。

---

① "连"的处置介词用法还见于山东东平"连[liã⁴²]"(许宝华、宫田一郎,1999:2599)、济宁(徐复岭,2002)、微山(殷相印,2008:272)、吴桥(阎浩然,2009:38—39)、德州"连[liã²¹]"(曹延杰,1991:200)以及茌平、阳信、嘉祥、聊城、东阿、阳谷、邹城、金乡、泗水、汶上、阳、滕州(张琳琳,2013:72—73)、江苏徐州(苏晓青、吕永卫,1996:174,"给"字条下)等方言。

表1 汉语部分方言中"连"的语法功能

方言 \ 功能	动词"连接"义	介词 包括	介词 强调	介词 伴随	介词 平比	介词 有生方向	介词 有生来源	介词 处所源点	介词 经由	介词 处所终点	介词 工具	介词 时间源点	介词 处置	连词 并列
浙江杭州等	+	+	+											
山西万荣等	+	+	+	+	+									+
新疆乌鲁木齐等	+	+	+	+	+	+								+
宁夏同心等	+	+	+	+	+	+	+							+
甘肃 环县等	+	+	+	+	+	+	+	+	+					+
甘肃 靖远等	+	+	+	+	+	+	+				+			+
甘肃 临潭等	+	+	+	+	+	+	+		+		+	+		+
甘肃 通渭等	+	+	+	+	+	+	+							+
甘肃 白龙江流域	+	+	+	+	+	+	+	+	+	+	+	+		+
山东枣庄等	+	+	+										+	

此外,"连"与上述功能相关的一些用法还见于西北其他汉语方言,由于相关描写提供的信息量严重不足,我们无法归纳这些方言"连"的多功能模式。例如:

1)相当于普通话"和、跟、与、同"用法[①]的方言还有:新疆吐鲁番、鄯善(许宝华、宫田一郎,1999:2599),宁夏固原(杨子仪、马学恭,1990:256、266)、中宁(中宁县县志编纂委员会,1994:542)、平罗(平罗县志编纂委员会,1996:654)、西吉苏堡(西吉县志编纂委员会,1995:572)、甘肃古浪(古浪县志编纂委员会,1996:1199)、榆中方言(《榆中县志》编委会,1990:769)、天水(甘肃省天水市地方

---

① 地方志或方言志中记录得较笼统,一般只说"连"相当于普通话"和、跟、与、同",而后面这四个词本身就是介词兼连词,从"连"的用例来看也大多是介词兼连词。

志编纂委员会,2004:2551、2554、2598①)、安西(安西县地方志编纂委员会,1992:604)、宁县(《宁县志》编委会,1988:205)、敦煌(刘伶,1988:193)、陕西商县(张成材,1990:72、88、124)、合阳(邢向东、蔡文婷,2010:333),山西河东各县方言(王雪樵,1992:105)等。

2)相当于普通话"像"的(与平比类似的比喻用法)方言有:天水市秦城区(天水市秦城区地方志编纂委员会,2001:1020)、西和(西和县地方志编纂委员会,1997:725)、礼县(礼县志编纂委员会,1999:751)。

3)工具用法还见于甘肃兰州市西固区方言(兰州市西固区地方志编委会,2000:1029)和广河方言(广河县志编纂委员会,1995:555)。

1.3 "连"的读音情况

多功能虚词"连"的读音情况,在汉语方言里不尽一致。多数方言里"连"的不同功能读音相同,也有一些方言"连"不同功能的读音略有变异。我们选取一些西北方言代表点,考察了"连"的读音与其功能的对应情况,如表2所示。

表2 部分西北方言"连"的读音

| 功能
方言 | 动词
"连接"
义 | 介词 ||||||||| 连词
并列 | 读音
情况 |
			包括	强调	伴随	平比	有生 方向	有生 来源	处所 源点	经由	处所 终点	工具	时间 源点		
山西万荣	liæ^{24}	liæ^{24}	liæ^{24}	liæ^{24}	liæ^{24}								liæ^{24}	全同
新疆乌鲁木齐	lian^{51}	lian^{51}	lian^{51}	lian^{51}	lian^{51}								lian^{51}	全同
宁夏同心	lian^{53}	lian^{53}	lian^{53}	lian^{53}	lian^{53}	lian^{53}							lian^{53}	全同

---

① 甘肃省天水市地方志编纂委员会(2004:2551、2554)认为"兰""揽"都是"连"的音变,又用"拦"字,如"饭没盐了拦(与,同)水一样,人没钱了拦(与,同)鬼一样。"(同上:2598)

(续表)

甘肃	环县	liæ¹³	liæ	liæ	liæ	liæ	liæ	liæ	liæ			liæ	虚词用法轻读
	靖远	liæ²⁴	læ²⁴ liæ²⁴	læ²⁴	læ²⁴	læ²⁴			læ²⁴		læ²⁴	小部分两读
	临潭	liæ²⁴	liæ²⁴	liæ²⁴	liæ²⁴		liæ²⁴			liæ²⁴	liæ²⁴	liæ²⁴	全同
	通渭	lian²⁴	lian²⁴ lan²⁴	lian²⁴ lan²⁴	lian²⁴ lan²⁴	lian²⁴ lan²⁴	lian²⁴ lan²⁴	lian²⁴ lan²⁴	lian²⁴ lan²⁴		lian²⁴ lan²⁴	lian²⁴ lan²⁴	lian²⁴ lan²⁴	大部分两读
	兰州	lian⁵¹	lian⁵¹	lian⁵¹	lian¹²	lian¹²	lian¹²	lian⁵¹	lian¹²			lian¹²	变调别义
	白龙江	lian	lian	lan	lan	lan	lan	lan	lan	lan	lan	lan	较虚用法无介音

由表 2 可知,有些方言所有用法的"连"都同音,而有些方言的"连"有两读或因虚实不同而有语音的变异,除轻读、变调外,主要是有无介音的区别;意义较实在的"连"一般是有介音的,而意义较空灵的"连"可以丢掉介音。[læ²⁴]或[lan]应该来自"连"介音的脱落。这可能是语法化导致的语音弱化(phonological reduction),与语义弱化(semantic reduction)相平行。Bybee et al. (1994:19—20)认为语义弱化与语音弱化之间似乎有着一种直接的联系甚至因果关系。我们注意到:相同的用法(比如伴随介词和并列连词)的"连",宁夏同心方言读[lian⁵³],甘肃通渭方言读[lian²⁴]或[lan²⁴],而白龙江流域方言只读[lan],"连"语音的共时差异或许正好说明了其语音弱化的历时过程。①

---

① 古代字书与韵书的材料也为我们提供了参考。古代"连"或从"连"得声的字常与从"阑"得声的字通用。如"涟"字是"澜"字的或体。《说文·水部》:"澜,大波为澜。漣,或从连。"段玉裁注:"古阑、连同音,故澜、涟同字。""涟"从"连"得声,而"涟"据《集韵·寒韵》读如"澜",作"郎干切"。又《隶释·武梁祠堂画像》:"老莱子,楚人也,事亲至孝,衣服斑连,婴儿之态,令亲有欢。"洪适释:"碑以斑连为斑斓。"

2 汉语方言"连"的语义演变

2.1 "连接"义动词＞"连带"义动词＞包括介词＞强调介词

动词"连"较常用、基本的意义是"连接",例如:

(11)两岸连山,略无缺处。(《水经注·江水》)

(12)云岛相接连,风潮无极已。(祖珽《望海诗》)

"连接"义本身是一个比较概括的意义,它并不涉及一些具体的方面(如连接的方式等)。这些特点使得"连接"义比较容易地成为语法化的候选对象。

六朝时期"连"由"连接"义发展出了"连带"义,如:

(13)余注此经以来,一千七百余年,凡传三人,连子四矣。(葛洪《神仙传》,例自孙锡信,1992:196)

(14)尝发所在竹篙,有一官长连根取之。(《世说新语·政事》,例引自殷正林,1984)

早期"连带"义的"连"多少还带有一些动词性,对于例(13—14)中的"连"是动词还是介词,学者们的看法不一。如例(14)"连",冯春田(1991:91)认为是动词,殷正林(1984)、于江(1996)、高育花(1998)、胡晓萍、史金生(2007)则认为是介词。不过这正说明"连带"义介词(即本文包括介词)是由"连带"义动词演变来的。(蒋冀骋、吴福祥,1997:495、497;冯春田,2000:317)宋代"连"又产生了"甚至"义强调介词用法(蒋冀骋、吴福祥,1997:497—498),例如:

(15)今人连写也自厌烦了,所以读书苟简。(《朱子语类辑略》卷二)

关于"连"的"连接"义动词＞"连带"义动词＞包括介词＞强调介词的语法化过程,以往的研究关注较多,(刘坚,1989;蒋冀骋、吴福祥,1997:495)也有比较一致的结论,此不赘述。

2.2 "连带"义动词＞伴随介词;"连带"义动词(＞伴随介词)＞并列连词

伴随介词"连"应来源于"连带"义动词"连"。南北朝时期"连"有作"连带"义动词与伴随介词两可的用例,如：

(16)萤光连烛动,月影带河流。(张正见《和衡阳王秋夜诗》)

(17)水光连岸动,花风合树吹。(庾信《咏画屏风诗二十五首》)

例(16)"连"与"带"①对举,例(17)"连"与"合"②对举。这两例"连"所处的句法环境都是"NP$_1$＋连 NP$_2$＋VP",NP$_1$ 和 NP$_2$ 在同一小句中出现,而且 NP$_1$ 和 NP$_2$ 都是施事;"连"后面还有别的动词。尽管这两例的"连"也许还可以视为"连带"义动词,但也可以看作伴随介词,因为 NP$_1$ 和 NP$_2$ 都发出了 VP,而且 NP$_1$ 和 NP$_2$ 之间也不是同一事物的主体和附件的关系。不过这两例中 NP$_1$ 和 NP$_2$ 的在句法上有主次之分,NP$_1$ 是主体,NP$_2$ 是 NP$_1$ 发出 VP 时的伴随对象,所以"连"不是表平等联合关系的并列连词,而似可分析为伴随介词。试看：

---

① "带"除了"连带"义,在现代方言中它也有伴随介词用法。如陕西周至方言："你带他一搭儿来。"(你跟他一块儿来。)(孙立新,2007:224)甘肃安西方言："公鸡带公鸡鹳仗着哩。"(安西县地方志编纂委员会,1992:604)

② "合"在南北朝有"连带"义(钟兆华,2002),在现代方言中它有伴随介词用法(吴福祥,2003b)。

(18)酒旗和柳动,僧屋与云齐。(杜荀鹤《送陈旷归麻川》)

例(18)中的"酒旗"与"柳"都是施事,酒旗跟柳枝一起动,只是酒旗是主体,柳枝是伴随对象;而且"和"跟"与"对举,所以"和"可以分析为伴随介词。(马贝加,2014:290)伴随介词"和"与"连"一样都是在"NP$_1$+和/连 NP$_2$+VP"这样的结构中产生的。

"连"伴随介词的用法在明清时期能见到一些典型的例子,如:

(19)何千户又是预备饭食头脑小席,大盘大碗,齐齐整整,连手下人饱餐一顿,然后同往太尉宅门前来。(《金瓶梅》第70回)

(20)这就奇了,人连鬼才相遇起来了。(清·李芳桂《十王庙》,引自孙立新,2013:708)

(21)这该咋处理?连谁做梦哩?连谁成亲哩?(清·李芳桂《白玉钿》,同上)

例(19)中"连手下人饱餐一顿"是说同手下人(一起)饱餐了一顿,(王雪樵,1992:105)"连"无疑为伴随介词。

并列连词"连"可能来源于伴随介词"连"。吴福祥(2003b)已揭示了汉语"伴随动词>伴随介词>并列连词"的语法化链,如果把"连带"义动词"连"归入广义的伴随动词,那么"连"也可能经历了"连带"义动词(伴随动词)>伴随介词>并列连词的语法化过程。但并列连词"连"也有可能直接来源于"连带"义动词。唐代有"连"作"连带"义动词与并列连词两可的用例,如:

(22)即恐鬓连鬘,还为白所侵。(尚颜《江上秋思》)

(23)紫芽连白蕊,初向岭头生。(张籍《茶岭》)

(24)可怜玉树连桃李,从古无如此会荣。(白居易《和杨

郎中贺杨仆射致仕后杨侍郎门生合宴席上作》)

例(22)"连"连接两个并列的名词"髭"与"鬓",它们共同做"还为白所侵"的主语;二者应无主次之分,诗人是怕胡子和双鬓都变白,所以这里的"连"似也可视为并列连词。不过由于这样的用例在唐代比较少见,例中的"连"有可能还是"连带"义动词。

"连"的并列连词用法较典型的例子如:

(25)这官人与足下非戚非亲,您两个旧友忘形,与夫人连大众,都有深恩。(《董解元西厢记》卷八,例引自于江,1996)

(26)登时把经济连陈安都绑了,禀知李通判,分付:"都且押送牢里去,明日问理。"(《金瓶梅》第92回)(例中"经济"为人名,即陈经济。)

(27)西门庆早令手下,把两张桌席连金银器,已都装在食盒内,共有二十抬,叫下人夫伺候。(《金瓶梅》第49回)

(28)不用问,书连玉钿都是一个圈套。(清·李芳桂《白玉钿》,转引自孙立新,2013:708)

(29)伶现在请先生教奴讲话连和读书。(清《榕腔初学撮要》,例引自陈泽平,2010:245)

(30)耐就搭我买仔一只洋铜钏臂连一只表,也说是三十几块咻。(清《海上花列传》第22回)

例(25)"连"连接"夫人"与"大众"两个并列的NP,这两个NP共同做介词"与"的引介对象;例(28)"连"连接"书"和"玉钿",后有总括副词"都"共现,"连"无疑是并列连词。

文献中"连"用作伴随介词和并列连词的例子比较少见,这可能是由于历史文献的局限性,也可能是"连"这两种用法在汉语史中本来就不多见。此前"及""与""共"与"将"等都已发展出伴随介词和并列连词这两种用法。① "及"等已有的相同功能的虚词会限制"连"的使用。不过"连"的这两种用法可能晚清时期已在西北方言中比较通行了,因为上举李芳桂是陕西渭南剧作家,而且东干语中"连[liæ²⁴]"具有这两种用法(林涛,2007:107、126):

(31) a. 天天连我他睡的之前拉磨的呢 他天天睡觉之前和我闲聊着呢。

b. 哥把车娃子连和萨利子领上在阿拉木图城上去赶哩。

东干语是晚清时期(1876)陕西、甘肃等省的部分回族人移居至中亚后所使用的汉语方言,它是汉语西北方言的域外变体,(王森,2001;海峰,2007)那么很可能在这批移民迁出西北之前他们所使用的汉语西北方言的"连"已通行这两种用法了。

考察发现,汉语史或现代方言中有一些多功能词经历了与"连"平行的语义演变路径。一是"连带"义动词"和""兼""并""带""合"等,② 二是"连接"义动词"接"。

"和"由"连带"义动词除了发展出包括介词与强调介词外,还发展出了伴随介词与并列连词用法。(蒋冀骋、吴福祥,1997:493;马贝加,2014:281)例如:

(32) a. 蛟窠如薄絮囊,皆连带枝叶,蚁在其中,和窠而卖。
(刘恂《岭表录异》卷中)

---

① 据洪波(2000)和吴福祥(2003b),它们这两种用法产生的时间分别是:"及"和"与"是先秦,"共"和"将"是魏晋六朝。

② "并"的语法化过程可能与"连"不完全相同,比如它并列连词用法的产生早于伴随介词(曹炜,2006),但它在汉语史上也曾兼有包括介词、强调介词(钟兆华,2002;马贝加,2002:319—320、323;胡晓萍、史金生,2007)、伴随介词和并列连词四种用法。"连带"义的"带""合"后来也发展出伴随介词用法,前面已提到。

b. 时挑野菜和根煮，旋斫生柴带叶烧。(杜荀鹤《山中寡妇》)

c. 他亦不曾子细读那好底时文，和时文也有时不子细读得。(《朱子语类辑略》卷七)

d. 若到江南赶上春，千万和春住。(王观《卜算子》)

e. 引水忽惊冰满涧，向由空见石和云。(卢纶《早春归周至旧居》)

汉语史上"兼"也曾有"连带"义动词、包括介词、强调介词、伴随介词与并列连词用法。(蒋绍愚，2008:283；钟兆华，2002；何乐士，2004:226—227)

汉语史上"连接"义动词"接"也曾有伴随介词用法。例如：

(33) 昼携壮士破坚阵，夜接词人赋华屋。(张说《邺都行》，例引自蒋绍愚，2008:285)

(34) 幸接上宾登郑驿，羞为长女似黄家。(李白《闲园即事》，同上)

例(33)中"接"和"携"对举，都是"偕、与……一起"义，而且后面还有VP，其句法结构是"(NP$_1$)接NP$_2$＋VP"，"接"不是唯一的动词，所以它就可能被分析为介词。蒋绍愚(2008:284—285)认为这里的"接"是介词。

"和、兼、接"等与"连"平行的语义演变事实，为我上述对"连"的"'连带'义动词＞伴随介词"以及"'连带'义动词(＞伴随介词)＞并列连词"演变路径的归纳提供了重要的旁证。

2.3 伴随介词＞平比介词；伴随介词＞有生方向介词

"与、和、跟、共"等既是伴随介词又是平比介词，而且语法化路径都是"伴随介词(交互介词)＞平比介词"。(马贝加，2014:388、

281、255、306)根据语法化的单向性原则,"连"应是"伴随介词＞平比介词",不大可能是相反。

汉语史上"与""和"也都由伴随介词(交互介词)发展出有生方向介词(引介言谈者)用法,(马贝加,2014:388、281、255)例如:

(35)我有心中事,不与韦三说。(李约《赠韦况》,例引自马贝加,2014:392)

(36)母亲和哥哥说一声,就教送出路上去便回。(《小孙屠》第10出)

例(35—36)中的"与"和"和"都相当于现代汉语的"对、跟"。这里"说"指单方行为(只是 N_1 对 N_2 说),所以"与"和"和"引介的不再是伴随对象,而是有生方向。

介词"跟"有关的语义结构也发生了"双方→单方"的演变,(马贝加,2014:261)也由伴随介词发展出有生方向介词(如"我跟你说"),只是它语法化的时代较晚。介词"共"在福州话中除了用作伴随介词外,也可表有生方向,例如:"我有话共汝讲我有话跟你说。"(陈泽平,2006)据此,我们认为"连"也经历了与"与、和、跟、共"平行的语义演变过程,即"伴随介词＞有生方向"。此外,张定(2010:198)所构建的世界语言动态化的"工具-伴随"概念空间中"伴随"和"(有生)方向"之间的演变方向也是"伴随＞(有生)方向"。

2.4 有生方向介词＞有生来源介词

不只"连"兼有表示有生方向和有生来源两种用法,"与、和、跟、共"等也同样。例如(前一种用法见2.3,只举后一种用法):

(37)愿与天公借几年,保我鸡豚社。(刘辰翁《卜算子》,例引自马贝加,2014:392)

(38)我不为别的,要和婆婆讨个江西针儿绣花。(元曲选《桃花女》第二折)

(39)这本书你跟谁借的?(普通话,例引自吕叔湘,1999:230)

(40)我想共_向汝借几本书。(福州话,例引自陈泽平,2006)

马贝加(2014:388)所构拟的"与"的语法化路径是"伴随(交互)＞有生方向(言谈)＞有生来源(求索)"。从有生方向到有生来源主要跟动词次类的变换有关,(马贝加,2014:392)当谓语动词从言谈动词变为索取义动词时,介词的语义也就由有生方向变为了有生来源。如沙坡头方言"你连你妈说去"和"你连你妈要去",两句的区别首先是谓语动词"说"和"要"是言谈义和索取义的不同,因此"连"被分析出不同的语义:前者表有生方向,后者表有生来源。

张定(2010:159)所构建的概念空间中"(有生)方向"和"来源"之间是直接关联的。"有生方向"和"有生来源"在语义方向上是相反的,前者是方向、终点,后者是来源、起点,但两种语义是有关联的,常用同一个标记表示。从"连"的多功能模式来看(见表1),有的方言兼表有生方向和有生来源,而有的方言只表有生方向,那么"连"这两种功能或语义的演变方向极有可能是"有生方向＞有生来源"。

2.5 "连接"义动词＞处所源点/经由/处所终点介词

"连接"义动词"连"在"$N_1+连+N_2+V$"或"$N_1+连+N_2$"结构中,有时意义接近"从"或"到"。例如:

(41)黄河怒浪连天来,大响砼砼如殷雷。(温庭筠《公无

139

渡河》)

(42)俺俺木叶下,白浪连天起。(李群玉《湖中古愁三首》

(43)高钟疑到月,远烧欲连星。(刘昭禹《冬日暮国清寺留题》)

(44)开通州县斜连海,交割山河直到燕。(王建《寄贺田侍中东平功成》)

例(41—42)是形容浪高得好像是从天上来。即使"连"还是"连着"的意思,"连着天来"和"从天上来"意思并不矛盾。例(43—44)"连"与"到"对举,虽然"连"还是可以理解为"连接"义动词,但"连星""连海"中的"连"与"到"的意思比较接近。如例(43)是说如火的晚霞好像都要连着星星了(到星星那里了)。这几例表明"连接"义动词和处所源点、处所终点等的语义关联,也就是说"连着某个事物"暗含"从/到某个事物所在处"义。

明清小说中有"连"疑似处所源点介词的用法,例如:

(45)惊湍忽自海门来,怒吼遥连天际出。(《警世通言》第23卷)

(46)若说是周瑞的干儿子,连太太起,里里外外的都不干净。(《红楼梦》第112回)

例(45)"连"与"自"对举,"连天际出"似可理解为"从天际来";例(46)"连"与"起"搭配,可理解为"从太太起",《汉语大词典》和《汉语大字典》均举此例,以"连"为介词,义为"自、从"。

汉语史或现代方言中有与"连"平行的例子,如"连接"义动词"接""通"等。它们在现代方言中可表处所源点或经由,这与"连"类似。如北京话的"接"(陈刚,1985:132):

(47)a.接这儿数起。

b. 接他家门口走过。

例(47a—b)中"接"分别表处所源点和经由,相当于普通话的"从"。

"通"有"连接、连通"义,① 在现代闽语中也有表示经由的用法,相当于普通话的"从"。(许宝华、宫田一郎,1999:5236;施其生,2013)再如闽东古田方言的"连接"义动词"剃[tʻie²¹]",又可做处所介词,表示"顺着、沿着"。(李滨,2014)例如:

(48)a. 等伊讲好曬,侬剃下去讲 _{等他说完了,你接着往下说}。

b. 许侬剃许路底走去了 _{那人沿着那条路跑了}。

"接""通""剃[tʻie²¹]"等与"连"平行的语义演变事实,为我们上述对"连"的"'连接'义动词＞处所源点/经由/处所终点介词"演变路径的归纳提供了重要的旁证。

2.6 "连"工具介词用法的来源

据 Narrog(2010)与张定(2010:198)的世界语言动态化的"工具-伴随"概念空间,"工具"的直接来源有四种:伴随、处所、来源和经由。我们首先排除了"连"发生"处所＞工具""经由＞工具"这种演变的可能(据表1),如甘肃临潭和靖远方言中"连"不表示处所或经由,但表工具;这样"连"工具介词用法可能有两种来源,即伴随介词和处所源点介词。②

---

① 如《逸周书·大聚》:"教茅与树艺,比长立职,与田畴皆通。"孔晁注:"通,连比也。"《徐霞客游记·游黄山日记后》:"断者架木通之,悬者植梯接之。"
② 表1虽未列靖远方言"连"的处所源点介词功能,但要说明的是该方言中还是能听到"连"的这种用法,只是本地人会觉得是外地话,还不能排除"连"工具介词用法来源于处所源点介词的可能。

2.6.1 伴随介词＞工具介词

汉语方言中有"伴随"与"工具"共用同一标记的例子,如湖南临武大冲土话的介词"拿[na¹³]"(王泽芳,2007:125、128)、山西阳曲方言"和"(孟庆海,1991:95)①。比如阳曲方言"和":"你和钢笔写字,他和铅笔写。"

汉语史上有"伴随"和"工具"共用同一标记的例子,如"以"和"将":

(49)a. 晋侯以公宴于河上。(《左传·襄公九年》,例引自何乐士,2004:492)

b. 以桀诈尧,譬之若以卵击石,以指挠沸。(《荀子·议兵》,同上:491)

(50)a. 游子河梁上,应将苏武别。(庾信《咏怀》,例引自蒋冀骋、吴福祥,1997:479)

b. 唯将角枕卧,自影啼妆久。(《乐府诗集·妇病行》,同上)

例(49a)的"以"表伴随,意思是"晋侯与鲁襄公在黄河边上饮宴"。例(49b)"以卵击石,以指挠沸"的"以"表工具,意思是"用蛋去碰石头,用手指搅动开水"。例(50a—b)两例中"将"分别表伴随和工具。②

---

① 山西阳曲方言工具介词"和"与伴随介词"和"读音都是[xəʔ²]。语法例句"他正和一个相好地叨啦呢",孟庆海(1991:129)的注音是[xəʔ²];关于工具介词"和",虽然孟庆海(1991:95)标明写作"和"是用的同音代替字,但是我们认为它的本字应该就是"和",因为伴随介词是有可能发展出工具介词用法的。

② 要说明的是:"以"和"将"做动词时不只一个义项,所以做介词时的不同用法可能有不同的直接来源。比如"将"的伴随介词用法("与同"义)由"引领"义动词"将"虚化而来,而它的工具介词用法由"执持"义动词"将"虚化而来。(蒋冀骋、吴福祥,1997:479)

"伴随"和"工具"概念上密切关联。伴随对象是与施事一起参与动作行为的参与者,而工具是施事完成某一动作行为的"伴随物"。伴随和工具之间基于类同性或象似性的隐喻关系,已有很多学者阐述过。"连"有伴随介词用法,那么它就有可能发展出工具介词用法。

2.6.2 处所源点介词＞工具介词

"连"工具介词的用法也有可能来源于处所源点介词。汉语方言中有处所源点介词和工具介词共用同一标记的例子,如万荣方言介词"捍[xæ˧]"(吴云霞,2009:123—124)、乌鲁木齐、银川等方言介词"搁[kɤ²¹³]"(周磊,1995:125;李树俨、张安生,1996:119)、闽语平和方言介词"自[tsu²]"(庄初升,1998)等。例如"自":

(51)a.自广州遘北京,火车着行三十外点钟_{从广州到北京,火车}得走三十几个小时。

b.歹囝仔自手的铁支仔共伊凿落去_{歹徒用手里的铁棍捅他}。

以上讨论了"连"工具介词用法的两种可能的来源:伴随介词与处所源点介词。前一种的可能性会大一些,因为"伴随介词＞工具介词"的演变模式是SVO型语言常见的类型,(吴福祥,2003b)而且从"连"在各方言中的功能分布情况以及它的语法化路径来看,伴随介词用法是"连"更常见、更核心的功能,它也更有可能发展出工具介词用法。

2.7 "连"处置介词用法的来源

以往的研究所揭示的处置介词(或宾格标记)的来源有工具格标记、"拿"和"握"义动词、"给予"义和"帮助"义动词、伴随格、受益格标记等。(吴福祥,2003a;曹茜蕾,2007;马贝加、王倩,2013)但

"连"在山东、徐州等方言中,不具备以上任何一种语义或功能,却能表示处置。以山东枣庄方言"连"为例,除了"连续"义副词,它只具备"连接"义动词、包括介词、强调介词和处置介词四种功能,那么它的处置用法很大可能是来自包括介词"连",因为"连"本来就是起"提宾"作用的,包括介词"连"主要引介的本来就是受事,(祝敏彻,1996:186;马贝加,2002:322)所以它发展出处置介词的用法是比较自然的。

与"连"类似的是闽语莆仙话的"含"也兼表包括与处置,(张惠英,2013)如:

(52)a. 即位含我拢总十五侬这里包括我有十五人。

b. 汝尼含门厄关你干吗把门关上?

另外,"通"有"连带、连同"义①,它在现代闽语中也可表处置。(施其生,2013)

3 结语

"连"是汉语常用的多功能虚词,特别是在汉语方言中,"连"作为介词可表示包括、强调、伴随、平比、有生方向、有生来源、处所源点、经由、处所终点、工具、时间源点、处置等多种语义,它的多数功能不见于普通话。本文对"连"的这些功能及其在汉语方言中不同的关联模式进行了描写,并基于汉语历史语法事实以及已有研究成果对"连"语法化过程中的语义演变进行了初步探讨。其语义演

---

① 例如宋·王明清《挥麈后录》卷五:"予凡三归安陆,大为搜访……仅获五百十卷,通旧藏凡千一百卷,江氏遗书具此矣。"

变路径如下图所示①。

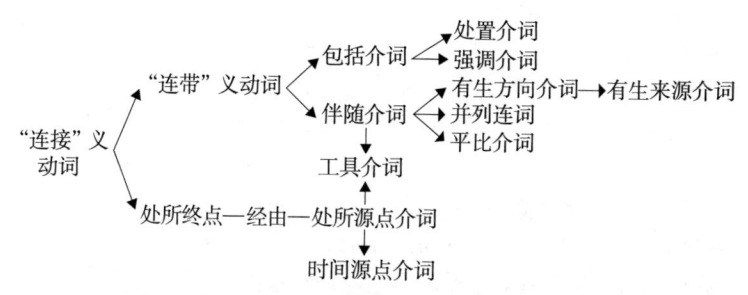

```
                        ┌→ 处置介词
           ┌→ 包括介词 ─→ 强调介词
  "连带"义动词              ┌→ 有生方向介词 → 有生来源介词
           └→ 伴随介词 ─┼→ 并列连词
"连接"义         │         └→ 平比介词
  动词           ↓
              工具介词
    └→ 处所终点—经由—处所源点介词
              ↓
           时间源点介词
```

汉语方言多功能虚词"连"的语义演变路径

本文的主要结论是：(1)汉语方言中"连"的不同功能之间是有联系的，不是偶然同音，换言之，"连"共时的多功能性其实是其历时语义演变的产物；(2)"连"语法化过程中出现的语音变异现象，比如轻读、介音脱落等，是与它的语义弱化相平行的。

参考文献

安西县地方志编纂委员会　1992　《安西县志》，北京：知识出版社。
鲍士杰　1998　《杭州方言词典》，南京：江苏教育出版社。
曹茜蕾　2007　汉语方言的处置标记的类型，《语言学论丛》第 36 辑，北京：商务印书馆。
曹　炜　2006　近代汉语中被忽视的"和"类虚词成员"并"，《古汉语研究》第 4 期。

---

① 需要说明的是：并列连词"连"除了源于伴随介词"连"，还可能源于"连带"义动词"连"；工具介词"连"有两种可能的来源：伴随介词"连"与处所源点介词"连"；"连"的处所终点、经由与处所源点三种用法之间只是用线连接起来，表示它们之间有语义联系，因为汉语的同一个介词常兼表处所终点、经由、处所源点、处所等多种功能；"连"这三种用法之间如果有演变关系的话，其演变方向可能是"处所源点＞经由＞处所终点"，因为"连"在临潭方言中只表处所源点，通渭方言中表处所源点和经由，白龙江流域方言中兼表处所源点、经由和处所终点。(见表 1)共时的差异可能刚好是历时发展过程的反映。

145

曹 炜　2007　《金瓶梅词话》中"和"类虚词用法差异计量考察,《江苏大学学报》(社会科学版)第2期。

曹延杰　1991　《德州方言志》,北京:语文出版社。

陈 刚　1985　《北京方言词典》,北京:商务印书馆。

陈泽平　2006　福州方言处置介词"共"的语法化路径,《中国语文》第3期。

陈泽平　2010　《19世纪以来的福州方言》,福州:福建人民出版社。

冯春田　1991　《近代汉语语法问题研究》,济南:山东教育出版社。

冯春田　2000　《近代汉语语法研究》,济南:山东教育出版社。

甘肃省天水市地方志编纂委员会　2004　《天水市志》(下卷),北京:方志出版社。

高育花　1998　近代汉语"和"类虚词研究述评,《古汉语研究》第3期。

古浪县志编纂委员会　1996　《古浪县志》,兰州:甘肃文化出版社。

广河县志编纂委员会　1995　《广河县志》,兰州:兰州大学出版社。

海 峰　2007　中亚东干语是汉语西北方言的域外变体,《语言与翻译》(汉文)第2期。

何乐士　2004　《古代汉语虚词词典》,北京:语文出版社。

洪 波　2000　论平行虚化,《汉语史研究集刊》(第二辑),成都:巴蜀书社。

洪 波　2001　"连"字句续貂,《语言教学与研究》第2期。

胡晓萍、史金生　2007　北京:"连"类介词的语法化,载沈家煊、吴福祥、李宗江主编《语法化与语法研究》(三),北京:商务印书馆。

蒋冀骋、吴福祥　1997　《近代汉语纲要》,长沙:湖南教育出版社。

蒋绍愚　2008　《唐诗语言研究》,北京:语文出版社。

兰州市西固区地方志编委会　2000　《兰州市西固区志》,兰州:甘肃人民出版社。

礼县志编纂委员会　1999　《礼县志》,西安:陕西人民出版社。

李 滨　2014　闽东古田方言的介词,《龙岩学院学报》第6期。

李树俨、张安生　1995　《银川方言词典》引论,《方言》第2期。

李树俨、张安生　1996　《银川方言词典》,南京:江苏教育出版社。

林 涛　2007　《东干语论稿》,西宁:宁夏人民出版社。

刘爱菊　2005　汉语并列连词历史演变研究,北京大学博士学位论文。

刘 坚　1989　试论"和"字的发展,附论"共"字和"连"字,《中国语文》第6期。

刘 伶　1988　《敦煌方言志》,兰州:兰州大学出版社。

刘小丽　2012　临潭话词汇语法研究,兰州大学硕士学位论文。

吕叔湘　1999　《现代汉语八百词》(增订本),北京:商务印书馆。

马贝加　2002　《近代汉语介词》,北京:中华书局。

马贝加　2014　《汉语动词语法化》,北京:中华书局。

马贝加、王　倩　2013　试论汉语介词从"所为"到"处置"的演变,《中国语文》第1期。

孟庆海　1991　《阳曲方言志》,北京:社会科学文献出版社。

莫　超　2004　《白龙江流域汉语方言语法研究》,北京:中国社会科学出版社。

《宁县志》编委会　1988　《宁县志》,兰州:甘肃人民出版社。

平罗县志编纂委员会　1996　《平罗县志》,西宁:宁夏人民出版社。

施其生　2013　台中方言的处置句,《北方语言论丛》(第三辑),银川:阳光出版社。

苏建军　2011　通渭方言中的几个特殊介词,《兰州工业高等专科学校学报》第2期。

苏晓青、吕永卫　1996　《徐州方言词典》,南京:江苏教育出版社。

孙怀芳　2008　《金瓶梅》连词研究,山东大学硕士学位论文。

孙立新　2007　《西安方言研究》,西安:西安出版社。

孙立新　2013　《关中方言语法研究》,北京:中国社会科学出版社。

孙锡信　1992　《汉语历史语法要略》,上海:复旦大学出版社。

孙占鳌、刘生平　2013　《酒泉方言研究》,兰州:兰州大学出版社。

太田辰夫　2003　《中国语历史文法》(第2版),蒋绍愚、徐昌华译,北京:北京大学出版社。

天水市秦城区地方志编纂委员会　2001　《秦城区志》,兰州:甘肃文化出版社。

汪　平　1994　《贵阳方言词典》,南京:江苏教育出版社。

王军虎　1996　《西安方言词典》,南京:江苏教育出版社。

王　森　2001　东干话的语序,《中国语文》第3期。

王雪樵　1992　《河东方言语词辑考》,太原:山西人民出版社。

王泽芳　2007　湖南临武(大冲)土话研究,苏州大学硕士学位论文。

文县志编纂委员会　1997　《文县志》,兰州:甘肃人民出版社。

毋效智　2005　《扶风方言》,乌鲁木齐:新疆大学出版社。

吴福祥　2003a　再论处置式的来源,《语言研究》第3期。
吴福祥　2003b　汉语伴随介词语法化的类型学研究,《中国语文》第1期。
吴建生、赵宏因　1997　《万荣方言词典》,南京:江苏教育出版社。
吴云霞　2009　《万荣方言语法研究》,北京:语文出版社。
西和县地方志编纂委员会　1997　《西和县志》,西安:陕西人民出版社。
西吉县志编纂委员会　1995　《西吉县志》,西宁:宁夏人民出版社。
席　嘉　2010　《近代汉语连词》,北京:中国社会科学出版社。
邢向东、蔡文婷　2010　《合阳方言调查研究》,北京:中华书局。
邢志群　2008　从"连"的语法化试探汉语语义演变的机制,《古汉语研究》第1期。
熊正辉　1995　《南昌方言词典》,南京:江苏教育出版社。
徐复岭　2002　济宁方言语法特点撮要,《济宁师专学报》第1期。
许宝华、宫田一郎　1999　《汉语方言大词典》,北京:中华书局。
阎浩然　2009　吴桥方言语法记略,山东大学硕士学位论文。
颜　森　1995　《黎川方言词典》,南京:江苏教育出版社。
杨子仪、马学恭　1990　《固原县方言志》,西宁:宁夏人民出版社。
殷相印　2008　《微山方言语法研究》,哈尔滨:黑龙江人民出版社。
殷正林　1984　《世说新语》中所反映的魏晋时期的新词和新义,《语言学论丛》(第十二辑),北京:商务印书馆。
于　江　1996　近代汉语"和"类虚词的历史考察,《中国语文》第6期。
《榆中县志》编委会　1990　《榆中县志》,兰州:甘肃人民出版社。
詹伯慧、陈晓锦　1997　《东莞方言词典》,南京:江苏教育出版社。
张安生　2006　《同心方言研究》,北京:中华书局。
张成材　1990　《商县方言志》,北京:语文出版社。
张　定　2010　汉语多功能语法形式的语义图视角,中国社会科学院研究生院博士学位论文。
张惠英　2013　从南通话表给予、被动的"喊"说起,《语文研究》第1期。
张琳琳　2013　山东运河流域方言语法研究,山东大学硕士学位论文。
张振羽　2010　南方方言语气副词"连"的来源及其他,《阜阳师范学院学报》(社会科学版)第2期。
赵日新　2004　《绩溪方言词典》,南京:江苏教育出版社。
郑剑平　2003　论〈金瓶梅〉的"连"字句,《四川教育学院学报》第7期。

中国社会科学院语言研究所词典编辑室　2012　《现代汉语词典》(第6版),北京:商务印书馆。
中宁县县志编纂委员会　1994　《中宁县志》,西宁:宁夏人民出版社。
钟兆华　2002　汉语牵涉介词试论,《中国语文》第2期。
周　磊　1994　《乌鲁木齐方言词典》引论,《方言》第4期。
周　磊　1995　《乌鲁木齐方言词典》,南京:江苏教育出版社。
祝敏彻　1996　《近代汉语句法史稿》,郑州:中州古籍出版社。
庄初升　1998　《闽语平和方言的介词》,《韶关大学学报》(社会科学版)第4期。
Bybee, Joan, Revere Perkins and William Pagliuca 1994 *The Evolution of Grammar: Tense, Aspect, and Modality in the Languages of the World*, Chicago: University of Chicago Press.
Narrog, Heiko 2010 A diachronic dimension in maps of case functions. *Linguistic Discovery* 8:233—254.

从"其"替换"之"看上古-中古汉语的兼语式[*]

李 明

(中国社会科学院语言研究所)

1 本文讨论的问题

一般所说的兼语式 NP$_1$ VP$_1$ NP$_2$ VP$_2$，兼语位置上，先秦本用"之"，但从战国末期始，"之"可以为"其"替换。比较：

(1) 孺悲欲见孔子，孔子辞以疾。将命者出户，取瑟而歌，使之闻之。(《论语·阳货》)[传命的人出户，孔子取瑟而歌，故意使孺悲听到]

(2) 所爱其母者，非爱其形也，爱使其形者也。(《庄子·德充符》)

先秦汉语中，"之""其"的分布本是互补的。兼语位置上"其"替换"之"，或许可以透露出某些信息，使我们对于兼语式、控制结构、使役句等复杂问题有更深的了解。本文意在从此现象入手，利

---

[*] 本文承汪维辉先生教正，谨致谢忱。

用历史的资料以及历时的演变,对上述问题进行探讨。

上古汉语指先秦西汉时期,中古汉语指东汉魏晋南北朝时期。

2 对"其"替换"之"的两种处理

这种替换,人们早已注意到。王力先生在《汉语史稿》中说:由于例(1)一类"之"处于兼位(宾语兼主语),"所以这个宾语代词'之'字是容易被动摇的。在中古时期,'之'字在这种地方渐渐让位给'其'字。……我们知道,在中古时期,口语里有了'伊''渠''他'之后,文言里的'其'字也就不限定用于领位,至少它可以用于包孕句里的主位,且又是偏于主语的性质。这一个转变很重要。这可以说明:递系式中的两系是一个整体,其中处在兼位的名词或代词既不能单纯地认为宾语,也不能单纯地认为主语"(王力,1980:437—438)。后来王先生在《汉语语法史》中坚持了这一看法,只是删去了"且又是偏于主语的性质"这一句(见王力,1989:293),这似乎暗示:中古"其"在兼语位置,就是充当包孕句的主语。

历时地来看王先生的意见,似乎兼语式从上古到中古有一个句法变化:兼语由 VP_1 的宾语,重新分析为了 VP_2 的主语。这个句法的重新分析,是由代词的替换反映出来的,但可以认为,凡兼语位置上的 NP,都经历了该演变。

不过,另一种处理认为兼语"其"仍做 VP_1 的宾语。原因如下。上古人称代词"其"只处于定语位置,包括做 NP 的定语,以及出现于"其 VP"。前者例不烦举,后者如:

(3)大夫之许,寡人之愿也;若其不许,亦将见也。(《左传·成2》)["其不许"等于说"大夫之不许"]

(4)吾见师之出而不见其入也！(《左传·僖32》)["其入"等于说"师之入"]

王力(1984)将这种"其VP"中的"其"视为"名词＋之","其"仍然是定语,而不是主语。该意见可将上古的人称代词"其"统一定性为定语,已为学界共识。魏培泉(2004:30)将"其"的这两种用法归结为"从语"(specifier),出现于"其NP"即是出现于NP的Spec位置,出现于"其VP"即是出现于VP的Spec位置。梅广(2015:378)也指出:上古汉语人称代词"其""之"的用法有格位之分,"其"是领格。梅广先生甚至认为:"其"是一个合音字,它是一个第三人称代词词素和领属标记"之"的合音;只是这个第三人称代词词素并没有独立形式,只存在于合音之中。(同上:98页注13)

但是,中古的"其",并不像上古专门做定语,它可做双宾语句的间接宾语。① 例如:"予其良吏"(《太平经·丁部·六罪十治诀》)、"赐其彩帛酒肉"(《太平经·庚部·孝行神所敬诀》)、"助其谷粮"(《太平经·庚部·大寿诫》))、"假其日月,使得苏息"(《太平经·庚部·病归天有[按:"有"当作"省"]费诀》)、"武帝梦帝与其九龄"(东汉·王充《论衡·知实》)、"给其廪价"(西晋·竺法护译

---

① 东汉之前,也有"其"做间接宾语的个别例证,这种用法当时只是萌芽。例如:
与其射御,教吴乘车,教之战陈,教之叛楚。(《左传·成7》)
孟尝君使人给其食用,无使乏。(《战国策·齐四》)[马建忠(1983[1898]:52)已引,并说明"给其食用"犹云"给之食用",但杨树达《〈马氏文通〉刊误》认为"给其食用"犹云"供给他的食用"]
章自请曰:"臣,将种也,请得以军法行酒。"高后曰:"可。"……顷之,诸吕有一人醉,亡酒,章追,拔剑斩之而还,报曰:"有亡酒一人,臣谨行法斩之。"太后左右皆大惊。业已许其军法,无以罪也。因罢。(《史记·齐悼惠王世家》)
君试遗其女乐,以夺其志。(《史记·秦本纪》)[引自魏培泉,2004:46]

《生经》,3/92a)。也可做动介词(coverb)的宾语。① 比较(a、b分别为上古、中古例证):

(5)a. 我不见兮,言从之迈。(《诗经·小雅·都人士》)
   b. 悉当从其取也。(《太平经·丁部·六罪十治诀》)|汝当从其受决。(《生经》,3/107a)

(6)a. 令尹子木与之语。(《左传·襄26》)
   b. 人莫肯与其交语。(《太平经·丁部·六罪十治诀》)|与其约誓。(《生经》,3/97a)

也可做独立句的主语,吕叔湘(1985:15)引东汉赵晔《吴越春秋上》:"其为何谁?子以言之。"魏培泉(2004:55)引有东汉佛经中的三例,如"其已居家有信,欲出家为道"(东汉·昙果共康孟详译《中本起经》,4/158b)。②

做间接宾语、动介词宾语本是"之"的领域,这说明:随着"之"在中古汉语的衰微(魏培泉,2004;朱冠明,2015等),"其"进入了"之"的领地。"其"做独立句的主语,这是"之"不具备的功能。

---

① 上古已有个别例证:将军之遁也,以其为利也。(《吕氏春秋·高义》)[引自杨伯峻、何乐士,1992:612]
② 中古代词"其"的用法扩展为间接宾语、动介词的宾语以及独立句的主语,最早是吕叔湘(1955:181—182)发现的。魏培泉(2004)有更多例句。上古-中古个别"之"似做 NP 的定语,这好像倒是"之"扩展到"其"的领地了,例如:

秋,楚成得臣帅师伐陈,讨其贰于宋也。遂取焦、夷,城顿而还。子文以为之功,使为令尹。(《左传·僖23》)
其妻遥闻之状,磨笄以自刺。(《吕氏春秋·长攻》)[引自黄盛璋1963:460]
大象闻之噢,便犇走入山。(东汉·支娄谶译《阿阇世王经》,15/399c)[闻到小狮子的气味]
夫大道之出也,人皆蒙之恩。(《太平经·庚部·道祐三人诀》)

但梅广(2015:380)把"以为之功"分析为"以为 pro 之功"(pro 指"成得臣")。上四例都应如此处理。

"其"始终没有发展出成熟的做动词直接宾语的用法,(王力,1989:50;郭锡良,1980:73;魏培泉,2004:51—52;俞理明,1993:72)除此之外,中古"其"似乎成了"全能型"的代词,可出现于各个语法位置,颇似后来唐代发展出的人称代词"他"。既然如此,兼语位置的"其",自然可以仍视为 VP_1 的宾语。魏培泉先生就是这种看法。他(2004:46)说:

> 从先秦到六朝,兼语动词最常见的是"使""令"二字。黄盛璋(1963:460)指出先秦这两个动词的兼语主要是"之",用"其"是例外。这种情况到了东汉以后就有所转变了。六朝的佛经中"使(令)其"的兼语以"其"为主流,用"之"反成例外。以六世纪初僧伽婆罗的《阿育王经》为例,"令其"使用 36 次,"使其"1 次,"使"和"令"都不搭配"之"。这种转变和兼语是否都分析为子句主语无关。因为从佛经资料上看,"其"的从语性[①]已丧失,"其"至此也有用作宾语的资格了。

周生亚(2007:13)列举《搜神记》中人称代词"其""有条件地充当宾语"的用法时,分了间接宾语、兼宾(兼语)、介词宾语三项,认为"天使其为酒藏吏"(卷 15)即"天使之为酒藏吏",兼语"其"与"之"用法全同,做宾语。

以上说明了对兼语位置"其"的两种处理方式:一是认为做主语,二是认为仍做宾语。孰是孰非?其实答案并非一刀切那样截然分明。在厘清这个问题之前,有必要就兼语式的结构、类别等做些分析。

---

① "从语性",指处于 specifier 的位置。

3 兼语式的结构:控制还是提升

从句法来看,兼语既做 VP_1 的宾语,又做 VP_2 的主语。从语义来看,兼语既是 VP_1 的受事,又是 VP_2 的施事。但"兼语"的提法,与人们熟知的"题元准则"不一致。根据题元准则,一个 NP,只能有一个语义角色,且只能赋予一个格位。就是说,不能首鼠两端,既做受事宾语,又做施事主语。可惜的是,现代汉语缺乏形态,没有标示兼语到底是宾语还是主语。

据吴竞存、梁伯枢(1992:226—228),汉语研究者其实也有"兼语"不能兼有两个功能的观点。比如李临定、范方莲(1961:3)说:"所谓兼语,它或者只是前面动词的宾语,或者只是后面动词的主语(构成主谓宾),不可能一身而二任。"又如任铭善(1962:94)认为:"没有格的形态标志不等于没有主语、宾语在结构上的格位区别",如果"理论上承认它们的区别",那么"就很难同时承认一个词在句子里既可以是主语又可以是宾语"。

"令之佐新军"(《国语·晋语七》)这样的结构,兼语"之"显然做前面使令动词的宾语,但从语义上说,"之"的所指确实也是 VP_2 的施事。这时,一个解决办法是:假设 VP_2 前有一个空代词与兼语同指,即"令之$_i$[e_i佐新军]";空代词在表层不能出现,它有一个空"格"(case),以此来分担兼语承担的角色。邢欣(2004)就是这样分析现代汉语的兼语式的。这个空范畴(empty category),Huang(1998[1982])认为是 PRO,整个结构是控制结构。但是否是 PRO,涉及汉语是否像英语一样,有定式小句和不定式小句的区分,这个问题存在争议。笔者在此只能略微涉及。从支持汉语有定式、不定式一派的观点来看,最强有力的证据,还是子句中主语不能出现,如"我劝张三[不买这本书]"不能说成"我劝张三[他不买这本书]"。(Huang,1998[1982]:249) Hu、Pan 和 Xu(2001:5节)举了一些反证,比如:"我劝张三[如果没有人买这本书他也不要买]";徐烈炯(1999:5节)还举到反身代词做子句主语的例子,比如"我叫他[自己解决问题]"。不过这些反证似都比较特殊(徐先生所举的反身代词的例子似不宜看作主语)。另外,邢欣(2000)已说明:兼语式主动词 V 可前附表"时"的成分("他正劝她吃药"),但不能后附表"体"的成分("*他劝了她吃药");兼语后的 V 正相反:不能前附时态成分("*他劝她正吃药"),可后附体貌成分("他劝她吃了药")。现代汉语中,VP_2 可出现体貌成分,这不利于视其为不定式的分析。不过,上古-中古汉语与现代汉语不同,VP_2 没有体貌成分,都带[−完成]的特征;把上古-中古汉语兼语式中的 VP_2 视为不定式,并无障碍。下文暂且还是采用控制结构来分析兼语式。

Hornstein(1999)提出用移位来分析控制结构。按照他的观点,John persuaded Harry to leave(John 劝 Harry 走了)的推导式为:

(7)$[_{IP2}$John $[_{I^o}$past $[_{VP3}$ John $v+$persuaded $[_{VP2}$ Harry persuade $[_{IP1}$ Harry $[$to $[_{VP1}$Harry leave$]]]]]]]]$

Harry 先与 leave 合并,得到一个题元角色,即 leave 的施事;然后,Harry 移位到 IP_1 的指定语(Spec)位置,核查该小句的 EPP 特征[1](即满足要有主语的要求);之后,Harry 移位到 VP_2 的 Spec

---

[1] EPP 即"扩展投射原则"(extended projection principle)。

位置,得到另一个题元角色,即 persuade 的受事。可见:移位说不再顾及传统的"题元准则",主张一个 NP 可以获得不止一个题元角色。这倒像是回到了汉语分析所提的"兼语"的路子上,因此,移位说存在争议。

移位说另一个弱点是不能解释"主语控制"。按照 Hornstein,假定下例为主语控制:

(8)John$_i$ persuaded Harry [PRO$_i$ to leave]

则其推导式为:

(9)[$_{IP2}$John [I°past [$_{VP3}$ John v+persuaded [$_{VP2}$ Harry persuade [$_{IP1}$ John [to [$_{VP1}$ John leave]]]]]]

(9)中,为了核查"v+persuaded"的施事这个外部题元(注意 Hornstein 把题元角色视为动词的特征),John 要提升到 VP$_3$ 的 Spec 位置。但是,在这个提升过程之中,它跨过了 VP$_2$ 的 Spec 位置上的 Harry(Harry 在这个位置上核查 persuade 的受事),违反了"最短移位"(Shortest Move)原则,因而(8)(9)不合法。[以上分析参看 Hornstein(2001:45),与 Hornstein(1999)略有不同]因为否认主语控制的存在,Hornstein 视英语中常见的主语控制动词 promise(答应)为例外现象(尤可参看 Hornstein,2001:64 注 19)。① 但对实际材料的调查显示:汉语的主语控制虽然相对少见,却也不能以例外视之。可参看下文分析。鉴于这一点,我们也不采用移位的观点。

---

① 一个解决方法是视 John$_i$ promised Harry [PRO$_i$ to leave]一类句子中,Harry 前有一个空介词 to。如此则 Harry 不再阻碍 John 的移位。

4 兼语式与其他结构

4.1 兼语式与小句宾语

张之强(1987)将上古汉语的兼语式分为两类:一为使令类,兼语前的动词表示使令、召呼、劝告、帮助、称谓、拜立等意思,兼语如是代词,上古用"之",如例(1)"使之闻之";二是爱恶类,兼语前的动词表示爱恶、欲愿、视听、认知等意思,兼语如是代词,上古用"其",如例(4)"吾见师之出而不见其入也"。第二类实际是带小句宾语,代词从来都用"其",不存在从"之"到"其"的变化。这类动词多表感官、认知、心理,上古-中古汉语中常见的,有"观、见、睹、听、闻、传(传闻)、知、识、悟、料、觉、恐、惧、叹、患、虑、畏、疑、轻(轻视)、重(看重)、冀、愿、欲、羡、慕、恶、伏(折服)、责、怪、嘉(嘉许)、讥、笑、忿、怒、哀、痛、疾(痛恨)、信、保、嫌"等。也有个别例外:

(10)闻之死,请往。(《礼记·檀弓下》)(转引自马建忠,1983[1898]:48)

(11)其好欲读视者,天知为善人;示之不欲视者,天知之为凶恶人也。(《太平经·己部·守一入室知神戒》)

(12)(朱)诞给使妻有鬼病,其夫疑之为奸。(《搜神记》卷17,引自周生亚,2007:12)

上三例"闻""知""疑"后的代词是"之"不是"其"。

另一个鉴别格式是:带小句宾语的动词在上古可带"主之谓"格式,如例(4)"见师之出","师之出"为直接成分,"师"不可能是主动词的宾语。

4.2 兼语式与紧缩句

下面的例子,代词与其后 VP 都有语义关系(施事或当事),但代词之后可以断开:

(13) a. 万人以为方阵……望之如荼。左军亦如之……望之如火。右军亦如之……望之如墨。(《国语·吴语》)

b. 公见弃也,而视之,尤。(《左传·襄 26》)[宋平公见到弃,细看她,漂亮极了]

(14) 今有马于此,如骥之状者,天下之至良也。然而驱之不前,却之不止,左之不左,右之不右。(《韩非子·外储说右上》)

(15) 骨肉之物,烹之辄死。今言烹之不死,一虚也。(《论衡·道虚》)

(16) 澄之不清,扰之不浊,其器深广,难测量也。(《世说新语·德行》)

比较例(13a)(13b),可知"望之如荼"等可在代词后断开,实是两个小句的紧缩。例(15)"烹之辄死"有连接副词"辄",也说明其实是两个小句。

下面几例"之"为其后 VP 的受事,代词之后也可以断开:

(17)(介之推)遂隐而死。晋侯求之不获。(《左传·僖 24》)|攻之不克,围之不继,吾其还也。(《左传·僖 33》)|秦军掩晋上军。赵穿追之,不及。(《左传·文 12》)

上面的例子都不是兼语句,而是紧缩句。

梁银峰(2001)所举先秦汉语"新兼语式"的例子,多是这类紧缩句,而并非真正的兼语式。例(14)—(17)的 VP$_2$ 都是否定式[除却例(15)中的"烹之辄死"],表示结果未如人愿。它们都没有分析为兼语式的可能,比如"驱之不前"的结构实为"驱之$_i$,pro$_i$不前"。但如果VP$_2$为VP$_1$的施事想要达成的结果(即目的),则可分析为兼语式。比较:

(18)张匄抽殳而下。射之,折股。……又射之,死。(《左传·昭21》)①

(19)父母怒、不说,而挞之流血,不敢疾怨,起敬起孝。(《礼记·内则》)

例(18)"射之,死"在此语境宜视为两个独立句,"死"表示已达成的结果。但(19)既可视为两个独立句,即:"挞之$_i$,pro$_i$流血";又可分析为一个整体,即"挞之$_i$PRO$_i$流血"。后一种分析就是兼语式,可理解为"挞之使流血",VP$_2$表目的。

4.3 兼语式与连动式

赵元任(1996:297)举了一个有趣的例子:"我要找一个人谈话"。并说明:此例如是 a."我要找一个人跟我谈话",就是兼语式。如是"我要找一个人跟他谈话",则有两种可能:b.假如"他"就是那个人,是连动式;c.假如"他"是另外一个人,还是兼语式。即:

a.我$_i$要找一个人$_j$[PRO$_j$谈话]。虽然语义上是主语"我"和宾语"一个人"共同参与谈话的行为,但因为表示"我要找一个人跟我谈话",实际"一个人"是行为的主导者、PRO 的控制者,"我"是VP$_2$的与事,因此是兼语式。

---

① 此例志村良治(1995[1984]:217)已引用,视为中古"V$_1$+兼语+V$_2$"(如《乐府诗集卷44·子夜四时歌·春歌》:"吹我罗裳开")一类隔开式动补结构的渊源。

b. 我$_i$要找一个人$_j$[PRO$_i$谈话]。语义上是主语"我"和宾语"一个人"共同参与谈话,但因为表示"我要找一个人跟他谈话",实际"我"是行为的主导者、PRO 的控制者,"一个人"是 VP$_2$ 的与事,[①]因此是连动式。

c. 我$_i$要找一个人$_j$[PRO$_j$谈话]。语义上是宾语"一个人"和另一个第三者共同参与谈话,但因为表示"我要找一个人跟他(指第三者)谈话",实际"一个人"是行为的主导者、PRO 的控制者,因此是兼语式。

由上可知:连动式或兼语式"NP$_1$ VP$_1$ NP$_2$ PROVP$_2$",PRO 的控制者到底是 NP$_1$,还是 NP$_2$,这是判定连动式和兼语式的关键:如果是 NP$_1$ 则是连动式,如果是 NP$_2$ 则是兼语式。

刘永耕(2000a:94)举到下面的例子:"队长领我 PRO 串了几家门"。此例主语"队长"和宾语"我"共同参与 VP$_2$ 的行为,到底是连动式还是兼语式,就是看主语、宾语哪个是 VP$_2$ 行为的重点。如果是"为了帮助我尽快地熟悉情况,队长领我串了几家门",则"队长"是为促使"我串门"而"领我"的,"我串门"是主旨,"我"是 RPO 的实际控制者,结构为兼语式;如果是"为了尽快开展工作,队长领我串了几家门",则"队长串门"是主旨,"领我"只是"队长串门"的方式,"队长"是 RPO 的实际控制者,结构为连动式。

现代汉语中,"她陪孩子 PRO 入睡",意为"陪孩子使入睡",为兼语式。"她陪孩子 PRO 逛街",则要看 VP$_2$ 行为的重点,即 PRO 的控制者,是 NP$_1$ 还是 NP$_2$,如果是 NP$_1$ "她",则是连动式,"陪孩子"为后面 VP$_2$ 的方式;如果是 NP$_2$,则是兼语式。

---

① 朱德熙(1982:162)即把"找人聊天儿"中的"人"看作 VP$_2$ "聊天儿"的与事。

再比较下两例:

(20)郑公孙黑肱有疾,归邑于公,召室老、宗人立段。(《左传·襄22》)[郑国的公孙黑肱有病,把封邑归还给郑公,召集室老、宗人立段为后嗣]

(21)有服,人召之食,不住。(《礼记·杂记下》)

(20)如果把公孙黑肱理解为"PRO立段"的主导者,"召室老、宗人"只是一种形式、走一个过场,则为连动式;如果理解为公孙黑肱召集室老、宗人让他们立段,则"室老、宗人"是PRO的控制者,结构为兼语式。(21)"召"有"招请"的意思,只是兼语式。(但注意"招之不来,麾之不去"(《史记·汲郑列传》)表示"招他他不来,打发他他不去",是上面谈的小句的紧缩。)

4.4 兼语式与双宾语

即使是"他劝我[RPO去爬山]"这样一般理解为宾语"我"单独控制"去爬山"的句子,只要在VP$_2$前加一个副词"一起",变成"他劝我一起去爬山",似乎就变为"共同控制"(或者说主语或宾语部分控制)。"共同控制"(或者说部分控制)又有不同可能:如果理解为"他$_i$劝我和他$_i$一起去爬山",则是主宾语共同控制;如果理解为"他$_i$劝我和他$_j$一起去爬山",则是宾语部分控制。但是,这样的分析是站不住的。因为如果说加一个副词,结构就起了变化,这显然不能令人信服。事实上,不管怎样理解,"他劝我[RPO去爬山]"都是兼语式,宾语"我"始终都是PRO的控制者,不管语义上VP$_2$有多少参与者。上文4.3节"我要找一个人谈话",也极容易误解为共同控制:

a/b. 我$_i$要找一个人$_j$[PRO$_{i+j}$谈话]

c. 我$_i$要找一个人$_j$[PRO$_{j+k}$谈话]

行为的参与者有主次之分,主要参与者才是 PRO 的控制者,其余可视为与事。与 Landau(2000)的看法不同,我们觉得:共同控制(或者说部分控制)是很可疑的。

与上面"我要找一个人谈话"不同的是,"PRO 谈话"不是兼语动词"找"的论元,而"PRO 去爬山"却是"劝"的论元。因此,"劝"这类兼语式实际是双宾语:一个宾语为表示对象的兼语,一个宾语则是兼语后的 VP。

再比较下两例:

(22)其子下车牵马,父[子]①推车,请造父助我推车。……使造父而不能御,虽尽力劳身,助之推车,马犹不肯行也。(《韩非子·外储说右下》)

(23)楚令尹将有大事,子荡将与焉,助之匿其情矣。(《左传·襄30》)

例(22)从上下文看是"造父"与车主一方的父亲共同推车,"助我 PRO 推车、助之 PRO 推车"可以有两种理解:如果把造父看作控制者,则不是兼语式,只是双宾语句;如果把"我""之"看作控制者,则是兼语式。例(23)同此:如果理解为"子荡匿其情",则不是兼语式,只是双宾语句;如果理解为"子荡助之(指令尹)使之匿其情",则为兼语式。

脱离语境来看,"NP$_1$ 助 NP$_2$ 推车"有很多种可能:可以是 NP$_1$ 推 NP$_2$ 不推;可以是 NP$_1$ 不推、只是出谋划策,NP$_2$ 推;可以是 NP$_1$、NP$_2$ 一起推;还可以有外人(比如双方的仆从)参与。这可以印证 Xu(1986)自由空语类的提法。不过,另一方面,"NP$_1$ 助 NP$_2$

---

① 此"子"为衍文。

[PRO 推车]",PRO 的控制者,也不能完全等同于现实中动作的施行者,语言分析同现实语境的分析还是不同的,即使 NP₁ 只是让其仆从帮着推车,他仍然间接地参与了"推车"的行为,因此仍有可能是 PRO 的控制者。就"助"而言,PRO 的控制只有两种可能:NP₁ 控制,或者 NP₂ 控制。再看两例:

(24) 今楚已败我师,又诛其将,是助楚杀仇也。(《史记·晋世家》)[引自邵永海,2003:264]

(25) 闻人有过,助其自悔。(《太平经·庚部·大功益年书出岁月戒》)

例(24)"助楚[PRO 杀仇]","杀仇"的施事是 NP₁"我"而非 NP₂"楚",PRO 的控制者是 NP₁ 而非 NP₂,因此只是双宾语式而非兼语式。例(25)"自悔"的施事是 NP₂"其",因此是兼语式。

下面再以"告"来说明。下例为"告之 NP":

(26) 其惟哲人,告之话言,顺德之行。(《诗经·大雅·抑》)

下面是"告之 VP"的例子:

(27)a. 公语之故,且告之悔。(《左传·隐1》)

b. 齐人李伯见孝成王。成王说之,以为代郡守。而居无几何,人告之反。(《战国策·赵三》)

上面两个"之"并不是 VP₂ 的施事或当事。其中,(27a)中"悔"的当事人是郑庄公,而不是"之"(指颖考叔),即:公ᵢ告之[eᵢ悔]。(27b)则是:人们告诉孝成王李伯谋反了,或者人们告诉孝成王李伯要谋反,因此是:人ᵢ告之ⱼ[eₖ反]。而且,这两例 VP₂ 为定式句,空代词是 pro。

c. 高帝以为然,乃发使告诸侯会陈。(《史记·陈丞相世家》)

此例"告诸侯会陈"为:告诸侯$_i$[PRO$_i$会陈],为兼语句,可理解为"告诸侯使会于陈"。因此,(27)的三例分别代表三种类型:

a. NP1$_i$ 告 NP2[pro$_i$ VP]　b. NP1$_i$ 告 NP2$_j$[pro$_k$ VP]

c. NP1 告 NP2$_i$[PRO$_i$ VP]

这都是双宾语句,兼语式只不过是其中一种类型。而且,直接宾语为 VP 的"告 NPVP"这种双宾语结构,是由直接宾语为 NP 的"告 NP$_1$ NP$_2$"这种双宾语结构扩展而来。

称名义的"谓"同样是由名词性双宾语"谓 NP$_1$ NP$_2$"扩展为"谓 NPVP"这样的双宾语(兼语式):

(28) a. 彼君子女,谓之尹吉。(《诗经·小雅·都人士》)

b. 不轨不物,谓之乱政。(《左传·隐5》)

c. 此世之所以谓之为狂也。(《韩非子·显学》)

a 为"谓 NP$_1$ NP$_2$",b 为"谓 NPVP",都是双宾语;c 为"谓 NP 为 VP",可视为兼语句(当然还是双宾语)。

同样经历这种扩展的还有"教"。先看"教 NP$_1$ NP$_2$":

(29) 先大夫臧文仲教行父事君之礼。(《左传·文18》)

在"教"的 NP 直接宾语转变为 VP 直接宾语的过程之中,有一个中间过程:直接宾语指称某种性质、动作,虽说是谓词,但谓词性并不强。例如:

(30) a. 子之能仕,父教之忠,古之制也。策名、委质,贰乃辟也。今臣之子,名在重耳,有年数矣。若又召之,教之贰也。父教子贰,何以事君?(《左传·僖23》)

b. 教吴叛楚,教之乘车、射御、驱侵。(《左传·襄26》)

"教之忠、教之贰(有贰心、不忠)"是指品行,"教之乘车、射御、驱侵"是指技能。这样的例子,结构有重新分析的可能。下两例肯定是兼语式:

(31)a. 教吴乘车,教之战陈,教之叛楚。(《左传·成 7》)
b. 乃遗之美男,教之恶宫之奇。(《战国策·秦一》)①

值得注意的是:Yue(余蔼芹 1999)根据现代汉语"我请他别签字"一类句子中,VP_2"别签字"的主语只能是第二人称,"他"不能成为 VP_2 的主语,认定:这类句子并非兼语句。据她考察:先秦文献中,使令动词(verb of command,如"命、谓、令、劝、请、教"等)之后,VP_2 如果是否定式,用的是表祈使的否定词"勿、无、毋",如"谓曹氏勿与"(《左传·昭 25》),这些句子都不是兼语式。使役动词(causative verb)"使、令"则不同,《荀子》《庄子》《墨子》《左传》前八公中,使役动词后 VP_2 的否定式既可以用表祈使的否定词"勿、无、毋",如"使无去其疆域"(《荀子·君道》),也可以用一般否定词"弗、不",如"使人不偷"(《荀子·富国》,"偷"义为"苟且")。在《左传》后四公、《孟子》《韩非子》中,使役动词后的 VP_2 只用一般否定词。作者认为这反映了一个句法演变:本来是带表禁止的补足语的结构(实即双宾语结构),后来变为了兼语句。相应地,使役动词句在《庄子》《墨子》中,兼语不仅用"之",也开始可以用"其",代词的混用对应否定副词的混用:用"之"正如同"VP_1(使役动词)$NPVP_2$"中的 VP_2 用祈使否定时("使 pro 无去其疆域"),NP 只能

---

① Peng(2006:4.3.1 节)曾提到"教"由带名词性单宾语[如"教之诲之"(《诗经·小雅·绵蛮》)]发展为带兼语,但未提及"教"带名词性双宾语这个阶段,也未注意上述"教 NP_1NP_2"扩展为兼语式的过程。

视为 VP$_1$ 的宾语;用"其"正如同"VP$_1$(使役动词)NPVP$_2$"中的 VP$_2$ 用一般否定时("使人不偷"),NP 也可以视为 VP$_2$ 的主语,因此也反映了这种句法演变。

梅广(2015:375)也注意到这类结构。他把"晋侯使郤至勿敢争"(《左传·成 11》)一类表示命令的"使、令"看作双宾语结构,其直接宾语"勿敢争"是一个命令句式,同其他用法(他称之为兼语用法)区分开来。大概也是考虑"勿敢争"是祈使式,默认第二人称做主语,"郤至"不能分析为其主语,因此不是一般的兼语式。

5 兼语式的分类

邢欣(2004:20—21)已指出:兼语句的主动词 V 具有使役的特征。形式上是兼语式,意义上就是使役句。下面依据动词和使役的关系,给兼语式分类。

A. 隐性使役动词①

这类动词本身并没有使役义,兼语后 VP 并非其论元。刘永耕(2000b:12)举了一些现代汉语的例子:逮几只蝴蝶作标本、省下二百元钱当路费;送给我一条狗看门、发射导弹上天;推他进屋、争取对方支持我;操纵着汽车拐了个弯儿、扭转形势向好的方向发展;拉他爬出冰窟窿、背他上厕所。上古汉语例如:

(32) a. 右抚剑,左援带,命驱之出。(《左传·襄 23》)
　　 b. 吴起出,遇故人而止之食。(《韩非子·外储说左上》)

---

① "隐性使役动词"及下文"显性使役动词"的提法,借自刘永耕(2000b)。

c. 有服，人召之食，不往。(《礼记·杂记下》)

d. 使弟子延之坐。(《史记·日者列传》)

有的动词，一般很难想象会有出现在兼语句中的用法，如：

e. 章将军等诈吾属降诸侯。(《史记·项羽本纪》)

[诈使义。引自杨伯峻、何乐士，1992:594]

中古出现的隔开式的动补结构，其实也就是这类兼语式：

f. 当打汝口破。(《幽明录》)

这些"VNPVP"可理解为"VNP 使/让 VP"，整个结构应分析为：VNP$_i$[PRO$_i$ VP]，VP 为表目的的附加语(adjunct)。有时，VP之前会有标记显示其为目的语。比较：

(33) a. 臧孙见子玉而道之伐齐、宋。(《左传·僖26》)

b. 及吴师至，拘者道之以伐武城，克之。(《左传·哀8》)

这两例"之"一指子玉，一指吴师，都是 VP 征伐的主体，因此，看作兼语式没问题。后一例用"以"标记 VP 为目的语。

这类结构，到了中古，还是用"之"，并未被"其"替换。如"妻劝公止之宿"(《世说新语·贤媛》)。北魏贾思勰《齐民要术》中有"煮之三沸"(《种谷》)、"曝之㳙㳙然"(《种紫草》)等，也是 A 类用"之"的例子。①

B. 显性使役动词

这类动词自身就有使役义，兼语后 VP 为其论元。比如使令

---

① 除"煮之三沸""曝之㳙㳙然"之外，还有"煮之令沸"(马王堆东汉帛书《五十二病方》，引自大西克也，2009:24)、"煮之令三沸"(《齐民要术·作脾、奥、糟、苞》)、"曝之令㳙㳙然"(《齐民要术·作豉法》)。"VNP 使/令 VP"这类格式中古常见。(参魏培泉，2000 等)

类,如"使、命、令";封职任免类,如"封、拜、立、迁、拟(任命)、赐";劝诫类,如"劝、教、告、谓(告诉义)、呼";命名、称谓类,如"谓(称名义)、称、命、姓、名"。参看杨伯峻、何乐士(1992:589—617)。略举数例:

(34)a. 王飨醴,命之宥。(《左传·庄18》)①

b. 若以先臣之故,不绝季氏,而赐之死。(《左传·昭31》)|时诏赐之食于前。(《史记·滑稽列传》)

c. 王中郎年少时,江彪为仆射,领选,欲拟之为尚书郎。(《世说新语·方正》)

d. 命彼后车,谓之载之。(《诗经·小雅·绵蛮》)|见父之执,不谓之进不敢进,不谓之退不敢退。(《礼记·曲礼上》)["谓"义为"告"②]

e. 阳货欲见之,不见;呼之仕,不仕。(《论衡·问孔》)

f. 先生为师,尊之为君,称之为父。(《太平经·庚部·不忘诫长得福诀》)

这些动词带两个论元:一为兼语NP,一为兼语后的VP。所以,这类兼语式实际就是双宾语,只不过直接宾语是VP而不是NP。上文4.4节曾举到"告、谓(称名义)、教"是由名词性双宾语扩展为兼语式,这也说明这类兼语式同双宾语的关联。

再看下面的例子:

(35)a. 夏,使大子居曲沃,重耳居蒲城,夷吾居屈。(《左

---

① 王力(1984[1944—1945]:135)说:"我叫他马上来",若依古代语法,是"余命其即来",不是"余命之即来"。其实,若论渊源,最早是"余命之即来",然后才是"余命其即来"。

② "谓"义为"告",可单独带NP做宾语,比如《左传·昭8》:子盍谓之?

传·庄28》)

b. 今君命大子曰仇,弟曰成师,始兆乱矣。(《左传·桓2》)

c. 请先者去备薄威,后者敦陈整旅。(《左传·昭23》)

d. 齐使章子,魏使公孙喜,韩使暴鸢共攻楚方城。(《史记·秦本纪》)

范继淹(1986:234)指出兼语式"VNPVP"可以有(甲)"VNP$_1$,VNP$_2$,VP"和(乙)"VNP$_1$VP$_1$,NP$_2$VP$_2$"两种不同的扩展形式,甲说明兼语结构为"[VNP]VP",乙说明兼语结构为"V[NPVP]"。上文已说明兼语不能这样首鼠两端。我们认为甲类扩展(例35d)固然可佐证B类兼语实为宾语,但乙类扩展(例35a—c)并不说明应分析为"使[大子居曲沃]、命[大子曰仇]、请[先者去备薄威]",即主谓结构做宾语。因为例(34)兼语用"之"显示:兼语实是宾语。例(35a—c)应视为动词空缺(gapping):使大子居曲沃,[使]重耳居蒲城,[使]夷吾居屈。即同下例:

e. 齐侯使管夷吾平戎于王,使隰朋平戎于晋。(《左传·僖12》)[①]

A类与B类有的不好区分,A类用法可以发展出B类用法。比如"延、导、道、启",如果只是表示引路的"引导、引入"义,则为A类:

(36) a. 使弟子延之坐。(《史记·日者列传》)

b. 使其子狐永为行人于吴,而教之射御,导之伐楚。(《国语·楚语上》)

[①] 例(35a)(35d)(35e)的"使"也可以理解为单纯使役动词,为C类,见下文。

c. 臧孙见子玉而道之伐齐、宋。(《左传·僖26》)
["道"假借为"导(導)"]

d. 哀侯侵陉庭之田,陉庭南鄙启曲沃伐翼。(《左传·桓2》)[哀侯侵袭陉庭的土地,陉庭南部边境的人引导曲沃伐翼]

如果发展为稍微抽象一点的"延请、引导、启发"(比如现代汉语的"引导/启发孩子们思考"),则为 B 类。

C. 单纯使役动词

在上古-中古汉语主要有"俾①、使、令、教"四个。B 类动词不仅表示使役,而且带出了使役的手段,如"命"是以命令的方式来使役;C 类则单纯表示使役,至于什么方式,则不得而知。

"楚子使屈完如师"(《左传·僖4》)这样的句子,有两种分析:

一、理解为"楚子派遣、指使屈完如师",把"使"看作表使令的实义,②为 B 类,句子结构为:楚子使屈完$_i$[PRO$_i$如师]。这种理解可变换为"楚子使(派遣、指使)屈完使如师",前一个"使"是实义,后一个表单纯使役。

二、只理解为单纯使役动词,为 C 类。使役的方式没有传达出来。李佐丰(1989)把《左传》中所有"使(NP)VP"统一理解为单纯使役。

---

① 《尔雅·释诂》:"俾、拼、抨,使也。"例如:勿辩乃司民湎于酒。(《尚书·酒诰》)|民有肃心,荓云不逮。(《诗经·大雅·桑柔》)|伻来毖殷,乃命宁予以秬鬯二卣。(《尚书·洛诰》)它们可能都是一个词。

② 实义"使"可单独带 NP,例如《左传·文6》:"使能,国之利也。"义为"使用、任用、派遣"。(参李佐丰,1989)

171

很多类似的例子,都有上述两种分析。① 但仔细辨析,《左传》"使"仍有明显属 B 类的:

(37)吾将使获也佐吾子。(《左传·隐 11》)

上例"获"(人名)后插入了语气词"也"表提顿,"使获"是直接成分,句子为控制结构"吾将使获$_i$也[PRO$_i$佐吾子]"。

(38)若使子率,子必辞。王将使我。(《左传·哀 8》)[如果派您领兵,您一定要推辞。君王将会派我(领兵)]

此例一为"使子率",一为"使我","使"还是实义。

当然,有的例子,只能理解为 C 类,不能是 B 类。如:

(39)余必使尔罢于奔命以死。(《左传·成 7》)[我一定要让你们疲于奔命而死]

(40)将命者出户,取瑟而歌,使之闻之。(《论语·阳货》)

这两例都表主使者意欲达成的结果,而非命令受使者有所行为。

"使之 VP"在《左传》中只见 3 例(大多数情况下,兼语并不出现,表层为"使 VP"):

(41)a.绛县人或年长矣,无子而往,与于食。有与疑年,使之年。(《左传·襄 30》)[使之说出自己的年纪]②

b.以师临我,我伐桐,为我使之无忌。(《左传·定 2》)[为我让楚国对我没有疑忌]

c.是使之职事于鲁,以昭周公之明德。(《左传·定 4》)

例(41a)只宜分析为 C 类,因为"使"不能再理解为"使用、任

---

① 不过,随着表单纯使役的"使"的大量运用,这种两解的例子,越到后来就越倾向于只理解为 C 类。中古"使"的兼语式,下文将确定为 C 类。

② 此例"使之年","年"活用为动词。李佐丰(1989:31)、梅广(2015:378)都说《左传》中"使之 VP"只有 2 例,没有算入这一例。黄盛璋(1963:460)已列出此 3 例。

用、派遣";(41b)也只能分析为 C 类,类同例(39)(40);例(41c)可有 B 类、C 类两解。

李佐丰(1989)把 C 类的"使"视为带主谓结构做宾语。因为表单纯使役的动词都不能只带 NP,一定要强制 NP 后出现 VP,这与 A、B 两类有很大不同。"使之闻之"从意义上看,只能分析为"使[之闻之]","使"与兼语"之"不再有直接的语义关联("使"不管辖"之")。问题是:"之"是宾格,又与"使"没有直接的语义联系,这怎么理解？解决的办法是看作 ECM(exceptional case-marking,例外的格标示)结构,类似英语的 make [$_{sc}$ him hear it](让他听见)或 expect [$_{IP}$ him to hear it](期望他听见),前者为动词带一个小型句(small clause,简写为 sc),后者为动词带不定式小句。梅广(2015:9 章 6 节)、Aldridge(2016)就是这样的处理,且梅先生认为汉语没有定式、不定式的区分,汉语这类 ECM 带小型句做补足语。但我们在这里,仍看作是带不定式。

"使之闻之"中,兼语"之"生成在补足语小句的主语位置上,得到当事题元,但因为这里的补足语小句非完整句,它得不到格位;它破例从主动词"使"得到宾格。既然兼语为"之"的单纯使役结构应分析为 ECM,那么,兼语为其他形式的 NP 的单纯使役结构,如"使尔罢于奔命以死",同样也应分析为 ECM。

D. 表示使役的结果

李佐丰(1983)将《左传》的"使"字句分为"役使"和"致使"。[①]"役使"是由于主使者的授意,受使者独立地去完成 VP 表述的行

[①] 李佐丰(1983)称"役使、致使",李佐丰(1989)称"意使、致使"。我们用"役使"而不用"意使",因为"致使"也有可能是有意致使(见下文)。

为,通常要符合两个条件:主使者、受使者是人或国家,而不是物或行为;VP表述的行为须是受使者能够独立完成的。"致使"则是由于主使者的活动或影响,使受使者具有某种状态或活动。致使通常符合以下条件之一:1.或者主使者是人、国家的行为,而不是人或国家,或者受使者是物,而不是人或国家;2.VP所表示的行为是受使者不能或不愿独立完成的。比较:

(42) a. 使之年。(《左传·襄30》)

b. 余必使尔罢于奔命以死。(《左传·成7》)|取瑟而歌,使之闻之。(《论语·阳货》)

c. 初,武城人或有因于吴竟田焉,拘鄫人之沤菅者,曰:"何故使吾水滋?"(《左传·哀8》)[直译:为什么让我们的水脏了?"竟"即"境","沤菅"指浸泡菅草]|王子宫室、车马、衣服多与人同,而王子若彼者,其居使之然也。(《孟子·尽心上》)

例(42a)为"役使",表示主使者意欲受使者有所行为;例(42b)为"致使",是"有意致使",表示主使者意欲达成的结果。以上都归入C类。例(42c)也是"致使",但表示的是使役达成的后效、结果,这种"使役的结果",可能是人有意或无意的行为造成的(如"使吾水滋"),也可能是无意志的事物造成的(如"其居使之然也")。这就是这里说的D类。

本文与李佐丰(1983、1989)的分类的区别显示如下:

	役使	有意致使	使役的结果
李佐丰先生	役使	致使	
本文	单纯使役(C类)	使役的结果(D类)	

"役使""有意致使""使役的结果"三者区别在于:"役使""有意

致使"带有[＋有意]、[－完成]的特征,而"使役的结果",有以下可能:一是[＋/－有意]、[＋完成],如(42c)"何故使吾水滋";二是[－有意,＋/－完成]:

(43) a. 而王子若彼者,其居使之然也。(《孟子·尽心上》)[－有意,＋完成]

b. 墨翟、禽滑厘之意则是,其行则非也。将使后世之墨者,必自苦以腓无胈、胫无毛,相进而已矣。(《庄子·天下》)[－有意,－完成]

c. 夫私视使目盲,私听使耳聋,私虑使心狂。(《吕氏春秋·不侵》)[－有意,－完成]

例(43c)表示一般的事实,而非一次性事件。

只要满足"[＋完成]"或"[－有意]"任意一个特征,就是D类"使役的结果"。如果都不满足,则为C类。

《马氏文通》说:

《孟·梁上》:"彼夺其民时,使不得耕耨以养其父母。""使不得耕耨"者非"彼"也,乃"彼夺民时"之事势使然者也,故"使"字当作连字观也。又:"今王发政施仁,使天下仕者皆欲立王之朝……"云云。"天下仕者"皆欲如是者,非王所能使然也,乃"发政施仁"之效使然也。《左·隐元》:"姜氏何厌之有?不如早为之所,无使滋蔓。""无使滋蔓"者,乃能"早为之所"之效,非谓庄公能禁其不滋蔓也。故"无使"二字,应为连字,以记禁令之事也。又《成二》:"寡君不忍,使群臣请于大国,无令舆师淹于君地。""无令"二字,与"无使"同。(马建忠,1983[1898]:216—217)

马建忠在这里举了4例,都看作表后效,即这里的D类。其实,前两例"使不得耕耨以养其父母、使天下仕者皆欲立王之朝"确实是 D 类;但"无使滋蔓"明显表示不欲达成的结果,同例(42b)一样表"有意致使",应归入 C 类,"无令舆师淹于君地"同此。

4.4 节提到 Yue(余蔼芹,1999)发现:先秦文献中,使令动词之后,VP₂ 如果是否定式,用的是表祈使的否定词"勿、无、毋"。但在《荀子》《庄子》《墨子》《左传》前八公中,使役动词"使、令"后 VP₂ 的否定式既可以用表祈使的否定词"勿、无、毋",也可以用一般否定词"弗、不";在《左传》后四公、《孟子》《韩非子》中,使役动词"使、令"后的 VP₂ 只用一般否定词。也就是说,使役动词句存在一个否定词的替换过程。

我们认为余先生忽略了一个要素:使令动词(这里的 B 类)后的补足语确实用表祈使的否定词,但她所说的使役动词"使、令"则应区分:到底是表单纯使役(C 类),还是表使役的结果(D 类)。只有表单纯使役(C 类),才经历了否定词的替换。例如:

(44)a. 纵不能用,使无去其疆域,则国终身无故。(《荀子·君道》)

　　b. 使士不兼官,故技长。(《韩非子·饬令》)

(45)a. 吾子使天下无失其朴。(《庄子·天运》)

　　b. 守时力民,进事长功,和齐百姓,使人不偷,是将率之事也。(《荀子·富国》)[使人不苟且]

(44)表示"役使",否定副词后 VP 为自主动词;(45)表示"有意致使",否定副词后 VP 为非自主动词。但都属 C 类。如果表现主使者的意志,则用祈使否定副词,如(44a)(45a);如果表现意欲达成但尚未达成的那个结果,则用一般否定副词,如(44b)(45b)。这种结构,否定副词移到"使"字前,意思没有太大变化:"使无去其疆域"与"无使去其疆域"、"使士不兼官"与"不使士兼官"意思差不多。这也说明主动词"使"后不是定式句;定式句是不能这样的,比如"我知道他不去"与"我不知道他去"意思完全不同。而且,这类"使"前的否定副词,先秦也是祈使否定与一般否定混用:

  (46)物之所谓难者,必借人成势,而勿使侵害己,可谓一难也。贵妾不使二后,二难也。(《韩非子·难三》)["贵妾不使二后"义为不使贵妾与后地位相当]

而D类"使"后只用一般否定,不用祈使否定。Yue(1999:344)的表格指出:《孟子》中只有下三例"使"后是否定,都用"不",她认为这反映祈使否定副词已为一般否定副词替换:

  (47)暴君代作,坏宫室以为污池,民无所安息;弃田以为园囿,使民不得衣食。(《滕文公下》)

  (48)彼夺其民时,使不得耕耨以养其父母。(《梁惠王上》)

  (49)臧氏之子,焉能使予不遇哉?(《梁惠王下》)

例(47)"使民不得衣食"表示"使得民不得衣食";"使民不得衣食"并不就是主使者"暴君"意欲达成的结果,因此与上举例(44)(45)(C类)迥乎不同。例(48)同此。用这两例来论证是不恰当的,因为它们是D类,表使役的结果,"使"义为"使得",D类从来都只用一般否定,并没有一个祈使否定副词为一般否定副词替换的过程。例(49)"使"前有情态动词"能",试辨析如下。比较:

  (50)a.怎么让孩子上课别说话?/怎么让孩子上课不说话?

    b.怎么能让孩子上课别说话?/怎么能让孩子上课不说话?

c. 怎么让孩子别生病？/ 怎么让孩子不生病？

d. 怎么能让孩子别生病？/ 怎么能让孩子不生病？

(50a、b)"让 NPNegVP"中 VP 为自主动词,为"役使";(50c、d)则为非自主动词,为"有意致使"。无论使役动词前有没有"能",都是既可用祈使否定,也可用一般否定。例(50)都是 C 类。同理,下面的例子(内有例49)带情态动词"可""能",也都是 C 类:

(51)a. 吾兄弟比以安,龙也可使无吠。(《左传·昭1》)|凡天下祸篡怨恨可使毋起者,以相爱生也。(《墨子·兼爱》)|且人所急无如其身,不能自使其无死,安能使王长生哉？(《韩非子·外储说左上》)

b. 故虽上世之圣王,岂能使五谷常收而旱水不至哉？(《墨子·七患》)|臧氏之子,焉能使予不遇哉？(《孟子·梁惠王下》)

例(51a)用的是祈使否定,例(51b)用的是一般否定。因此,例(49)确实可以用来证明余先生的结论。[但注意(51a)《韩非子》"不能自使其无死"一例,"使"后仍用祈使否定副词"无",并非如余先生所说:《韩非子》中使役动词后只用一般否定。]

Yue(1999:336)还用表格列举了《左传》后四公全部 4 例"使"后带否定副词的例子,都用的是"不",认为反映否定副词的替换。其实这 4 例,除"使不聪明"(《昭 27》)既可视为 C 类也可视为 D 类,"使昭公不立"(《昭 11》)、"公衍、公为实使群臣不得事君"(《定 1》)、"使其鬼神不获歆其禋祀……"(《襄 9》)都是 D 类。D 类并没有这个演变过程。

之所以要把 D 类单独分出来,因为 A 类、B 类、C 类兼语后的 VP_2 都表目的,有[−完成]的特征,而 D 类"使役的结果"多表已达成的结果,VP_2多有[+完成]的特征。表目的和表(已达成的)结果,结构很不相同。下面先以其他结构来类比。上文提到 A 类兼语式 VP_2 表目的,实际上,与这类表目的相对应的,还有表结果的句子。比较:

(52)使弟子延之坐。(《史记·日者列传》)

(53)喜出户延之,不入。(《世说新语·简傲》)[嵇喜出户引吕安进门,吕安不入]

例(52)表目的,应分析为"延之$_i$[PRO$_i$坐]";例(53)表结果,应分析为"延之$_i$,pro$_i$不入"。类似表结果的例证,4.2 节已有分析。董志翘(1986)举有《太平广记》中更多表结果的例子:"门扇无故自发,打双脚俱折"(卷121"王瑱"条)、"木自折举,击匠人立死"(卷331"刘洪"条)、"有物跳出,啮其鼻将落"(卷458"陆绍"条)。这些例子都可在 NP 后断开,实是小句的紧缩,并非兼语句。"当打汝口破"(《幽明录》)是目的,应分析为"打汝口$_i$[PRO$_i$破]";"风吹窗帘动"(《乐府诗集卷46·华山畿》)是结果,因为"风"不具有意志,参照(53),仍可分析为"风吹窗帘$_i$,pro$_i$动"。[①] 由此可见,表目的是不定式小句,而表结果是定式小句。同理,D 类多表已达成的结果(有时也有[-完成]的特征,如例 43b、43c),也应看作定式句。

再看两个 D 类的例子:

(54)a. 彼狡童兮,不与我言兮。维子之故,使我不能餐

[①] 江蓝生(2000[1996])已将这类例子分为表目的和表结果两类。这类例子一般统称为表结果。但注意本文说的"表结果"特指已达成的结果,"表目的"则未达成。"风吹窗帘动"也可认为已是"风吹窗帘$_i$[PRO$_i$动]"。

兮。彼狡童兮,不与我食兮。维子之故,使我不能息兮。(《诗经·郑风·狡童》)

b. 孤不天,不能事君,使君怀怒以及敝邑。(《左传·宣12》)

例(54a)"使"前为 NP,例(54b)"使"前为两个小句:"孤不天,不能事君"。这些成分也就可以理解为"原因",而不是像前三类的"主使者"。

与 A、B 两类不同的是,D 类结构为"V[NPVP]",带主谓结构做宾语。这可由 D 类带"主之谓"做宾语来证明:

(55) a. 恶自治之劳惮,使群臣辐凑之变,因传柄移藉,使杀生之机、夺予之要在大臣,如是者侵。(《韩非子·三守》)[引自邵永海,2003:278。此例有异文,一本"之变"作"用事"]

b. 是故兴天下之利,除天下之害,令国家百姓之不治也,自古及今,未尝之有也。(《墨子·节葬》)[引自蒲立本(2006[1995]:46)]

c. 吾欲室之侠于两社之间也,使吾后世有不能事上者,使其替之益速。(《说苑·至公》)["侠"通"夹"]

C 类也带主谓结构做宾语,但 C 类带不定式,D 类则带定式句。D 类的"使",类似现代汉语的"使得"。李佐丰(1983、1989)考察《左传》、刘永耕(2000a)考察现代汉语,都没有专门分出 D 类;但把这里的 D 类和 C 类都看作主谓结构做宾语,是有道理的。大西克也(2009)把这里的 D 类称之为"非意志性的致使",仍归之于"致使"。不过,《马氏文通》说:

>"使"字后有承读,以记所使为之事,常语也。然"使""令"诸字,用以明事势之使然者,则当视为连字而非动字也。至禁令无然者,则用"无得""无令""无使""使无"诸字,皆当作连字观。(马建忠,1983[1898]:216)

上言做"连字"的"使""令",就是本文说的 D 类。马建忠专门把它同做"动字"区分开来。冯春田(2000:4.3 节)把这里的 D 类称为"抽象使役";张丽丽(2005)则称之为"无意致使",并论证了"单纯使役＞有意致使＞无意致使"的演变过程。① 梅广(2015)认为 D 类带完整句做宾语,与我们的观点类似。定式句当然是完整句,但梅广先生所说的完整句的范围,大于我们这里所说的定式句。他认为带上否定副词、能愿动词(如"能、肯")或情态词(如"必")等,在古汉语中就是完整句(同上:381—382);带完整句则不再是 ECM 结构。但我们认为即使有否定副词等,也不一定是 D 类,比如"使人不偷"(《荀子·富国》,例 45b),表示"有意致使",仍然是 C 类(ECM 结构)。

实际上,由于词义的演变,一个动词,可能兼有上述四类用法中的几类。"使、令"有 B、C、D 三类用法。"使"上文已说明,"令"如:

(56)a. 反役,与之礼食,令之佐新军。(《国语·晋语七》)[B 类]

b. 吴起示其妻以组曰:"子为我织组,令之如是。"(《韩非子·外储说右上》)[C 类]

---

① "无意致使"实际指使役动词前的成分是致使事件发生的原因,而不是有意的主使者。这个名称易被误解为致使是出于无意,故这里不取。

c. 臣请往使吴王,令之救鲁而伐齐。(《史记·仲尼弟子列传》)[C类]

d. 不可以为存,适足以自令亟亡也。(《战国策·韩三》)[D类]

再看"遣":

(57)a. 王遣夏姬归。(《左传·成2》)

b. 乃遣子贡之齐。(《墨子·非儒下》)[引自杨伯峻、何乐士,1992:593]

c. 春风知别苦,不遣柳条青。(李白《劳劳亭》)[同上]

d. 不知弟今何处去,遣吾独自受恓惶。(敦煌变文《伍子胥变文》)

例(57a)为"遣走"义,还是 A 类,兼语后的 VP$_2$"归"并非"遣"的论元。李佐丰(1983)对此例即是如此处理。但(57b)"遣"为"派遣"义,为 B 类,VP$_2$ 为"遣"的论元。大概到了唐代,又发展出 C 类(57c)和 D 类(57d)。①

"教"在汉代已发展出 C 类:

(58)故守善道者,凶路自绝,不教其去而自去。(《太平经·己部·万二千国始火始气诀》)|比若火沿高燥,水从

---

① 《汉语大词典》举到北魏贾思勰著《齐民要术》中的一例:"禾秋收了,先耕荞麦地,次耕余地。务遣深细,不得趁多。"此例为 C 类,但此例出自卷前《杂说》,卷前《杂说》非贾思勰原作,前人早有研究。卷前《杂说》还有一例 C 类的"遣":"且须调习器械,务令快利;秣饲牛畜,事须肥健;抚恤其人,常遣欢悦。"该书还有一例 B 类的"遣":"大农置工巧奴与从事,为作田器。二千石遣今、长、三老、力田,及里父老善田者,受田器,学耕种养苗状。"(《种谷》)此例《齐民要术》引自《汉书·食货志》。整部书"遣"做动词只有这 3 例,因此前两例 C 类尤为可疑。(参看汪维辉,2006)

下,不教其为,自然往也。(《太平经·己部·守一入室知神戒》)①

6 "其"替换"之"

"其"替换"之"做兼语,在先秦西汉还只是萌芽。例如:②

(59)a. 夫天籁者,吹万不同,而使其自已也。咸其自取,怒者其谁邪?(《庄子·齐物论》)[此例"使"有允让、任凭义,为C类]③

b. 所爱其母者,非爱其形也,爱使其形者也。(《庄子·德充符》)[D类]

c. 且人所急无如其身,不能自使其无死,安能使王长生哉?(《韩非子·外储说左上》)[C类]

d. 其后小吏畏诛,虽有盗不敢发,恐不能得,坐课累府,府亦使其不言。(《史记·酷吏列传》)[C类]

e. 君与斗,廷辱之,使其毁不用。(《史记·袁盎晁错

---

① 这两例都是"有意致使"。张丽丽(2005:127)说:"教"的致使用法要到隋唐才见得到,这显然偏晚。"教"的发展的讨论,还可看太田辰夫(2003[1958])、冯春田(2000)、汪维辉(2000)等。

② (59b)邵永海(2003:309)已引,(59c)柳士镇(1992:154)、邵永海(2003:286)已引,(59e)梅广(2015:378)已引,(59f)周法高(1990[1959]:124,139)已引;(60a)黄盛璋(1963:461)、Yue(1999:341)已引,(60b)汪维辉、秋谷裕幸(2016)已引,(60c)Yue(1999:347)、邵永海(2003:309)已引,(60d)梅广(2015:378)已引。

③ 此例马建忠(1983[1898]:46,217)已引。马建忠把"万不同"理解为"万不同之窍",并指出"使其自已""咸其自取"的"其"都指"万不同"。《世说新语·文学》46条注引《庄子》作:"天籁者,吹万不同,而使其自已也。"《庄子》有的版本无"天籁者"三字。意译:天籁者,吹万种不同之窍,而使其自己停止。都是各窍孔发出不同之音,哪有谁激发它们?

列传》)[C类或D类]

　f. 襄子曰:"我闻之于叔向曰:君子不乘人于利,不厄人于险。"使其城,然后攻之。(《韩诗外传》卷6)[C类]

　g. 天之肇降生民,使其目见耳闻,是以视之礼,听之乐。(西汉·扬雄《法言·问道》)[D类]

(60)a. 举有功及死伤者数,使爵禄,守身尊宠,明白贵之,令其怨结于敌。(《墨子·号令》)[1][C类或D类]

　b. (荆灵王)得庆封,负之斧质,以徇于诸侯军,因令其呼之曰:"毋或如齐庆封,弑其君而弱其孤,以亡其大夫。"(《吕氏春秋·慎行》)[B类]

　c. 今君禁之,而秦未与魏讲也。而全赵令其止,必不敢不听。(《战国策·西周》)[得以保全的赵国令秦国停止进攻西周。B类]

　d. 汉使兵距之巩,令其不得西。(《史记·项羽本纪》)[D类]

以上是先秦西汉的全部例证。[2] 均是"使、令"的例子,这是可以理解的。在上古,"使、令"是最高频的使役动词,用法也最多,因此发

---

[1] 此例有异文作"令其结怨于敌"。黄盛璋(1963:461)、Yue(1999:341)还曾举到《墨子·号令》中的一例"令其VP":"令其少多无可知也",此例"其"做定语修饰"少多"(表示少多之数),非兼语。

[2] 邵永海(2003:309)、梅广(2015:378)都举到下例:
　　封之成与不,非在齐也,又将在楚。闻说楚王,令其欲封公也又甚于齐。(《战国策·齐一》)
但此例结构为"令[[其欲封公也]又甚于齐]","其欲封公也"为"又甚于齐"的主语,"其"并非兼语。

生变化的概率最大。

上列"其"替换"之"的例证,共 11 例,"使"7 例,"令"4 例,含 B、C、D 三类。因此,这种替换是盲目、不分结构的。"其"替换之后是什么功能,完全要看具体的结构。东汉王充《论衡》中还未见"使其 VP",只有"使之 VP",如"使之击筑"(《书虚》)、"使之夭命"(《祸虚》)、"使之不食"(《道虚》)。但在成书于东汉的早期道教文献《太平经》中,"使之 VP"只有 2 例,一为"故当深知之,归仁归贤使之行"(《乙部·修一却邪》),二为"天使之然"(《庚部·有过死谪作河梁诫》)[①],其余数十例都是"使其 VP",例如:

(61)四时五行守道而行,故能变化万物,使其有常也。(《乙部·安乐王者法》)|今以此天法奉助有德帝王,使其无忧。(《丙部·道无价却夷狄法》)

可见,从东汉始,这种替换至少在个别方言已非常流行。中古更多例证请看魏培泉(2004)。

上文已提到 A 类一直用"之",不用"其"。现在看 B 类。B 类是一种双宾语,兼语位置用"之"(例 34),可证明兼语实是宾语。中古 B 类"其"替换"之"例如:

(62)a. 帝王得之天下服,神灵助其行治。(《太平经·丙部·道无价却夷狄法》)|闻人有过,助其自悔。(《太平经·庚部·大功益年书出岁月戒》)

b. 夫教其为仁,尚愁其不仁……力教其为吉,尚苦不吉。(《太平经·丙部·急学真法》)

---

① 还有一例:"子难问,天使之□□乎哉?"(《己部·拘校三古文法》)。此例俞理明《〈太平经〉正读》(巴蜀书社,2001)拟补缺字为"难问"(292 页)。

c. 以建安初北游,或劝其诣京师贵游者,衡怀一刺,遂至漫灭,竟无所诣。(《世说新语·言语》注引《文士传》)

替换为"其"之后,结构还是双宾语,而不是主谓结构做宾语;也就是说,"其"还是宾语,而不是主语。原因如下:一、"其"做双宾语句 VNP₁NP₂ 的间接宾语先秦已萌芽(注1),中古变得普遍,认为它在双宾语句 VNPVP 中充当间接宾语并没有障碍。二、有下面的例子:

(63)我有一儿,年已十七,颇晓书疏,教其鲜卑语及弹琵琶,稍欲通解。(《颜氏家训·教子》)[引自吕叔湘,1985:15]

"教其鲜卑语"只能分析为宾语,故"教其弹琵琶"亦只能分析为宾语。三、如果"其"可分析为宾语却分析为主语"助[其行治]",这就好像把现代汉语的"帮助他治理"分析为(a)"帮助 e$_i$[他$_i$治理]"而不是(b)"帮助他$_i$[PRO$_i$治理]"。(a)的分析无论如何是很奇怪的,因为按照这种分析,空范畴不受先行语控制,倒反而控制了先行语。

再看 C 类"其"替换"之"的情况。上文已说明,C 类为 ECM 结构,兼语实为主语,但带宾格。在上古,兼语位置用"之"可证明 C 类兼语带宾格(例 40,41)。张之强(1987:314)、杨伯峻、何乐士(1992:613—614)、邵永海(2003:289)都举到上古汉语"谁"前移的例子,认为"谁"是宾语前置。所举例证都是 C 式:

(64)若子死,将谁使代子?(《韩非子·说林上》)|孔、墨不可复生,将谁使定世之学乎?(同上《显学》)|尧、舜不复生,将谁使定儒、墨之诚乎?(同上)

(65)夫晋国之乱,吾谁使先,若夫二公子而立之?(《国

语·晋语二》)

不过,Aldridge(2016)认为疑问词的这种移位并不能证明它本是宾语。①

C类"其"如替换"之",如例(59a)(59c—f)(60a),如何分析?梅广(2015:378—379)认为:这里的"其"像上古其他"其 VP"一样,可分析为定语;"使其自已"(例 59a)等不再是 ECM,而是带一个非独立小句[类似动名(gerund)结构]做宾语,即:使[其自已]。我们同意这种分析。

把"其 VP"中的"其"分析为定语,是建立在先秦存在"主之谓"结构之上的。据王洪君(1987:159):"主之谓"在西汉初年已大大衰落,南北朝初期已在大众口语中消失。魏培泉(2004:32)认为:至晚到东汉,至少在一些方言中"之"已失去能产力。如此,进入中古,C类"其"就失去了分析为定语的基础。这时,"其"已不只是可充当定语,而是成为后来"他"一样的全能型代词(但仍基本不做独立句的宾语)。因此,中古 C 类的"V 其 VP"又成为 ECM,正如现代汉语表单纯使役的兼语式也是 ECM 一样(参看 Yang,2004;杨大然,2006);如此,"其"还是应分析为主语。

---

① 移位之后,按照 Aldridge(2010)的分析,疑问词"谁"处于 vP 的外层指定语(outer specifier)位置,即 IP 内部的一个焦点位置。

ECM 结构的兼语表现为主语,Aldridge(2016)有很好的证明。其主要证据是:上古汉语主语可省,而宾语一般不可省,故"故天福之,使 pro 立为天子"(《墨子·法仪》)一类例子可证"使"后 NP 本为主语。这一论据总体有效,但嫌过强,比如(引自李佐丰,1983:99,102):

赵旃求卿未得,且怒于失楚之致师者,请挑战,弗许。请召 pro 盟,许之。(《左传·宣 12》)[pro 指楚国]

士景伯如楚,叔鱼$_i$摄理;韩宣子命 pro$_i$断旧狱。(《左传·昭 14》)

这两例空代词分别位于"召、命"之后,只能认为是指代宾语,而非主语。

中古C类兼语为"其"的例子如：

(66)故大臣故吏使其东向坐。(《太平经·丙部·兴善止恶法》)["大臣故吏"与"其"同指]|上古真人，悯念将来之可教者，为作方法，委曲欲使其脱死亡之祸耳。(《抱朴子内篇·金丹》)|子弟亦何预人事，而正欲使其佳？……譬如芝兰玉树，欲使其生于阶庭耳。(《世说新语·言语》)

(67)当现神足，令其信服。(昙果共康孟详译《中本起经》，4/155a)|何以验之？如天故生万物，当令其相亲爱，不当令之相贼害也。(《论衡·物势》)["其""之"交替]|天将兴之，瑞应文琦书出，付与之，令使其大觉悟而授之。(《太平经·丁部·分别四治法》)["令使"连用]

(68)故守善道者，凶路自绝，不教其去而自去。(《太平经·己部·万二千国始火始气诀》)|比若火沿高燥，水从下，不教其为，自然往也。(《太平经·己部·守一入室知神戒》)

最后看D类。D类为主谓结构(定式句)做宾语，例(42c)"使吾水滋"结构为：使[吾水滋]。(42c)还有一例"使之然"，按理说结构应为：使[之然]，但主语"之"却是宾格，怎么理解这类不谐调？① D类的"使、令"是后起的，是由B、C两类发展而来的，(张丽丽，

---

① 邵永海(2003:286)举到3例"自令VP"的例子，都是D类，如："事久且泄，自令身死。"(《战国策·东周》)他认为反身代词"自"做宾语，但居于主动词之前。但魏培泉(2004:117—118)在分析"吾悔不用子胥之言，自令陷此"(《史记·吴太伯世家》)这类句子时，认为"自"并未移位。我们同意魏先生的观点。移位说解释不了下面的例子：

且人所急无如其身，不能自使其无死，安能使王长生哉？(《韩非子·外储说左上》)

此例前有"自"，后有兼语"其"，且同指，"自"无法认为是从宾语(即兼语)位置移上来的，只能认为是原位生成的。其实，这类"自"都可以看作VP附加语(adjunct)，表强调。

2005)B、C两类兼语都带宾格(上古还有个别 C 类兼语用"其"做定语的例子),D类发展出来之后,表层句法尚未来得及调整,所以一开始兼语还是表现为宾格。① D 类"其"替换"之"之后,应分析为做主语,结构变得谐调。中古的例子如:

(69)a. 四时五行守道而行,故能变化万物,使其有常也。(《太平经·乙部·安乐王者法》)

b. 赐予富人,绝去贫子,令使其饥寒而死。(《太平经·丁部·六罪十治诀》)["令使"连用]

c. 学是三昧者,自致得阿耨多罗三耶三菩阿惟三佛,其智悉具足,其皆助欢喜福。令其与十方人民,及蜎飞蠕动之类,共得阿耨多罗三耶三菩阿惟三佛。(东汉·支娄迦谶译《般舟三昧经》,13/917b)

7 另一类"其"对"之"的替换

以上讨论的"其"对"之"的替换,无论替换前还是替换后,主动词都是张之强(1987)所谓的"使令类",即一般所谓的兼语动词。下面将要讨论的"其"对"之"的替换,则是主动词由张之强(1987)所谓的"使令类"转换为了"爱恶类",即由兼语动词转换成了带小

---

① 邵永海(2003:282)还举到一例"使"做假设连词而其后仍用"之"的例子:
使之而义也,桓公宿义,须遗冠而后行之,则是桓公行义,非为遗冠也。(《韩非子·难二》)
这同样可说明表层句法调整的滞后。但此例为孤例,很让人怀疑,实际上下文仍应断为:"使桓公发仓囷而赐贫穷,论囹圄而出薄罪,非义也,不可以雪耻使之而义也。……""使之而义"的"使"并非连词。

句宾语的动词。

7.1 "谓"（称名义）

"谓"（称名义）除可以发展为带兼语[参4.4节,如例(28c)"此世之所以谓之为狂也"（《韩非子·显学》）],还可发展为带小句宾语：

(70) a. 彼君子女,谓之尹吉。（《诗经·小雅·都人士》）
  b. 不轨不物,谓之乱政。（《左传·隐5》）
  c. 蔡侯、许男不书,乘楚车也,谓之失位。（《左传·成2》）

a为VNPNP。b为VNPVP,但"之"指"不轨不物","谓"仍为称名义。c为VNPVP,可以把"之"理解为前面的句子"乘楚车也",这时"谓"仍为称名义,句子为双宾语；也可以把"之"理解为指人,即"蔡侯、许男",这时"谓"可以视为"称说、评说、认为"义,带小句宾语。

表"称说、评说、认为"义的"谓",在下两例中比较明显：

(71) 小人戚,谓之不免；君子恕,以为必归。（《左传·僖15》）["谓"的主语是"小人","之"指晋侯]

(72) 宣子谓之如子旗。（《左传·昭2》）

下例中"谓"前有"心"修饰,明显是认为义,而不再是称名义：

(73) 阮咸妙赏,时谓神解。每公会作乐,而心谓之不调。（《世说新语·术解》）

例(71)—(73)"谓之VP"从语义上说是"谓[之VP]"。一旦用"其"替换"之","其"充当主语,结构就谐调了：

(74) 今鹤鸣从下闻之,鹤鸣近也。以从下闻其声,则谓其鸣于地,当复闻于天,失其实矣。（《论衡·艺增》）|供给麻米,

谓其巨堪。(昙果共康孟详译《中本起经》,4/148a)|《玄经》虽妙,非益也。是以古人谓其屋下架屋。(《世说新语·文学》注引王隐论扬雄《太玄经》)

7.2 "许"(附"称")

上文第 3 节提到:英语的 promise 常表现为主语控制,显得比较特别。上古汉语中与之对应的是"许",下面详细分析。《说文·言部》:"许,听也。""许"本义为同意、答应。① "许"可以带体词单宾语(例 75),也可以带体词双宾语(例 76):

(75)今我即命于元龟,尔之许我,我其以璧与珪,归俟尔命,尔不许我,我乃屏璧与珪。(《尚书·金縢》)|亲仁、善邻,国之宝也。君其许郑!(《左传·隐 6》)

(76)晋侯许之七百乘。(《左传·成 2》)|且君尝为晋君赐矣,许君焦、瑕,朝济而夕设版焉。(《左传·僖 30》)

还可以带谓词宾语。例如:

(77)楚人许平。(《左传·成 2》)[楚国同意鲁国讲和]

(78)a. 乃许晋平。(《左传·僖 15》)[秦国同意晋国讲和]
　　b. 退三十里而许之平。(《左传·宣 12》)[楚国同意郑国讲和]

例(78)其实就是双宾语结构,只不过直接宾语是 VP。类似的结构还有:

(79)越王曰:"昔天以越赐吴,而吴不受,今天以吴赐越,

---

① "许"在不同上下文可译为"同意,答应;准许;许诺;称许"等等,这些意义都是相通的。相应的例子可在下文例句中找到。现代汉语普通话"许"单用时只保留了准许义(用于否定)。

孤敢不听天之命,而听君之令乎?"乃不许成。(《国语·吴语》)[不同意讲和]

(80)孤将有大志于齐,吾将许越成,而无拂吾虑。……乃许之成。(《国语·吴语》)

(81)许之盟而还师,以敝楚人。(《左传·襄9》)

(82)王入秦,秦留赵王而后许之媾。(《战国策·赵三》)[媾:媾和]

例(77)"楚人许[PRO 平]"义为:"楚人同意:楚国与鲁国讲和"。虽然"平"(讲和)至少需要两方面的参与者,比如"宋及郑平"(《左传·隐7》),但 PRO 的控制者为母句主语"楚人";其余方可视为与事,并非控制者。同理,例(78)—(82)的主语都是控制者,讲和、结盟对象或出现于宾语,或未出现。

上述分析说明先秦时期,"许 NPVP"带双宾语,而不是主谓结构宾语。再看几例:

(83)a. 右师苟获反,虽许之讨,必不敢。(《左传·成15》)[右师如果能够回来,虽然同意他讨伐,他必然不敢]

b. 公会晋侯,将执公,婴齐为公请。公许之反为大夫。(《公羊传·成17》)[鲁成公向婴齐许诺,婴齐回鲁国后升任大夫]

c. 主其许之先,无以待危,然而不可徒许也。(《国语·吴语》)[您还是同意他先歃血……]

上三例都是"许之_i[PRO_i VP]",是宾语控制结构。

(84)a. 晋侯乃许归卫侯。(《左传·襄26》)

b. 公许之立武孟。(《左传·僖17》)

上两例分别是"NP_i 许[PRO_i VP]""NP_i 许之[PRO_i VP]",是主语控制。

张猛(2003:145—146)认为下例是兼语式:

(85)及期而往,告之曰:"帝许我罚有罪矣,敝于韩。"(《左传·僖10》)

此例在《史记》《论衡》中如下:

(86)申生告之曰:"帝许罚有罪矣,弊于韩。"(《史记·晋世家》)

(87)申生告之曰:"帝许罚有罪矣,毙之于韩。"(《论衡·死伪》)

上两例只能理解为:帝许 PRO_i 罚有罪(上帝答应惩罚有罪之人)。因此,"帝许我罚有罪"也应该分析为:帝许我[PRO_i 罚有罪]。而不是:帝许我_i[PRO_i 罚有罪]。因此,例(85)是主语控制结构,"我"只是宾语而不是兼语。

到了汉代,"许"带谓词宾语,逐渐发生了一个变化。那就是:在先秦都是双宾语的"许 NP[VP]",逐渐出现了"许[NPVP]",即重新分析为带主谓结构。比如:

(88)秦兵劳,请许韩、赵之割地以和,且休士卒。(《史记·白起王翦列传》)

此例"许"后接"NP 之 VP","NP 之 VP"是主谓结构而不是双宾语。当然,中古仍有双宾语"许之 VP"的例子:

(89)备虽深愧异瑜,而心未许之能必破北军也。(《三国志·蜀书·先主传》注引《江表传》)

"其"替换"之"较早的一例"许"见于《汉书》:

(90)《春秋》列潞子之爵,许其慕诸夏也。(《汉书·景武

193

昭宣元成功臣表》)[《春秋》称潞子的爵位,是嘉许他归化华夏]

此例"许"义为嘉许、称许,应分析为带主谓结构,"其"做主语。下例是《世说新语》中一例表嘉许、称许的"许":

(91)谈者许其通隐。(《世说新语·雅量》注引《晋安帝纪》)

在南北朝时期的《宋书》《魏书》以及隋代阇那崛多译《佛本行集经》中,只有"许其VP",而没有"许之VP"。例如:

(92)a.阳迈果有款诚,许其归顺。(《宋书·夷蛮传》)
　　b.母常氏,高祖以纳不以礼,不许其为妃。(《魏书·齐郡王传》)
　　c.此大沙门大有威力,大有神通。乃能令此五百螺髻诸梵志等,许其取水,乃能得水;不许不得。(《佛本行集经》,3/848b)

上三例的"许"都可理解为"允许、准许"。这个意思带主谓结构而不是带双宾语,"其"做主语。再看下例"允许、准许"的"许":

(93)我常不许汝出责,定思贫薄亦不可居。(《宋书·顾觊之传》)["出责"义为"放债"]

此例也应分析为带主谓结构,而不是像先秦一样分析成双宾语。

词义的不同,会带来结构的变化。"许"的词义,由带双宾语的"答应、同意"义转化为"嘉许、称许"义以及"允许、准许"义,后二义都带主谓结构做宾语。①

---

① 孟琮等(1999:444、478、48)即把"应该允许人家讲话""准许他申辩""大家称赞这种车质量好"分析为小句宾语而不是兼语。

下面是"称"由称名义转为称许义的例子:

(94)先生为师,尊之为君,称之为父。(《太平经·庚部·不忘诫长得福诀》)

(95)后兼三公,署数十人为官属。此诸人当时并无名,后皆被知遇。于时称其知人。(《世说新语·识鉴》)

前例是称名义,为兼语句(双宾语);后例为称许义,带小句宾语,"其"做主语。

8 结论及余论

本文将上古-中古汉语中的一般所谓兼语式 VNPVP 分解为以下 4 类:

1. A 类主动词 V 为隐性使役动词,VP 不是主动词 V 的论元,而是目的附加语。兼语始终是宾语,兼语位置未发生"其"替换"之"的情况。

2. B 类主动词 V 为显性使役动词,VP 为主动词 V 的一个论元,结构为控制结构(一种双宾语)。兼语始终为宾语,兼语位置"其"替换"之"后,仍是宾语。

3. C 类主动词 V 为单纯使役动词,结构为 ECM。兼语为主语,但带宾格。"其"出现于兼语,上古为带动名(gerund)结构,"其"为定语;进入中古,由于"主之谓"结构瓦解,"V 其 VP"也成为 ECM 结构,"其"做主语。

4. D 类主动词 V 表"使役的结果",带主谓结构(定式句)做宾语。兼语为主语。兼语位置用"之",则是一种错配;"其"替换"之",结构变得谐调。"其"应分析为主语。

此外,有的动词由 B 类兼语动词变为带主谓结构做宾语的动词,兼语由宾语变为主语,"其"替换"之"反映这类演变。

实际上,以往的研究已基本分出其中的几类。比如李佐丰(1983)实际分出前三类,只是处理上与本文有同有不同:他把 A 类视为兼语句,B 类视为双宾语句,C 类视为带主谓结构做宾语。梅广(2015)已论证 C 类为 ECM(上古汉语兼语为"其"除外),D 类为带完整句做宾语。杨伯峻、何乐士(1992:614—615)已注意到 B 类与双宾语句的关联。蒲立本(2006[1995]:36、44—45)把兼语结构视为双宾语。刘永耕(2000a、2000b)、Yang(2004)、杨大然(2006)对于现代汉语的研究,也为本文提供了很好的框架。

朱德熙(1982:162)认为:VP$_1$NPVP$_2$结构中,不管兼语 NP 与 VP$_2$之间意义上有什么样的联系(比如施事"请客人吃饭"、受事"买一份报看"、与事"找人聊天儿"、工具"买把刀切菜"、处所"上北京开会"),从结构上说,NP 只是 VP$_1$ 的宾语。有的方言里,某些人称代词有格的变化,做主语时是一种形式,做宾语时是另一种形式,而在所谓递系式里,用的正是宾格形式。这个事实说明即使在 NP 指施事的时候,NP 也只能看成 VP$_1$ 的宾语,不能看成 VP$_2$ 的主语。李临定(1986:158—160)也论证了兼语只是前面 VP$_1$ 的宾语,而不是后边 VP$_2$ 的主语。我们很认同二位先生的观点。本文所说的 A、B 两类兼语式,兼语都是宾语。

这里附论两点:

一、使役度的大小。上文提到,兼语动词带有使役特征。为了判定使役度的大小,可根据主动词 V 与兼语后的 VP 是否存在"时间差",把主动词分为两类:

Ⅰ.VP 发生的时间在主动词 V 之后,有一定的时间差。比如:

(96)a. 吴起出,遇故人而止之食。(《韩非子·外储说左上》)[A类]

b. 反役,与之礼食,令之佐新军。(《国语·晋语七》)[B类]

c. 木门大夫劝之仕,不可。(《左传·襄27》)[B类]

Ⅱ. VP与主动词V几乎同步,没有时间差。比如:

(97)a. 夫少者侍长者饮,长者饮,亦自饮也。(《韩非子·外储说左上》)[A类]

b. 使造父而不能御,虽尽力劳身,助之推车,马犹不肯行也。(《韩非子·外储说右下》)[B类]

c. 契生而贤,尧立为司徒,姓之曰子氏。(《史记·三代世表》褚少孙补文)[B类]

Ⅰ类"VNPVP"可以理解为"VNP使VP",如"劝之仕"可以理解为"劝之使仕":

(98)何骠骑弟以高情避世,而骠骑劝之令仕。(《世说新语·栖逸》)

Ⅱ类则不行,如"侍长者饮"不能理解为"侍长者使饮"。

Ⅰ类的使役度要强于Ⅱ类。① Ⅱ类兼语句副词可移前,比如"陪你明天逛街"与"明天陪你逛街"意义几乎无别;Ⅰ类则不行,比如"明天邀请他做报告"与"邀请他明天做报告"可能意义不同。

二、C类单纯使役动词是否是轻动词。梅广(2015:375)认为还不是,因为兼语可以前移,如"危者使平,易者使倾"(《易·系辞

---

① 刘永耕(2000b)认为Ⅱ类中的"称名类",如例(97c),使役度要强于Ⅰ类,这与我们的看法有所不同。Yang(2004)、杨大然(2006)承用了刘永耕的看法。

下》)。我们同意这个观点。"雍也可使南面"(《论语·雍也》)这类例子之中,兼语出现在情态词"可"之前,而"可"动词性还较强,如此则居于其下的"使"也不可能是轻动词。

参考文献

大西克也　2009　上古汉语"使"字使役句的语法化过程,载中国社会科学院语言研究所历史语言学一室编《何乐士纪念文集》,北京:语文出版社。
董志翘　1986　中世汉语中的三类特殊句式,《中国语文》第6期。
范继淹　1986　汉语语法结构的层次分析问题,载范继淹《范继淹语言学论文集》,北京:语文出版社。
冯春田　2000　《近代汉语语法研究》,济南:山东教育出版社。
郭锡良　1980　汉语第三人称代词的起源和发展,《语言学论丛》第6辑,北京:商务印书馆。
黄盛璋　1963　古汉语的人身代词研究,《中国语文》第6期。
江蓝生　2000 [1996]　《游仙窟》漫笔,载江蓝生《近代汉语探源》,北京:商务印书馆。
李临定　1986　《现代汉语句型》,北京:商务印书馆。
李临定、范方莲　1961　语法研究应该依据意义和形式相结合的原则,《中国语文》第5期。
李佐丰　1983　谈《左传》三类复合使动式,《内蒙古大学学报》第4期。
李佐丰　1989　《左传》的"使字句",《语文研究》第2期。
梁银峰　2001　先秦汉语的新兼语式,《中国语文》第4期。
刘永耕　2000a　使令类动词和致使词,《新疆大学学报》第1期。
刘永耕　2000b　使令度和使令类动词的再分类,《语文研究》第2期。
柳士镇　1992　《魏晋南北朝历史语法》,南京:南京大学出版社。
吕叔湘　1955　语法札记·非领格的其,载吕叔湘《汉语语法论文集》,北京:科学出版社。
吕叔湘　1985　《近代汉语指代词》,上海:学林出版社。
马建忠　1983 [1898]　《马氏文通》,北京:商务印书馆。
梅　广　2015　《上古汉语语法纲要》,台北:三民书局。

孟　琮、郑怀德、孟庆海、蔡文兰　1999　《汉语动词用法词典》，北京：商务印书馆。

蒲立本（Pulleyblank，E. G.）　2006［1995］　《古汉语语法纲要》，孙景涛译，北京：语文出版社。

任铭善　1962　说"兼语式"，《杭州大学学报》第 2 期。

邵永海　2003　《韩非子》中的使令类递系结构，《语言学论丛》第 27 辑，北京：商务印书馆。

太田辰夫　2003［1958］　《中国语历史文法》（修订译本），蒋绍愚、徐昌华译，北京：北京大学出版社。

汪维辉　2000　《东汉—隋常用词演变研究》，南京：南京大学出版社。

汪维辉　2006　《齐民要术》卷前"杂说"非贾氏所作补证，《古汉语研究》第 2 期。

汪维辉、秋谷裕幸　2016　汉语第三人称代词的现状和历史，《汉语史学报》第 17 辑，上海：上海教育出版社。

王洪君　1987　汉语表自指的名词化标记"之"的消失，《语言学论丛》第 14 辑，北京：商务印书馆。

王　力　1980　《汉语史稿》，北京：中华书局。

王　力　1984［1944—1945］　《中国语法理论》，载《王力文集》第一卷，济南：山东教育出版社。

王　力　1989　《汉语语法史》，北京：商务印书馆。

魏培泉　2000　说中古汉语的使成结构，《中研院历史语言所研究集刊》71 本第 4 分。

魏培泉　2004　《汉魏六朝称代词研究》，台北：中研院语言学研究所。

吴竞存、梁伯枢　1992　《现代汉语句法结构与分析》，北京：语文出版社。

邢　欣　2000　递系式的框架特点及各成分之间的相互制约，载《中国语文》杂志社编《语法研究和探索》（十），北京：商务印书馆。

邢　欣　2004　《现代汉语兼语式》，北京：北京广播学院出版社。

徐烈炯　1999　从句中的空位主语，载徐烈炯主编《共性与个性》，北京：北京语言文化大学出版社。

杨伯峻、何乐士　1992　《古汉语语法及其发展》，北京：语文出版社。

杨大然　2006　兼语句的语义分类及其空语类的句法分布，《解放军外国语学院学报》第 1 期。

俞理明 1993 《佛经文献语言》,成都:巴蜀书社。

张丽丽 2005 从使役到致使,《台大文史哲学报》第 62 期。

张　猛 2003 《左传》谓语动词研究,北京:语文出版社。

张之强 1987 古代汉语"兼语式"的结构分析,《中国语文》第 4 期。

赵元任 1996 [1968] 《中国话的文法》,丁邦新译,载刘梦溪主编《中国现代学术经典·赵元任卷》,石家庄:河北教育出版社。

志村良治 1995 [1984] 《中国中世纪语法史研究》,江蓝生、白维国译,北京:中华书局。

周法高 1990 [1959] 《中国古代语法·称代编》,北京:中华书局。

周生亚 2007 《〈搜神记〉语言研究》,北京:中国人民大学出版社。

朱德熙 1982 《语法讲义》,北京:商务印书馆。

朱冠明 2015 "之"的衰落及其对句法的影响,《语言科学》第 3 期。

Aldridge, E. 2010 Clause-internal *wh*-movement in Archaic Chinese. *Journal of East Asian Linguistcs* 19:1—36.

Aldridge, E. 2016 ECM and control in Archaic Chinese. In B. Meisterernst (ed.). *New Aspects of Classical Chinese Grammar*. 5—25. Wiesbaden: Harrassowitz.

Hornstein, N. 1999 Movement and control. *Linguistic Inquiry* 30.1:69—96.

Hornstein, N. 2001 *Move! A Minimalist Theory of Construal*. Oxford: Blackwell.

Hu, J., Pan H. and Xu L. 2001 Is there a finite vs. nonfinite distinction in Chinese? *Linguistics* 36.6:1117—1148.

Huang, C.-T. J. 1989 Pro-drop in Chinese. In O. Jaeggli and K. J. Safir (eds.). *The Null Subject Parameter*. 185—214. Dordrecht: Kluwer Academic Publishers.

Huang, C.-T. J. 1998 [1982] *Logic Relations in Chinese and the Theory of Grammar*. New York: Garland.

Landau, I. 2000 *Elements of Control: Structure and Meaning in Infinitival Construction*. Dordrecht: Kluwer.

Peng, R. 2006 The development of Chinese pivotal construction: The perspective of grammaticalization. Doctoral dissertation, Stanford University.

Xu, L. 1986 Free empty category. *Linguistic Inquiry* 17.1:75—93.

Yang, D. 2004 A minimalist approach to bi-constituent sentences in Mandarin Chinese. M. A. thesis, PLA University of Foreign Languages.

Yue, A. O. 1999 The so-called pivotal construction in pre-Qin Chinese. In A. Peyraube and Sun C. (eds.). *Linguistic Essays in Honor of Mei Tsu-lin: Studies on Chinese Historical Syntax and Morphology*. 327—360. Paris: Ecole des Hautes Etudes en Sciences Sociales, Centre de Recherches Linguistiques sur l'Asie Orientale.

"X不成"的历时演变及相关问题

李思旭

(安徽大学文学院)

0 引言

近年来,汉语学界对双音节词"不成"的研究很多,专文探讨的就有好几篇:钟兆华(1991)、徐时仪(1993、1999、2000)、杨永龙(2000a、2000b),但是对由"不成"参与构词的三音节"X不成"研究则相对较少。汉语中"X不成"类三音节固化词语有"莫不成、难不成、终不成、总不成"四个;其中"莫不成"的来源,至今还没有专文的讨论;"难不成"的来源,虽然已有学者进行了探讨,如江蓝生(2008)、刘敏(2010)、许歆媛(2010)等,但是这些研究中还存在不少值得商榷之处;"终不成、总不成"的历史来源,只有李小军(2008)简单地说了一下,其详细的发展过程还需要做进一步的探讨。

三音节词是汉语词汇发展史上较为特殊且又重要的语言现

---

* 本文初稿曾在"第八届汉语语法化问题国际学术研讨会"上宣读,承蒙国内外与会专家学者的批评指正。本文是2017年国家社科基金项目"三音节固化词语的词汇化、语法化和构式化研究"的阶段性成果,研究得到安徽省2017年高校优秀青年人才支持计划重点项目(GXYQZD2107007)的资助。在此一并致谢!

象,近代汉语产生了一批三音节词,"X不成"是其中的一类,具有跟双音节词不同的演变过程、产生动因和演变机制,值得我们去做全面而深入的分析。

本文主要探讨三音节固化词语"X不成"的历时演变过程,在考察大量历时语料的基础上,着重探讨使用最为广泛、发展最为全面的"莫不成""难不成"的历时衍生过程,同时兼顾"终不成""总不成"的历时演变,最后尝试归纳出三音节固化词语"X不成"这一类词的历时演变规律。

1 "莫不成"的历时来源

"莫"在上古时期是否定副词,除单独使用外,"莫"还与其他词连用表示否定,出现了"莫非""莫不是""莫是"等形式,如:

(1)汝惟不矜,天下莫与汝争能。汝惟不伐,天下莫与汝争功。(《尚书·大禹谟》)

(2)溥天之下,莫非王土。率土之滨,莫非王臣。(《诗经·小雅·北山》)

在晚唐五代时期,疑问副词"莫"产生了推测用法,如:

(3)有人问:中时如何?师云:莫不识痛庠摩?(晚唐《祖堂集》第十一卷)

(4)张令曰:启尊神,若化救得再活,煞身乃不敢有违,其尊师命矣。净能问长官曰:夫人莫先疾病否?(五代《敦煌变文选》卷六)

到了宋代,否定副词"莫"有了反诘用法,常与"否""么"等句末语气词搭配使用,如:

(5)左右曰:"但向来刘景在后行二三里。"公戏之曰:"莫是尔否?"(北宋《太平广记》卷一百七十)

(6)汝内淫父妾,奸污弟妻,行如禽兽,这事莫也是咱教汝么?(《五代史平话·唐上》)

我们认为,"莫不成"是由"莫"和"不成"叠加连用而成。要证明"莫"与"不成"叠加连用形成"莫不成",必须找到"不成"在后续句句首的例句,这样都处在后续句句首的"莫"和"不成",才有可能叠加连用形成"莫不成"的可能性。

在北宋,"不成"由表示评议的否定副词演变为反诘副词,出现在反问句句首,如例(7)—(9),明代时期反诘副词"不成"的这一用法得以延续,如例(10)(11)。

(7)如出行忌太白之类,太白在西,不可西行,有人在东方居,不成都不得西行?(《二程集》卷二)

(8)归去休,归去休,不成人总要封侯?(辛弃疾《鹧鸪天》)

(9)若不各自做一节功夫,不成说我意已诚矣,心将自正?(《朱子语类》卷十五)

(10)孙立叹了一口气,说道:"你众人既是如此行了,我怎地推却得开,不成日后倒要替你们吃官司?罢,罢,罢!都做一处商议了行。"(明《水浒全传》第四十九回)

(11)八戒道:"师父,他要和你,不成分行李哩。跟着你做了这几年和尚,不成空着手回去?你把那包袱里的什么旧褊衫,破帽子,分两件与他罢。"(明《西游记》第二十七回)

到了明代时期,反诘副词"莫"与反诘副词"不成"叠加连用,从而形成三音节反诘副词"莫不成",如:

(12)"师父果若不要我,把那个《松箍儿咒》念一念,退下这个箍子,交付与你,套在别人头上,我就快活相应了,也是跟你一场。<u>莫不成</u>这些人意儿也没有了?"唐僧大惊道:"悟空,我当时只是菩萨暗受一卷紧箍儿咒,却没有甚么松箍儿咒。"(明《西游记》第二十七回)

清代时期,三音节反诘副词"莫不成"继续使用,如:

(13)我用红白帖请来的众位,难道说也袖手旁观吗?我请来的众位,<u>莫不成</u>喝酒吃茶来的吗?(清《三侠剑》第一回)

(14)我看看他去,看他见了我傻不傻。<u>莫不成</u>今儿还装傻么!(清《红楼梦》第九十七回)

(15)大众听这话,目瞪痴呆,并没人答话。邵华风说:"<u>莫不成</u>这些人,就没有一位敢去的么?"(清《济公全传》第一百九十二回)

从清代到民国,"莫不成"除了表示反诘语气之外,还有表示推测语气,如:

(16)冯氏便问:"叫我有什么事?女儿活了,应该喜欢,为何反倒哭起来了呢?<u>莫不成</u>牛驴子死了,你心疼他吗?"柳洪道:"那盗尸贼,我心疼他做什么?"(清《七侠五义》第三十七回)

(17)卢珍此时瞧见九尾仙狐,不大很认识,自己回思,<u>莫不成</u>是天齐庙那个姑娘?要是她,我这条命可要不保了。(清《续小五义》第六十一回)

(18)看看已七八天过去,仍不见帖兰出宫,吴祯急得抓耳挠腮,自己寻思道:"<u>莫不成</u>她们姑嫂要好,把帖兰留着吗?"(民国《明代宫闱史》第二十三回)

从上面的分析可以看出:"莫"的语义演变是,从晚唐五代产生"推测"义,到宋代产生"反诘"义;"莫不成"的语义演变是,从明代开始产生"反诘"义,到清代在表示"反诘"义的同时,又产生了"推测"义。这是两个刚好相反的语义演变过程。

对于"莫不成"的成词,除了"莫"与"不成"叠加连用外,还有可能是"莫非"或"莫不是"与"不成"叠加整合的结果。在展开历时考察之前,我们先来看两部权威词典对"莫非""莫不是"的解释说明。

《现代汉语八百词》对"莫非"的解释是:副词。一是表示怀疑或揣测,常和句末的"不成"呼应,常用于书面语,如"已经这么晚了他还不回来,莫非出事了不成?/眼前这个人,莫非就是大名鼎鼎的公司总经理?"二是表示反诘,意思相当于"难道",做状语,可放在主语前,也可放在主语后,如"这筐水果谁也不管,莫非要让它烂掉不成?/只有一两个人反对,莫非大家就都不干了?"对"莫不是"的解释是:基本意义和用法跟"莫非"相同,如"莫不是要他跪下来求你不成? 我想事情过去就算啦!"

《现代汉语词典》(第7版)对"莫非"的解释是:副词,表示揣测或反问,常跟"不成"呼应,如"他将信将疑地说,莫非我听错了?/今天她没来,莫非又生病了不成?"对"莫不是"的解释是:副词,莫非,如"莫不是他又责怪你了?"

我们认为,"莫非……不成"是由语气副词"莫非"与句末语气词"不成",通过概念叠加而形成的。语气副词"莫非"产生于元代,如:

(19)莫非不第了羞归乡里? 又恐嫌奴贫穷怎地。别也别来断信息,断信息。(《全元曲》第三十出)

(20)太师急出,遂邀王允于正堂,自言:"莫非貂蝉么?"(元《三国志平话》卷上)

(21)张辽曰:"乱军所杀也。"美髯公哭曰:"吾死不惧。尔

来莫非说我乎？"(元《三国志平话》卷中)

句末语气词"不成"也产生于元代，如：

(22)每日请医切脉，服药调治，直延到秋尽，方得安痊。把买卖都担阁了，眼见得一年回去不成。(元《蒋兴哥重会珍珠衫》)

(23)(旦云)小叔叔，你也忒老实！员外着你跪，你就跪，难道着你死，你就死了不成？(《全元曲·杀狗劝夫》)

到了明代时期，语气副词"莫非"与句末语气词"不成"，开始概念叠加，进而形成"莫非……不成"，如：

(24)心里疑道："莫非杀的那两个人就是他两口子不成？他却往坟上去做甚么？难道好做劫坟的勾当？"(明《醒世姻缘传》第二十八回)

(25)红衣娘将这"春门"开时，再也开不开来。想道："又没门闩，莫非外面锁了不成？"(清《七剑十三侠》第二十八回)

(26)唐主说是宰相任圜，官嫔道："妾在长安宫中，从未见宰相奏事，如此放肆，莫非轻视陛下不成？"(民国《五代史演义》第二十回)

在明清"莫非……不成"广泛使用的同时，"莫不是…不成"也随之产生。"莫不是……不成"可以看成是由语气副词"莫不是"与句末语气词"不成"，通过概念叠加而形成的。语气副词"莫不是"产生于五代，如：

(27)山胜余山，谓瑞鸟之所栖止。法胜余法，谓上人之所游(护)。还有甚人？莫不是诸方菩萨各门舍利弗等游此会中。(五代《敦煌变文集新书》卷二)

(28)问："扬子'避碍通诸理'之说是否？"曰："大概也似，

只是言语有病。"问:"莫不是'避'字有病否?"曰:"然。"(北宋《朱子语类》卷一百三十七)

(29)诸仁者还明心也未?莫不是语言谭笑时,凝然杜默时,参寻知识时,道伴商略时,观山玩水时,耳目绝对时,是汝心否?(南宋《五灯会元》卷十)

到了清代时期,语气副词"莫不是"与元代就已经产生的句末语气词"不成",开始概念叠加,进而形成"莫不是……不成",如:

(30)杨氏见了,不胜惊骇,说:"究竟为何事?莫不是你们错搬了不成?"(清《乾隆南巡记》第二十二回)

(31)苗员外一笑,说:"看尊公这般人物,怎么从山上下来?莫不是与王寨主同伙不成?"(清《续小五义》第一百一十七回)

(32)不觉冒冒昧昧的拦了陈开的话头,抖凛凛问道:"莫不是那个姓徐的瘟官,竟要害我东平兄弟的性命不成。"(民国《大清三杰》第六回)

从上面的分析可以看出,"莫不成"不是"莫不是"与"不成"叠加整合的结果,因为它们叠加的结果是产生"莫不是……不成",而不是产生"莫不成"。那么,"莫不成"是不是"莫不是……不成"通过成分移位压缩而成的呢?我们认为这也是不可能的,因为"莫不成"出现在明代,而"莫不是……不成"出现在清代,前者比后者出现早了几百年。也就是说,在"莫不成"产生时,还没有出现"莫不是……不成",所以前者不可能来自后者。

"莫不成"还有可能是"莫非"与处于后续句句首的反诘语气副词"不成",经过概念叠加、构式整合产生的。后续句句首的反诘语气副词"不成"最早产生于北宋,"莫非"成词于明代,"莫不成"也成词于明代。从时间上和逻辑语义上来看,"莫非"与"不成"通过概念叠加、构式整合形成"莫不成",都是有可能的,但是我们找不到语言事实的支撑。那么三音词"莫不成"产生的较为合理的解释,就是反诘副词"莫"与反诘副词"不成"叠加连用形成的。

总之,"莫不成"的产生,既不是"莫非"或"莫不是"跟"不成"叠加整合的结果,也不是"莫不是……不成"通过成分移位压缩而成,更不是"莫非"与反诘语气副词"不成",经过概念叠加、构式整合产生的,而是通过反诘副词"莫"与反诘副词"不成"叠加连用后形成的。

2 "难不成"的历时来源

"难不成"最早产生于清代,既可以表示反诘语气,如例(33)(34),也可以表示推测语气,如(35)(36)。

(33)心中暗暗着急,便把坐的椅子往前挪了一挪,挨着秋谷,低声说道:"我们既是认得一场,今日又恰好在此相遇,你总要替我打算打算,<u>难不成</u>你看着我落薄在此地么?"(清《九尾龟》第三回)

(34)突然惊醒似的自言自语道"我真发昏死了!我这么一个人,<u>难不成</u>就这样冷冷清清守着孙三儿胡子一辈子吗?……"(清《孽海花》第三十一回)

(35)心里好生奇怪,不由自主的抄到竹林里,又寻不到一些踪迹,暗忖道:<u>难不成</u>这里有鬼?(清《孽海花》第三十三回)

(36)老残笑道:"<u>难不成</u>比唐僧取经还难吗?"庄家老作色道:"也差不多!"(清《老残游记》第二十回)

江蓝生(2008)、刘敏(2010)、许歆媛(2010)都认为,"难不成"是从"难道+不成"而来,只不过其中"不成"的词性不一样:前者文中的"不成"是反诘副词,后两者文中的"不成"是句末语气词。

江蓝生(2008)认为"难不成"是由"难道"跟反诘语气副词"不成",经过概念叠加和构式整合产生。刘敏(2010)认为"不成"是通过移位从句末移至句首,主动与"难道"靠拢,形成四音节的"难道不成"。又由于宋代以后"道"大量出现在言说动词"言""说"之前,形成"难道言""难道说",这时的"道"已经虚化,失去了原有的言说意义。"难道"由最初的偏正短语词汇化为表示反诘语气的副词。由于副词中"道"已经不表语义,那么在"不成"前移向"难道"形成的"难道不成"中就可以自然脱落,从而形成"难不成"。

许歆媛(2010)指出,"不成"前移的动因是夹在"难道……不成"中间的句子S过长过重,致使位于句末的"不成"前移至"难道"后,使后接的整个句子S置于句末位置,成为句末重心。她把"难不成"的形成过程分为"糅合""截搭""重新分析"三个阶段:难道+不成 →(难道……不成)→难道不成 →难不成。

我们认为以上的分析都存在问题。江蓝生(2008)认为,"难不成"是由"难道"跟语气副词"不成"经过概念叠加和构式整合产生。但是这种情况与历时语言事实是不相符的。"难不成"产生在清代,语气副词"不成"在明代就已经被"难道"取代,清代语气副词"不成"已经消失,不可能再与"难道"在一起出现,那么概念叠加也就无从谈起,构式整合就更谈不上了。可能是因为这一原因,刘敏(2010)、许歆媛(2010)都认为"难不成"的形成跟句末语气词"不成"有关,而不是跟句中的副词"不成"有关。

刘敏(2010)、许歆媛(2010)都认为,句末语气词"不成"前移跟"难道"连用,形成"难道不成",但是这也只是主观的推测,没有历史事实的验证。刘敏(2010)用现代汉语例句"这件事情难道不成吗?"来说明"难道"和"不成"的连用,但是此句中的"不成"在句中做谓语,是表示否定义的短语"不成",并不是词形式的"不成"。至于许歆媛(2010)认为"不成"前移的动因,是夹在"难道……不成"中间的句子 S 过长过重,致使位于句末的"不成"前移至"难道",这也是主观猜测,也没有历史的事实根据。

在北京大学 CCL 古代汉语语料库中,我们找到了"难道……不成"中间夹杂的句子既很长又很重的例句,如:

(37)如今不是容易才完了你我的事,难道你我作儿女的还忍得看着老人家再去苦挣了来养活你我不成?(清《儿女英雄传》第三十三回)(间隔 24 个字)

(38)便是通经通史,博古而不知今,究竟也于时无补。要只这等合他云游下去,将来自己到了吃紧关头,难道就靠写两副单条对联、作几句文章诗赋便好去应世不成?(清《儿女英雄传》第三十八回)(间隔 21 个字)

同理,即使是在现代汉语中,我们 CCL 语料库中也能找到"难道……不成"中间夹杂的句子很长很重的例句,如:

(39)人文科学发展态势及其研究成果,难道使得"穿壁引光"这个典故而今有了新的衍义与理解不成?(1985 年《读书》)(间隔 23 个字)

(40)难道她离了婚就连去宾馆也得靠了小学同学丈夫的关系不成?(铁凝《遭遇礼拜八》)(间隔 22 个字)

(41)我是在美国纽约吗?难道颠倒了时差白天和夜晚宛如就阴阳倒错改头换面不成?(马兰《阅读和对话》)(间隔 21 个字)

此外,许歆媛(2010)的"难道不成→难不成"这一演变过程也是有问题的。"难不成"是从清代开始出现的,按照这一演变链,"难道不成"必须在"难不成"之前出现,即"难道不成"必须在清代之前出现。但是"难道"与"不成"连用的"难道不成",在清代根本没有用例,直到民国时期才在一部作品中出现了5个"难道"与"不成"连用的句子。

(42)孛端察儿听了,不禁脸儿一红,大怒道:"你诬蔑我是私生子,你却是谁养的呢!"哈搭吉也怒道:"难道不成咱是私生子么? 不要多讲了,你既害了古讷特,咱就先杀你的淫妇。"(民国《明代宫闱史》第三回)

(43)又听美赛姑娘那里,也有男子说话的声音,玉玲寻思到:难道不成她也干那勾当吗?(民国《明代宫闱史》第六回)

(44)到了城下,只见城门紧闭,静悄悄地连人的影儿也看不见。八剌疑惑道:"难道不成他们已得知消息了吗?"(民国《明代宫闱史》第十回)

(45)却说彭纫苏跑随着那老儿一路疾奔,走得他几乎上气接不着下气,不由地心上着疑道:"难道不成就是这样地走上天去吗?"(民国《明代宫闱史》第四十五回)

(46)凤姐怔了怔道:"俺向闻皇帝是着龙袍的,你难道不成是皇帝吗?"(民国《明代宫闱史》第六十二回)

从以上历史事实可见,江蓝生(2008)的概念叠加和构式整合,即"难道+不成→难不成",刘敏(2010)、许歆媛(2010)的句末语气词"不成"前移形成"难道不成→难不成",都是不合理的。此外,以上民国的5个例句中"难道不成"后面的成分,其长度既不长也不重,比如例(42)只有6个字、例(46)只有4个字。因而许歆媛

(2010)认为"不成"前移的动因,也是不合理的。

那么三音词"难不成"产生的唯一合理解释,就是在元明产生的"莫不成、终不成"三音节语气副词的基础上,类推造词而产生的。

在明代,语气副词"难道"取代了语气副词"不成",清末在"莫不成、终不成"的构词模式上通过类推构词产生了"难不成",然后"难不成"逐渐取代了"莫不成",到现当代,这一过程基本完成,"莫不成"的用例极少,在北京大学CCL现代汉语语料库中,"莫不成"只有一例。

(47)国外兴套餐,每人一份饭菜一张帐单,清楚、简单,中餐却是集中点菜集中吃,帐集中算,莫不成吃完了再拿计算器作除法?(1994年《报刊精选》)

虽然明代产生了三音词"莫不成",清代产生了三音词"难不成",但是由于汉语韵律特点是双音节为标准音步,三音节为超音步。相对来说,双音节语气副词"莫非、难道"跟双音节句末语气词"不成"叠加而形成的"莫非……不成""难道……不成",仍然广泛使用。

据我们对北京大学CCL语料库的统计,"莫非……不成"与"莫不成"、"难道……不成"与"难不成"各个朝代的使用情况如下表所示:

	明代	清代	民国	现代
莫非……不成	3	87	141	29
莫不成	1	14	1	1
难道……不成	176	753	313	188
难不成	0	4	0	50

从表中的统计数字可以看出:"莫非……不成"从明清到民国用例呈增长趋势,但是到现代汉语有所下滑,虽然"莫不成"在明代

成词,在清代用例有所增加,但是在民国和现代汉语中又急剧下滑;"难道……不成"从清代到民国再到现代汉语,用例不断下滑,而"难不成"从清代到现代汉语用例是呈增长趋势。据此我们可以总结出如下倾向性规律:古代汉语用"难道……不成"为主,现代汉语用"难不成"为主;"莫非……不成"古代、现代都使用,而"莫不成"主要用于古代汉语;三音节形式,古代汉语主要使用"莫不成",现代汉语主要使用"难不成"。

3 "终不成""总不成"的来源

通过上文的研究可知,"莫不成"产生于明代,"难不成"产生于清代,而"终不成"则产生得更早,在北宋就出现了用例,都表示反诘语气,如:

(48)当时更有亲在面前,也须敬其亲。终不成说敬君但只敬君,亲便不须管得!(北宋《朱子语类》卷十六)

(49)只见得一事,且就一事上克去,便是克己。终不成说道我知未至,便未下工夫!(北宋《朱子语类》卷四十二)

(50)然孟子与他说时,也只说"犹可以为善国"而已。终不成以所告齐梁之君者告之。(北宋《朱子语类》卷五十五)

元、明、清时期,"终不成"继续使用,在表示反诘语气的同时,还出现表示推测语气的少数例句,如:

(51)我底女孩儿,它爹爹是当朝宰执,妈妈是两国夫人,终不成不求得一个好姻缘。(《张协状元》第十五出)

(52)这事原不曾做得,说他不过,理该还他。终不成咽了下去又吐出来?(明《二刻拍案惊奇》卷四)

(53)你有钱钞,将些出来使用;无钱,你自离了我家,等我女儿接别个客人。<u>终不成</u>饿死了我一家罢!(明《警世通言》第三十三卷)

(54)听了一回,这才说道:"既这么说,还得大家想法儿前去才好,<u>终不成</u>就半途而废吗?咱总是现成,如有用咱之处,咱总效力便了。"(清《施公案》第三百九十八回)

(55)王夫人忙笑着拉他起来,说:"快起来,快起来,断乎使不得。<u>终不成</u>你替老太太给我赔不是不成?"(清《红楼梦》第七十九回)

跟"终不成"相近的,还有一个"总不成",它是现代汉语才产生的,在古代汉语中没有用例,并且北大CCL古代汉语语料库中的21个例句,全部表反诘语气,没有一例是表推测语气的,如:

(56)没那么快,起码等他向我求婚,<u>总不成</u>见人家家世好,就迫他娶我。(岑凯伦《还你前生缘》)

(57)当然,<u>总不成</u>要她为了见一份新工,而要自揭底牌,露出了可能是血肉模糊的真象。(梁凤仪《九重恩怨》)

(58)又过片刻,山洪浸到胸口,逐步涨到口边,杨过心道:"虽然我已站立得稳,<u>总不成</u>给水淹死啊?"(金庸《神雕侠侣》)

通过以上的分析可以看出,"终不成"的用例都是在古代汉语中,现代汉语里已"无迹可寻";而"总不成"则恰恰相反,在北大语料库中搜寻到的16条语料都是在现代汉语中,古代汉语中一例都没有。一方面是"终不成"在现代汉语里使用绝迹,另一方面是"总不成"在现代汉语里的使用很少,因此在很多词典中,我们都没有找到关于"终不成"和"总不成"的解释条目。倒是《汉语大词典》收录了"终不成",其解释为:"亦作'终不然',难道;岂能",所举三个例句

215

也都是近代汉语的语料,除了一个"终不然"的例句,另外两例如下:

(59)虽会节俭,又须著有爱民之心,终不成自俭啬而爱不及民,如隋文帝之所为?(《朱子语类》卷二十一)

(60)及至经过庭下,只见一簇新的棺木摆着,心里慌了道:"终不成今日当真要打死我!"(明《初刻拍案惊奇》卷十七)

对于"终不成"的产生发展,学界一致认为是源于"不成"的语法化。那么"不成"跟反诘副词"终不成"之间有什么联系呢?钟兆华(1991)指出,"终不成"大概出现于南宋,它是在"不成"前冠以"终"构成表示推度的反诘副词。"终"的作用在于加强语气,犹如"总不至于"中的"总",词的中心意思仍然是"不成"所具有的诘问口吻。从语气上来说,"终不成"比"不成"要来得强烈,见如下例句对比:

(61)a. 自从嫁它,奴办至诚,不成它负心?(《张协状元》第三十六出)

b. 那张解元还得个绿衫上身时,终不成忘了贫女?(《张协状元》第十九出)

徐时仪(1999)也认为,"终不成"不过是"不成"的强调用法。五代、宋、元时往往在疑问副词前加"终"来加强否定,强化反诘的语气,如:

(62)问:"如何是古佛心?"师云:"终不道土木瓦砾是。"(《祖堂集》卷十二)

(63)理便是天道也,且如说皇天震怒,终不是有人在上震怒?只是理如此。(《二程语录》卷二十二)

在"不成"前加"终"组成"终不成",宋元时用得更多,如:

(64)虽会节俭,又须著有爱民之心,终不成自俭啬而爱不及民,如隋文帝之所为?(北宋《朱子语类》卷二十一)

(65)(末白)老汉然虽是个村肐落里人,稍通得些个人事。平日里终不成跪拜底与它一贯,唱喏底与它五百,没这般话头。(《张协状元》第十二出)

我们认为,三音节词"终不成"是由"终"与"不成"叠加连用形成的,这是符合历史语言事实的。在上文我们已经指出,大约在北宋"不成"由表示评议的否定副词演变为反诘副词。在反诘副词"不成"增加"终",从而形成"终不成"来加强否定、强化反诘的语气。由于"终"与"不成"经常连用,最终在后续句句首固化为三音节语气副词"终不成"。

跟"终不成"不同,"总不成"出现较晚,直到现当代才有,并且用例不多,如:

(66)同时我的心中也很为难,眼看着这些小朋友喜欢亲近我的样子,总不成忍心拒绝他们,立刻驱逐他们出去?(苏青《搬家》)

(67)不过,你只有一条命,总不成一身又是女人,又是男子,又是墨鱼,又是白兔子呀!(钱钟书《灵感》)

(68)我看他们的广告,有一套4人用的餐台椅,顶便宜,减百分之七十,差不多半卖半送,我们总不成坐在地上吃饭吧!(梁凤仪《激情三百日》)

那么"终不成"与"总不成"之间有什么联系呢?钟兆华(1991)对"莫成"和"不成"的关系探讨,给我们以启发。他认为"莫成"是"不成"的早期形式,"不成"的另一种书写形式就是"莫成"。我们认为,跟"莫成"与"不成",以及上文的"莫不成"与"难不成"之间的关系相似,"总不成"是套用"终不成"而来的,或者说"总不成"就是"终不成"的另一种书写形式,具体原因如下。

首先,从发音上了来说,"终"的辅音声母是舌尖后音 zh,"总"的辅音声母是舌尖前音 z,对于我国南方地区的人来说,二者几乎没有听、说上的差异,因此可以混杂使用或合二为一使用。其次,从音调上来说,"终"是阴平,"总"是上声,人们在使用"终不成"和"总不成"时通常是为了表达强烈的主观色彩,上声的"总"更适应这种需要。(李小军,2008)再次,从词义上来说,副词"总"可以"表示推测、估计",如"他到现在还没来,总是有什么事情吧?"(《现代汉语八百词》),由"总"与"不成"词汇化而来的"总不成",在表推测语气上比"终不成"更顺当,因而更易于为人们所接受。此外,通过对语料的分析我们发现,现代汉语中"总不成"的用法,跟古代汉语中"终不成"的用法,两者基本一致,这也从另一个侧面说明,"总不成"是套用"终不成"而来的。

4 "X不成"历时演变中的共性与差异

"X不成"类反诘副词的历时演变是个既有个性也有共性的过程。纵观上文对"莫不成""难不成""终不成"和"总不成"历时演变过程的论述,我们可以看出:"X不成"类的三音节反诘副词有演变的共性,也有各自的演变轨迹。

1) 语义演变共性。"X不成"在产生之初主要表示"反诘"义,"莫不成、难不成、终不成"后来又演变出"推测"义,而现代汉语才产生的"总不成"的语义没有发生演变,只表"反诘"义。从"反诘"义演变出"推测"义,其实也不难解释,比如江蓝生(1990)就认为,表示推度疑问副词的用法是从反诘副词的用法引申过来的:反诘是用疑问的形式表示否定,疑问是虚,否定是实;当这种疑问形式不表示否定时,疑问就成了真性的,于是反诘就转为推度询问。副词兼表反诘和推度两种语气,就是这个道理。

2)形成机制差异。"莫不成""终不成"都是通过叠加连用而形成的:"莫不成"是反诘副词"莫"与反诘副词"不成"叠加连用而成,"终不成"是反诘副词"不成"与前加表达加强否定的"终"叠加连用而成。"难不成"与"总不成"的形成机制比较相似:"难不成"是在"莫不成、终不成"的基础上通过类推造词而形成,"总不成"是套用"终不成"而来的。

3)成词时间差异。"终不成"词汇化的时间最早,在宋代已经成词;其次是"莫不成",在明代发生词汇化;再次是"难不成",在清代发生词汇化;最后是"总不成",在现当代发生词汇化。这4个三音节词语"X不成",按照词汇化时间的早晚可以形成一个等级序列:终不成 ＞莫不成 ＞难不成 ＞总不成。

4)历时演变关系。"X不成"内部成员之间存在历时演变关系:反诘副词"难不成"的产生跟"莫不成"有关,在"难不成"产生之前,"莫不成"就已产生,明代反诘副词"不成"被"难道"取代,"莫不成"也逐渐被"难不成"取代;现代汉语产生的"总不成",是套用古代汉语"终不成"而形成。换句话说,"X不成"的内部成员之间有承继关系:"莫不成、终不成"通过叠加连用词汇化后,形成了构词图式"X不成";"难不成、总不成"则利用这一构词图式直接产生,没有经历词汇化的过程。

最后,我们认为梅祖麟先生(1981)的一句话,可以非常形象地说明"莫不成、难不成、终不成、总不成"四个词语之间的历时演变关系:"句法结构不变,词汇中的新陈代谢就像接力赛跑,一个运动员跑累了,另一个接棒跑下去。"

参考文献

江蓝生　1990　疑问副词"可"探源,《古汉语研究》第 3 期。
江蓝生　2008　概念叠加与构式整合——肯定否定不对称的解释,《中国语文》第 6 期。
李小军　2008　说"终不成"与"总不成",《汉语学报》第 3 期。
刘　敏　2010　"难不成"的衍生过程,哈尔滨师范大学硕士学位论文。
刘子瑜、黄小玉　2015　语气词"不成"的来源及其语法化补议,载吴福祥、汪国胜主编《语法化与语法研究》(七),北京:商务印书馆。
吕叔湘　1999　《现代汉语八百词》(增订本),北京:商务印书馆。
梅祖麟　1981　现代汉语完成貌句式和词尾的来源,《语言研究》第 1 期。
徐时仪　1993　也谈"不成"词性的转移,《中国语文》第 5 期。
徐时仪　1999　"不成"的语法化考论,《喀什师范学院学报》第 3 期。
徐时仪　2000　语气词"不成"的虚化机制考论,《华东师范大学学报》第 3 期。
许歆媛　2010　小议"难不成"的用法与来源,《中国语文》第 6 期。
杨永龙　2000a　近代汉语反诘副词"不成"的来源及虚化过程,《语言研究》第 1 期。
杨永龙　2000b　《朱子语类》中"不成"的句法语义分析,《中州学刊》第 2 期。
中国社会科学院语言研究所词典编辑室　2016　《现代汉语词典》(第 7 版),北京:商务印书馆。
钟兆华　1991　"不成"词性的转移,《中国语文》第 4 期。

多功能副词"偏""颇"探析[*]

李小军

(江西师范大学文学院)

0 引言

汉语史上,"偏""颇"都具有程度、情态、范围、时间等用法,有些用法还保留到现代汉语中。这些用法《汉语大词典》《汉语大字典》大部分都有释义,一些学者也进行过很有价值的探讨。

在程度用法方面,吕雅贤(1992)认为《史记》中"颇"大部分表程度深,洪成玉(1997)却认为唐以前"颇"都表程度浅,而高育花(2001)认为《史记》中"颇"都表程度浅,东汉时始见高程度用法。至于"偏"目前未见专门讨论,《汉语大词典》《汉语大字典》都列举了《庄子》中的"偏得老聃之道",认为表程度深。

在情态用法方面,李明(2014)认为"偏"的程度与情态用法都源于其实义用法,而限定用法则是情态用法的进一步发展。"颇"可以表询问、反诘,蒋礼鸿(1981)和江蓝生(1992)都认为它实则是

---

[*] 基金项目:国家社科基金重点项目"汉语语法化词库编撰及语法化模式研究(15AYY010)"。

"叵"的记音字。在范围用法方面,刘淇《助字辨略》卷三认为"颇"的总括用法源于"略"的相因生义,即"颇"本训"略",而"略"又有"尽;悉"义,故"颇"也有了"尽;悉"义;同时又认为"尽""悉"皆为遂事之辞,故"颇"又衍生出"已经"义。在时间用法方面,一些学者也稍有提及。

以上研究廓清了很多认识,不过也存在一定的分歧及不足。主要表现在:一、"偏""颇"都有动词和形容词义,它们的程度义如何而来?二、"颇"的程度义为什么会经历从浅到深的变化,大致在什么时候开始变化,"偏"是否如此?三、"偏""颇"的程度、范围、情态、时间用法之间存在怎样的语义关联,演变路径如何?四、"偏""颇"的源义相近,程度用法也大致相同,为什么在后面的语义演变中存在诸多差异?

本文尝试解决以上问题。

1 "偏""颇"程度义的产生及发展

1.1 "偏""颇"程度义的由来

《说文解字》对"偏""颇"采用了互训的方式,人部:"偏者,颇也",页部:"颇,头偏也"。从句法角度来看,"偏""颇"只有处于"偏/颇+VP/AP"格式中才有可能演变为程度副词。"颇"的程度用法始见于西汉,洪成玉(1997)认为《史记》中有70余例。如:

(1)自殷以前诸侯不可得而谱,周以来乃<u>颇可著</u>。(《三代世表》)

(2)于是谨其终始,表其文,<u>颇有所不尽本末</u>;著其明,疑者阙之。(《高祖功臣侯者年表》)

不过先秦未见"颇VP/AP"格式,因此《史记》中突然冒出这么多状中结构的"颇VP",很值得探究。我们认为《史记》中很多"颇VP"其实可以重新分析。如:

(3)天子既闻公孙卿及方士之言,黄帝以上封禅,皆致怪物与神通,欲放黄帝以尝接神仙人蓬莱士,高世比德于九皇,而颇采儒术以文之。群儒既以不能辩明封禅事,又牵拘于诗书古文而不敢骋。上为封祠器示群儒,群儒或曰"不与古同",徐偃又曰"太常诸生行礼不如鲁善",周霸属图封事,于是上绌偃、霸,尽罢诸儒弗用。(《孝武本纪》)

(4)其后常以护军中尉从攻陈豨及黥布。凡六出奇计,辄益邑,凡六益封。奇计或颇秘,世莫能闻也。(《陈丞相世家》)

(5)而新垣平以望气见,颇言正历服色事,贵幸,后作乱,故孝文帝废不复问。(《历书》)

"颇"本义为"头偏",后引申到思想、品行、动作、行为、地域之偏。上三例"颇"一般理解为"稍微"义程度副词,不过理解为"侧重;偏于"亦可通。如例(3):颇采儒术以文之——稍采儒术以纹饰之——侧重于采儒术以纹饰之。汉武帝独尊儒术,故封禅时侧重于用儒术来纹饰此事,不过儒生们似乎并不配合汉武帝,故后面"尽罢诸儒弗用"。"侧重/偏于(能)VP"蕴涵着"在一定程度上(能)VP",这正是"颇"程度义的由来,因此随着重新分析的进行,"颇"也就从动词演变为程度副词。例(4)亦可重新分析:奇计或颇秘——奇计有些偏于隐秘——奇计有些比较隐秘。例(5)"颇言正历服色事"理解为"偏于/侧重言正历服色事"比理解为"稍言正历服色事"似乎更妥,因为如果只是略微说一说,是很难得到贵幸的。再如:

(6)秦既得意,烧天下诗书,诸侯史记尤甚,为其有所刺讥也。诗书所以复见者,多藏人家,而史记独藏周室,以故灭。惜哉,惜哉!独有秦记,又不载日月,其文略不具。然战国之权变亦有可颇采者,何必上古。(《史记·六国年表》)

"战国之权变亦有可颇采者"起初为"战国之权变亦有能偏于采用的",随着重新分析的进行,就可以理解为"战国之权变亦有一定程度上可采用的"了。从程度深浅来看,这时的"颇"显然不能理解为"最;特别",而只能理解为"稍微"。

下面简单说说"偏"。《汉语大词典》《汉语大字典》都列举了《庄子》中的一例,并释为高程度副词:

(7)老聃之役有庚桑楚者,偏得老聃之道。(《庄子·庚桑楚》)

不过先秦只有这一孤例,两汉亦未见"偏"的程度用法,从这个角度来说,此例释为程度副词值得商榷,释为"偏于得到了老聃之道"似乎更妥。即使释为程度副词,我们认为也应是低程度,而非高程度。段玉裁《说文解字注》页部"颇"字条说道:"人部曰:'偏者,颇也。'以'颇'引申之义释'偏'也。俗语曰'颇多'、'颇久'、'颇有',犹言'偏多'、'偏久'、'偏有'也。"其实不仅仅是"偏"和"颇",语义相近的"侧"和"倾"亦可以表程度浅。"侧重"本为"偏于重视",现为"一定程度上重视";"倾向"本为"侧向;偏向"义,现为"(心理)一定程度上朝向"。"偏"典型的程度用法出现于六朝。如:

(8)蜉蝣晓潜泉之地,白狼知殷家之兴,鸑鷟见周家之盛,龟鹤偏解导养,不足怪也。(《抱朴子·对俗》)

(9)沔水又东,偏浅,冬月涉渡,谓之交湖,兵戎之交,多自此济。(《水经注》卷28)

(10)炙豚法……以茅茹腹令满,柞木穿,缓火遥炙,急转勿住。转常使周匝,不匝则偏焦也。(《齐民要术》卷9)

例(8)"偏"似可两解,而例(9)(10)"偏"只能理解为程度副词了,至于程度深浅下面再讨论。

1.2 "偏""颇"程度义的变化

东汉至六朝时期,"偏""颇"的程度义确实经历了由浅入深的变化。学界对"颇"曾有一些讨论,不过主要集中在程度义变化的时间上。先来看几个例子:

(11)涉浅水者见虾,其颇深者察鱼鳖,其尤甚者观蛟龙。(《论衡·效力》)

(12)草木之中,有巴豆、野葛,食之凑懑,颇多杀人。不知此物,禀何气于天?万物之生,皆禀元气,元气之中,有毒螫乎?(《论衡·言毒》)

(13)自孟子以下至刘子政,鸿儒博生,闻见多矣。然而论情性竟无定是。唯世硕、公孙尼子之徒,颇得其正。由此言之,事易知,道难论也。(《论衡·本性》)

上三例同出自《论衡》。例(11)"浅水者""颇深者""尤甚者"对举,且依据常理鱼鳖所居水层并不很深,故可知此例"颇"表程度浅。例(12)说"巴豆、野葛颇多杀人",而后询问原因,此例"颇"应理解为程度深。例(13)前面说鸿儒情性无定,接着说"唯世硕、公孙尼子之徒,颇得其正","颇"理解为"稍"自无不可——唯世硕、公孙尼子之徒,稍得其正,但是理解为"最/极"亦可通——唯世硕、公孙尼子之徒,最/极得其正。学界对于"颇"所表程度深浅的争议恐怕正源于此。我们认为,两解皆可其实并不矛盾。人们在说话时往往存在一个参照系,说某件事物或情况程度浅,但是在同一个参照系下,它的程度又可能是最深的。例(13)的"颇"本为"稍"义,前面说孟子以下至刘子政的鸿儒情性无定,接着说唯世硕、公孙尼子之徒稍得其正;但是作者在说这句话时,往往又意味着"群儒之中,世硕、公孙尼子之徒得道程度最深"。学界或认为程度深,或认为程度浅,其实就是理解的角度不同所致,或者说混淆了"颇"的字面义及蕴涵义。从这个角度来说,"颇"程度义从浅到深,其实就是它蕴涵义逐渐凸显的结果。随着"颇"表程度深这一蕴涵义逐渐规约化,此类用例也随之增多,唐以降,就罕见表程度浅的了。王力(1984[1943]:177)认为:"依数千年的语言习惯,'颇'字的用意只是不满或谦逊,决不像'甚'字那样用于夸饰。"此说甚为有理。

汉语史上"稍""差""较"本都表程度浅,在一定语境中也可表程度深。如:

(14)<u>稍</u>喜临边王相国,肯销金甲事春农。(杜甫《诸将》,转引自张相,1955:174)

(15)关城乃形势,地险<u>差</u>非一。(何逊《登石头城》,转引自张相,1955:245)

(16)自是寻春去<u>校</u>迟,不须惆怅怨芳时。(杜牧《怅诗》,转引自江蓝生、曹广顺,1997:188)——"校"即"较"

上三例"稍""差""较"都表程度深,不过我们认为,表程度深只是特殊语境中临时获得的语境义,如果没有语境限制,仍只能理解为程度浅。并且不同于"偏"和"颇"的是,"稍""差""较"的高程度义在整个汉语史中都没有规约化,故现在都只能表程度浅。现代生活中人们常说"这些人中某某的能力稍(比较)强",虽然蕴涵着"这些人中某某的能力最强",但"稍/比较"仍只能理解为程度浅。而蕴涵义能否凸显并进而规约化,与使用频率及人们的语用选择有很大关系。

下面再来看"偏"。六朝以后的"偏"绝大部分只能理解为高程度副词了。如：

(17)偏宜猪肉，肥羊肉亦佳；肉须别煮令熟，薄切。(《齐民要术》卷9)

(18)沛国刘显博览经籍，偏精班《汉》。(《颜氏家训·书证》)

(19)阮思旷奉大法，敬信甚至。大儿年未弱冠，忽被笃疾。儿既是偏所爱重，为之祈请三宝，昼夜不懈。(《世说新语·尤悔》)

例(17)先说"偏宜猪肉"，接着说"肥羊肉亦佳"，显然猪肉的适宜程度要比肥羊肉高；例(18)先说"博览经籍"，后又说"偏精班《汉》"，自然也是特别精通《汉书》；例(19)从后面的"祈请三宝，昼夜不懈"可知，"偏所爱重"乃是"极所爱重"。不过亦有两解的。如：

(20)沔水又东，偏浅，冬月涉渡，谓之交湖，兵戎之交，多自此济。(《水经注》卷28)

"沔水又东，偏浅"可以理解为"沔水又东，稍(比较)浅"，亦可理解为"沔水又东，最(非常/特别)浅"，不过这仍是字面义与蕴涵义的关系。在说"沔水又东，偏浅"时，同样存在一个参照系，即拿沔水不同河段来比较，故而后面还有"沔水又东迳乐山北……沔水又东迳隆中……"这样的字眼。再如：

(21)谢公因子弟集聚，问："毛诗何句最佳？"遏称曰："昔我往矣，杨柳依依；今我来思，雨雪霏霏。"公曰："讦谟定命，远猷辰告。"谓："此句偏有雅人深致。"(《世说新语·文学》)

(22)方之于士，并有德行，而一人偏长艺文，不可谓一例

227

也;比之于女,俱体国色,而一人独闲百伎,不可混为无异也。(《抱朴子·钧世》)

例(21)"此句偏有雅人深致"亦可理解为"此句稍有雅人深致",然参照物为《诗经》中其他诗句,故理解为"此句最有雅人深致"亦通;例(22)"一人偏长艺文"亦是如此。因此可以说,"偏"程度义的变化与"颇"并无二致,即都是蕴涵义凸显进而规约化的结果。

还有一个问题需要讨论,在现代汉语中,"偏+形容词"中的"偏"似乎只能表程度浅。如:

(23)不久,一批受过充分现代化训练的海校毕业生接替了那些从水兵爬上来的、年岁<u>偏</u>大的军官们的职务。(王朔《空中小姐》)

(24)体温偏高|工资偏低(《现代汉语词典》第6版第990页"偏"字条)

六朝时"偏"已经衍生出了高程度义,唐以降只有高程度义,何以现代汉语中反而有程度浅的"偏+形容词"呢?这需要从历时发展中寻找解释。

虽然"偏""颇"产生程度义属于平行演变,但两者的使用频率差异非常大,"颇"远多于"偏"。宋元明时期还可以见到"偏"用作程度副词的,清代时已经罕见了。我们随机统计了《醒世姻缘传》《歧路灯》《红楼梦》《儿女英雄传》四部作品,未见一例"偏"用作程度副词的,而"颇"却有80余例。换言之,现代汉语中表程度的"偏+形容词",与中古以来的程度副词"偏"应该没有什么关系,它很可能是现代汉语中新出现的,至于是来自方言还是普通话自身,目前还不清楚。《现代汉语词典》(第6版)将这种"偏"处理为动词,释义为"与某个标准相比有差距",是有道理的。

2 "偏""颇"情态功能的形成及特点

2.1 "偏"反预期用法的来源及语义特点

关于"偏"的情态副词用法,《汉语大词典》举了《汉书》中的一条书证:

(25)上思念李夫人不已,方士齐人少翁言能致其神……又不得就视,上愈益相思悲感,为作诗曰:"是邪,非邪?立而望之,偏何姗姗其来迟!"(《汉书·外戚传》)

上例"偏何姗姗其来迟"确实具有强烈的感叹语气,不过句中有表反诘和强调的"何",因而"偏"的语气到底有多强,还不得而知。表情态的"偏"六朝时有一些用例。如:

(26)顾悦与简文同年,而发蚤白。简文曰:"卿何以先白?"对曰:"蒲柳之姿,望秋而落;松柏之质,经霜弥茂。"(《世说新语·言语》)——刘孝标注引顾凯之为父传曰:"君以直道陵迟于世。入见王,王发无二毛,而君已斑白,问君年,乃曰:'卿何偏蚤白?'君曰:'松柏之姿,经霜犹茂;臣蒲柳之质,望秋先零。受命之异也。'王称善久之。"

(27)自古至今,有高才明达而不信有仙者,有平平许人学而得仙者,甲虽多所鉴识而或蔽于仙,乙则多所不通而偏达其理。此岂非天命之所使然乎!(《抱朴子·辨问》)

"偏"本义为"倾斜;偏向",引申有"不公正、不好、片面"等意思,因而后接成分多为说话人主观上不希望发生或不愿见到的事情。头发早白不是一件好事,例(26)《世说新语》作"卿何以先白",

229

但是顾凯之为父作传则为"卿何偏蚤白"。前句重在询问,后句不仅仅是询问,还有惊讶于事实的意味。例(27)甲乙两者对举比较,甲是"虽多所鉴识而或蔽于仙",乙却是"多所不通而偏达其理",有异于一般常识,故而作者引出结论性的话语"此岂非天命之所使然乎"。

从语义演变的角度来看,我们认为"偏"之情态功能"表示事实与希望相反;表示故意违反客观要求"是沾染了句子的句式义。即"偏"本身不带有反预期功能,但是"偏"后接小句却具有反预期这一特点,这样"偏"在语义虚化的同时沾染上句式义,就成了情态副词。语义沾染是语法化演变中的常见现象,特别是情态功能的形成很容易沾染上语境义或句式义。再如:

(28)又况于深入阻险,凿路而前,则其为劳必相百也。今又加之以霖雨,山阪峻滑,众逼而不展,粮县而难继,实行军者之大忌也。闻曹真发已逾月而行裁半谷,治道功夫,战士悉作。是贼偏得以逸而待劳,乃兵家之所惮也。(《三国志·吴志·王肃传》)

(29)高祖迁都,苌以代尹留镇。除怀朔镇都大将,因别赐苌酒,虽拜饮,而颜色不泰。高祖曰:"闻公一生不笑,今方隔山,当为朕笑。"竟不能得。高祖曰:"五行之气,偏有所不入。六合之间,亦何事不有?"(《魏书·列传第二》)

(30)刘向父德治淮南王狱中所得此书,非为师授也。向本不解道术,偶偏见此书,便谓其意尽在纸上,是以作金不成耳。(《抱朴子·论仙》)

上三例"偏"都带有强调语气,语用功能则是反预期。从句法角度来看,三例"偏"都可以删除,只是删除后句子的语气大大舒缓了。李明(2014)提到程度副词"偏"与情态副词"偏"有时难以区分,确实有时如此,不过从语源上看,两者并没有直接的关系,它们分别源于"偏"的实义用法,语法化过程中常常伴随着语义滞留现象,因而二者有时难以区分也就不奇怪了。

2.2 "颇"的情态功能

"颇"可以表揣测、反诘语气。如:

(31)顷何以自娱,颇复有所述造不?(曹丕《与吴质书》)

这种"颇"如蒋礼鸿(1981)、江蓝生(1992)所说实则是"叵"的记音字,且二位举有很多例证,故此处不赘述。值得注意的是,"颇"并没有"偏"这种反预期功能,这一现象暂时难以解释,很可能是人们语用选择导致的词汇语义分工的结果。不过单从语义及句法结构来看,"颇"其实具备演变为情态副词的条件,《史记》中一些"颇"似亦可进行重新分析。如:

(32)齐中御府长信病……(扁鹊)曰:"此病得之当浴流水而寒甚,已则热。"信曰:"唯,然!往冬时,为王使于楚,至莒县阳周水,而莒桥梁颇坏,信则揽车辕未欲渡也,马惊,即堕,信身入水中,几死,吏即来救信,出之水中,衣尽濡,有闲而身寒,已热如火,至今不可以见寒。"(《史记·扁鹊仓公列传》)

(33)其明年,大将军、骠骑大出击胡,得首虏八九万级,赏赐五十万金,汉军马死者十余万匹,转漕车甲之费不与焉。是时财匮,战士颇不得禄矣。(《史记·平准书》)

上两例"颇"一般认为是程度副词,不过程度义似乎并不明显。例(32)长信"至莒县阳周水,莒桥梁颇坏",桥如果只是稍稍损坏,长信不至于揽车辕未渡且马惊,因而桥坏是出乎长信意料之外的,即事实与长信所预期的相反,如果理解为"偏偏;偏巧;不巧"似乎

231

更可通。例(33)将领获赏赐五十万金与战士不得禄对比,"颇"理解为"稍微"不如理解为"偏偏"。当然,上两例"颇"也不能说是典型的情态副词,只能说句子具有反预期语境。如果"颇"在这种语境中进一步发展,是有可能演变为情态副词的,可惜的是,汉以后,"颇"主要用于表程度,情态功能并没有得到充分的发展。相反,"偏"的程度用法发展缓慢,且使用频率很低,这样人们更喜欢用"偏"来表达情态功能,也就很自然了。近义词在使用过程中形成语义分工的现象汉语史中并不鲜见,从过程来看,应该先是语用分工,即人们有意识地选用近义词中的某个词(义项)来表达某种功能,一旦这种语用分工规约化,就上升到语义分工。

3 "偏""颇"范围及时间用法的由来及特点

3.1 "偏"限定义的来源

"偏"和"颇"都有范围副词用法,不过有意思的是两者语义功能正好相反,"偏"表限定,"颇"表总括。如:

(34)中庭杂树多,偏为梅咨嗟。(鲍照《梅花落》)——只为梅咨嗟

(35)自江陵以西至巴蜀,北自云中至陇西,与京师内史凡十五郡,公主、列侯颇邑其中。(《汉书》卷14)——皆邑其中

两者语义上的差异源于来源的不同。"颇"的总括义源于"略"的相因生义(此术语可参蒋绍愚 1989),"颇"最初表程度浅,与"略"语义相近,而"略"又有"皆、全、悉"义,受"略"的影响,"颇"也就产生了"皆;尽;全"这一范围用法。关于这一点,刘淇在《助字辨略》卷三"颇"字条已经说得很清楚了,此处不赘。下面简单谈谈

"偏"限定义的来源,先来看几个例子。

(36)闻道黄花戍,频年不解兵。可怜闺里月,<u>偏照汉家营</u>。(《杂曲歌辞·伊川歌第三》)

(37)众鸟自知颜色减,妒他<u>偏向眼前飞</u>。(司空图《山鹊》)

(38)椒房金屋何曾识,<u>偏向贫家壁下鸣</u>。(张乔《促织》)

例(36)抒发士兵的相思之情,"可怜闺里月,偏照汉家营"以相思月来映衬士兵相思之情的强烈,似是在埋怨为什么月亮偏偏要照到军营,因而"偏"应理解为"偏偏"义情态副词。人在怀有强烈感情之时,往往容易忽略周遭的人、事及环境,而专注于眼前之情(景),这正是"偏"限定义的由来,因而此例"偏"亦可重新分析为限定副词——可怜闺里月,只照汉家营。随着重新分析的进行,"偏"的反预期功能似有所弱化,但确认、限定意味却更强了。例(37)(38)也是如此,理解为情态副词时,凸显的是事实与希望相反;理解为限定副词时,更多是对当前情况的确认、陈述。这种"偏"语义进一步泛化,就是典型的限定副词了。如下两例:

(39)玉砌红花树,香风不敢吹。春光解天意,<u>偏发殿南枝</u>。(卢纶《杂曲歌辞·天长地久》)

(40)城中人笑曰:"祈雨即恼乱师僧,赏物即<u>偏与道士</u>。"(园仁《入唐求法巡礼行记》卷4)

上两例"偏"已经完全没有反预期功能,只能理解为限定副词了。如例(39)"偏发殿南枝"与前面"春光解天意"语义相承,因花开而欣喜,"偏"语义指向的是花开地点"殿南"。

不过"偏"的限定副词用法宋元以来逐渐萎缩直至消亡,一个主要因素应是"只"等限定副词的发展对"偏"的排挤所致。一个词是否语法化,受制于它自身语义及句法功能等,但语法化后是否扩展,则受制于它在系统中所处的地位。李明(2014)认为汉语史上存在"强调、确认＞限定"这一语法化路径,其他如"唯(维、惟)、适、衹(只)、正、直、恰、即、就"等也经历了这一演变。李文同时转引了太田辰夫(1987[1958]:254—255)、蒋绍愚(1980)、向熹(1993:278—279)、江蓝生、曹广顺(1997:294)的一些例证进行说明,很有意思。我们认为虽然这些词在具体演变时间、句式特点上略有差异,但是演变模式却是相同的。

3.2 "偏"时间义的由来

"偏"还有时间副词用法,意为"正好;恰巧"。如:(转引自江蓝生、曹广顺,1997:279)

(41)正是扬帆时,<u>偏逢江上客</u>。(皇甫冉《曾东游以诗寄之》)

(42)未白已堪张宴会,渐繁<u>偏好去帘栊</u>。(李建勋《雪有作》)

例(41)《汉语大词典》亦举。从语义及句法关联度来看,"偏"的时间用法应源于其强调用法。前例"正是扬帆时,偏逢江上客"似可两解。理解为情态副词时,"偏"强调的是"逢江上客"这一情况,同时带有反预期意味;理解为时间副词,即"正好逢江上客",凸显的是两个动作的时间一致。从语义演变角度来看,强调某一情况的出现带有反预期性,而任何情况的出现都具有时间性,这样"偏"就有可能强调情况发生之时,这正是"正好;恰巧"义的由来,如"偏逢江上客"就可理解为"偏偏这时候遇到了江上客"。例(42)"渐繁偏好去帘栊"的"偏"只能理解为时间副词。

回头再来看"偏"限定用法的形成,我们认为与其时间用法的形成是一致的,且表义也具有相关性。只不过限定副词"偏"限定

的是范围(只、仅仅),而时间副词"偏"限定的是时间(正好、恰巧)。再如:

(43)午醉醒来晚,无人梦自惊。夕阳如有意,<u>偏傍小窗明</u>。(颜师古《大业拾遗记》)

上例"偏"没有反预期性,应是典型的时间副词。值得注意的是,"刚"亦有与"偏"相对应的三个功能。如:

(44)拟归仙掌去,刚被谢公留。(贯休《桐江闲居》,转引自《汉语大词典》)——情态副词,偏偏

(45)何事急来奔,更深亲扣门?别事都依得,刚除背死人。(萧德祥《杀狗劝夫》第3折,转引自李明,2014)——限定副词,只

(46)刚抢得两个奔走还阵,张清又一石子打来。(《水浒传》第70回,转引自李明,2014)——时间副词,正好

太田辰夫(1987[1955]:254—255)推测"刚"是从情态义衍生出限定义,后来又衍生出时间义,我们认为这一观点很有道理。

3.3 "颇"频率用法的由来

"颇"做频率副词时,既可以表低频"偶尔;间或",也可以表高频"经常;常常"。如:(转引自高育花,2001)

(47)至今余巫,<u>颇脱不止</u>。(《汉书》卷66)——低频副词:偶尔

(48)时帝<u>颇出游猎</u>,或昏夜还宫。(《三国志》卷13)——高频副词:经常

何以有两种截然相反的频率用法,我们认为这很好解释。"颇"的频率用法源于其程度用法,且程度浅对应于频率低,程度深对应于频率高。"颇"的程度义在东汉至六朝经历了由浅向深的变

化,而频率用法亦产生于这一时期。下面看具体用例:

(49)上曰:"吾于临朝统政施号令何如?"(刘)向未及对,上谓向:"校尉帝师傅,耆旧洽闻,亲事先帝,历见三世得失。事无善恶,如闻知之,其言勿有所隐。"向曰:"文帝时政<u>颇</u>遗失,皆所谓悔吝小疵耶……"(《风俗通义》卷2)

(50)扬子云大材,而不晓音。余<u>颇</u>离雅操,而更为新弄。子云曰:"事浅易善,深者难识,卿不好《雅》《颂》,而悦郑声,宜也。"(《新论·离事》)

上两例"颇"可理解为低程度副词,"文帝时政颇遗失"即"文帝时政稍遗失","余颇离雅操"即"余稍离雅操"。如此理解源于上下文意,如上例皇帝问臣子自身朝政得失,臣子自是不敢过于放肆,故而后面接着说"皆所谓悔吝小疵耶"。不过"政颇遗失"不是指每项政策都略有不足,而是指某些政策偶尔有不足,这正是"颇"频率用法的来源。"余颇离雅操,而更为新弄"亦指偶尔离雅操而为新弄。换言之,"颇"表程度浅时,如果侧重于时间,即有"偶尔;间或"之意。再如:

(51)夫雷,火也。气剡人,人不得无迹。如炙处状似文字,人见之,谓天记书其过,以示百姓。是复虚妄也……雷书不着,故难以惩后。夫如是,火剡之迹,非天所刻画也。或<u>颇</u>有而增其语,或无有而空生其言,虚妄之俗,好造怪奇。(《论衡·雷虚》)

"颇有"即"偶尔有"。下面再来看高程度向高频用法的演变。如:

(52)夫服食药物,轻身益气,<u>颇有其验</u>。(《论衡·道虚》)

(53)董仲舒作道术之书,<u>颇言灾异政治所失</u>,书成文具,

表在汉室。主父偃嫉之,诬奏其书。天子下仲舒于吏,当谓之下愚。(《论衡·对作》)

例(52)"颇有其验"可理解为"极有其验","颇"为程度副词。不过"极有其验"指的不是某次灵验的程度很深,而是指常常可以验证;例(53)"颇言灾异政治所失"亦可理解为"极言灾异政治所失",故后面"天子下仲舒于吏",不过书中言灾异政治所失亦当理解为在书中很多地方都说了,而不是某处说的程度很深。由此可见,"高程度→高频"与"低程度→低频"演变过程其实并无两样,只是一种简单而整齐的语义对应。

需要提及的是,六朝以来"颇"低程度用法逐渐萎缩、消亡,其低频用法也逐渐消失;高程度用法虽然一直沿用到现代汉语中,但高频用法却没有保留下来。从这个角度来说,"颇"的频率副词用法似乎并没有完全从其程度用法中独立出来,只是程度用法的衍生品而已。此外,"颇"做时间副词还可以表已然,相当于"既;已经"。如:

(54)诸侯之地其削颇入汉者,为徙其侯国及封其子孙也。(《汉书·贾谊传》)

刘淇《助字辨略》卷三"颇"字条认为这仍是源于"略"的相因生义,此处不赘。

四 小结

本文探讨了多功能副词"偏"和"颇"不同语义(用法)的来源、特点及彼此之间的关系,同时比较了"偏"和"颇"二者语义演变路径的同和异,图示如下:

```
                                              ┌→范围副词(只;仅仅)
偏(动词/形容词)→程度副词(程度浅-程度深)→情态副词(偏偏)→时间副词(正好)

                                    时间副词(与"略"相因生义,已经)
                                        ↑
颇(动词/形容词)→程度副词(程度浅-程度深)→范围副词(与"略"相因生义,总括)
                                        ↓
                              时间(频率)副词(低程度-低频,高程度-高频)
```
("颇"表询问、反诘,实则为"叵"的记音字)

从上图可知,程度跟情态、范围、时间等功能(用法)之间存在着诸多语义关联,不过从收集到的材料来看,程度和范围之间并无直接的衍生关系。"偏"和"颇"本义相近,且先后衍生出了程度副词用法,但是后面的语义演变道路并不完全相同,虽然都有情态、范围、时间等用法,但是两者的语义差异较大。语义差异较大源于语义演变路径的不同,而语义演变路径的不同又源于人们的语用选择导致的语义分工。语用选择与语义分工我们往往难以把握,不过它们常常外化为使用频率的高低。"偏"和"颇"的语义差异及语义演变的不同,正是不同义项使用的频率不同导致的。

参考文献

[清]段玉裁 1981 《说文解字注》,上海:上海古籍出版社。
高育花 2001 中古汉语副词"颇"探微,《温州师范学院学报》第1期。
洪成玉 1997 《史记》中的程度副词"颇",《首都师范大学学报》第1期。
江蓝生 1992 疑问副词"颇、可、还",载刘坚、江蓝生、白维国、曹广顺著《近代汉语虚词研究》,北京:语文出版社。
江蓝生、曹广顺 1997 《唐五代语言词典》,上海:上海教育出版社。
蒋礼鸿 1981 《敦煌变文字义通释》,上海:上海古籍出版社。
蒋绍愚 1980 杜诗语词剳记,《语言学论丛》第六辑,北京:商务印书馆。
蒋绍愚 1989 论词的"相因生义",载吕叔湘等著《语言文字学术论文集——庆祝王力先生学术活动五十周年》,北京:知识出版社。
李 明 2013 唐五代的副词,《历史语言学研究》第六辑,北京:商务印书馆。
李 明 2014 小议近代汉语副词的研究,《历史语言学研究》第八辑,北京:商务印书馆。
李小军 2014 论手部动作范畴向心理范畴的演变,《江西师范大学学报》第6期。
[清]刘 淇 2004 《助字辨略》,北京:中华书局。
吕雅贤 1992 从先秦到西汉程度副词的发展,《北京大学学报》第5期。
罗竹风(主编) 1986 《汉语大词典》,上海:上海辞书出版社。
孟蓬生 2015 副词"颇"的来源及其发展,《中国语文》第4期。
太田辰夫 1987[1958] 《中国语历史文法》,蒋绍愚、徐昌华译,北京:北京大学出版社。
唐贤清 2004 《〈朱子语类〉副词研究》,长沙:湖南人民出版社。
王 力 1984[1943] 《中国语法理论》,济南:山东教育出版社。
向 熹 1993 《简明汉语史》,北京:高等教育出版社。
徐中舒(主编) 1992 《汉语大字典》,武汉:湖北辞书出版社,成都:四川辞书出版社。
杨荣祥 2005 《近代汉语副词研究》,北京:商务印书馆。
张 相 1955 《诗词曲语词汇释》,北京:中华书局。

转述和直述
——粤语言说性语气助词的功能分化[*]

林华勇 李敏盈
(中山大学中文系)

1 引言

广州话有一个读阳上的"喎[wɔ¹³]",其基本功能为"转述",是传信情态标记。赵元任(1947:121,注22)就已指出其源自"话+oh"的合音:"Woh＜wah+oh 'so he says, so they say, as the saying goes.'"张洪年(2007:190)称"喎[wɔ¹³]/啊"为"重述所闻的助词"。邓思颖(2014:434)认为其往往隐含"我跟你说某人说"的意思。

邓思颖(2014)讨论了一组香港粤语句末助词("系喇/啦""罢喇/啦""唎""喎"),认为它们都源自动词:"罢喇/啦"来自"罢","系

---

[*] 本文的基本内容在"第八届汉语语法化问题国际学术研讨会"(北京,2015年10月)和"第二十届国际粤方言研讨会"(香港,2015年12月)上宣读过,感谢陈淑环、邓思颖、丁健、黄晓雪、梁仲森、刘祉灵、盛益民等诸位师友的意见或帮助。本文先后得到国家社科基金青年项目(12CYY007)、国家社科基金重大项目(12 & ZD178、15ZDB100)、广东省哲学社会科学"十二五"规划项目(GD15XZW07)的支持。

240

喇/啦"来自"系","啩"来自"估"(猜)①,"嗢"来自"话"(说)。邓文进一步指出它们保留了一些谓词的特点,其中"罢啦""系啦""嗢"表达言域,"啩"表达知域,是一组"谓词性语气词"。"谓词性语气词"的提法为探讨源自动词的语气助词提供了有益的思路。本文聚焦于谓词性语气助词中源自言说动词的一类,我们暂且称它们为"言说性语气助词",广州、廉江两地粤语方言中主要包括:

A. 广州(或香港):嗢[wɔ]("wɔ¹³""wɔ³³""wɔ²¹");

B. 廉江:讲[kɔŋ²⁵]及其变体("[ka⁵⁵/⁵¹]""[kɔ⁵⁵]");

哇[ua³³]、嗢[uɔ³³]

从传信(信息来源的方式)的角度看,除了第三方"转述"外,还有源自说话方的"直述"。后者没有引起学者的关注。学者们大多认为,粤语"嗢"的转述义是基本义,非转述义是转述义的引申。然而,这是否完全符合语言事实?更重要的是,不同调的"嗢"功能上有何差异,它们之间的联系如何?句末语调、元音开口度对言说性语气助词的形式、功能是否存在影响?这一系列的疑问促使本文做进一步的探讨。

通过比较笔者的母语(廉江、广州两地粤语)及其他方言,本文认为:1)言说性语气助词的功能存在"转述"与"直述"之分;2)从转述功能到直述功能,是言说性语气助词的主观化过程,但直述功能不一定仅源自转述;3)声调的高低、主要元音开口度大小等对言说性语气助词的功能存在影响。这些新的认识将有助于解决上述问题。

---

① 赵元任(1947:110,注 38)认为是"估"和"呀"连音的结果:Kwah, fusion of kwux+ah '(I) guess', final particle expressing tentativeness or doubt.

2 广州(/香港)粤语"㗎"的一些看法

2.1 不同"㗎"之间的关系

(一)变体说(/同源说)

学界对广州(/香港)粤语不同声调的"㗎"之间的关系有不同的看法。张洪年(2007:191)把"㗎33""㗎21"置于"㗎13"①目之下,认为:

> 有的时候,在引述中而又表示自己不同意,那么'㗎'就拉长,音调提高成为 wō(比阴去的 33:要高,比阴平的 55:略低),如:佢话佢唔识<u>㗎</u>!你信唔信呀?(例句拼音略,下同)(他说他不会,你信不信?)
>
> 还有些时候,并非引述别人的话语,而只是表示事情出乎意料,感到惊愕诧异,这时的音调是 wòh,如:佢冇牙想食饭㗎!(他没牙齿想吃饭呢!)|阿 B 仔想拍拖㗎!(阿 B 仔想谈恋爱!)

张先生应是把平调及降调的"㗎"看作 13 调的变体才做如上处理,即认为来源相同。此外,张洪年(2009)对早期粤语语气助词及其声调进行了梳理,认为 33 调是中性调,表达的语气比较客观,而高低调表达的语气比中性调要重,三者存在着"高>中<低"的关系。本文赞同张先生的看法。

(二)部分变体说(/非全部同源)

李新魁等(1995)、麦耘(1998)、邓思颖(2014)都认为"㗎33"是

---

① 上标的 33、21、13 为调值。下文同。

"潘[pɔ³³]"的弱化形式,并不明确认为"㗎³³""㗎²¹""㗎¹³"三者同源。

Leung(2006)根据对早期语料中"㗎³³""潘³³"的出现频率及功能的统计("潘"出现频率减弱而"㗎"逐渐增多),认为阴去的"㗎[wɔ³³]"的提醒、自我醒悟的功能可能源自"潘³³",但仍认为"㗎³³"可能有两个来源:"话"语法化而来("话²²＞话⁵⁵");潘³³弱化而来。

2.2 "㗎¹³""㗎²¹"之间演变的观点

麦耘(1998)认为,广州话的"㗎[wɔ²³]"(按,麦文的23即本文的13)的基本用法是表示所说是转述他人的话,但用于是非问形式的反诘问可表"大不以为然",变为降调(即本文的21调)。也就是说,麦文的意见是从"㗎¹³"到"㗎²¹",经历了主观化的过程。麦文的用例如:

(1)你都唔谂下,会有咁平嘅正斗嘢㗎↘。(你也不想想,会有这么便宜的正牌货吗!)

Matthews(1998)认为"㗎³³"表示信息是一手的,"㗎¹³"表示信息源自二手报道,"㗎³³"表达"意外"(mirative)范畴,"㗎²¹"由"㗎³³"降调后表诧异或不喜欢。该文较早讨论不同调之间的联系,其"㗎³³""㗎¹³"表达信息来源差异的观点,与本文提出的直述和转述分类有异曲同工之妙。

谷峰(2007)讨论了上古汉语"言说义＞转述义＞听说义＞不置可否义＞不确信义"的语义引申模式并引用了麦文的观点。若按谷峰(2007)的语义引申模式,"转述、听说"义之后,言说性语气助词便经历了主观化(沈家煊2001),从"不置可否"到"不确信"甚至"不以为然"义。

王健(2013:117)把广州话句末引述标记的来源视同上海话的

"伊讲",认为源自追补成分,所举上海话和广州话的用例有如:

(2)上海话:侬昨日迟到了<u>伊讲</u>。(听说你昨天迟到了。)

(3)广州话:阿B仔想拍拖<u>嗝</u>!(阿B仔想谈恋爱!转引自张洪年,2007:191)

王文进一步认为,表意外的"嗝^{21}"与上海吴语等南方方言一样,经历了"言说＞引述＞意外"三个阶段的演变过程,即:

阶段　　　性质　　　例句

阶段一　言说动词　<u>佢话</u>:"唔紧要啊。"[①](他说:不要紧啊。)

阶段二　引述标记　<u>话</u>先生唔得闲去。(听说老师没空去。)|
　　　　　　　　食得<u>嗝^{13}</u>。(听说可以吃。)

阶段三　意外标记　我唔合格<u>嗝^{21}</u>。(我竟然没及格。)

Tang(2014)采用Speas(2004)的观点,并认为"嗝^{13}""嗝^{21}"和"啰^{55}"遵从以下句法等级系列:SAP＞EvalP＞EvidP＞EpisP。[②] 该文指出"嗝^{13}"与"话"同属"SAP"(言语行为),"嗝^{21}"属于"EvidP"(实据情态),"啰^{55}"属于"EpisP"(认识情态),并认为"嗝^{21}"是由"嗝^{13}"演变而来。另外,Tang(2014:435)建议还把广州话的"听讲……嗝^{13}"视为框式结构(discontinuous construction)。本文进一步认为言说性语气助词源自该框式结构,而非源自类似上海话的追补成分。

---

① 原文的例子是"佢话:'唔要紧啊。'""唔要紧"广州话应为"唔紧要"。

② 根据Tang(2014:430—431):SAP(speech act phrase)为言语行为短语,与言语行为或听说有关;EvalP(evaluative phrase)为评估性短语,与事件或情况的评价有关;EvidP(evidential phrase)为传信短语,与直接示证有关;EpisP(epistemological phrase)为认识短语,与说话人的确信程度有关。

3 转述功能与直述功能

3.1 广州话不同调的"喎"

(一)转述与直述

转述("转而述之")为"我跟你说某人说"(邓思颖,2014),是说话人转述他人的观点,是一种传信功能。而直述是说话人直接陈述自己的观点或态度,也是一种传信功能。广州话的"喎"有三个调,分别是:33、13 和 21,记做"喎^{33}""喎^{13}"和"喎^{21}"。粤语的"喎"实际上既存在转述功能,也存在直述功能。转述功能较容易察觉。先以广州话为例:

(4)嗰啲牛肉丸唔好食喎^{13}。(听说那些牛肉丸不好吃。)

(5)嗰啲牛肉丸唔好食喎^{21}。(那些牛肉丸竟然不好吃。)

(6)嗰啲牛肉丸唔好食喎^{33}。(我提醒你:那些牛肉丸不好吃。)

例(4)重在转述信息(该信息为"牛肉丸不好吃"),(5)表达说话人对所获信息感到意外,(6)重在表达说话人对信息的提醒。前句是转述,后两句是直述。或者说例(4)的信息是听说的,而(5)、(6)所表达的信息是亲口说的。

(二)辖域不同

试比较三句加上"佢话(他说)",分别以不同声调的"喎"结尾,a 句有停顿,b 句无停顿:

(7)a. 佢话,嗰啲牛肉丸唔好食喎^{13}。(他说,那些牛肉丸不好吃。)

b. 佢话嗰啲牛肉丸唔好食喎^{13}。(同 a)

245

(8)a. 佢话,嗰啲牛肉丸唔好食噃[21]。(他竟然说那些牛肉丸不好吃。)

　　b. [佢话嗰啲牛肉丸唔好食]噃[21]。(同 a)

(9)a. 佢话,[嗰啲牛肉丸唔好食噃[33]]。(他说,牛肉丸不好吃啊。)

　　b. [佢话嗰啲牛肉丸唔好食]噃[33]。(我提醒你,他说牛肉丸不好吃。)

例(7)a、b 的"噃[13]"为转述,两句意思相同,a、b 句的"噃[13]"辖域相同,转述的都是"嗰啲牛肉丸唔好食",即"佢话"(他说)的内容,"佢话……噃[13]"可视为"框式结构"。例(8)a 和 b 的"噃[21]"均直接表达说话人对"他说那些牛肉丸不好吃"这一信息表达"意料之外"或"持不同意见",两句"噃[21]"的辖域也相同,但包括"佢"在内。因而"噃[21]"的辖域比(7)"噃[13]"要宽。例(9)"噃[33]"的辖域不同:a 句的"嗰啲牛肉丸唔好食噃[33]"可理解为"佢话"(他说)的直接引语,"噃[33]"表提醒的功能包含在直接引语之内;而 b 句"噃[33]"的辖域为"佢话嗰啲牛肉丸唔好食",与例(8)相同,"噃"的辖域为全句。所不同的是,例(8b)用"噃[21]"带有"意料之外"或"持不同意见"的主观态度,例(9b)用"噃[33]"重在表提醒。

以上比较说明:第一,"噃[21]""噃[33]"的辖域可以包括"佢话",而"噃[13]"的辖域不包括"佢话",直述功能的"噃"的辖域比转述功能的要宽;第二,有两个层面的"说话人":不显现的说话人(叙述者)及显现的说话人(所引之人,如"佢")。

广州话三个调的"噃"按转述和直述的功能差异,列举如下:

(10)广州/香港：

$$\frac{嗝^{13}（转述等）}{转述}；\frac{嗝^{21}（直述意外之情），嗝^{33}（直接提醒）}{直述}$$

"嗝¹³""嗝³³""嗝²¹"之间不能共现，这是广州话言说性语气助词的使用特点。例如：

(11)a. *嗰啲牛肉丸唔好食嗝¹³嗝³³(/嗝³³嗝¹³)。

b. *嗰啲牛肉丸唔好食嗝¹³嗝²¹(/嗝²¹嗝¹³)。

c. *嗰啲牛肉丸唔好食嗝³³嗝²¹(/嗝²¹嗝³³)。

3.2 廉江话的言说性语气助词

廉江粤语有"讲[kəŋ²⁵]""哇[ua³³]""嗝[uɔ³³]"等不同读音形式的言说性语气助词，"讲"另有变体形式"咯[kɔ⁵⁵]""咖[ka⁵⁵/⁵¹]"。"咖[ka⁵¹]"是"咖[ka⁵⁵]"与句末"啊[a²¹]"(21源自句末的陈述语调，见林华勇、吴雪钰，2015：73注)的进一步合音。"咖"出现于陈述句末时读"咖[ka⁵¹]"。例如：

(12)牛肉丸冇好食讲[kəŋ²⁵](/咯[kɔ⁵⁵]/咖[ka⁵¹])。(听说牛肉丸不好吃。)

(13)牛肉丸冇好食哇[ua³³]。(告诉你，牛肉丸不好吃。)

(14)牛肉丸冇好食嗝[uɔ³³]。(告诉你，牛肉丸不好吃。)

例(12)—(14)的"讲""咯""咖""哇""嗝"的韵母都不相同，其功能相当于广州话中不同调的"嗝"。例(12)的句末助词"讲""咯""咖"源自动词"讲"，基本功能为转述；(13)(14)句末"哇""嗝"的功能是直述，应源自动词"话[ua²¹]"，其中"嗝³³"与广州话的"嗝³³"(直述，表提醒)音义皆同，应属同一来源。

与广州话"嗝"的最大不同是，廉江话转述功能的可与直述的语气助词两两共现。例如：

(15)(牛肉丸)冇好食讲(/咖^{55}/咯)哇。(提醒你,有人说牛肉丸不好吃。)

(16)(牛肉丸)冇好食讲(/咖^{55}/咯)喝。(同上)

(17)(牛肉丸)冇好食哇讲(/$^?$咖^{51}/*咯)。(听说有人说牛肉丸不好吃。)

(18)(牛肉丸)冇好食喝讲(/$^?$咖^{51}/*咯)。(同上)

例(15)(16)的"讲"可以用"咖^{55}"替换,句意不变。例(17)(18)句末用"咖^{51}"接受度不高,远不如"讲"自然,但绝不用"咯[kɔ^{55}]",其原因可能跟55不是陈述语调有关。

"讲"及变体也可与"喝""哇"一起共现,形成三个言说性语气助词共现的情况。此时表转述的"讲"及其变体("咯""咖^{55}")要出现在表直述功能的"喝""哇"的中间,例如：

(19)好食喝讲(咯/咖^{55}/*咖^{51})哇。(告诉你,听说有人说好吃。)

(20)好食哇讲(咯/咖^{55}/*咖^{51})哇。(同上)

(21)好食哇讲(咯/咖^{55}/*咖^{51})喝。(同上)

(22)好食喝讲(咯/咖^{55}/*咖^{51})喝。(同上)

例(19)—(22)的"讲"处于中间的位置,不能变,且"讲"可替换成其变体"咯[kɔ^{55}]"或"咖[ka^{51}]",但不能换成"咖[ka^{51}]"。"咯[kɔ^{55}]""咖[ka^{55}]"其实就是"讲[kɔŋ^{25}]"的弱化形式,实际语流中的[kɔ^{55}][ka^{55}]比[kɔŋ^{25}]要轻快。

三者共现时,"讲"不处于直述的"喝""哇"中间。例如：

(23)*好食讲(咯/咖^{55})嗰哇。

(24)*好食嗰哇讲(咯/咖$^{55/51}$)。

此外,廉江话中同表直述的"哇[ua^{33}]""嗰[uɔ^{33}]"还有细微差异。"哇"的开口度比"嗰"要大,同时,"哇"常用于表示直接陈述或强调自己的观点,"嗰"常用于直接提醒,"哇"的语气更重些。

(25)好食哇,乜人讲冇好食哦?[hou^{25} sek^2 ua^{33}, mɐt^5 ȵɐn^{21} kɔŋ^{25} mou^{23} hou^{25} sek^2 ɔ^{21}](好吃啊,谁说不好吃?)

(26)(嘱咐小孩)好声哟嗰,一冇好声就跌交嗰。[hou^{25} siɛŋ^{55} tit^5 uɔ^{33}, ɐt^5 mou^{23} hou^{25} siɛŋ^{55} tsɐu^{21} tit^3 kau^{55} uɔ^{33}](小心点哈,不小心的话会摔跤的。)

例(25)先肯定,后反问,语气较强,一般用"哇",不大用"嗰"。例(26)因为是嘱咐,用"嗰"显得语气较为柔和,如果用"哇"语气较强,有吩咐的意思。

综上可见,廉江话的直述形式("嗰""哇")与转述形式("讲"等)共现时,直述形式的句法位置比转述的高。这一点与前文广州话的情况相同。廉江话言说性语气助词的功能区分如下:

(27)廉江:

$\underline{\text{"讲"及其变体(转述等)}}$; $\underline{\text{哇(直陈/强调观点)、嗰(直接提醒)}}$
  转述   直述

3.3 由"转述"进一步主观化

廉江话的"讲"还可以不表转述,使用反诘语气来直述说话人的不同意见,已发生主观化。但该直述功能要使用反诘的方式,与上文的直述功能不同。例如:

(28)得噉做个讲?(怎么可以这样做?)

(29)垃圾得放在台上高讲,臭到死去。(垃圾怎么能放桌子上呢？臭得要死。)

这一主观性用法由转述用法演变而来,与广州话"wɔ^{13}"的相应用法(表不同意)演变途径相同。廉江话"讲"使用反诘方式表直述功能后,后面不能再出现其他表直述的"哇""嗝",例如:

(30)#得噉做个讲哇(/嗝)。(不能这样做!)

例(30)能说,但表示"我告诉你据说可以这样做","讲"表转述,不表主观化了的直述功能。

另外,广州话的"嗝^{21}"表意外,廉江话没有相对应的形式。例如:

(31)广州:落雨嗝^{21}。(想不到会下雨。)

廉江:落水哇^{33}!(下雨啊!)

3.4 其他粤语方言

广西北流、广东怀集下坊、湛江市区等粤语及惠州话①中,其言说性语气助词的功能也存在转述与直述之别。北流与怀集(下坊)都分别存在表示转述与直述的语气助词,但两者不能共现:

(32)北流:落水哇[wa^{33}]。(听说下雨了。)　　[转述]

落水嗝[wɔ^{33}]。(提醒你下雨了。)　　[直述]

(33)怀集:落雨话[wa^{35}]。(听说下雨了。)　　[转述]

落雨噃[pɔ^{55}]。(提醒你下雨了。)　　[直述]

湛江市区粤语表示直述与转述的语气助词与廉江话相似:

(34)湛江:落雨讲[kɔŋ^{35}]。(听说下雨了。)　　[转述]

落雨哇[wa^{55}]。(提醒你下雨了。)　　[直述]

湛江市区粤语中,表转述的"讲"与表直述的"哇[wa^{55}]"可以

---

① 感谢以下发音人,她们都是语言学专业的研究生:陈秀明(广西北流)、黄怡辛(怀集下坊)、文朗(湛江市区)、李尚儒(化州)、陈淑环(惠州)。

共现,但两者位置不可互换,例如:

(35)湛江:落雨嘟讲哇。(提醒你我听说下雨了。)

同属粤西地区的化州粤语也有直述、转述两套语气助词。

(36)化州:落水嘟咖[ka^{55}]。(听说下雨了。)　　[转述]

(37)化州:落水嘟喎[wɔ^{33}]。(我说下雨了。)　　[直述]

化州话的"咖""喎"也可以共现:

(38)化州:落水嘟咖喎。(我提醒你,听说下雨了。)

惠州话表示转述的语气助词较多,有"话""讲话""讲""喎"等,如:

(39)惠州:落水话[wa^{35}]。(听说下雨了。)

(40)惠州:落水讲话[kɔŋ^{35}wa^{35}]。(同上)

(41)惠州:落水讲[kɔŋ^{35}]。(同上)

(42)惠州:落水喎[wɔ^{13}]。(同上)

惠州话中表示直述的有:

(43)惠州:落水喎[wɔ^{31}]。(提醒你下雨了。)

(44)惠州:落水喔[ɔ^{33}]。(提醒你下雨了。)

惠州话中表示转述与直述的语气助词也可以共现,例如:

(45)惠州:落水讲喔。(提醒你我听说下雨了。)

以上方言的情况再次说明,粤语及与粤语相关的方言中存在言说性语气助词,且其功能也具有转述与直述之分。但有的方言的转述可以与直述语气助词共现,如廉江、湛江、化州和惠州等;有的则不可,如广州、北流、怀集下坊。共现的情况是,表直述的在表转述的外层。

综上,以上各地言说性语气助词及其与转述、直述功能的情况如表1所述:

表 1　其他粤语相关方言言说性语气助词的功能分化情况

方言点	直述	转述	能否共现
湛江	讲[kɔŋ³⁵]、咖[ka⁵⁵]	哇[wa⁵⁵]、喔[wɔ³³]	＋（讲哇）
化州	咖[ka⁵⁵]	喎[wɔ³³]	＋（咖喎）
惠州	话[wa³⁵]、讲[kɔŋ³⁵]、讲话[kɔŋ³⁵ wa³⁵]、喎[wɔ¹³]	喎[wɔ³¹]、喔[ɔ³³]	＋（讲喔）
怀集	话[wa³⁵]	潽[pɔ⁵⁵]	—
北流	哇[wa³³]	喎[wɔ³³]	—

4　语法化和主观化

4.1 语法化

广州、廉江的言说性语气助词由言说动词语法化而来，已是共识。但正如引言所说，其语法化过程中的细节并不十分清晰。它们为何出现在句末？是话语上的"追补"，还是有别的途径？我们认为，粤语言说性语气助词的演变其机制不是"追补"，而与"话/听讲……话"框式结构有关。言说动词(/引述标记)之所以后置，是为了突出引述内容的边界，即确定引述的范围。

本文考察 *Cantonese Make Easy*（1888，简称 CME）、*How to Speak Cantonese*（1902，简称 HTSC）（作者均为 Dyer James Ball）两本早期粤语文献中的言说动词"话"和言说性语气助词。

4.1.1 言说动词"话"

在早期粤语中，言说动词"话"声调为 22 调。在两本早期粤语文献中，表达转述多用"佢话""某某话"这样的形式，但也发现了 1 例以回指的方式（"噉（这/那样）"为代词）表明所转内容，转述的内容还包括了原来说话人的语气，如：

(46) 好嚹吗，佢係噉话。（英译：It's good is it? He says

so. Good? He does so say.)①

4.1.2 语气助词"{口话}"

书中言说性语气助词主要形式有两个:"{口话}"和"唎"。{口话}在两书中一共出现 13 次。在两本文献中,"{口话}"被记为"上平、上上、上去、下上"四种不同声调的读音。张洪年(2009)曾梳理 CME 中的声调系统,以上四种声调,调值分别对应为 53、35、33、13。其中,53 调、35 调、33 调均只出现 1 次,13 调出现 10 次。

CME 指出不同声调的"{口话}"的功能均为"denoting that statement preceding it has been made by some one before."即本文的转述。观察两本文献中的 13 处语料及文献中的英文译文,均表达转述功能。其中,最常见的形式特点是与"话""听闻"等动词组成框式结构,转述他人所说的内容。

4.1.2.1 "话……{口话}[13]"

在"话……{口话}"结构中的"{口话}"声调均为 13 调,说话人明确,动词"话"与"{口话}"之间的距离可以很短,也可以很长,例如:

(47)做完咯、佢话唔要{口话}。(记音:wa[13],英译:Yes; I finished it, and he said he would not have it. 出处:HTSC 会话 25,第 9)

(48)佢話個口唔同{口话}。(声调:13 调,英译:He said the mouth is not the same as in the photograph. 出处:HTSC 会话 25,第 23)

(49)佢話個啲頭髮要黃色、金啩嘅色{口话}[Sentence

---

① 括号内为原文献中的英文译文,下同。

final particle]、我而家做呢、佢又話唔啱{口话}。(记音：13调，英译：He told me the hair was to be yellow golden he said; and now I have done it, he says it is not good. 出处：HTSC 会话 25，第 29)

(50) 我叫佢聽日撐啲嚟、佢話撐{口话}、佢聽日或撐今日咁好嘅嚟、我是必買咯。(记音：wa^{13}，英译：I told him to bring some tomorrow. He said he would; and if those he brings tomorrow are as good as those he had today, I will certainly buy them. 出处：HTSC 会话 28，第 4)

(51) 佢話信資唔够{口话}。(记音：wa^{13}，英译：He said the postage is not enough. 出处：HTSC 会话 33，第 31)

(52) 佢話火雞撐沙塵{口话}。(记音：wa^{13}，英译：He said the cook's mate was saucy. 出处：HTSC 会话 39，第 4)

(53) 有、偷爛褲個賊話自己正出監、冇飯食、又冇錢、佢話唔係偷個條褲、佢見個條褲喺街上、估冇人要嘅、不過執起嘅啫、想撐去當搵啲錢做水腳翻去歸鄉下、服事幾十歲嘅老母、想做好人{口话}。(记音：wa^{13}，英译：They did. The thief, who stole the old trousers, said he had just come out of jail; that he had nothing to eat, and had no money; that he did not steal the trousers, but seeing them in the streets, he thought no one wanted them, and only picked them up, thinking he would pawn them to get money for his passage to the country, as he wished to go home to wait on his aged mother. He wanted to be an honest man, and he begged the Judge to have pity on him, and not send him to gaol, but banish him to his native place. 出处：HTSC 会话 50，第 19)

4.1.2.2 "听闻……{口话}[33]"

框式结构"听闻……{口话}"在两书中出现 1 例,{口话}为 33 调,所转述内容的信息来源不明确,动词"听闻"与"{口话}"之间的距离较远,如:

(54)我聽聞美國係有幾十國合埋為一、叫做合衆國{口话}、係噉唔係呢?(记音:wa[33],英译:I have heard that American is composed of a number of countries united in one, and called the United States. Is it so, or not? 出处:HTSC 会话 45,第 28)

4.1.2.3 {口话}[13]

两种材料中存在 3 例不以框式结构出现,而直接以语气助词{口话}表转述的用例,分别读 13 和 53 调。13 调例为:

(55)係{口话}。(记音:wa[13],英译:Yes, so they say. 出处:HTSC 会话 26,第 23)

(56)係、我想請第二個咕喱、一個辭兩個都要辭{口话}。(记音:wa[13],英译:Yes, I want to engage another coolie. As one coolie has left me, the other says he is going as well. 出处:HTSC 会话 39,第 25)

4.1.2.4 {口话}[53]

53 调单用的例为:

(57)佢打我{口话}。(记音:wa[53],英译:he said he would strike me. 出处:CME 第 90 页)

该例情况字面上与现代广州话"喎[21]"的使用相似。由于原文缺乏语境,难以判断是否带有"意外"语气。但根据英译中的"he said",还是转述用法。

255

4.1.2.5 {口话}[35]

句末 35 调的{口话}用于问句,为回声问用法,不表转述,与现代广州话一致,仅 1 例:

(58)好喇、唔好、我唔要嚹{口播}、幾多價錢{口话}?(记音:wa[35],英译:All right. If it is not right. I will not have it. What did you say the price was? 出处:HTSC 会话 46,第 25)

4.1.2.6 {口话}的用法小结

综上所述,两种文献中"{口话}"的用法归纳如下:

表 2　两种文献"{口话}"的使用情况

	CME (1888)	HTSC (1902)	功能
话……{口话}[13]		8 例	转述
听闻……{口话}[33]		1 例	转述
{口话}[13]		2 例	转述
{口话}[53]	1 例		转述
{口话}[35]		1 例	回声问

考虑到作者为同一人、出版时间前后相差 14 年、HTSC(1902)的篇幅较大等因素,我们把两种材料统一考虑。表 2 可见:第一,框式结构及转述功能的用法占绝大多数,且都是客观转述;第二,53 调能仅有 1 例,是否具有主观性难以判断;第三,回声问的使用与现代广州话完全一致。

4.1.3 语气助词"啊"

两种文献中,还存在另外一个写法的言说性语气助词"啊",共出现 12 次,在书中分别被记为"下去、上去、下上"三种调类,今天广州话的调值应为:22、33、13,分别出现 2 次、7 次、3 次。CME 认为其功能与"{口话}"一致。我们观察 12 处用例及其译文后,发现"啊"表达转述。

与{口话}类似,"唎"可与"话""听闻"等动词组成框式结构表转述,此时声调多数为 33 调,仅有 1 例 13 调。分别说明。

4.1.3.1 "话/听闻……唎^{33}"

框式结构的用例中,"话……唎^{33}"为 3 例,"听闻……唎^{33}"为 1 例:

(59)佢話係你唎。(记音:wo^{33},英译:They said it-was you, said-they. 出处:HTSC 会话 12,第 21)

(60)裁縫佬嚟咯、佢話你昨日喺街上遇着佢、叫佢今朝上嚟唎。(记音:wo^{33},英译:The tailor has come. He says you met him in the street yesterday, and you told him to come up this morning. 出处:HTSC 会话 42,第 1)

(61)佢又話唔知我講乜野,我又爭佢銀唎、幾呀文唎、佢代我支唎、{口挨}、噉嘅人嘅!(记音:wo^{33},英译:He said he did not know what I was talking about, that I owed him money—some scores of dollars, which he paid away on my behalf. Such a man as he is! 出处:HTSC 会话 49,第 31)

(62)我聽聞你發大財唎。(记音:wo^{33},英译:I heard you got very wealthy, so-they-say. 出处:HTSC 会话 12,第 15)

例(61)"佢又話"后连续出现三次"唎^{33}",对转述内容进行标示的作用突出。

4.1.3.2 "唎^{33}"单用

只有 1 例:

(63)成日念經唎。(记音:wo^{33},英译:Read the Sutras the whole day long, so they say. Whole day recite sutras, (so they) say. 出处:CME 第 26 页)

257

4.1.3.3 "话……啊[13]"及"啊[13]"单用

"啊[13]"只有2例,框式和单用各1例:

(64)呵、你嚟囉咩、好咯、我昨日见你舊事頭、佢話你抬得轎好、但係你時時出街啊。(记音:wo[13],英译:Well, you have come, have you? That is right, I saw your old master yesterday; and he said you were a very god chair bearer; but you were always going out. 出处:HTSC 会话 39,第 20)

(65)乜野都錯啊。(记音:wo[13],英译:Everything even not so he says. 出处:HTSC 会话 25,第 11)

4.1.3.4 "啊[22]"

也只有1例:

(66)冇銀啊,銀兩緊啊。(记音:wo[22],英译:He says he has no money. He says he is hard up for money. No money he says. Money pressing he-says. 出处:CME 第 12 页)

"啊[22]"与言说动词"话"的本字调一致。

4.1.3.5 "啊"用法小结

综上所述,两种文献中"啊"的用法归纳如下:

表3 两种文献"啊"的使用情况

	CME(1888)	HTSC(1902)	功能
话……啊[33]		3 例	转述
听闻……啊[33]		1 例	转述
啊[33]	1 例		转述
话……啊[13]		1 例	转述
啊[13]		1 例	转述
啊[22]	1 例		转述

(注:表中的 1 例"话……啊[33]",实际用例为例(61),"话"后连续使用 3 个"啊"。另,书中有 2 例为介绍语气助词时单独列举,无例句,不列入统计。)

把表 2 与表 3 进行比较,可见"{口话}"与"啝"的功能大多为转述,且常与动词"话""听闻"构成框式结构。不同的是,"{口话}[35]"有回声问的用例,"啝"的用例都为陈述句;框式结构中,"{口话}"的调值多为 13,33 次之,"啝"多为 33,13 次之;除 33 和 13 调为"{口话}""啝"常见调外,"{口话}"还有 53 和 35 调(应融合了疑问语调),"啝"还有个 22 调(与"话"字本调相同)。综合表 2、表 3 可见:第一,早期粤语的言说性助词的转述、直述的分化以及言说性助词的主观化还没有发生,调值常用 33 和 13,但尚未固定,现代广州话的"喎[33]"不是后起的;第二,早期粤语使用框式结构是常态,句末单用的情况不那么常见,因此,言说性语气助词很可能源自框式结构,后来逐渐隐去前头的动词"话/听闻"而成。如果这两点观察成立,则可进一步推测:

A. 广州粤语的转述功能先于直述功能,即"转述＞直述"。

B. 早期 13 调和 33 调为常见调,框式结构中的"{口话}"与"啝"也是如此,因而可判定现代广州话表直述的"喎[21/33]"都是后来的;尤其在语音形式上,"喎[21]"的出现是较晚的事情。

C. 现代广州话表直述的"喎[wɔ[21]]"与早期的"啝[22]"读音上最为接近,而在早期,所有调值的"{口话}"与"啝"又都表转述,因而现代广州话的"喎[21]"仍有源自表转述的"啝"的可能性。这一点与 Matthews(1998)的推测(即"wo[33]＞wo[21]")有所不同。

4.1.4 廉江的言说性语气助词

廉江话存在表转述的语气助词"讲",但现代广州话及早期粤语都不存在"讲"做言说性语气助词的情况。例如:

(67)广州:<u>讲</u>唔清。(说不清楚。)

(68)早期粤语:呢個人,為乜<u>講</u>咁褻瀆嘅話呢,除曉真神

之外,邊個能赦罪呢?(《马克传福音书》1872第二章第七节)

从廉江粤语看,言说性语气助词"讲"有时意义还较为实在。

(69)廉江:(母亲对儿子)——(你讲/讲)你去书房讲啊,做乜嘢又冇去嘚啊?(不是说要去学校吗,怎么又不去了呢?)

例(69)句首可补出"你讲"或"讲",句子意思不变,后头的"讲"表转述或引述,与早期粤语中的框式结构较为相像。现代广州话也有类似用法,可与(59)相比较:

(59)早期粤语:佢话係你啷。(记音:wɔ33,英译:They said it-was you,said-they.)

(70)广州:佢话系你喎[wɔ33]。(他说是你啊。)

但例(59)的英译很明显把"啷"看成一个转述的标记,标记着所转述的内容到此为止。

结合上文早期粤语,以及从语音和言说性助词的角度看,廉江表直述的"哇[ua33]""喝[uɔ33]"应源自早期的言说动词"话"(廉江话的"话"做名词,如"讲话");而转述的"讲"源自言说动词"讲",语音完全一致。转述的"讲"源自言说动词"讲"的语法化,这个途径与早期粤语及广州话动词"话"向助词[wa][wɔ]的演变途径一致。

总的来说,廉江话的言说性语气助词都源自言说动词,但直述和转述形式的直接来源不同,前者源自动词"话",后者源自动词"讲"。也就是说,直述功能语气助词不一定直接来自转述功能的语气助词,但都源于言说动词。

4.2 主观化

主观性是指说话人在说出一段话的同时也表明自己对这段话的立场、态度和情感,(沈家煊,2001)主观化是实现主观性的过程。

广州话"喝13""喝21""喝33"明显出现了主观化,例如:

(71)广州:食牛肉丸嗰[13/21],有乜好食啫?(说是/竟然吃牛肉丸,有什么好吃的?)[嗰[13]:不同意;嗰[21]:出乎意料,不满]

(72)广州:佢阵间先至去嗰[13/21],都唔知佢喺度做乜?(据说他等会儿再去/他竟然等会儿再去,都不知道他在干吗?)[嗰[13]:不理解;嗰[21]:意料之外,不解]

(73)广州:(用手比划)咁大个嗰[33],你食得晒咩?(个头有这/那么大,你吃得完?)[嗰[33]:读音拉长,夸张地提醒]

廉江粤语的变体"咖[51]"是"讲+啊"的合音。重读并拉长时,会表达不确信或不认同的意思;"哇"也是如此。例如:

(74)阵仔就去咖[51],烦死人!(说是一会儿就去,烦死了!)

(75)阵仔就去讲哇!□[si55]□[nei55]得闲啊。(告诉你,说是明天去,哪里有空啊!)

4.3 声调、主要元音开口度对语气的影响

张洪年(2009:151)指出语气助词所表达的语气轻重和助词的声调有关,认为中调似乎是一个"标准调高",比中调高或低的声调偏离标准,都是"别有意义",表达的语气都较强,即"高>中<低"。张先生还认为,以语气助词的元音为标准,按"i<e<a<o"序列从左到右,语气越来越强。从现代广州/香港粤语及早期粤语的情况来看,本文基本赞同张先生的判断,但廉江话的情况稍有不同。

4.3.1 声调

从现代的广州/香港粤语来看,"嗰[33]"表达直述,语气较为缓和;而"嗰[13]"表示转述,有时从转述引申出对所转述内容"不以为然"的语气,语气强度比"嗰[33]"要强,主观化程度更高,如:

(76)a.下昼唔使上课嗰[33]。(提醒:下午不用上课。)

b.下昼唔使上课嗰[13]。(说是下午不用上课。)

c.下昼唔使上课喎^{21}。(下午竟然不用上课。)

例(76c)的"喎^{21}"表达出乎意料的语气,语气强度同样比"喎^{33}"要强,再如上文的例(5)(6)。

在两种早期粤语文献中,"{口话}"分别有 13、33、53、35 四种声调,均表转述。其中,"{口话}^{33}"转述所听闻的、较客观的内容,如例(54)。"{口话}^{35}"表达回声问,非中性问,如例(58)。"{口话}^{13}""{口话}^{53}"表转述,部分例子似乎具备了表示说话人不以为然、不满等态度的"语义背景",如例(56)表达一个离开,另一个也离开的语义,(57)表达"打我"(打我)的意思,都转述不如意的事情。

"唎"的情况比较不规律。"唎"有 13、33、22 三种声调,均表转述。"唎^{33}"大多表达一般转述,只有(63)一例有表达不满语气的语义(前头有"成日"搭配)。例(65)"唎^{13}"单说具有表达较强语气的语义搭配"乜嘢都错"(什么都错),(66)两个"唎^{22}"连续出现,表达缺钱的情况;都用于转述不如意的事情。

总的来说,"{口话}""唎"为 33 调及用于框式结构时,转述内容大多为中性,单用且不使用 33 调时常转述不如意的内容。

廉江话用不同的语素区分直述和转述功能,而广州话使用不同的调进行区分。廉江话直述功能的"喝""哇"都是 33 调,似乎是中性的。但中性是相对而言的,(76a)在具体语境中也可带有主观性。"讲^{25}"是本字调,不是语调,较为中性,但其变体"咖^{51}""咯^{55}"等较易表达主观性,如"冇去咖^{51}/咯^{55}(说是不去)"容易表达不同意等主观义。

4.3.2 元音开口度

现代广州/香港粤语中,只存在一个言说义语气助词"喝"。在早期粤语中,"{口话}"和"啊"虽元音开口度不同,但均表达转述,同样存在主观性的情况,难以比较。

廉江话的情况,仅部分符合主要元音"i＜e＜a＜o"(语气越来越强)的情况。廉江话的言说性语气助词只能对比 a 与 o([ɔ])的情况。首先,表转述的"讲"(主要元音 o[ɔ])可表示反诘语气,语气比较强烈,如例(28)(29);而表直述的"哇"(主要元音 a)、"喝"(主要元音 o[ɔ])并无此功能。其次,"讲"还存在一个变体"咖[ka^{51}]"(主要元音为 a),为"讲"和"啊"的合音,语气比单用"讲"要强。例如:

(77) a. 系讲。(据说是。)

b. 系咖!(据说是啊!)

再者,"哇[ua]"比"喝[uɔ]"语气要强烈,例如:

(78) a. 牛肉丸冇好食哇[ua^{33}]!知吗?(牛肉丸不好吃,知道没有?)

b. 牛肉丸冇好食喝[uɔ^{33}],我讲你知。(牛肉丸不好吃,我告诉你。)

例(78a)的语气比(78b)强。a 的开口度比 ɔ 大,符合象似性原则。

廉江话的情况,大致符合 33 调属中性调、主要元音为 o 的语气助词表较强(不一是最强)语气的观察。(张洪年,2009)但仍需补充的是,语气助词表达语气的强弱,还需要考察其本字调以及元音开口度等相关的象似性原则。

5 结语

广州/香港、廉江粤语的情况说明,言说性语气助词存在转述与直述的区别,直述形式的句法层级比转述高;从转述功能到直述功能,是言说性语气助词继续语法化及主观化的过程;但从廉江的情况看,直述并不一定仅源自转述,还不能排除源自言说动词的情况;言说性语气助词源自言说动词,中间经历了诸如合音、融入语调等过程;音调的高低、元音开口度大小等对言说性语气助词的功能存在影响,是否本字原有的调或元音、是否与语气词组合,以及是否受象似性原则支配,都是观察语气助词功能要考虑的因素。

广州/香港粤语的言说性语气助词为什么不共现,而廉江粤语等方言却可共现?我们认为可能有两个原因:第一,广州话表直述和转述的言说性助词语音相近,有共同的来源——言说动词"话",受语音上"同质兼并"原则(施其生,2009)的约束;而廉江、湛江、惠州等方言的直述助词与转述助词的来源不同——分别源自"讲"或"话",且语音相差较大。第二,诚如引言中赵元任先生所说,广州话不同调的"嗰"是"话+oh"的合音,也就是说它是复合的语气助词。复合语气助词的构成复杂,混入了诸如语调等因素,带上不同语调的语气助词之间自然难以连用。

参考文献

邓思颖　2014　粤语谓词性语气助词,载何志华、冯胜利主编《继承与拓新:汉语语言文字学研究》(下册),香港:商务印书馆。

方小燕　2003　《广州方言句末语气助词》,广州:暨南大学出版社。

谷　峰　2007　从言说义动词到语气词——说上古汉语"云"的语法化,《中国语文》第3期。

李新魁、黄家教、施其生、麦耘、陈定方　1995　《广州方言研究》,广州:广东人民出版社。

梁仲森　2003　《当代香港粤语语助词的研究》,香港:香港城市大学语言资讯科学研究中心。

林华勇、马喆　2007　廉江方言言说义动词"讲"的语法化,《中国语文》第

2期。

林华勇、吴雪钰 2015 广东廉江粤语句末疑问语调与语气助词的叠加关系,《方言》第1期。

刘若云 1997 惠州方言的助词,《中山大学学报论丛》第4期。

麦耘 1998 广州话疑问语气系统概说,纪念《方言》杂志创刊20周年学术研讨会(成都)论文。

汪维辉 2003 汉语"说"类词的历时演变与共时分布,《中国语文》第4期。

王健 2013 一些南方方言中来自言说动词的意外范畴标记,《方言》第2期。

沈家煊 2001 语言的"主观性"和"主观化",《外语教学与研究》第4期;另载吴福祥主编《汉语主观性与主观化研究》,北京:商务印书馆,2011,本文据此。

施其生 2009 汉语方言中语言成分的同质兼并,《语言研究》第2期。

张洪年 2007 《香港粤语语法的研究》(增订本),香港:中文大学出版社。

张洪年 2009 *Cantonese Made Easy*:早期粤语中的语气助词,《中国语言学集刊》第3卷第2期。

Leung, Wai-mun 2006 On the synchrony and diachrony of sentence-final particles: The case of wo in Cantonese, PH D thesis, The University of Hong Kong.

Matthews, Stephen 1998 Evidentiality and mirativity in Cantonese: wo5, wo4, wo3, Unpublished Ms., The University of Hong Kong.

Tang, Sze-wing 2014 Cartographic syntax of pragmatic projections. In Audrey Li, Andrew Simpson and Wei-tien Dylan Tsai (eds.). *Chinese Syntax in a Cross-linguistic Perspective*. 429—441. Oxford and New York: Oxford University Press.

Yuen Ren Chao(赵元任) 1947 *Cantonese Primerz*(粤语入门). Cambridge: The Harvard-Yenching Institute.

现代汉语表提醒"我说"的形成

龙海平

(中山大学外国语学院)

1 引言

现代汉语中"我说"作为言说义谓词结构,可以后接内容句表自我引述,我们称之为 X1:

(1)他说不好说,我说你不好说我说,没下船以前我就说了。

刘钦(2008:21)、尹海良(2009:46—47)、李丽群(2010:96—97)、王静(2010:20)等注意到现代汉语"我说"有时不表自我引述,而是表提醒,我们称之为 X2。

(2)a. 我说你还有完没完啊?

　　b. 我说他可是大名人啊,你们不能这样对人家吧?

不同研究者关注 X2 与提醒相关的其他功能,例如尹海良(2009:46—48)分别提到三个功能:引发、插话功能,确认功能和恍悟功能。李丽群(2010:96—98)进一步论述不同功能出现的语境:宣告型语境、建议型语境、不满型语境、疑惑型语境和释因型语境。上述在特定语境中出现的功能是"我说"提醒功能的派生,考虑到本文讨论的是"我说"的句法变化,这里不做进一步区分。

谢芷欣(2004)、刘欣(2008)、尹海良(2009)、李丽群(2010)、王静(2010)考察了 X1 和 X2 的句法语义差别,这里对他们的发现做一总结:

A. X1 后面只接陈述句;X2 后面除陈述句外,还可以接疑问句、祈使句和感叹句。(谢芷欣,2004:25—26;刘欣,2008:18—22;尹海良,2009:45—49;李丽群,2010:96—99;王静,2010:20—22)

B. X1 一般只用于句首;X2 除句首外,还可以用于句中和句末。(王静,2010:21)

C. 在不损害句子真值语义的情况下,X2 可省,X1 不可省。(刘欣,2008:22)X2 不同于 X1,它具有透明性,这可以运用事实性句子副词"事实上"和附加问句"对不对"进行测试:

(3)a. 事实上我说他可是大名人啊,你们不能这样对人家吧?

b. 我说事实上他可是大名人啊,你们不能这样对人家吧?

(4)我说他可是大名人啊,对不对? 你们不能这样对人家吧?

(3a)中事实性句子副词"事实上"位于 X2 之前,(3b)中位于 X2 之后。(3a)和(3b)没有真值语义的区别,说明 X2 对事实性句子副词"事实上"透明。(4)中附加问句"对不对"位于 X2 和内容句"他可是大名人啊"之后,其辖域只包含内容句"他可是大名人啊",不包含 X2,说明 X2 同样对附加问句透明。van Bogaert(2011:298)视对事实性句子副词透明和对附加问句透明为判断话语标记的主要标准,X2 的这两个特征支持谢芷欣(2004)、刘欣(2008)、尹海良(2009)、李丽群(2010)、王静(2010)等将 X2 视为话语标记的观点。

D. X1可以接时体标记,X2不可以。(刘嵚,2008:20;王静,2010:21)

E. X1可以接过去时间词,X2不可以。(刘嵚,2008:20)

F. X1基本上没有变体,X2可以有"要/依/照我说"等变体。(刘嵚,2008:20)

G. X1中的"我"不可省,X2中的"我"可省。(方梅,2006:113,116)

H. X1中的"说"一般不弱读,X2中的"说"可弱读。(谢芷欣,2004:23;王静,2010:21)

I. X1不可韵律上独立于后面内容句,X2可以韵律上独立于后面内容句:(谢芷欣,2004:23)

(5)a. 我说他可是大名人啊,你们不能这样对人家吧?

b. 我说,他可是大名人啊,你们不能这样对人家吧?

我们称类似(5a)的"我说"为表提醒的韵律非独立"我说"(即X2),称类似(5b)的"我说"为表提醒的韵律独立"我说"(下文用X3表示)。本文重点分析X2的形成过程,特别关注X1和X2之间是否具有派生关系。

2 关于现有演变路径的讨论

谢芷欣(2004:26)、刘嵚(2008:22—23)、王静(2010:21—22)视X1为母句(matrix clause),视X2为话语标记(discourse marker),并且认为存在下面的演变路径:

(6)X1>X2

这一路径或多或少受到国际语言学界相关研究的影响。

Brinton(2008:73—119)就认为存在如(7)所示的演变路径:

(7)母句(matrix clause)＞插入语外位成分(parenthetical disjunct)＞话语标记(discourse marker)

作者从这一路径出发讨论了英语话语标记 I say 和 I daresay 的演变过程:(Brinton,2008:75,96)

(8)a. *I say*, what's that building over there, on that hill?

b. Jump, *I say* and be done with it.

(9) *I daresay* they're sent for some wise purpose.

值得指出的是根据(7),I say/I daresay 在早期阶段是后面内容句的母句成分,因此存在下面的变化:(Brinton,2008:90)

(10) 母句[I say/I daresay]＋that 补足语[clause] → 插入语[I say/I daresay]＋母句[clause]

英语补足语小句通常由标补语 that 引导,因此标补语 that 被视为初始阶段 I say/I daresay 母句地位的最重要标准。Thompson & Mulac(1991a、1991b)同样以标补语 that 的有无为标准,区别英语母句 I think 和话语标记 I think。Brinton(2008)通过历时考察却发现在早期英语中,特别是在话语标记 I say 形成之前的早期英语中,很难找到在 I say 和后面内容句之间出现标补语 that 的语例;I daresay 则从古到今,几乎从不在后面的内容句之前出现标补语 that。有鉴于此,Brinton(2008)没有排除英语话语标记 I say/I daresay 并非形成于母句结构的可能性。

抛开路径(7)在解释英语话语标记 I say/I daresay 形成过程中的争议不提,用路径(7)解释汉语 X2 的形成过程同样存在争议。语言学界一般把话语标记的形成过程解释为语用化过程,并且认为这一过程伴随话语标记句法自由度(syntactic freedom)的增强,(参见Frank-Job,2006:400;Norde,2009:22;Beijering,2012等)即话语标记在句子中的位置更灵活(特征B),并且可以韵律独立(特征I)。不过句法自由度增强并不包含出现更多变体这一特征(特征F)。事实上Hopper(1991)、Brinton(1996)、Frank-Job(2006)、van Bogaert(2011)皆认为话语标记的形成过程,同时也是其"内部形态固化为单一不变形式"(van Bogaert 2011:308)的过程,X2的特征F显然背离了这一过程。值得指出的是存在更多变体这一特征并非X2所特有,曹秀玲(2010:44)注意到汉语"我/你V"类话语标记,大多存在不同于对应母句形式的变体;van Bogaert(2011)也发现英语话语标记I think存在不同于母句I think的变体。

本文无意解决路径(7)面临的上述问题。我们打算跳出这一思路,从表提醒的韵律独立"我说"(X3)的角度提供另一视角。出于这一目的我们首先在第三部分观察X3的句法语义特征。

3 X3的句法语义特征

我们暂不考察X3的来源。[①] 我们认为单从话语交际的角度,汉语中应该存在X3这样的"我V"形式的语段,该语段具有人际性(刘钦,2008:21;尹海良,2009:46—47;李丽群,2010:96—97;王静,2010:20)、即时性(刘钦,2008:22;王静,2010:21)等话语成分所具有的一般特征。

(11)我说,他可是大名人啊,你们不能这样对人家吧?

[①] 关于X1和X3之间的可能关联,参见Heine(2013)、Heine et al.(2013)。

X3 和 X2 具有诸多相似特征。正因为如此,在刘锬(2008)、尹海良(2009)、李丽群(2010)、王静(2010)等人的研究中,X3 和 X2 并未进行严格区别。我们在第一部分总结的几位研究者关于 X2 句法特征的分析,实际上也包含了对 X3 特征的论述。不同研究者很少注意的是,X3 和 X2 的句法特征至少存在四方面的区别:

一是变体的多少。我们在第一部分提到 X2 具有"要/依/照我说"等变体;X3 除了具有上述变体外,还具有"我跟你/我给你说"等变体,这些变体要求"我跟你/我给你说"在韵律上独立于后面的内容句。

(12) a. 有人说,丝绸之路申遗申报了半个世界,要我说,大运河申遗,则是申报了半个中国。

b. 你怎么叫皮虎哪?这个名字不好,改了罢,依我说,你叫皮孙子。

c. 他写的是什么呢?照我说,他这个词写得也实在也是没法夸他。

(13) a. 窦文涛:恰恰相反,我跟你说,很多剩女是很漂亮的。查建英:确实是。

b. 窦文涛:不是,我给你说,做媒体有一个很不好思的地方,就是你很难回避你认识的人。

二是能否接语气词。刘锬(2008:22)、王静(2010:21)注意到 X3 后面可以接语气词"哪、呢、呀"等,据我们观察 X2 后面不可以接语气词。

(14) 我说呀,江山腿这么勤,他想抢媳妇,大老叔子的主意哪。

三是"我"是否可省。方梅(2006:113,116)注意到 X2 中的

"我"可省,X3中的"我"则不可省。

(15)说你当头儿的不带头吃苦,我们小兵卒子傻卖什么劲啊。

四是"说"能否弱读。谢芷欣(2004:23)、王静(2010:21)注意到 X2 中的"说"可以弱读,我们没有在自然语言中找到 X3 中"说"弱读的语例。

观察上述四个特征我们发现,特征(一)显示 X3 比 X2 具有更多变体,这明显不符合语用化的基本定义。特征(二)显示 X3 可以接语气词,X2 不可以;特征(三)显示 X2 中的"我"可省,而 X3 中的"我"不可省;特征(四)显示 X2 中的"说"可轻读,X3 中的"说"不可以。这三个特征虽然不违反语用化的定义,却违反语言演变的一般规律。我们知道语言形式在使用过程中通常会失去其原有的形态句法属性或语音实体,从而出现形态句法上的去范畴化(decategorialization)和/或语音上的磨蚀(erosion)现象。(Heine & Kuteva,2002:1—3;van Bogaert,2011 等)X2 到 X3 过程涉及的是范畴特征的获得(从主语可有可无到主语强制出现,从不可以接语气词到可以接语气词)和语音实体的获得("说"从可不重读到必须重读),这三个特征有悖于语言演变的一般规律。

从上面的分析可知,路径(7)所主张的语用化过程(即 X2>X3 变化过程)不太好解释 X2 和 X3 这四方面的区别。在这种情况下我们尝试换一种思路,讨论另一可能变化路径,即 X3>X2。

4 另一可能演变路径

Heine(2013)、Heine et al.(2013)将类似汉语"我说"的言说义谓

词结构归入概念接入语(conceptual theticals)范畴,认为概念接入语可能会进一步语法化。基于使用的语法(usage-based grammar)则认为在口语中总是邻近出现的两个语段,在重复(repetition)机制的作用下可能形成复合结构。(如参见 Bybee,2006、2011)学界公认的路径是(16)所示的补语化路径(complementation pathway;参见 Thompson & Mulac,1991b;Harris & Campbell,1995 等),言说句[如(16a)中的 eg sigi"我说"]成为母句结构,内容句[如(16a)中的 hann kimur"他来"]成为补足语小句结构。

(16) a. *eg sigi tadh*: hann kimur.
　　 我 说 指示代词: 他 来
　　 "我说:他来了。"

b. *eg sigi at* hann kemur.
　　 我 说 标补语 他 来
　　 "我说他来了。"

具体到汉语言说义谓词结构"我说",存在下面的变化过程:

(17) a. 我说:你不好说我说,没下船以前我就说了。

b. 我说你不好说我说,没下船以前我就说了。

Harris and Campbell(1995)称这一过程为"引用到引语"(quotation-to-quotative)过程,鉴于在这一过程的初始阶段"我说"是言说义动词,这可以解释我们在第一部分列举的这一变化过程的目标结构——后接小句表自我引述的"我说"(即 X1)的句法特征。

不过值得指出的是,补语化路径预设"我说"是内容句的母句结构。Huang(2013:235—237)认为类似汉语(17a)中的"我说"结构不宜视为母句结构,内容句也不宜视为其补足语结构;Heine

(2013)、Heine et al.(2013)也持类似观点。如果 Huang(2013)和 Heine(2013)、Heine et al.(2013)的观点成立,那么从逻辑上讲就存在两条路径:

(18)a. 我说,+内容句＞我说(母句)+内容句(从句)
b. 我说,+内容句＞我说(从句)+内容句(母句)

路径(18a)即 X1 所经历的补语化过程。我们认为 X3 和 X2 很可能没有经历(18a)路径的变化,而是经历了(18b)路径的变化,即从(19a)到(19b)的变化:

(19)a. 我说,他可是大名人啊,你们不能这样对人家吧?
b. 我说他可是大名人啊,你们不能这样对人家吧?

四方面的证据支持我们的观点:

一是李宗江(2010)关于近代汉语话语标记"我说"形成过程的分析。李宗江(2010)证明近代汉语表提醒的话语标记"我说"[(20a)]形成于类似(20b)的韵律独立"我对你说"结构。我们知道(20b)中的"我对你说"并非后面内容句的母句结构,(参见 Huang,2013:235—237)如果李宗江(2010)的观点成立,那么在从韵律独立"我对你说"到话语标记"我说"的变化过程中,"我说"很可能并未取得母句结构地位;这样看来(20a)到(20b)的变化很可能是路径(18b)的变化过程,而不是路径(18a)的变化过程。

(20)a. 宝玉数问不答,忽见一婆子恶恨恨走来拉藕官,口内说道:"我已经回了奶奶们了,奶奶气的了不得。"藕官听了,终是孩气,怕辱了没脸,便不肯去。婆子道:"我说你们别太兴头过余了,如今还比你们在外头随心乱闹呢。这是尺寸地方儿。"(《红楼梦》第五十八回)

b. 武大看那猴子吃了酒肉:"你如今却说与我。"郓哥道:"你要得知,把手来摸我头上的疙瘩。"武大道:"却怎地来有这疙瘩?"郓哥道:"我对你说。我今日将这一篮雪梨,去寻西门大郎……"(《水浒传》第二十五回)

二是可以解释 X2 不同于 X1 的诸多特征。根据(18b)路径 X2 源于 X3,因此它和 X3 一样,都是即时性话语成分,自然不能接时体标记(特征 D)或时间词(特征 E)。X2 后面除陈述句外,可以接疑问句、祈使句和感叹句,鉴于一般语言的补足语小句不能带语气词,特征 A 对于路径(7)来说是个挑战,却是路径(18b)的必然结果:X3 后面的内容句作为独立句可以带疑问、祈使、感叹等不同语气。(18b)的变化过程使内容句成为母句,"我说"成为从句。这一变化并不影响内容句带不同语气的能力。

X2 除句首外,还可以用于句中或句末(特征 B)。这是因为 X2 的前身 X3 可以用于句首、句中、句末等不同位置,X2 继承了这一特征。

(21)a. 我说,他可是大名人啊,你们不能这样对人家吧?

b. 他,我说,可是大名人啊,你们不能这样对人家吧?

c. 他可是大名人啊,我说,你们不能这样对人家吧?

X2 对事实性句子副词和附加问句透明(特征 C),是因为其前身 X3 对事实性句子副词和附加问句透明:

(22)a. 事实上我说,他可是大名人啊,你们不能这样对人家吧?

b. 我说,事实上他可是大名人啊,你们不能这样对人家吧?

(23)我说,他可是大名人啊,对不对?你们不能这样对人家吧?

X2源于韵律独立的X3,自然可以韵律上独立(特征I)。X1同样源于韵律独立结构,却不能在韵律上独立,这是因为(18a)区别于(18b)。(18a)并非简单的韵律特征的改变,它是涉及时、数、性、人称变化的"引用到引语"过程(参见Harris & Campbell,1995),这一过程不可逆。

X2中的"我"可以省略(特征G),"说"可以弱读(特征H);X1中的"我"和"说"不可以。这是因为根据路径(18a),X1是母句结构,它承担全句的人称和谓词信息,因而不太可能省略或弱读;根据路径(18b),X2是承担话语功能的从属结构,省略或弱读的可能性自然高于X1。

三是可以解释X2和X3之间句法的差别。我们在第三部分指出,X3和X2的四个句法差别,路径(7)(即X2>X3路径)很难解释这四个差别,而根据路径(18b)(即X3>X2路径),我们却可以很自然地把这四个句法差别解释为语法化的去范畴化和磨蚀变化。

四是从跨语言角度可以解释英语话语标记I say/I daresay的形成过程。我们在第二部分提到英语在早期阶段,特别是在话语标记I say形成之前的早期阶段,很少出现在I say和后面内容句之间出现标补语that的语例;I daresay则从古到近,几乎从不在后面的内容句之前出现标补语that。(参见Brinton,2008)这从路径(18b)的角度很容易解释:这一路径后面的内容句并非I say/I daresay的补足语小句,自然无须使用专门标注补足语小句的标补语that。

5 结语

本文通过比较汉语后接内容句表自我引述的"我说"[(24a)]，表提醒的后接内容句的"我说"[(24b)]，以及表提醒的韵律独立的"我说"[(24c)]的句法语义特征，证明汉语表提醒的后接内容句的"我说"并非源于母句"我说"（即表自我引述"我说"），而是形成于表提醒的韵律独立"我说"。表提醒的韵律独立"我说"在重复机制的作用下，和后面内容句之间的韵律、句法界限消失，形成类似于(24b)的复合句，这一过程不涉及内容句的补足语化。

(24) a. 他说不好说，我说你不好说我说，没下船以前我就说了。

b. 我说他可是大名人啊，你们不能这样对人家吧？

c. 我说，他可是大名人啊，你们不能这样对人家吧？

我们认为这一变化过程不但适用于汉语表提醒的"我说"，而且适用于汉语其他话语标记的演变过程。我们希望本文能成为引玉之作，引发学界对话语标记演变路径的重新思考。

参考文献

曹秀玲 2010 从主谓结构到话语标记——"我/你 V"的语法化及相关问题，《汉语学习》第 5 期。

方梅 2006 北京话里"说"的语法化——从言说动词到从句标记，《中国方言学报》第一期。

李丽群 2010 试析话题标记"我说"，《河西学院学报》第 3 期。

李宗江 2010 关于话语标记来源研究的两点看法——从"我说"类话语标记的来源说起，《世界汉语教学》第 2 期。

刘 嵚 2008 "我说"的语义演变及其主观化,《语文研究》第 3 期。

王 静 2010 我说"我说",《湖南城市学院学报》第 3 期。

谢芷欣 2004 我说口语结构"我说",《东莞理工学院学报》第 2 期。

尹海良 2009 自然会话中"我说"的语用标记功能,《修辞学习》第 1 期。

Beijering, Karin 2012 *Expressions of Epistemic Modality in Mainland Scandinavian: A Study into the Lexicalization-Grammaticalization-Pragmaticalization Interface*. Groningen: Rijksuniversiteit Groningendissertation.

Brinton, Laurel J. 1996 *Pragmatic Markers in English: Grammaticalization and Discourse Functions*. Berlin: Mouton de Gruyter.

Brinton, Jaurel J. 2008 *The Complement Clause in English*. Cambridge: Cambridge University Press.

Bybee, Joan 2006 From usage to grammar: The mind's response to repetition. *Language* 82.4:711—733.

Bybee, Joan 2011 Usage-based theory and grammaticalization. In Heiko Narrog and Bernd Heine (eds.). *The Oxford Handbook of Grammaticalization*. Oxford: Oxford University Press.

Frank-Job, Barbara 2006 A dynamic-interactional approach to discourse markers. In Kerstin Fischer (ed.). *Approaches to Discourse Particles*. Amsterdam: Elsevier, 395—413.

Harris, Alice C. and Lyle Campbell 1995 *Historical Syntax in Cross-Linguistic Perspective*. Cambridge: Cambridge University Press.

Heine, Bernd 2013 On discourse markers: Grammaticalization, pragmaticalization, or something else? *Linguistics* 51.6:1205—1247.

Heine, Bernd, Gunther Kaltenböck, Tania Kuteva and Haiping Long 2013 An outline of discourse grammar. In Shannon Bischoff and Carmen Jeny (eds.). *Reflections on Functionalism in Linguistics*. Berlin: Mouton de Gruyter.

Heine, Bernd and Tania Kuteva 2002 *World Lexicon of Grammaticalization*. Cambridge: Cambridge University Press.

Hooper, Joan B. 1975 On assertive predicates. In John B. Kimball (ed.). *Syntax and Semantics*. Vol. 4:91—124. New York: Academic Press.

Hopper, Paul J. 1991 On some principles of grammaticalization. In Elizabeth C. Traugott and Bernd Heine (eds.). *Approaches to Grammaticalization*. Vol. 1:17—35. Amsterdam:John Benjamins.

Huang, Shuanfan 2013 *Chinese Grammar at Work*. Amsterdam/Philadelphia:John Benjamins.

Huddleston, Rodney and Geoffrey K. Pullum 2002 *The Cambridge Grammar of the English Language*. Cambridge:Cambridge University Press.

Norde, Muriel 2009 *Degrammaticalization*. Oxford:Oxford University Press.

Thompson, Sandra A. and Anthony Mulac 1991a The discourse conditions for the use of the complementizer *that* in conversational English. *Journal of Pragmatics* 15:237—251.

Thompson, Sandra A. and Anthony Mulac 1991b A quantitative perspective on the grammaticalization of epistemic parentheticals in English. In Elizabeth C. Traugott and Bernd Heine (eds.). *Approaches to Grammaticalization*. Vol. 2:313—329. Amsterdam and Philadelphia:John Benjamins.

van Bogaert, Julie 2011 *I think* and other complement-taking mental predicates:A case of and for constructional grammaticalization. *Linguistics* 49.2:295—332.

句子推理意义变化与词的意义、功能变化
——以介词"打"为例

马贝加　王倩

（温州大学人文学院　浙江师范大学人文学院）

0　引言

介词"打"有三种功能：经由处（处所介词，记为"打₁"）、始发处（处所介词，记为"打₂"）和起始点（时间介词，记为"打₃"）。例如：

(1) 他们打小道走。

(2) 日头打西边出来了。

(3) 打明儿个起，就放假了。

此前，已经有学者关注介词"打"的来源问题，如刘坚等(1992)、徐时仪(2001)、董为光(2004)、邹伟林(2004)，以上研究的视角多为传统的"词义引申"或"词义虚化"；有的虽冠名"语法化"研究，但多从"词义演变"入手。本文试图对介词"打"的语义来源、介词"打"的三种功能之间的关系以及导致"动词—介词"演变的语义、句法因素等问题进行不同视角的探讨，重点是句子推理意义的变化与词义、功能变化的关系。

1 句子的推理意义

唐代,"打"有"冲击""拍击"或"撞击"义(记为"打。"),这个义项是介词"打₁"的直接来源,刘坚等(1992)是这样认为的,笔者赞同这一观点。但是,从"冲击"义到"从、自"义,就"词义引申"而言,似乎没有十分明显的联系;因此,刘坚等(1992)认为"跟那些经过长时期准备与演变的虚词比较起来,介词'打'的产生自然显得突兀些"。笔者以为"打"的"动词—介词"演变与句子推理意义和推理意义的变化有密切的关系。从历时角度看,介词"打"的第一项功能是介引运行的"经由处",而不是"始发处"。这是由萌生介词"打₁"的构式("N₁+打+N₂+回"式)的推理意义决定的。在类似"潮打空城寂寞回"的句子中,N₂"空城"是N₁"潮"冲击的对象,也是冲击的处所;其语义论元可以分析为"受事",也可以分析为"处所"。与"经由处"功能有密切联系的是一种与运行路线有关的推理,即听话人依据V₂"回"的意义做出的对潮流运行路线的判断。从"回"的意义,可推出潮流有"进"和"退"两段运行路程,或是有"往"和"返"两段运行路程;而"空城"则是前段("往"段)的终点,后段("返"段)的起点;若就潮流的"冲击城墙,然后退去"的整个运行过程看,"空城"可以被理解为潮流所经之处。就"返程"而言,N₂可以看作"返"段路程的起点。始发处介词"打₂"固然是"打₁"功能扩展的结果,这种扩展与类推有关。但萌生"打₁"的构式中,也可以有N₂是"返程"的"始发处"的推理意义。句中的N₁"潮"有运行路线,N₂"空城"有"经由处"和"始发处"两种意义,这些推理意义是介词"打"得以产生并扩展其功能的语义基础。可以说,句子的推理意义决定句中"打"的词义、功能有可能发生变化——推理意义的存在或变化可能导致句中某个词的词义、功能变化。

2 介词"打₁"的产生

2.1 萌生"打₁"的构式

唐宋时期,动词"打"已有较多义项,从句义控制词义的角度看,"打₁"的直接来源可追溯至"打₀"。唐代,"打₀"可以单独充当谓语中心,也可以充当兼语结构的 V₁ 或连动结构的 V₁。如:

(4)紫烟横捧大舜庙,黄河直打中条山。(李山甫《蒲关西道中作》)

(5)潮来打缆断,摇橹始知难。(刘采春《啰唝曲六首》)

(6)山围故国周遭在,潮打空城寂寞回。(刘禹锡《金陵五题》)

上三例的 N₁(主语)都是表示"水流"或与"水流"有关的名词。"打"本是原地动词,但由于充当主语的名词不是表人的,而是表水流的,"打"有可能被分析为运行动词(或称"位移动词"),或被看作含有"运行"义素的动词。N₁(主语)的次类变换是演变的开端。

就构式而言,上三例中,只有例(6)是萌生"打₁"的构式。句中的 N₁"潮"与 V₁"打"、V₂"回"都有语义关系,与两个动词都有"施事-动作"的关系,句子的谓语部分可分析为连动结构。与其他"动词—介词"的演变相似,"打₁"也是在连动结构的 V₁ 位置上萌生的,可以说,类似例(6)的句子是"打₁"萌生的构式,可概括为"N₁(水/雨/雪/风)打+N₂+回"式。

2.2 导致演变的句法因素

从句法角度看,在"$N_1+打+N_2+V_2$"式中,致变因素是 V_2、N_1 或 N_2 的次类变换,以及"对举格式"。三种构成成分(V_2、N_1 或 N_2)的次类变换都引发句子推理意义的变化,其中 N_1 的次类变换对演变起着决定性的作用。"对举格式"可以看作既能导致演变,也能固化演变结果的因素。

2.2.1 V_2 的次类变换

类似例(6)的用例,宋代已为多见,N_1 大多为表示潮水、波涛等的名词,N_2 多为表受冲击的事物的名词,N_2 亦可理解为受冲击之处,V_2 多为"回还"义动词。如:

(7) a. 潮打空城寂寞回,百年多病独登台。(王安石《赠张轩民赞善》)

b. 蜿蜒气上黑云合,喧豗浪打苍崖回。(晁公遡《三月二十日东山云蜿蜒而上》)

c. 涛头寂寞打城还,章贡台前暮霭寒。(苏轼《虔州八境图八首》)

d. 朱甍突兀倚云寒,潮打孤城寂寞还。(汪元量《浙江亭和徐雪江》)

句中的 N_1 也可以是"风、雨、雪"等表示自然现象的名词。如:

(8) 茶烟凝户晓,风雪打舡回。(释元肇《过郑文昌庵》)

例(7)组和例(8)中,N_1 都是表示自然现象的名词,N_1 和 V_2 的次类意义决定"打"是动词;N_2 的语义论元可分析为"受事"或"处所"。但是,水流或风雪等有可能被看作有运行路程的事物,因此,"打"也有可能被看作运行动词,N_2 有可能被理解为运行的"经由处",也可以看作"往"段的"终到处","回"段的"始发处"。

宋代,句中的V_2有所扩展,"过"进入V_2位置,由于主语还是表示水流、雨雪等的名词,"打"仍是动词,但N_2被看作"经由处"的可能性增大了。如:

(9)急雨打窗过,飞泉落涧声。(戴栩《宿山寺》)

上例的"打"虽然还是动词,但与例(8)相比,这个"打"更接近介词范畴;这是因为伴随V_2的变换,句子的推理意义发生了变化。在"回还"义动词充当V_2的句子中,可推出水流或风雪等有"往""返"两段运行路程的意义,N_2虽可被看作经由之处,但由于路程是折返形式的,"经由处"的意义不是十分明显;"过"充当V_2的句子中,只能推出一段运行路程,N_2相对容易被理解为运行路线上的一个点。例(9)显示:V_2的次类变换在演变中起着重要作用——若V_2不是"回",而是"过",运行路线可以被理解为直线型的,N_2更有可能被理解为运行中的某一经由处。

2.2.2 N的次类变换

N的次类变换包括N_1和N_2的次类变换,N的次类变换也与句子的推理意义变化有关系,甚至是更为密切的关系;而句子推理意义的变化导致了句子语义结构和句法结构的变化,也导致了"打"的词义、功能变化。

2.2.2.1 N_1的次类变换

N_1的次类变换在演变中起着十分重要的作用。在动词"打"所在的构式中,N_1原本多为表人的名词,"打"是原地动词;N_1若为表示水流、波涛或风、雨、雪等的名词,"打"便有可能被理解为运行动词或含有"运行"义素的动词,N_2的语义论元被分析为"处所"的可能性就增大了。但在例(9)中,N_1与V_1"打"、V_2"过"都有语义联系,句中的V_1和V_2之间可能被理解为有时间先后关系,句子的谓语部分仍可分析为连动结构。从语义论元看,N_2虽然有可能被理解为"处所",但更容易被理解为"受事"。在这样的语义结构中,"打"的"冲击"或"拍击"义很难消失。若N_1(可省略或隐含)是表示车船、人马等意义的名词,V_2仍为"过",N_1就与V_2发生密切的语义联系;N_1是具有意志的运行主体,说话人和听话人都关注V_2"过"这一行为,而且将N_1和V_2直接联系在一起,V_2很可能被看作谓语部分的中心动词;同时,又因为N_1不是表示水流、雨雪等的名词,相对来说,N_1与V_1"打"的语义关系淡化甚至消失,N_1只能被理解为V_2的施事,这样,"打"的"冲击、拍击"义就消失了。可以说N_1的次类变换导致了语义推理的变化,也导致了句子的结构变化。句子的谓语部分("打+N_2+过"式)呈现"偏正结构"的特征。如:

(10)a. 叶舟自打窗前过,只有杨花度小桥。(释居简《立夏》)

b. 要打衲僧门下过,避些炎热耐些寒。(释居简《偈颂一百三十三首》)

c. 骑驴又打津头过,杨柳飞绵出短墙。(释元肇《春郊有感》)

d. 方才打清湖河下过,见崔宁开个碾玉铺。(《崔待诏生死冤家》,近代汉语语法资料汇编·宋代卷447)

e. 郭立前日下书回,打潭州过。(同上,443)

例(10)组的"打"是确凿的经由处介词。将例(8)、例(9)和例(10)组做一比较,可以推知:

1) 若构式中的V_2为"过",运行路程被理解为直线型的,N_2被

看作"经由处"的可能性相对增大;

2) 在 V_2 同为"过"的情况下,N_1 的次类变换导致句子推理意义发生变化,这对句子的语义结构和句法结构变化、"打"的词义、功能变化起着十分重要的作用;

3) 介词"打"最先产生的功能是"经由处",这是由句子的推理意义决定的。

总之,"N_1(水/雨/雪/风)+打+N_2+回"式的推理意义决定"冲击、拍击"义动词"打"有可能变为经由处介词,"$打_1$"在"N_1+打+N_2+过"式中萌生,在"N_1(人/马/车/船)+打+N_2+过"式中,"打"的词义、功能变化与句子推理意义的变化是同步发生的,而推理意义的变化与 N_1 的次类变换紧密相关。

宋代,N_1 为表人名词(可能隐含或省略),V_2 为"渡、走"等动词的句子也已出现。如:

(11) a. 晚打西江渡,便抬头,严城鼓角,乱烟深处。(吴潜《贺新郎·和惠检阅惜别》)

b. 崔宁道:"这里是五路总头,是打那条路去好?"(《崔待诏生死冤家》,近代汉语资料汇编·宋代卷,442)

例(11)组也可作为"N_1 的次类变换导致句子推理意义变化,从而导致语义结构、句法结构变化兼及句中词的意义、功能变化"的例证。

2.2.2.2 N_2 的次类变换

在萌生"$打_1$"的构式中,N_2 所表示的事物有可能被理解为处所(如例7a的"空城"、例8的"舡"),如果 N_2 是方位短语,即使 N_1 是表示水流的名词,"打"也趋近于介词。如:

(12)新柳树,旧沙洲,去年溪打那边流。(辛弃疾《鹧鸪天·戏题村舍》)

如果 N_2 是表示"凹槽"形的、水流可经过之处的名词,即使 N_1 是"水",V_1 的"冲击、拍击"义也呈现明显的弱化状态。如:

(13)水从东塔来,却打西涧过。(林宪《题国清寺清音亭》)

诚然,上例的"打"可以被分析为介词,与"对举格式"也有关系;但 N_2 的次类变换,对"打"的"重新分析"也起着作用。

如果 N_1 不是表示水流、风雨等的名词,而 N_2 是方位短语,"打"明显趋近于介词范畴。如:

(14)一梢横打竹边过,造化工成水墨图。(方岳《梅花十绝》)

上面三例显示:N_2 的次类变换在演变中起着作用——方位短语充当"打"的宾语,N_2 的论元被理解为"处所"的可能性增大,与此同时,它原先具有的"受事"论元(即受冲撞的对象)呈现消退趋势,"处所"论元呈现明显化的趋势,"打"被分析为介词的可能性也增大了。

2.2.3 对举格式

"对举格式"对演变起着助推或固化的作用。伴随 V_2、N_1 或 N_2 的次类变换,"打"的介词功能逐步明确。在演变过程中,对举格式也起着助推作用。宋代,在一些 V_2 为"过"且"打"与介词对举的句子中,"打"的虚化趋势十分明显;即使 N_1 为表示水、雪、风等的名词,"打"的功能也趋近介词,甚至可以说已是介词了。如:

(15)a.雪打子猷船上过,春从灵运屐边来。(释仲皎《怀剡川故居》)

b. 月於水底见逾好,风打松边过便清。(方岳《山中》)

例(15)的 N_1 还是"雪、风"等名词,"打"之所以可以被分析介词,是因为 N_2 是表示方所的词语,但"对举格式"能助推或凸显"打"的词义和功能的演变,这是因为人们对处于"对举"位置的词往往有"功能相同"的认识。

若 V_2 为"过", N_1 为表人的名词(可能省略或隐含), N_2 为表方所的词语,"打"用于对举格式,介词功能非常明显并得以固化。如:

(16)朝向廛中游,暮打市里过。(释妙伦《布袋和尚赞》)

以上分析了导致"打"的"动词—经由处介词"演变的若干因素,这些致变因素都与句子的推理意义和推理意义变化有密切关系。

3 介词"打$_2$"的产生

3.1 "打$_2$"的来源分析

"打$_2$"萌芽于宋元,定型于明。它有两个来源:一个是动词"打$_0$",另一个是经由处介词"打$_1$"。图示如下:

$$打_2(始发处)$$
$$打_0—打_1(经由处)—打_2(始发处)$$

上图显示了"打$_0$"演变的两个方向。"打$_2$"的两个来源性质不同,"打$_0$"是就句子的推理意义而言的,"打$_1$"是就功能、词义而言的。

3.2 与动词"打$_0$"的联系

在"潮打空城寂寞回"一句中, N_1 "潮"可能被理解为有运行路程的事物, N_2 有可能被理解为"返程"的"起点",即第二段运行路程的始发处——在萌生"打$_1$"的构式中,也孕育着"打$_2$"。这是就句子的推理意义而言的。

宋代,一些"N_1(风/雨/雪)打+N_2+来"式中,"打"仍然是"冲撞、拍击"义动词,整个句子还是连动结构;但听话人在对句子意义做出推理时,N_2有可能被看作 V_2"来"这一运行过程的始发处。如:

(17) a. 乱叶打窗来,卷尽破屋茅。(仇远《凉风》)

　　 b. 野阔风高吹烛灭,电明雨急打窗来。(仇远《惊蛰日雷》)

　　 c. 缤纷万片打窗来,暮趁斜风舞却回。(仇远《正月辛酉大雪三首》)

　　 d. 待他雪阵打窗来,旋披起、半床纸被。(汪莘《鹊桥仙·欲雪》)

虽然例(17)的"打"仍是动词,"窗"的语义论元仍是受事;但仅看"打窗来"这个短语,人们的认识可能发生变化——将"窗"看作"来"的始发处。人们的认识之所以可以从"撞/拍击N_2而来"变为"从 N_2来",就词汇系统而言,是因为"打"已成为介词"从"的同义词,有可能因类推的作用而获得表示始发处的功能。但"打 N_2来"这个短语的语义结构中,也存在着"(风/雪/雨等)从 N_2而来"的推理意义,听话人有可能推出"以 N_2为始发处"的意义,这是演变得以发生的语义基础之一。

3.3 与介词"打$_1$"的联系

3.3.1 类推规律的作用

"经由处—始发处"的演变路径,在汉语史上是反复出现的,最早走这一演变路径的是介词"从"其后还有介词"由、着"等。"从"在"动词—处所介词"的演变中,首先获得表示经由处的功能,这使它成为介词"自"的同义词,由于"同义词同向发展"规律的作用,"从"又获得"自"的另一功能(即"始发处")。"从"表示始发处,《诗经》无例。这一事实表明:介词"从"和"自"最早是在表示"经由处"方面相通的,后来"从"的功能有所扩展,才有了"始发处"功能。

"自"是第一个具有"始发处"和"经由处"两种功能的处所介词,"从"有一项功能(即"经由处")与"自"相同,它可能获得"自"的另一种功能(即"始发处")。"经由处"和"始发处"两种功能之间可以相互转化,是有认知原因的,在说话人看来,始发处和经由处很可能处在同一方向或路径上;"始发处"有可能被看作运行路线的某一端(即"起点"),而"经由处"被看作运行路线的某一点或段。

从句法角度看,导致"从"发生"经由处—始发处"演变的因素是构式中 V_2 的次类变换。若 V_2 为"出","从"为经由处介词。如:

(18)祈朱鉏宵从窦出。(《左传·昭公二十年》)

若 V_2 为"来","从"是起始处介词。如:

(19)上客从赵来,赵事如何?(《战国策·秦策五》)

从历时角度看,"从"是"经由处—始发处"演变的首发者,在这一演变路径存在之后,"由、打"等也可以有同样的演变路径。

3.3.2 导致演变的因素

虽然有类推规律的作用,但介词"打"还是有自身的功能扩展过程。宋代,"打$_1$"所在构式的 V_2 一般是运行动词,如"过、去、渡、来"等;至元代,构式中的 V_2 仍是运行动词,但有所扩展,若 V_2 为"过来",一部分句子的 N_2 可能被理解为经由处,也有可能被理解为"起始处"。如:

(20)a. 你看波,我昨日日西时,打那里过来,尚兀自贴着帖子,写着道"此房山赁"。(无名氏《施仁义刘弘嫁婢》第一折)

b. 伴姑儿,道我恰才打那东庄头过来,看了几般儿社火,我也都学他的来了也。(无名氏《刘玄德醉走黄鹤楼》第二折)

例(20)显示了"打$_1$"和"打$_2$"的联系,也显示了 V$_2$ 次类变换在介词功能扩展中的作用。由例(20)可知:"打$_2$"萌芽于元代,导致"打"发生"经由处—始发处"演变的句法因素是 V$_2$ 的次类变换。"打$_2$"在明时期已有较多用例,构式中的 V$_2$ 多为"来、起"。如:

(21)a. 僧官躲在房里,对道人说:"怪他生得丑么,原来是说大话,折作的这般嘴脸。我这里连方丈、佛殿、钟鼓楼、两廊,共总也不上三百间,他却要一千间睡觉,却打那里来?"(《西游记》第三十六回)

b. 妈儿道:"打那里来?自大的死了,他都躲着不敢见客,钱也没一个,见面把甚么使用?今日到打发过两三次了!"(《明珠缘》第十六回)

c. 更有一等狠心肠的人,偏要从家门首打墙脚起,诈害亲戚,侵占乡里。(《二刻拍案惊奇》卷四)

清代,V$_2$ 部分可以是述补或状中结构。如:

(22)a. 村西有个三官庙,我正围着庙绕弯哪,忽然有一道黑影,由打西边墙内蹿出来啦。(《三侠剑》第二回)

b. 语言未了,打北面闪出一人,身材五尺往来。(同上,第五回)

c. 忽见打西山头上,嗖的一声,蹿下一个人来。(《小五义》第一百一十三回)

d. 杨埕刚要打北房往东房窜,这人一抖手,一个墨羽飞蝗石头子正打在杨埕的面门上。(《彭公案》第二百零三回)

4 介词"打₃"的产生

若从历时角度做较为全面的分析,"打₃"有三个来源:一是来自述宾结构"打头"中的动词"打₀",二是始发处介词"打₂",三是经由处介词"打₁"。图示如下:

$$
\begin{array}{c}
打_3 \\
\nearrow \\
打_0 \text{—} 打_1 \text{—} 打_2 \text{—} 打_3 \\
\searrow \\
打_3
\end{array}
$$

上图显示:"打₃"与"打₀"、"打₁"和"打₂"都有关系。之所以来源比较复杂,是因为"打₃"是最后产生的,已存在的介词功能和源动词都对它起作用。"打₃"与"打₀"的联系仅限于短语"打头"中,与"打₂"有"功能扩展"的联系,与"打₁"有功能、词义方面的联系。

4.1 短语"打头"的词义变化

宋代,短语"打头"有"起头"的意思,也可作"从头"解。这种意义的产生与"打₁"的存在有关。"打头"的"打"原本是"冲击""冲撞"或"拍击"义,唐宋时期的构式中,"打头"所在句子的 N₁ 多为"浪、风"等,可看作施事论元。如:

(23)a. 去年腊月来夏口,黑风白浪打头吼。(李涉《却归巴陵途中走笔寄唐知言》)

b. 卧闻三老白事,半夜南风打头。(苏轼《仆所至未尝出游》)

c. 风色似知攀卧意,打头未肯放舡行。(洪咨夔《阻风呈赵史君》)

宋代,由于"打₁"已产生,"打"成为介词"从"的同义词,由于类推的作用,有可能获得"从"的表示时间的起始点的功能,"打头"有可能作"起头"或"从头"解。如:

(24)a. 五夜好春随步暖,一年明月打头圆。(李彭《都城元夜》)

b. 步下新船试水初,打头揽载适逢予。(杨万里《间门外登溪船五首》)

c. 江梅小树打头开,便有红梅趁脚来。(杨万里《晓起探梅四首》)

充当定语的"打头"也有"起头"或"从头"的意思。如:

(25)如程子取其"原道"一篇,盖尝读之,只打头三句便也未稳。(《朱子语类》卷九十六)

短语"打头"的意义从"拍击头部"变为"起头"或"从头"时,"头"从"方所"义变为"时间"义;"打"可解作"从"义。可以说"打"表示时间的起始点的功能首先是在短语"打头"中产生的。虽说在短语"打头"中萌生了时间介词"打₃",且可溯源至"打₀",但若无"打₁"存在,"打头"中的"打"不可能发生"动词—起始点介词"的变化。因此,我们在分析"打₃"的来源时,也提及"打₁"的作用;"打₁"可以看作"打₃"的功能、词义方面的来源。

293

4.2 "打$_2$"的功能扩展

"打$_2$"萌芽于元代,至明代方定型。[参见例(21)]"打$_3$"(除了用于"打头"中之外)初见于清代。如:

(26)主儿打毛团子似的掇弄到这么大。(《儿女英雄传》第四十回)

从发展线索和出现时间的顺序看,"打$_3$"是最后产生的,它的演变有两条路线:一是在短语"打头"中演变,源词是"打$_0$",但受到"打$_1$"的带动;二是来自"打$_2$"的功能扩展,走"经由处—始发处——起始点(时间)"的演变路径。

5 结语

纵观"打"的历时发展,词义、功能的每一步变化都与句子推理意义、推理意义的变化密切相关。由此可知,不是所有的词义变化或功能变化都可以用"词义引申"来解释,有些词义、功能变化是由句子推理意义导致的。

参考文献

曹先擢 1996 "打"字的语义分析:为庆祝《辞书研究》百期作,《辞书研究》第6期。

董为光 2004 介词"打"来源补说,《语言研究》第1期。

冯春田 2000 《近代汉语语法研究》,济南:山东教育出版社。

高名凯 1948 唐代禅家语录所见的语法成分,《燕京学报》第34期。

蒋绍愚 1994 《近代汉语研究概况》,北京:北京大学出版社。

刘丹青 2003 《语序类型学与介词理论》,北京:商务印书馆。

刘　坚、曹广顺、吴福祥 1995 论诱发汉语词汇语法化的若干因素,《中国语文》第3期。

刘　坚、江蓝生、白维国、曹广顺　1992　《近代汉语虚词研究》,北京:语文出版社。
马贝加　2002　《近代汉语介词》,北京:中华书局。
石毓智　2006　《语法化的动因与机制》,北京:北京大学出版社。
孙锡信　1992　《汉语历史语法要略》,上海:复旦大学出版社。
邢相文　2013　介词"自"、"从"、"打"的语法化,《延边大学学报》第5期。
徐时仪　2001　"打"字的语义分析续补,《辞书研究》第3期。
邹伟林　2004　介词"打"的产生及其发展过程,《零陵学院学报》第9期。

从"回溯推理"的角度
看语气词"呢"的功能

任 鹰

(日本神户市外国语大学)

1 引言

　　语言成分的意义和功能在使用中发生变化,实现"增殖",是一种比较常见的语言范畴扩展形式。而语言范畴的扩展是有其内在规律的,即通常是循着从命题到情态、从客观到主观、从具体到抽象的路径进行单方向演化。可是,在语言的实际运用中,我们有时也会看到似乎有悖上述规律的语言现象,譬如,语气词"呢"同时也被看作持续体标记。那么,属于情态范畴的"呢"为何可以兼表时体义?这是否应被看作有悖语言范畴扩展规律的语言现象?其内在理据究竟何在?我们拟以"由果推因"的"回溯推理"(abduction)原理对此加以阐释。

　　"呢"是汉语中最为常用的语气词之一,对其意义和用法,研究者曾有过诸多描述。按其基本功能的不同,人们通常将"呢"区分为用在疑问句中的"呢1"和用在非疑问句中的"呢2"。为便于说明问题,本文将集中讨论非疑问句中的"呢"。

关于非疑问句中的"呢"的用法分类,可以说是众说纷呈,"二分法""三分法""四分法"乃至"七分法"都是我们所知的分类方法。其中最具代表法性也最有概括力的分类方法,是将"呢"区分为表示动作的进行或持续的"呢"及申明事实并略带夸张语气的"呢"。(如吕叔湘,1980[1940];朱德熙,1982)史金生(2010)在区分"呢"的两种基本用法的基础上,进一步考察二者之间的关系,明确指出:"事态'呢'表'持续',情态'呢'表'申明'",而"'呢'的申明用法是从持续用法虚化而来的,是从事态到情态的语法化"。对"呢"的"持续"用法的来源,该文则采用了在汉语学界似已得到普遍认同的说法,认为"持续用法又是从方位词虚化而来的,句末位置和用于动词之后是其语法化的句法环境,从空间域到时间域再到性质域的投射是一种语法隐喻"。虽然从共时层面来看,上述分类似可涵括"呢"的主要用法;从历时层面来看,对"呢"的演变轨迹的说明则可谓是语法化及语言范畴扩展理论的完美诠释。然而,仔细分析一下,我们还是感到其中不无问题存在。本文将按已有研究的思路,分别从用法分化及其来源的角度也即共时与历时层面,对"呢"的功能和性质再做分析,并试图对不同语境、不同时期的"呢"做出统一的解释。

2 共时层面的"呢"——关于"呢"的用法分化问题

2.1 将"呢"的功能区分为表持续的事态功能和表申明的情态功能,的确可对"呢"的功能差异做出一定的说明。可是,我们也发现,很多被划入事态范畴的"呢",并非全然不含情态功能,至少同其他时体成分有所不同,是含有明显的语气意味的。例如:[下述

例句均为史金生(2010)中的例句,为便于行文,现按本文顺序编排序号]

(1)a. 她骂咱们呢,你没听出来?

b. 路上,我坐在疾驶的轿车后座想,我这是玩玄呢。

c. 我拾起摔裂了玻璃蒙子的小钟,放到耳边听了听:"还在走呢。"

d. 姚京脸红了,急急忙忙地说:"不,您不了解情况,我决定嫁给他时,他还没获得去美国的那个机会呢……"

e. 汽车还没来呢,大家都聚在一起相互寒暄着。

f. "她好点么?"贾玲小声问,踮脚从门缝往里望。"躺着呢。进来坐吧。"我用脚后跟磕开门。

g. 我没说呢,你怎么会知道?

在史金生(2010)中,上述例句中的"呢"均被划入"事态"范畴。不过,在我们看来,上述例句虽然含有持续义,但其持续义究竟是否由"呢"承担,以及"呢"究竟有何功能,却是非常值得商榷的问题。

在此,我们可以简单考量一下,去掉"呢",例句所失去的究竟是什么?加上"呢",整个语句又究竟添加了什么?从各例句的情况来看,例a中的"呢"被理解为表"持续"的"呢",无疑是以语句所述为现场事态为前提的,假如这一前提有所改变,即便是"呢"依然存在,其持续义可能也会不复存在,至少不会如例句那样凸显。例b同样如此,其持续义的凸现也要以"玩玄"是说话人对当前事态的陈述为前提,假如把句中近指的"这"换成远指的

"那",从而使"玩玄"变成对曾有事态的追述及判断,"呢"便很难被理解为时体成分。例c中的"还"和"在"均为表示进行或持续的时间性成分,"还在走"同"还在走呢"相比,缺失的也不是持续义,而是确认、申明的语气。如果去掉"在",将"还"理解为表示"意外"的情态成分,"呢"自然也就会被理解为情态范畴的"呢"。更进一步说,如在句中加上或换入"意外"色彩更为浓烈的"居然""竟然"之类的情态副词,"呢"可能就会倾向于被看作情态成分。例d所述事态有着明确的时间参照点,已被表明是一个具有时间延续性的过程,其持续义应当与此有关。例e中的含"呢"句是一个背景句,下文所述前景事态的持续性特征,使得背景事态的持续性特征得到明示。例句f和例句g下文将会述及,这里暂且不做分析。从总体上说,例(1)各句所述事态的持续性均为该事态在语境中所呈现的时体特征,是结构成分和语境因素共同作用的结果,不应简单地将其归因于"呢"的功能;相反,上述语句所含情态义却是直接源于"呢"的使用。为此,去掉"呢",整个语句所失去的并不是"时体"方面的特征,而是独立成句所需要的"情态"条件;加上"呢",整个语句便有了说话人对某一事实加以确认、申明的意味,句子的主观性有所增强,并更有完成感。

另一方面,文中有些被划入情态范畴的"呢",也并非全然不能读出"持续"的意味。例如:

(2)a. 我用肩膀抵住老邱,不让他过去。"你身上带着钱呢。"

b. 我可是一直给您留着面子呢。

c. "你离我远点,你不是就是来请求我原谅的么?我原谅你了,你不走还干吗?"夏顺开退回了座位:"我话还没说完呢。"

在史金生(2010)中,上述例句中的"呢"被划入情态范畴,但从整个语句中我们还是可以读出"持续"的意味的。特别耐人寻味的是,例句(2a)(2b)同例句(1f)形式相近,"呢"都用在表示状态持续的"V着"之后,那么,对句中"呢"的用法为何会有不同的解读呢?其实,"呢"本身并无本质区别,即都表示说话人对某一事态的确认、申明,不同的是"呢"所在语句用于不同的场合,有着不同的功能,(1f)重在说明客观事态,(2a)(2b)则重在警示对方,即便是去掉句末"呢",其表述功能也不会发生根本变化。应当说,不是不同的"呢"使得句子有了不同的表述功能,而是不同的语境也即不同的上下文及事理条件使得"呢"确认、申明的呈现方式有所不同。例(2c)中"呢"的用法同例(1g)中的"呢"十分相似,而(1g)中的"呢"被看作事态成分,大概主要就是因为该句所述事态是后句的背景事态,后句所述事态是在前句所述事态的持续中所应有的状态,后句凸现了前句的持续性或者说过程性特征;(2c)中的"呢"被看作情态成分,则是因为该句仅在申明事实,如像(1g)那样加上后续句,说成"我话还没说完呢,当然不能走!(或"怎么能走呢?")"即把含"呢"句变为背景信息,句中"呢"是否便可与例(1g)中的"呢"一样,被理解为表"持续"的事态成分呢?"表示持续的'呢'用在非事件句中,表示背景信息",是史金生(2010)所述及的事实。作为背景信息的事态应为前景事态的伴随状态、即时状态,也即相对于前景事态而言,应为正在持续的状态,这可能也就是背景句中的"呢"容易被理解为表"持续"的事态成分的主要缘由。

在日常语言交际中,特别是在孤立地看一个句子时,对有些"呢"的身份更是难以判明。例如:

(3)a.他都没进过城呢!

　　b.他还是个不懂事的孩子呢!

上述两个句子中的"呢"是表"持续"的事态成分,还是表"申明"的情态成分,是很难做出明确判断的,类似情况在语言交际中比比皆是。

从组合关系的角度来看,一般来说,一个成分具有不同的语法性质,便会在结构中呈现不同的分布特征,而从所谓的事态"呢"和情态"呢"的句法表现上,我们似乎看不到这样的区别。在同其他时体及语气成分共现时,"呢"的常见句位均为二者之间,也就是说"～着呢吧/啊/呗"是我们所能见到的结构序列。而结构成分的排列是有其内在规律的,从命题成分与情态成分的区分来看,前者在内层,后者在外层,是合理的排序方式。"呢"所表述的是说话人对某一客观事态的确认与申明,表达的是说话人的情感和态度,同时也与客观事态有关,其主观性应当高于属于命题范畴的时体成分,同时又低于其他一些纯粹表达说话人的情感和态度的语气成分。"呢"居于"着"等时体成分和"啊"等语气成分之间,正是其语义和功能属性的体现。

上述事实表明,即便是就"呢"的共时表现而言,事态和情态的界限也并不是非常清楚的,脱离语境因素,是很难对"呢"的功能做出非此即彼的判定的。正如史金生(2010)所指出的那样,事态"呢"和情态"呢"在话语功能、语体特征及主体性方面(具体表现为共现成分)均表现出一定的差异。那么,换个角度来看,我们是否也可以认为正是上述语境因素赋予了"呢"不同的功能表现?

将一个成分在特定的语境中所呈现的功能看作这个成分本身的语义和用法，是语言成分分析常有的问题，"呢"的分析也同样存在这样的问题。

同时，我们也发现，跟被划入"事态"范畴的"呢"几乎都含有情态意味有所不同，被划入"情态"范畴的"呢"并不是都能读出"事态"义。也就是说，我们不难认定哪些含"呢"句是不含持续义的，但对哪些含"呢"句完全不含确认、申明语气，却是很难做出判定的。这种不对称似也说明，表"持续"并非"呢"本身所固有的功能，而是语境因素作用的结果，是"呢"本身的语义和用法与语境因素互动的结果，如果失去必要的语境条件，这样的功能则无从显现。另外，据史金生（2010）的介绍及我们对北京大学中文语料库的调查，"呢"用于对话语体的比例远远高于叙述语体，这也有助于证明向听话人"申明"某一事态，也即提醒听话人注意某些话语内容，应为"呢"的常规功能，而表"持续"应为"呢"在特定语境中的派生功能。

2.2 其实，不仅如上述例句所示，在现代汉语的"呢"之间很难划出事态和情态的界限，在中古及近代汉语中，对"呢"的性质和功能也不是很容易做出非此即彼的判定的。譬如，太田辰夫（1987中文译本，2003中文修订译本，下文统称"1987"）曾分别列举了不同语境中的"哩"（"呢"的曾用字），并对其进行归类。请看几个元曲中的例子（每组各录一例，为便于行文，例句同样按本文顺序编排序号）：

(4) a. 如今要杀坏了我哩。（和"如今""现""正"等相呼应。）

b. 你吃什么哩？——我吃烧饼哩。（没有"如今"等，但同样是表示动作状态现在存在。）

c. 他举着影神楼儿哩。（瞬间动词加"着"。）

d. 还有一个哩。（句中用"还"，表示"不变化"。）

e. 天色早哩。（不用"还"，也表示"不变化"。）

f. 没有吃饭哩。（句中使用表"未"意思的副词"不曾""未曾""没有"等，多与"还"合用。）

g. 这沙门岛好少路儿哩。（"精警"也即促使对方注意。）

按照太田辰夫（1987）的说明，例（4a—f）"明确表示某种动作、状态现在存在或者不变化，是叙实的用法。"其中，a—c"表示动作还存在"，"d—f"更接近于不变化"。叙实的用法"变得含混了，变成只不过是用来促使对方注意，就把它叫作'精警'"，例（4g）便是"精警"用法。通过例句及其说明不难看出，所谓"叙实的用法"也就相当于表持续的事态用法，"精警"用法则相当于表确认、申明的情态用法。在我们看来，同前面所分析的现代汉语用例一样，例句 a—f 与例句 g 的区别并不在于"哩（呢）"的区别，而在于所述事态的区别。前面几个句子所述事态均为与外部时间过程相关的当前事态，是具有特定的时间特征的现实事件；例句 g 所表述的则是与外部时间过程无关的状态。"哩"的作用都是"促使对方注意"所述事态，而对"哩"的不同解读，主要就是由语境因素造成的。以 e 和 g 为例，前者所表述的就是一种时间状态，其时间性是不言而喻的；后者所表述的则是一种空间状态，说话人可以将其同外部时间过程联系起来，也可以不涉及任何时间因素。既然同外部时间过程无关，也就无所谓持续与否的问题,因而句中的"哩(呢)"也就无法被理解为"叙实"成分也即事态成分。如为例句 g 加上相应的时间成分(比如说成"如今这沙门岛好少路儿哩"),句中"哩(呢)"同样是有可能被理解为事态成分的。另外,书中还谈到,当"动词是瞬间动词时",动词后加不加"着",意义会有很大的差别。"瞬间动词加'着'的例子很多。这当然不是说不用'着'就不可以,而是因为必须这样表达的场合很少。"相反,"持续动词后面有没有'着'意义差别不是很大,有用'着'的,也有不用'着'的"。瞬间动词本身不含持续义,不加"着",光靠"呢",是无法凸显所述事态的持续性的,这也说明"呢"本身并不具备表持续的功能,并不能如真正的时体成分"着"那样赋予事态一定的时体特征。同时,动词如为瞬间动词,在不加"着"的情况下,句末是很难用"呢"的,这可能就是因为对一种转瞬即逝而没有任何时间延续性的事态,说话人是难以将其作为当前事态加以确认、申明,提请听话人注意的。

史金生(2010)同样对中古及近代汉语中的"呢"(包括其曾用字形)做过事态用法与情态用法的区分,而在我们看来,这样的区分也同样存在界限不清的问题。例如:

(5)a.……及睹浩破题,……喜曰:"李程在裏。"(王定保《唐摭言》)

b."天之将丧斯文也……"丧乃我丧,未丧乃我未丧,我自做着天裏。(《河南程氏遗书》)

c. 尧夫诗云,"圣人吃紧些儿事",其言太急迫,此道理平铺地放着裏,何必如此。(同上)

d. 江与友遽趋出,一餐曰:"未晓里,且缓步徐行。"(《夷坚志》庚集卷8)

e. 幸有光严童子里，不交依去唱将来。(《维摩诘经讲经文》)

f. 庚午辛未之间，有童谣曰："花开来里，花谢来里。"(《太平广记》卷140)

g. 颖云："此项待别有咨闻，这里别有照证里。"(《乙卯入国奏请》)

h. 如今檄书将次到来，乘宣亦须见俚。(《三朝北盟会编》)

按史金生（2010）的分析，前四例中的"裏""里"为事态成分，后四例中的"里""俚"则为情态成分。"从表持续到表申明，'里'实现了由事态到情态的变化"，上述例句所表明的就是这种变化情况。不过，我们认为，同现代汉语中的"呢"的情况基本相同，例句(5)中的"裏""里"（包括"俚"）的用法并无本质的区别，前四例中的"裏""里"被看作表持续的事态成分，也是语境因素作用的结果。特别值得提及的是，史金生（2010）将例句(5e)中的"里"看作情态成分，而太田辰夫（1987）却将其看作事态成分。对同一用例研究者会有完全不同的看法，这或许就说明该成分本身并不存在真正的用法分化。

另外，从上述例句及已有研究的分析来看，从中古到近代，再到现代，在不同的历史时期，"呢"的用法分化情况几乎没有明显区别，从中很难看出历时演变的痕迹，看不到由实到虚的语法化脉络。关于这个问题，后面还将述及，这里就不展开去谈了。

总之，无论是在现代汉语中，还是在中古及近代汉语中，在不同历史时期的共时平面中，我们都难以对"呢"的事态和情态用法做出明确区分,其持续义均与语境因素有关;相反,表确认、申明则为"呢"在任何语境中都有的功能。

3 历时层面的"呢"——关于"呢"的来源问题

3.1 将"呢"看作情态成分,将语气义(或称情态义)视为"呢"的原型义、基本义,以表"确认"与"申明",对"呢"的语义和功能做出统一的解释,不可避免地会涉及"呢"的来源问题。

关于"呢"等语气词的来源问题,一直是语法学界特别是历史语法研究中颇受关注的问题。虽然这是一个仍存争议的问题,但如前所述,"呢"源于方位词"里"("裏",也有学者认为是"在裏"),由表示在空间中存在(处于事物之"里")到表示在时间中持续(处于动作或事件之"里"),再由表持续(当前事态的持续)到申明当前事态,则是学界比较通行的看法。从空间域到时间域,再由事态到情态、由时体到语气,应当说是完全合乎语言范畴扩展规律的演化轨迹,因而是很容易为人们所接受的看法。

不过,我们仍存疑问的是,被看作"呢"的来源的"里"("裏")究竟能否被确认为方位词?而我们之所以会有这样的疑问,主要就是基于对以下事实的思考。

3.2 首先,从"呢"的字形更替、演化的情况来看,其书写形式的选用基本上都是以记音为原则、为标准的。在"呢"的字形变化中,语音因素始终起着决定性作用。

从考证资料中我们可以看到,在不同时期、不同地域,"呢"曾倾向于采用不同的书写形式,不同的书写形式或相继更替,或并存共用,其写法堪称复杂多样。① 同时,我们也知道,汉字属于表意文字,可是,"呢"的书写形式的选择似乎与意义全然无关,从字义上看不出任何承继关系,但其语音形式却万变不离其宗,即无论字形如何变化,表现出明显的承继关系。甚至可以说,"呢"的各种书写形式均有假"形"表"音"的特点,同假借字有相通之处。这就让我们不能不考虑,"呢"自其产生之初是否便为记录人的自然发声行为的语气词?包括方位词"里"("裏")在内的各种书写形式是否都是被作为摹声也即记音手段使用的?

我们似有理由设想,"呢"的字形选用正是不同层面的语音因素共同作用的结果,因而是完全可以从不同的语音层面做出解释的。

从语音的生理属性的角度来看,"呢"最初的书写形式或为单纯的记音字(或称象声词),是以现成的汉字表述说话人在某种情绪或情感状态中所发出的声音,是自然音声的临摹。以特定的语音形式表达特定的情感或情绪,以相同或相近的发声方式表达相同的语气,应当说是非常自然的生理及物理现象。在此,我们可以借用郭小武(2000)述及汉语语气词和叹词所共有的"变韵"规律的一句话,说明这一现象:"其实,这里的口型一致性是本然的、自在的,是语气相似性决定了口型一致性。"也正是由于自然语气的表达本质上是一种自发的言语行为,所以不同的群体甚至是个体就可能

---

① 齐沪扬(2002)在对吕叔湘(1984[1940])、江蓝生(1986)、太田辰夫(1987)、曹广顺(1995)等有关著述加以梳理、分析的基础上,将"呢"的来源大致描述如下:
"表示疑问的语气词'呢[1]'的来源:
　　那、聻(唐、五代)→那、呢(金、元)→那、呢、哩(金、元之后)→呢、哩(明代以后)→哪、呢(清代以后)→呢(现代)
表示非疑问的'呢[2]'的来源:
　　裏、里(唐、五代)→哩(宋、元、明)→呢、哩(清代)→呢(现代)"

会在发声方式上存在一定差异,从而使得语气词的语音形式并不是非常稳定的,①这或许就是起初人们未能使用全然一致的书写符号记录语气的内在原因。同时,汉字毕竟不是表音文字,以汉字记录语音,只能是大致比况,最初难免会在形式上的选用上出现分歧。

从语音的社会属性的角度来看,"呢"的字形变化呈现为历时和共时两种变异情况。首先,语气词的历时音变应为"呢"的字形更替的重要原因。不同时代的人以不同的字形写"呢",可能反映的就是当时的语音实态。其次,语音的共时分歧也会造成"呢"的字形分化。受方言发音的影响,不同地域的人会用不同的"呢"系字记音,这也就使得"呢"在不同的方言区有着不同的形式。总而言之,"呢"的书写形式的多样化表现,大概主要就是基于上述内在和外在原因。实际上,不仅"呢"在书写符号的使用上有这样的特点,其他语气词也有这样的特点,其原因应当是大体相同的。

当然,随着语言系统的成熟和发展,随着各种语气(或称自然音声)的表述形式的进一步符号化、语词化,其能指与所指、字形与字义的关系逐渐固化,书写符号也即语词形式也就产生了规约化、

---

① 现代汉语语气词的发音依然有其不稳定的一面,随着语气强弱变化,语气词的音域也会有所变化。对此类现象,研究者早有关注。譬如,胡明扬(1981)就曾提到:"由元音组成的语气词在语音上是不稳定的,开口度可大可小;并且同一语音形式既可以是语气助词,又可以是叹词,如 ei/ai(哎)、ou(呕)、a(啊)等,但语气意义基本不变,所以'身份'不很明确。"郭小武(2000)则进一步指明:"指出语气助词、叹词发音的开口度有大小之分,很有启发意义。不过,我们不同意开口度'可大可小'的说法,而是坚持认为,语气助词、叹词等发音的开口度有大有小,且在大小之间总会有其内在的规定性。""在范围限定、类型限定的条件下,语气强时开口度大、语气弱时开口度小可以成为一条法则。人们可以'哈哈'地大笑、'哇哇'地大哭,却无法'嚅嚅'地大笑、'喔喔'地大哭,其中的道理恐怕就在这里。""语气助词'了、呢、的'等开口度随'情绪-语气'的强弱变化而变化,就如同物体的体积会随着温度的变化而变化一样。从本质上说,生理现象不外是一种特殊的物理现象。"

精确化要求。从借字表音到以专用符号兼表音意,是"呢"的书写形式由"裏""里"(唐、五代)到"哩"(宋、元、明),再到"呢""哩"(清代),最后基本固定为"呢"(现代)的演化脉络。其中,从单纯借字表音的"裏""里"到专用形声字"哩"的使用,无疑是具有"质变"性质的发展阶段。《说文解字》对"六书"之一的"假借"做出的阐释是:"假借者,本无其字,依声托事",而消除假借字使用的种种不便与不足,即在"依声托事"的假借字上添加意符,则是形声字产生的很重要的原因及渠道。(参见河野六郎,1994)据此,我们也似可推断,"哩"应是在假借字"里"的基础上添加意符而成,①"呢"的使用则是字音修正或变异的结果。简单地说,"裏""里"是以假借的方式选用的表音字(或称象声词),"哩""呢"则已具备形声字的基本特点,即"里""尼"为声旁(音符),标示发音特征;"口"为形旁(意符),标示该字的语义范畴,表明该字表示与"口"的形状有关的语气,表示一种发音行为。至此,"呢"便获取了独立的形、音、义,成为汉语词汇系统中的一个成分。推及开去,其他专用语气词(包括叹词)也大都具有这样的特点,即多在经历字形由比较多样到渐趋一致的过程之后,以由形旁"口"与不同的声旁组合而成的形声字形式及其特有的词类身份进入辞书。

在述及"呢"由"里"("裏")到"哩""呢"的变化时,太田辰夫(1987)曾谈到,在宋代文献中可以见到"哩",不过在同样的话本中也有用"裏"或"里"的,这就暗示了"哩"是后人改写的。"'哩'在元

---

① 选择"里",而不是"裏",应当是出于字形简单、书写简便的考虑。当语气词及叹词有不同的书写形式并存时,多用直至最后选用比较简单的书写形式,少用直至最终弃用过于繁复的书写形式也即弃繁从简,则是比较常见的情况。

曲中用得很多,但在元刊本里用'里','哩'是不是元代原有的写法,还须要研究。但是,先不说写法,反正经常使用 li 这个助词则是无疑的。"至于为什么清代文献中"哩"数量较少,而且是方言性的,基本为"呢"所取代,"这大概是因为'哩'的'l'变成了'n',北京话'弄'读作'nung','脊梁'的'梁'俗读作'niang'也是这种变化的例子"。从以上描述可以看出,"呢"到底写成哪个字并不重要,重要的是要能记"li"音。后人之所以要将宋代话本中的"裏""里"改写为"哩",显然主要就是为了明示该词表示语气的性质和功能。"呢"则同"哩"一脉相承,从"哩"到"呢",是有其社会、地域和语言系统内部的原因的。与"呢"源于"里""裏"的看法有所不同,吕叔湘(1984[1940])认为,"裏"源于"在裏","此一语助词,当以'在裏'为最完具之形式,唐人多单言'在',以'在'概'裏';宋人多单言'裏',以'裏'概'在','裏'字俗多简作'里'。本义既湮,遂更着'口'"。我们姑且不论曾被太田辰夫(1987)否定的"在裏"说是否合理,只想指出,"本义既湮,遂更着'口'"至少说明在把"里"改写为"哩"时,人们是将其作为语气词看待的,而并未考虑"里"的本义。

我们列举以上事实,主要就是为了说明"呢"(包括曾用字形"裏""里""哩")所记录的是伴随自然语气而自发产生的发声行为,语气控制着口腔形状,从而控制着语音形式。归根结底,"呢"及其曾用字形应为记音字。作为情态成分的"呢"是由时体成分演化而来并依然具有时体功能的说法,是很值得怀疑的。

3.3 其次,从汉语句法构造的角度来看,方位词在无动词或介词配合的情况下单独出现在句末,并不是比较常见的句法现象。

前面说过,"呢"来源于"里""裏",是太田辰夫(1987)等著述的主张,也是汉语学界的通行看法。不过,不能不承认的是,"里""裏"本为方位词,"像这样用在句末的形式,从近古的用法看起来有些奇怪"。也正因为如此,"有人把它和'在'这样的动词联系起来,看作是放在句末的'在裏'的省略。但'在裏'的时代更晚,所以这种设想不能证实"(参见太田辰夫,1987)。在否定"在裏"说的同时,书中还指出,"把表示处所的词放在句末的用法是从古就有的(古汉语的'焉'就是这样),'里'的这种用法就是与此类似的用法,只是它是在后来出现的。在近古,'在裏''在这里'有用于句末的,应该认为它们不是要表明动作的处所,而是表示动作的存在。而近古像这样用'在',是因为表处所的词已经不能直接放在句末了"。据我们所知,"表示处所的词"单独放在句末,很难说是"从古就有"的,至少应当说是比较罕见的用法。书中所提到的"焉"作为表处所的成分放在句末,一般是被看作兼表"于之"的兼词的,而跟"于之"性质和功能相近的语言成分不是"里""裏",而是"在裏"。从已有研究中,我们尚未看到有关作为方位成分的"里""裏"何时开始用在句末的说法,但在近古"已经不能直接放在句末了",则是太田辰夫(1987)等著述所载明的看法。在前无确凿的承继证据、后无明显的变化线索的情况下,方位词"里""裏"为何仅在相对短暂的时期用在句末,的确不能不令人感到疑惑。

"里""裏"表示"动作的存在、不变化"的用法,通常被认为始自唐五代,沿用至宋代,下面就请各看两例:

(6) a. 他儿婿还说道里。(唐五代用例,《变文集》)

b. 佛向经中说着裏,依文便请唱将来。(唐五代用例,《变文集》)

c. 未要去,还有人里。(宋代用例,《简帖和尚》)

d. 行至山半路高险之处,指招亮看一去处;正看裹,被康张二圣用手打一推……(宋代用例,《史弘肇龙虎君臣会》)

上面例句中的"里""裹"是被作为"呢"的初始形式看待的,被看作表示"动作的存在、不变化"也即"表示处于动作之里/中"的"叙实"/"事态"成分。可是,它们究竟仍被看作方位成分,还是已被看作语气成分,未见非常明确的说明。不过,就其使用时间和已有分析来看,人们可能更倾向于将其看作方位成分。在此,我们需要考虑的是,如果将其看作方位成分,将整个语句理解为如现代汉语的"VP 中"那样的结构,"里""裹"的用法就会显得极为特殊。姑且不说在近古汉语中方位词"已经不能直接放在句末了",因而"里""裹"上述用法应为方位词中的"特例",即便是同语义和用法与其比较接近的方位词"中"相比,"里""裹"在上述例句中的用法也不能说是完全正常、合理的。[①] "中"在现代汉语中已经虚化至

[①] 史金生(2010)提到:"'里'由方位义演变出持续义,其机制与现代汉语'中'由方位词虚化为表持续的助词一样,都是语法转喻的结果:由处于事物之里/中到处于动作之里/中,这是由空间域到时间域的投射。""里"和"中"虽然都是汉语中常用方位词,其语义和用法也有十分相近的一面,然而,无论是其原型义还是其引申义及引申用法,二者的区别也还都是非常明显的。据考据,"里"的本字为"裡","裡"为形声字,本义为"衣服的里层,与'表(面)'相对"。而"中"为指事字,"甲骨文字形的'中'像旗杆,上下有旌旗和飘带,旗杆正中竖立"。"中"可以表示一维空间义,而"里"却不行。(如:"把赛绳拉直,绳中系一条红布为标志"的"中"就不能换成"里")(参见杨江,2007)而时间具有一维性特征,时间的延续往往会被想成一条直线。因此,从概念象似性的角度来看,处于时间过程中更接近于处于一维空间中,以后者表述前者,更合乎语法隐喻形成的条件。"里"和"中"的用法在现代汉语中之所以会有所分化,即"里"多用以构成"NP 里",倾向于表示空间性方所,"中"则既可以构成"NP 中",也可以构成"VP 中"和"AP 中",更倾向于表示集合性或抽象性事物以及活动和状态,(参见邢福义,1996)归根结底就是缘于二者原型义的区别。

一定程度,其表述对象已从空间域扩展至时间域,"用在动词后表示持续状态"已被作为义项载入词典。但尽管如此,将"中"直接"用在动词后表示持续状态"也还是不会像上述例句那么灵活、自由,与真正的时体成分也还有很大的差别。据我们初步考察,"中"不需要与"在"配合,便可直接后附的成分多为具有名动词特点的成分,而且多限于在单独作为标示语或警示语的场合使用,如"营业中""谈判中"等。而在其他场合,大都要求"动词前有'在'字"(参见《现代汉语词典》),如"工作在顺利进行中"难以说成"工作顺利进行中","学校在发展中"难以说成"学校发展中"等。严格地说,"中"表示的是行为主体处于行为过程中,而不是包括行为主体在内的整个事件处于进行或持续中,这同"中"原有的表示存在主体存在于某个空间的用法是极其相似的,要求与"在"配合使用等句法表现更是同一般方位词大体一致。由此看来,"中"的语义和用法无论如何引申、扩展,其原型义和原型用法都依然起着制约作用,这是合乎语法化的"保持原则"的。相反,从"里""裏"的前述用法中,却看不到类似情况。同时,我们知道,语法化是一个连续的渐变的过程,一个语言成分的语法化程度与其使用频率、使用范围往往是相关的,为此,就是仅从使用频率和范围的角度来考虑,"里"的语法化程度似也不应超过"中",其在时间域的用法不应比"中"更为灵活、自由。不过,从例(6)便可看出,句末"里""裏"如被看作方位成分,其语法化程度及其用法的灵活、自由程度显然均已超过现代汉语的"中"。

当然,把例句中的"里""裏"看作语气成分,同样也有不易解释的问题。其中,比较重要的一个问题就是,假如上面例句中的"里""裏"自表示"进行""持续"之初,便已具有语气词身份,那么对其

"由处于事物之里/中到处于动作之里/中"的演化过程,该如何理解呢？更进一步说,"里""裏"是否曾有像"中"那样作为方位词表示"处于动作之里/中"的阶段呢？作为方位词表示"处于动作之里/中"与作为语气词表示持续,是否会有一定的区别与界限呢？

按已有研究记述及前述例句所示,"裏""里"表持续的用法始自唐五代,宋代以后逐渐增多；同时,由表持续进一步虚化为表"申明",也即由事态到情态的变化在唐五代也已出现。（参见太田辰夫,1987、史金生,2010；等等）也就是说,"裏""里"的事态和情态用法几乎是同时出现,并同时发展起来的。从理论上说,"裏""里"由表方位到表持续,再由表持续到表申明,理应经历一个比较复杂的语法化过程,其事态和情态用法即便在共时平面上是并存关系,在历时平面上也应有先后之别,应有渐进式演化关系,可是,从"裏""里"及"呢"的其他初始形式中,我们似乎看不到这样的区别与轨迹,甚至看不出这是曾有历时变化的语法现象。"呢"的不同用法在各个时期几乎都是同时存在的,基本没有明显的孰前孰后、孰轻孰重之别。太田辰夫(1987)虽然主张非表疑问（即"叙实类"）的"呢"源于"'里''裏'等表示处所的词",是从"表示某个处所中动作、状态的存在而发展来的",但也承认,"它成为助词的过程还不大清楚"。从这个角度来说,认为"呢"的情态用法是由事态用法虚化而来的,也不是非常能够令人信服的。

3.4 综上所述,无论是从共时还是历时的角度来看,也无论是从其字形演变还是句法表现来看,将作为"呢"的来源的"里"（"裏"）确认为方位词,也即认为"呢"源于方位词"里"（"裏"）,并由表示在空间中存在发展至表示在时间中持续,再由表持续发展至表申明,表持续的事态用法与表申明的情态用法一直并存共用的看法,都存有诸多疑点。通过对实际用例及已有研究的分析,我们似可提出如下设想:"呢"及其曾用字形本质上均为记音字(或称象声词),自其使用之初,便为记录口语语气的语气词。而此类记录口语语气的语气词首先出现在以口语化、通俗化为特点的唐五代变文中,是有其合理性的。

4　回溯推理——"呢"字句的持续义得以浮现的认知机制

4.1 实际上,早有学者明确提出:"呢"的功能为"提请对方特别注意自己说话内容中的某一点",而"和持续状态无关"。(胡明扬,1981)而在我们看来,认为"呢"既表"持续",也表"申明",既有事态用法,也有情态用法,固然不够准确,是将"呢"在特定的语境中所呈现的功能看作"呢"本身的意义和用法;同时,认为"呢"完全与其所在语句的"持续义"无关,在某种意义上说也是不够客观的。确如方梅(2014)所指出的:"虽然'VP 呢'具有表示'持续'的解读","但是,在状语小句中,并不能用'呢'表达'持续'意义",(如:"走呢,走呢,下起雨来了"不能说,"走着,走着,下起雨来了"却可以说。)"可见,所谓的'呢'的'持续'意义的解读并不是事件表达层面的'体'范畴,来自提醒当前状态的功能。"简单地说,"提请对方特别注意自己说话内容中的某一点",是"呢"本身的表意功能,"持续"则为"呢"的语境浮现义,而"持续"义的浮现就源自"呢"对当前事态的提醒功能,"回溯推理"则为其中最为重要的思维程序(或称认知机制)。

4.2 在前面的论述中,我们推断,"呢"及其曾用字形自使用伊始便为口语语气词,而且其曾用字形本质上应为记音字(或称象声词),是自然音声的符号化形式,其能指为一种音声样态,其所指则为说话人的态度、情感等,以语气(音声)"表情"是语气词的基本功能。从言者表达的角度来看,"呢"这一音声样态所对应的就是言者对某一事态的确认与申明;从言语行为或者说听说双方互动的角度来看,"呢"则是用于提醒听话人注意某一事态,并进而促使听话人改变对某一事态的认识或在行动上有所反应。那么,含有确认、申明语气并具有提醒功能的"呢"为何常可读出"持续"义呢?

语言是与思维相关联着的,推理是思维的基本形式之一,人们在语言交际中常会自觉或不自觉地运用各种推理形式。同演绎推理、归纳推理等较为复杂、严密的逻辑推理形式相比,回溯推理、类比推理等推理形式更为简便易行,因而在日常生活和日常语言表达中更容易被自发地运用。按照推理的一般程序,如果 A 为 B 的前提或原因,B 为 A 的结果,那么就不仅可由 A 的存在推测 B 的存在,而且由 B 的存在也很容易反推出 A 的存在,后一种"由果推因"的推理形式便为"回溯推理"。我们知道,"呢"多用在对话语体中,而对话具有即时性和交互性特点。从道理上说,如果说话人所陈述的是一个与外部时间过程相关的现实事件,在没有给出特定的时间参照点的情况下,事件的时间参照点便会被默认为当前时点,说话人提请听话人注意的事态自然应为当前事态,或者说某一当前事态正在持续便是说话人提请听话人注意该事态的前提,既然后者蕴涵着前者,就理应可由后者推及前者,即从说话人对某一事态的确认、申明及提醒语气中,可以读出某一事态正在持续(至少是在说话人的语言认知中)的含义。说得更明确一些,"呢"所表达的语气属于主观情态范畴,是"第二性"的,表述对象的时体特征则属于客观事态范畴,是"第一性"的,前者为"果",后者为"因",而说话人之所以会采取由"果"述"因"的表述策略、听话人之所以会完成由"果"溯"因"的推导程序,归根结底就因为人具有"回溯推理"的能力。为此,更准确地说,"呢"所谓的"持续"义不仅应被看作语境浮现义,而且还是一种语用衍推义。

同时,由于同相对虚化、空灵的情态义相比,时体义较为具体、实在,认知显著度较高,所以一旦含"呢"句能被解读出"持续"义,即其"持续"义得以浮现,得到优先识解,其情态义便会被抑制、被忽视,这可能就是某些语境中的"呢"不再被看作情态成分,而更倾向于被看作表持续的事态成分的一个很重要的原因。事实上,在语言分析中,人们同样也是循着先事态后情态的思路的,如果整个语句含有持续义,"呢"便被看作表持续的事态成分,否则,"呢"就被看作表确认、申明的情态成分。

刘利、李小军(2013)指出:汉语史上的语气词大多数都可以出现于多种句式,而在不同句式中语用功能肯定也略有不同。如果强调彼此的不同,那么可以说一个语气词具有多种语气义;而这多种语气义往往有着内在联系,或者根本就是一种语气义的派生形式。"'呢'在陈述句中表提醒(提请对方注意话语的焦点),在疑问句中表深究,其实深究与提醒一脉相承,即提醒对方注意疑问点,催促对方快点回答。"推而言之,语言所表述的事态多种多样,在确认、申明也即提醒听话人注意的不同事态时,人们往往会从"呢"字句中读出不同的含义,并会将其归结为"呢"本身的意义和用法,这或许就是"呢"常被看作一个用法复杂的多功能语气词的主要原因。

5 结语与余论

以上分析表明,"呢"(包括其曾用字)本质上应为记音字(或称象声词),表示确认及申明,用于提醒听话人注意某一事态,是"呢"的主要含义和基本功能。有些"呢"字句之所以能被读出持续义,主要就是因为人具有回溯推理能力,是回溯推理在起作用。在此意义上说,持续义应为"呢"字句的语境浮现义,是一种基于"呢"的语义和功能的语用衍推义,而不应将其归结为"呢"本身的语义。即便是"呢"在某些语句中的"持续义"已经不断强化、固化乃至规约化,甚而可被列为独立的义项,我们依然应当承认这是语用法语法化的体现,是"呢"与语境因素互动的结果。

在此,我们还想提及的是,回溯推理是一种常用、便捷的推理形式,在其他一些看似有悖语言范畴扩展规律的语言现象中,我们也可见到回溯推理的运用。譬如,有些词语既有空间义,又有时间义,如名词"头""尾"、方位词"前""后"、形容词"长""短""远""近"等。由比较具体的空间义引申出相对抽象的时间义,是合乎人的认知规律及语言范畴扩展规律的语言现象。然而,下述例句却似乎与此存有抵牾。

(7) a. 在南宁狗市上,除了<u>偶尔</u>有几个四川、河南、东北的狗贩外,几乎卖方全是南宁人。

b. 上山的路<u>一会儿</u>舒缓,<u>一会儿</u>陡峭。

c. <u>首先</u>是新建的图书馆,<u>然后</u>是称得上壮观的教学楼,<u>接着</u>还有宽阔的运动场。

例句中的"偶尔""一会儿"及"首先、然后、接着"本为"时间词",但却用在描述空间景象的语句中,用以表示空间景象的分布特征。例(7)基本反映了汉语中"表示空间景象的时间词"最为常见的几种用法,归结起来主要包括:以表示时间频率的词语表示空间景物的分布状况(特别是空间分布密度),以表示时点及时间情状的词语表示空间景物的存现位置,以表示时序的时间词表示空间景物的排列顺序。如果仅从句义的角度并以一种相对简单的办法处理问题,我们可以认为句中时间词的意义和用法已有变化,即已转而表示空间义。可是,词义从时间域(源域)向空间域(目标域)扩展,并不合乎语言范畴扩展的一般规律,对其发生"逆向"扩展的路径和理据,是无法做出合理的解释的。

那么,时间词究竟为何可以用在含有空间义的语句中,用以表示空间景象呢？其实,例句均含有一个隐性认知事件,含有"在人的感官世界中出现"或者"看到"这样一层隐性义。从深层概念结构的角度来看,例句中"表示空间景象的时间词"所表示的就是人对空间景象有所感知的认知行为的时间特征,是描述空间景象的语言结构所隐含的认知事件的时间要素。从表层语言结构的角度来看,原本属于认知事件的时间成分能与描述空间景象的共现成分相组配,并与句式义相融合,主要就是基于时空关联关系的事理逻辑及认知机制在起作用。在一个动态的认知过程中,认知行为的时间特征与认知对象的空间特征往往具有明显的相关性和邻接性,前者总是伴随后者显现,后者可以映现为前者,以这种相关性和邻接性为基础,说话人就可以在二者之间建立起一个使转喻(metonymy)得以发生的认知框架,并以认知显著度较高的前者转述后者。说得具体一些,认知对象出现在人的视野中的频率往往与其自身的分布密度有关(即"少的"只能"偶尔"看到,"多的"则会经常看到),出现在人的视野中的时点与情状往往与其所处位置有关,出现在人的视野中的顺序则往往与其空间序列有关。于是,人们就以表示时间频率的词语表示认知对象的空间分布密度,以表示时点及时间情状的词语表示认知对象的空间存现位置,以表示时序的词语表示认知对象的空间排列顺序,上面例句就分别代表这几种情况。由于上述时空关联关系在人的语言认知中已经成为一个"默认值"(default value),所以听话人就很容易将时间词所表示的时间义识解为空间义。由此可见,"表示空间分布的时间词"本身仍为表示时间的成分,句中所含空间义是一种由主观认知特征推及作为认知对象的客观空间特征的"衍推义",是由"果"及"因"地"回溯推理"的结果。[1]

其实,除了我们这里所谈论的"呢"以及所谓的"表示空间分布的时间词"之外,还有其他一些看似有悖语言范畴扩展规律的语言现象也与"回溯推理"有关,这里就不一一述及了。说到底,语言是与思维密不可分的,人类思维的特征决定了语言表述形式的多样性。为此,对一些有些特殊的语言现象,我们应当探寻其背后所隐藏的机制与理据,而不能轻易将其归为有悖语言范畴扩展规律的语言现象。

参考文献

曹广顺　1995　《近代汉语助词》,北京:语文出版社。
方　梅　2014　再说"呢",第十八届现代汉语语法学术讨论会(澳门大学)。
郭小武　2000　"了、呢、的"变韵说——兼论语气助词、叹词、象声词的强弱

---

[1] 关于所谓的"表示空间分布的时间词"的问题,请参见任鹰(2010)。

两套发音类型,《中国语文》第 4 期。

胡明扬 1981 北京话的语气助词和叹词,《中国语文》第 6 期。

江蓝生 1986 疑问语气词"呢"的来源,《语文研究》第 2 期。

刘 坚、江蓝生、白维国、曹广顺 1992《近代汉语虚词研究》,北京:语文出版社。

刘 利、李小军 2013 汉语语气词历时演变的几个特点,《北京师范大学学报》第 6 期。

吕叔湘 1984[1940] 释景德传灯录中"在"、"著"二助词,载吕叔湘《汉语语法论文集》,北京:商务印书馆。

齐沪扬 2002 "呢"的意义分析和历史演变,《上海师范大学学报》第 1 期。另载齐沪扬《语气词与语气系统》,合肥:安徽教育出版社,2004。

任 鹰 2010 表示空间分布的时间词-语言表述中的隐性认知事件,《当代修辞学》第 6 期。

史金生 2010 从持续到申明:传信语气词"呢"的功能及其语法化机制,《语法研究和探索》(十五),北京:商务印书馆。

太田辰夫 2003[1987]《中国语历史文法》,中文修订译本,蒋绍愚、徐昌华译,北京:北京大学出版社。

邢福义 1996 方位结构"X 里"和"X 中",《世界汉语教学》第 4 期。

杨 江 2007 方位词"里""中""内"的语义认知分析,《湖南科技大学学报》(社会科学版)第 6 期。

朱德熙 1982《语法讲义》,北京:商务印书馆。

河野六郎 1994 『文字論』,東京:三省堂。

汉语方言中的若干逆语法化现象

吴福祥

(中国社会科学院语言研究所)

1 引言

语法化是人类语言普遍可见的语言演变现象,也是语言演变特别是语法和语义演变的规律性过程。在以往的语法化研究中,语言学家除了揭示大量的语法化现象外,也发现少数违逆语法化原则的"去语法化"或"逆语法化"现象。这些研究无疑加深了我们对语言演变性质和机理的认识。

本文利用汉语方言的资料,讨论汉语中与介词相关的几种逆语法化过程,并尝试从话语规约和语言类型的角度对这类逆语法化现象进行解释。

2 语法化、去语法化与逆语法化

2.1 语法化

"语法化"(grammaticalization)是指语法范畴和语法成分产生、形成的过程。典型的情形是,一个词汇项或结构式在特定的语言环境里获得某种语法功能,或者一个语法化了的成分继续产生新的语法功能。(参看 Hopper and Traugott,2003:xv)

典型的语法化过程通常包含语用-语义、形态-句法和语音-音系三个子过程。(吴福祥,2003a)一般说来,语用-语义过程体现为"去语义化"(desemanticalization),形态句法过程表现为"去范畴化"(decategorilization),语音-音系过程则实现为"销蚀"(erosion)。按照 Bernd Heine 的看法,去语义化的发生通常先于去范畴化和销蚀,并且是导致后二者发生的主要因素。(Heine and Reh,1984;Heine and Kuteva,2002;Heine,2003)

历时语法化研究有一个重要假设,即"单向性"(unidirectionality)。所谓单向性,简单地说,是指语法化的演变以"词汇成分>语法成分"或"较低语法化>更高语法化"这种特定方向进行。比如在(1)所示的演变序列中,假如某个形态-句法演变只能按照由左向右的方向进行,那么就可以说这个演变是单向的,或者说不可逆的。反之则是单向性的反例。

(1)实义词>语法词>附着词>屈折词缀(Hopper and Traugott,2003:7)

因为如上所述,一个典型的语法化过程包括语义-语用、形态-句法和语音-音系三个子过程,所以单向性通常在这三个层面都有相应的表现(参看:Lehmann,1995[1982];Heine & Reh,1984;Traugott and Heine,1991;Hopper and Traugott,2003;Fischer and Rosenbach,2000;吴福祥,2003a):

(2)语义-语用:抽象性逐渐增加:具体义>较少抽象义>
更多抽象义
主观性逐渐增加:客观性>较少主观性>

更多主观性

形态-句法：黏着性逐渐增加：自由＞较少黏着＞更多黏着

强制性逐渐增加：可选性＞较少强制性＞更多强制性

范畴特征逐渐减少：多范畴特征＞少范畴特征＞完全丧失范畴特征

语音-音系：音系形式逐渐减少或弱化：完整的音系形式＞弱化的音系形式

尽管几乎所有的语言学家（特别是功能学派语言学家）都相信单向性是语法化的典型特征，但大多数语言学家主张单向性只是一种强烈的倾向而非绝对的原则，只有少数语言学家对单向性持有极端看法。比如德国语言学家 Martin Haspelmath 在《语法化为什么不可逆？》(Haspelmath,1999:1043、1046)一文中断言："语法化，即词汇范畴成为功能范畴的演变，是压倒性不可逆的。典型的功能范畴从不会变成典型的词汇范畴，违背语法化普遍方向的次要演变是极其罕见的。""语法化是不可逆的，只有极为罕见的例外。这就是说，我们几乎很难看到一个以这种方式演变的结构式：原先的语法成分获得了更多的句法自由、更大的语义丰富等。换言之，去语法化是极受限制的。当我们只考虑典型的功能范畴（譬如标格的介词或者时范畴词缀）时，如果问它们能否历时地变成典型的词汇范畴，回答是'不'。"

2.2 去语法化与逆语法化

Lehmann(1995 [1982]:14)在论及语法化的单向性时，专门为一种跟语法化过程方向相反但他认为实际并不存在的演变创造了一个术语,叫作"去语法化"(degrammaticalization)。按照 Lehmann (1995[1982])的说法,"去语法化"与语法化是一种镜像关系,即:

(3)语法化:话语＞句法＞形态＞形态-音位(morphophonemics)

去语法化:形态-音位＞形态＞句法＞话语

Lehmann(1995[1982])在对若干文献提及的少数"去语法化"现象逐一辨析之后断言:"实际上至今并没有发现任何有说服力的去语法化现象存在。"(Lehmann,1995[1982]:17)

Haspelmath(2004a:27—28)认为,文献中屡屡提及的"去语法化"现象很多并不能成为单向性的反例;另一方面,所谓的"去语法化"实际包含不同的次类,而这些次类之间并没有什么共同点。因此,他创造了一个新的术语"逆语法化"(antigrammaticalization),这个概念指的是这样的一种演变:从一个可能的语法化终点返回到一个可能的语法化起点,而且同样也具有演变的中间阶段。比如从一个格后缀变为一个自由的后置词,并具有"后置附着词"(postpositional clitic)这一中间阶段。基于上面的分析,Haspelmath(2004a)认为只有逆语法化才可以被视为单向性的反例。

如果用 Haspelmath(2004a)的"逆语法化"的特征来检视以往文献提及的单向性的反例,我们会发现,人类语言里真正的"逆语法化"现象是极为少见的,而且其中绝大部分都可以用另外的过程或动因来解释。①

---

① 普通语言学中关于"去语法化"和"逆语法化"的讨论,可参看 Ramat(1992)、Campbell(2001)、Haspelmath(1999、2004a)和 Norde(2009)等。

3 汉语中的若干逆语法化现象

近年来,汉语学界也有一些学者注意到,汉语的某些形态句法和语义的演变也涉及不同程度的逆语法化(或"去语法化")现象,譬如李宗江(2004)观察到汉语某些名量词(如"件""只""匹")的"去语法化"(实义化)现象,张谊生(2011)注意到现代汉语"永远""曾经"等副词的"虚词实化"(虚词＞实词)以及"状""样""相"等黏着性构词语素的"语素词化"(语素＞词),江蓝生(2012、2014)证实了部分西南官话数量词"两个"的"逆语法化"(并列连词＞伴随介词)以及介词"跟""给"的"实化"(处所介词＞存在动词①),等等。②尽管其中有些结论或可再酌,但整体上这类研究使我们注意到汉语的语法演变除了自然的无标记演变外,也有一些特异的有标记演变;从而加深了我们对汉语历史演变的了解。特别是江蓝生(2012、2014)的观察和分析给笔者以很多启发,本文的讨论很大程度上获益于江先生的相关研究。

3.1 并列连词＞伴随介词

很多语言里,伴随介词往往演变为并列连词(参看 Haspelmath,2004b、2007;Heine & Kuteva,2002;吴福祥,2003b、

---

① 江蓝生(2012、2014)将表示处所、存在的动词称为"存在动词",本文为表达的方便,除引用原文外一律称作"处所动词"。

② 此外,张秀松(2014)论述了汉语史上"究竟"的"去语法化"(疑问语气副词＞"原委;真相"义名词);罗耀华、周晨磊(2013)讨论了"抑"的去语法化演变(疑问句句末语气词＞选择连词);宗守云(2012)提到类后缀"-族"的逆向语法化(类后缀＞自由词＞短语);张立昌、秦洪武(2011)论述了语气词"也"的逆语法化(句中语气词＞副词)。

2005)。例如汉语普通话的"和""跟""同"历史上都由伴随介词演变为并列连词,豪萨语的并列连词 *da* 源自伴随介词(Schwartz,1989:32)。因为伴随介词的语法化程度低于并列连词,所以"伴随介词＞并列连词"被普遍认为是一种典型的语法化现象,譬如Haspelmath(2007:32)强调:"在所有我们具有历时证据的演变实例里,我们发现很多语法词和词缀所具有的'伴随-并列'多义模式,都可以追溯到最初的伴随标记(comitative marker)的历时演变……理论上,我们也可以设想'伴随-并列'多义模式导源于相反的演变过程,即从并列连接标记(coordinator)变为伴随标记,但这种演变过程显然从未发生。从伴随标记到并列连接标记的演变是一种普遍可见的语法化路径,就像其他语法化过程一样,这种演变过程也是单向性的。"

不过,在汉语方言里除了大量"伴随介词＞并列连词"的语法化演变,也偶尔可见"并列连词＞伴随介词"这种逆语法化演变。例如在湖南、湖北境内的一些西南官话(如湖南慈利、汉寿、安乡,湖北仙桃、汉川市杨水湖、天门、武汉江夏等)里,"两个"除做数量词外还可以用作并列连词、伴随介词以及其他表示格关系的介词,例如:

(4)湖南慈利通津铺话(储泽祥等,2006):

  a.并列连词:书记两个县长都来哒_{书记和县长都来了}。(217)

  排球两个篮球我都会打_{排球和篮球我都会打}。(217)

  煮饭两个炒菜他都搞不好_{煮饭、炒菜他都不行}。(218)

  b.伴随介词:你两个他比下子_{你跟他比一下}。(220)

  莫两个他讲话_{别跟他讲话}。(220)

在湖北仙桃话里,这种兼做介词和连词的"两个"可弱化为"两",甚至"两"较"两个"更为常用。例如:

(5)湖北仙桃话(江蓝生,2012:302;朱怀,私下交流)

  a. 并列连词:屋里冒得别个,只有我两(个)婆婆_{家里没别人,只有我和奶奶}。

  b. 伴随介词:这件事要两儿子商量下。

  c. 有生方向介词①:这个事情你要两(个)老师说一下。

  d. 关涉介词:这件事两我冒得关系。

  e. 比较介词②:她两(个)我差不多高。

相较于慈利话,仙桃话"两个"的演化似乎走得更远:第一,音韵上"两个"发生了语音销蚀(erosion),省缩为"两";第二,意义上"两个"作为介词发生了语义扩展(semantic expansion),除了伴随功能外还进一步发展出有生方向介词、关涉介词和比较介词等功能。

原本是数量词的"两个",何以发展出并列连词和伴随介词功能?"两个"的并列连词和伴随介词两种功能之间的演化方向是什么?江蓝生(2012)对这些问题做了很好的讨论。主要观点是:"两个"在蕴涵并列义的同位短语结构式"X 两个"里由数量词演变为并列连词,然后进一步演变为伴随介词,即"X 两个＞ 并列连词＞伴随介词"。江蓝生(2012:302)特别指出,跟我们熟知的"动词＞介词＞连词"语法化常规顺序不同,数量词"两个""这种特殊的语法化现象提供了一种由'连→介'的逆语法化路径的实例"。我们

---

  ① 这里的"有生方向介词"(preposition of human direction),指的是引介言说等行为所指向的有生对象的介词,有生方向介词所在句子的谓语指的是单方面的行为,譬如"这事你得跟你妈说一声"中的"跟"。

  ② 这里的"比较介词"相当于平比介词,但一般只用于比较两个实体异同的句子。如普通话"张三跟李四一样(/相同/不同)"中的"跟",这类比较介词在很多方言里同时也用作伴随介词。

赞同江先生的分析,假如将仙桃话"两(两个)"其他介词功能一并考虑进来,其演变路径当如(6)所示:

(6)数量词＞并列连词＞伴随介词＞有生方向介词 $\begin{cases}比较介词\\关涉介词\end{cases}$

正如以往的研究(Heine et al.,1991;Lord,1993;吴福祥,2003b)所证明的,伴随介词的语法化程度低于并列连词,因此(6)中"并列连词＞伴随介词"这一演变过程,确如江蓝生(2012)所断言的,属于比较典型的逆语法化现象。

3.2 处所介词＞处所动词

在汉语以及很多东南亚语言和西非语言里,处所动词通常演变为处所介词。(吴福祥,2010)譬如上古汉语的处所介词"於"、现代汉语的处所介词"在"以及埃维语的处所介词 le,历史上都源自处所动词。(Pulleyblank,1986;Heine & Reh,1984)因为处所介词的语法化程度高于处所动词,所以"处所动词＞处所介词"是典型的语法化演变。不过在汉语方言里,我们也可以观察到相反的演变,即"处所介词＞处所动词"这种逆语法化。

3.2.1 跟

北京话中,"跟"与处所相关的用法有以下几种(引自陈刚,1985:90):

(7)a.处所介词:他们跟街上站着呢。

b.处所动词:他跟乡下呢。

c.源点介词:我刚跟乡下来。

d.经由介词:跟这儿穿过去。

"跟"的"在"义处所动词用法是如何产生的? 江蓝生(2014:489)认为是由"跟"的处所介词演变而来:"由介词'跟'与处所名词

组成的短语'跟NP'在北京话中主要是做处所状语……当'跟NP'不做状语,而是单独做谓语或句子主要成分时,'跟'的句法功能就发生了质的变化,相当于存在动词'在'……。"江先生将这种演变称之为"处所介词'跟'的实化"。我们非常赞同这一看法,证据是:第一,在概念意义上,"跟"的处所动词用法与其"跟从"义动词相去甚远,而与"跟"的处所介词用法基本相同。① 第二,在句法条件上,我们比较容易给出"处所介词＞处所动词"这一重新分析赖以发生的特定的句法结构式(即:省略VP之后的"跟 Loc.[VP]"结构式);相反,我们无法说明发生"'跟从'义动词＞处所动词"这一重新分析的句法条件。第三,在汉语方言里,"跟"的处所动词用法极为少见,目前发现除北京方言外"跟"的处所动词用法仅见于河北曲阳话(赵秀莉,2006)。但"跟"的处所介词用法在北京、黑龙江、河北、山东、山西、安徽等地的官话方言里则相对常见。考察表明,在"跟"具有处所动词用法的方言里,"跟"一定具有处所介词用法,如北京方言以及河北曲阳话[如(8)];但反之则不然:很多方言里"跟"具有处所介词用法但并不具有处所动词用法[如(9)]。换言之,我们所观察到的方言资料显示,"跟"的处所动词用法单向蕴涵处所介词用法。可见,在"跟"同时具有处所介词和处所动词用法的方言里,"跟"的处所动词用法应源于处所介词用法而非相反。

(8)河北曲阳话(赵秀莉,2006)

　　a. 处所介词:跟黑板上写字。(48)|跟学校里念书。(49)

---

① 词典释义时无论是处所动词还是处所介词,通常都用"在"来训释,足见二者的概念意义相同。

b.处所动词:一个鸟儿跟树上哩。(48)

(9)黑龙江方言(聂志平,2005:106):我昨儿个跟百货大楼看见他买了个洗衣机。

牟平方言(罗福腾,1997:282):跟儿这坐着。|能跟儿手上省,不跟儿口上省。

栖霞方言(刘翠香,2004:129):别跟墙上写字。

荣成方言(王淑霞,1995:197):跟家儿吃饭儿。

莱阳方言(栾瑞波,2008:116):你就跟儿炕上专目珠儿_{好好}躺着吧。

左权方言(王希哲,1991:55):跟_在黑板上写字。

合肥方言(王菲宇,2012:15):大冬天,零下好几度,我跟_在水里头泡着。

3.2.2 挨

北京话读阴平的"挨"作为介词可表处所或源点,相当于普通话的"在"或"从"。(高艾军、傅民,1986:1;陈刚,1985:1;许宝华、宫田一郎,1999:4744)例如:

(10)北京话(陈刚,1985:1):

a.他挨工厂干活呢。

b.你挨哪儿来。

但北京话"挨"又可以做处所动词:

(11)老大挨家吗?(陈刚,1985:1)|我不挨这儿!我要回家。(高艾军、傅民,1986:1)

北京话"挨"的"在"义处所动词和处所介词用法如何产生的?有两种可能的解释:一是"挨"的处所动词用法源自"靠近"义动词,然后又演化为处所介词,即"'靠近'义动词＞处所动词＞处所介词";另一种可能是"在"义处所介词来自"靠近"义动词,然后又演变为处所动词,即"'靠近'义动词>处所介词>处所动词"。不过,第一种解释可能性很小,因为第一,在《现代汉语方言大词典》(李荣,2002:3077)"挨"字条所收42个方言点中,没有一个方言阴平的"挨"有处所动词用法,尽管这些方言中"挨"都有"靠近"义动词功能。另一方面,许宝华、宫田一郎主编的《汉语方言大词典》(许宝华、宫田一郎,1999:4744)"挨"字条虽列有"在"义处所动词用法,但所举方言仅限于北京话。第二,有些方言阴平的"挨"具有处所介词用法,但并没有处所动词用法。例如:

(12)毕节话"挨"(āi)(许宝华、宫田一郎,1999:4744):挨哪儿住家?|挨黑板上写字

第三,据我们考察(金小栋、吴福祥,未刊),汉语方言的方所(经由、源点、处所、方向)介词有个重要的语源,即来自"依靠、靠近"义动词,而这类"依靠、靠近"义动词并没有与处所动词构成多义模式。例如:

(13)"依"(广西宾阳话"依"[əi^{24}],覃东生,2007:59—61)

a. 处所介词:我依房看书_{我在房间里看书}。

b. 源点介词:我队依北京来_{我们从北京来}。

c. 经由介词:一把车依我侧边行过_{一辆车从我身边开过}。

(14)"靠"(山西闻喜话,任林深,1987:89)

方向介词:他撵你,你就靠_往屋里跑|这担水要靠_往水瓮合里_{里头}倒。

(15)"傍":

a. 经由介词:傍路边栽一绺桂花树_{沿着路边栽一行桂花树}。

(湘潭方言,卢小群,2007:170)

b.源点介词:仁呃傍嗟假来_{你从哪里来}？(资源延东直话,张桂权,2005:252)

因为,这些方言的"依靠、靠近"义动词并没有处所动词功能,因此可以肯定其方所介词用法应是直接由"依靠、靠近"义动词演变而来的。

基于以上的证据以及 3.2.1 节对"跟"处所动词用法来源的分析,我们推测北京话"挨"的处所介词用法是由其"靠近"义动词在"挨 $N_1+V_2+(N_2)$"(譬如"挨桌边吃饭")这种连动式中演变而来的,而"挨"的处所动词用法则由处所介词逆语法化而来,即:

(16)"靠近"义动词＞处所介词＞$\begin{cases}处所动词\\源点介词\end{cases}$

3.2.3 给

据苏晓青、吕永卫(1996:173—174),徐州方言"给"[ke^{55}]具有处所介词和处所动词功能,例如:

(17)徐州方言(苏晓青、吕永卫,1996:173—174)

a.处所介词:小孩儿给河那涯儿玩儿来_{小孩子在河那边玩儿呢}。|书包放给床上了_{书包放在床上了}。

b.处所动词:老五给家里了。|孩子还给半路上来_呢。

江蓝生(2014)提到,开封话的"给"也有类似用法:

(18)开封方言(江蓝生,2014:485)

a.处所介词:他给家做饭_{他在家做饭}。|他给学校打球来_{他刚才在学校打球}。

b.处所动词:他这会儿给家咧_{他这会儿在家呢},你快去找他吧。

"给"作为给予动词何以产生处所动词用法？江蓝生(2014:

490—491)认为徐州、开封方言"给"的处所动词用法是由处所介词演变而来的。她把这种演变称为"处所介词'给'的实化",认为导致这种实化发生的原因是介词结构"给NP"后面谓语VP的省略,因为VP删略,原来的介词结构"给NP"被重新分析为述宾结构,相应地"给"由处所介词被重新分析为处所动词。我们赞成江先生的分析,换言之,"给"的"处所介词>处所动词"这一演变也是比较典型的逆语法化现象。

3.2.4 从

山东、河北一带的官话方言里,"从"除了源点介词外,还可以用作处所介词和处所动词,例如:

(19)山东运河流域方言(张琳琳,2013:55—57)

a.源点介词:这间房从东到西不到三米。(56)

b.处所介词:从黑板上写字。|小强又从学校闯祸了。(57)

c.处所动词:我从家里哩。(东平)|遥控器没从电视机上。(邹城)(56)

(20)河北吴桥方言(阎浩然,2009)

a.源点介词:从吴桥到北京有五百里地。(36)

b.处所介词:你哥从哪个学校教书啊?|书从窗台上摆嗝咪。(37)

c.处所动词:碗从冰箱咪。(37)|他从哪俩?——从家咪。(38)

(21)德州方言(曹延杰,1991:181)

a.源点介词:他从学校往家走。

b.处所介词:他从地溜干活。|书从桌子上放着。

c.处所动词:他这咱从哪海儿俩_{他现在在哪儿了}?从家

俩 在家里了。

(22)济南方言(钱曾怡,1997:314)

 a. 源点介词:从济南到上海。

 b. 处所介词:从黑板上写字。|从家里吃饭。

 c. 处所动词:你爸爸在家不在家？——从家。

上述方言"从"的处所动词用法从何而来？我们认为极有可能是源自"从"的处所介词功能,而演变的直接诱因也是"从 NP"后 VP 的省略。证据是:第一,在我们调查的"从"具有处所动词用法的方言里,"从"都具有处所介词用法,但反之不然。第二,在上举"从"具有处所动词用法的方言里,"从"是黏着性的,使用时必须带上处所宾语,单独一个"从"在任何情况下都不能使用。比如在山东运河流域方言(张琳琳,2013:55—57)和河北吴桥方言(阎浩然,2009)里,(23)和(24)中前一答语均不成立,合法的回答是答语二:

(23)山东运河流域方言(张琳琳,2013:56)

 你爸爸从家吗？——*从

      ——从家。

(24)河北吴桥方言(阎浩然,2009:38)

 明天晌午你从家曼？——*从

      ——从家。

这种句法限制说明"从"的处所动词用法尚未发展成熟,还保留处所介词的部分特性(比如不允许悬空),另一方面也证明"从"的处所动词用法的产生跟处所介词密不可分。

综上所述,我们认为上述方言"从"的演变路径如(25)所示。

(25)源点介词＞处所介词＞处所动词

3.3 与格介词＞给予动词

在汉语及很多东南亚语言里,给予动词往往演变为与格介词。例如古汉语的"与"、现代汉语普通话的"给"等。因为与格介词的语法化程度高于给予动词,所以"给予动词＞与格介词"是典型的语法化演变。不过在某些汉语方言里,我们也可以观察到相反的演变,即"与格介词＞给予动词"的逆语法化。①

3.3.1 挨

湖南临武(城关)土话阴平的"挨"[a^{33}]除用作"靠近"义动词外,还有给予动词和介词用法。(李永明,1988)例如:

(26)湖南临武(城关)土话(李永明,1988)

  a.给予动词:挨我一本书_{给我一本书}。(407)

  b.与格介词:挨书挨我_{把书给我}。(378)

  c.受益介词:你挨我走_{你给我走}。(354)

  d.处置标记:我挨碗打烂喋_{我把碗打烂了}。(378)

  e.被动标记:我挨狗咬喋_{我被狗咬了}。(378)

李永明(1988)的资料显示,临武(城关)土话"挨"[a^{33}]做介词时,可以有与格介词、受益介词、处置介词以及被动标记等功能;此外在这个方言里,阴平的"挨"还可以用作给予动词。王泽芳(2007)记录的临武大冲土话"挨"也有多种用法,其多功能模式与临武城关土话大同小异。例如:

(27)临武大冲土话(王泽芳,2007)

---

① 鉴于下文讨论的临武土话"挨"和西南官话"跟"除与格介词和给予动词外还具有受益介词功能,不能排除其给予动词功能来自受益介词(而非与格介词)用法这种可能,因为概念上,给予动词与受益介词也是密切相关的。假如果真如此,那么临武土话"挨"和西南官话"跟"经历的则是另一种逆语法化演变,即"受益介词＞给予动词"。

a. 给予动词:挨我一本书给我一本书。(133)

b. 与格介词:借十元钱挨我借十元钱给我。|芳芳唱只歌挨我听芳芳唱首歌给我听。(133)

c. 使役标记:我唔得挨她一个人在门口跑我不会让她一个人在外面跑。(133)

d. 被动标记:杯子挨飞飞打烂格了杯子被飞飞打破了。(132)

e. 工具标记:挨调羹舀汤吸用调羹舀汤喝。(128)

跟其他方言一样,临武土话阴平的"挨"[a³³]作为动词常见的意义是"靠近",但"靠近"义如何发展出"给予"义呢?我们的推断是,临武土话"挨"[a³³]的"给予"义动词用法不是源自"靠近"义动词,而是由"挨"[a³³]的与格介词用法发展而来的。理由是:第一,意义上,动词"挨"的"给予"义跟"靠近"义相去甚远,而跟与格介词基本相同。① 第二,句法上,在(27b)这类给予式里,当 VP 省略时与格介词"挨"就很容易被重新分析为给予动词,例如:

(28)a. 甲:借十元钱挨谁? 乙:挨我。

b. 甲:芳芳唱支歌挨谁听? 乙:挨我听。

至于临武土话"挨"[a³³]与格介词用法的来源,限于资料我们目前无法做出圆满的解答。不过,假如临武土话"挨"[a³³]曾有伴随介词用法,那么不排除"挨"[a³³]的与格介词用法与之相关,而"挨"的伴随介词最有可能源于"挨近/靠近"义动词。事实上,这些用法有可能在一个方言里共存,比如云南开远方言里阴平的挨[ai⁵⁵]就几乎具备了上述所有用法。

(29)云南开远方言"挨"[ai⁵⁵]的用法:(朱雨,2013)

---

① 证据之一是,词典释义无论是给予动词还是与格介词,通常都用"给"来训释。

  a."靠近"义动词:他挨了墙慢慢呢蹲下去啦。(60)

  b.伴随介词:小李性格内向,不喜欢挨大家讨论问题。(61)

  c.比较介词:小妹呢个子已经挨我一样高啦。(60)

  d.关涉介词:我敢保证,他挨这件事不/冇得关系。(60)

  e.有生方向介词:大家先罢叫,听我挨大家解释一哈。(61)

  f.有生源点介词①:他是个小气鬼,你咋个会挨他借钱啊。(61)

  g.受益介词:我有点事情,你挨我看一哈铺子嘛。(60)

  h.受害介词:姐姐在学习,我们不要挨她搞乱啦。(60)

  i.处置介词:这种辣椒挨我呢嘴都吃肿啦。(61)

  j.并列连词:亲朋好友呢意见挨建议你要多听听。(62)

3.3.2 跟

据李炜、刘亚男(2015),在出版于1893年的《华西官话汉法词典》里,"跟"(kēn)除了"跟随"义动词外,还有给予动词、并列连词以及表达各种格功能的介词用法。② 例如:

(30)《华西官话汉法词典》"跟"的用法(李炜、刘亚男,2015:359)

  a.给予动词:买东西不跟钱 _{买东西不给钱}。(《华西·跟》第206页)

---

 ① 这里的"有生源点介词"(preposition of human source)指的是引介索取动作所指向的有生对象的介词,譬如"向同学借一本书"中的"向"。

 ② 友生金小栋相告:《华西官话汉法词典》中给予动词和与格介词,用"跟"(记音是 Kēn,205—206 页)或"与"(167 页),未见"给"。

b. 与格介词:这股地方我照买价让跟你_{这个地方我按照买价让给你}。(《华西·价》第 228 页)

c. 受益介词:跟他脱衣服_{替他脱衣服}。(《华西·脱》第 592 页)

d. 有生方向介词:这个事(这句话)你要跟我讲清楚_{这件事你要和我讲清楚}。(《华西·讲》第 233 页)

e. 有生源点介词:我的牛是跟人家令的_{我的牛是向人家借的}。(《华西·令》第 334 页)

f. 伴随介词:你跟我打伙开店子_{你跟我合伙开店}。(《华西·伙》第 113 页)

g. 比较介词:跟雪一样白_{和雪一样白}。(《华西·雪》第 477 页)

h. 并列连词:差人跟强盗是通的_{衙役和强盗是串通好的}。(《华西·通》第 593 页)

李炜、刘亚男(2015)注意到,上述"跟"的给予动词用法以及与格介词和受益介词功能仍见于现代西南官话。① 例如:

(31)现代西南官话"跟"的用法(引自李炜、刘亚男,2015:360)

a. 给予动词:我同学跟了我一本书_{我同学给了我一本书}。
这个苹果跟你,那个苹果跟他_{这个苹果给你,那个苹果给他}。
跟一个苹果_{给一个苹果}。

(四川泸州、四川宜宾江安、贵州毕节)

---

① 宜宾方言研究专家左福光老先生指出(私人交流):宜宾方言(宜宾王场方言)表给予的动词是"kən^{55}",可以说"kən^{55}我一本书"(给我一本书)。左老先生强调,宜宾方言表"给予"就用"kən^{55}",只有一个读音,不用"给"。

b. 与格介词：把盐拿跟我把盐递给我一下。

　　我送几本书跟你我送几本书给你。

　　（四川泸州、四川宜宾江安、贵州毕节、贵州遵义、湖北恩施建始）

　　c. 受益介词：跟叔叔倒茶给叔叔倒茶。

　　还不快点跟我站倒还不快点给我站住。

　　（四川泸州、四川宜宾江安、贵州毕节、贵州遵义、湖北恩施建始、湖北宜昌、湖北荆州石首、湖北武汉汉口）

　　西南官话"跟"的给予动词用法从何而来？我们认为极有可能源自与格介词（或受益介词）。理由是：第一，在概念意义上，"跟"的"跟随"义与"给予"义几无关联，前者演变为后者缺乏基本的语义条件。另一方面，如前所述，与格介词与给予动词意义基本相同，都有"给"的意义，差别只是句法行为的不同。第二，考察发现，在"跟"有给予动词用法的方言里，"跟"通常具有与格介词或受益介词用法（如上举西南官话）；反之则不然：在"跟"具有与格介词或受益介词用法的方言里，"跟"未必具有给予动词用法，例如贵阳方言（汪平，1994：252）里，"跟"具有受益介词用法（跟大家办事｜你跟我写封信）和与格介词用法（跟他打个电话｜送跟他一支笔｜把帽子给跟他｜拿跟他三块钱），但未见给予动词用法。第三，句法上，像"断十吊钱跟他判十吊钱给他"（《华西·断》第603页，引自李炜、刘亚男，2015：359）这类结构式，其中的"跟"到底是与格介词还是给予动词，可能有不同的分析。事实上北京话里"送本书给他"中"给"究竟是给予动词还是与格介词，也是见仁见智。这足以说明，汉语与格介词和给予动词之间在概念意义和句法行为上都非常接近，同时也表明二者之间双向演变的可能性。

3.4 比较介词＞比拟动词①

在汉语以及东南亚语言里,比拟动词可以演变为比较介词,例如汉语的"像""如""似"等。因为比较介词的语法化程度高于比拟动词,所以"比拟动词＞比较介词"是典型的语法化现象。不过在汉语方言里,我们也偶尔观察到相反的演变,即"比较介词＞比拟动词"的逆语法化现象。

3.4.1 跟

朱德熙(1982a)和陆俭明(1999[1982]:247—252)注意到,现代汉语的"跟 X 一样"是一种有歧义的同形格式:

(32) A. 我的物理分数跟小张一样。|他妹妹可高了,个儿跟他一样。

B. 你看他又高又瘦,跟电线杆一样。|他可狡猾了,跟狐狸一样。

上面例子中,A 式表示比较,强调等同;自然重音一定在"一样"上。B 式表示比拟,强调相似;自然重音一定在 X 上。除了意义和语音,这两种格式语法上也有对立:第一,A 式的"一样"能带"完全""确实""的确"一类修饰语,而 B 式的"一样"不能带这些修饰语。第二,B 式的"一样"可用结构助词"似的"替换,整个格式的意思和重音不变;而 A 式的"一样"绝不能用"似的"替换。第三,A 式有相应的否定形式,B 式没有。(陆俭明,1999[1982])基于上述证据,朱德熙(1982a:5)和陆俭明(1999[1982]:250)认为 A、B 两类

---

① 这里的"比拟动词"指的是"如/如同、像/好像"一类动词。"比拟动词"只是方便的说法,其实这类动词也可以表示比较。

"跟 X 一样"是两种不同的句法结构：A 类是"状-中"结构，其中"跟"是介词，"一样"是形容词。B 类是述宾结构，其中"跟"是动词，义为"像；好像"；"一样"是结构助词，同于"似的"。

考察发现，在北京方言里，B 类"跟 X 一样"更多是说成"跟 X 似的"。例如：

> (33)你就一点好听的都没有，嘴跟粪缸似的。（王朔《空中小姐》）|他这两天夜里没少趴在枕头上哭，早上起来眼睛跟桃儿似的。（王朔《玩的就是心跳》）|她……拉着长音不满地说："那么多事，跟妈似的。"（王朔《一半是火焰，一半是海水》）

那么，普通话以及北京话里，"跟"的这种比拟动词用法从何而来？陆俭明（1999［1982］：247—252）推断可能是由"跟随"义演变而来。① 不过我们觉得，"跟"的比拟动词用法更有可能是由"跟"的比较介词用法演变而来的。第一，在语义上，相较于动词的"跟随"义，"比较"与"比拟"之间的概念距离要小得多，由"比较"演变为"比拟"似更自然。第二，句法条件上，这种演变的诱因之一也是 VP 省略。试比较：

> (34)a.这姑娘跟花儿一样美。
>
> b.这姑娘跟花儿一样。
>
> c.这姑娘跟花儿似的。

(34a)因为形容词"美"的出现，"跟花儿一样"通常只能分析为

---

① 陆先生认为，从词义发展变化的角度说，动词"跟"由"随在后面，紧接着向同一方向行动"这一意义引申出"像；好像"的意义是完全可能的、自然的。"请跟着我念"，是说(1)我先念，大家随着念；(2)我怎么念，大家也怎么念。这里包含有相一致的意思，"跟"所表示的"像；好像"的意义就是由此引申出来的。（陆俭明，1999［1982］：252）

介词结构(比况结构),其中"跟"应为介词。这类结构跟"那里的蔬菜跟水果一样贵"这类平比式句法上并无不同。(34b)中因为谓语"美"的省略,"跟花儿一样"重新分析为述宾结构,"跟"被重新分析为动词。到了(34c),上述重新分析已被扩展到其他语境,演变得以完成。

山东境内的一些中原和冀鲁官话方言里,我们也可以看到"跟"的比拟动词用法:

(35)山东汶上方言(宋恩泉,2005)

 a.比拟动词:他还不跟我哩_{他还不如我呢}。(284)

 b.比较介词:他跟你般大_{他和你一样大}。|他跟你不般大_{他和你年龄不一样大}。(285)

(36)淄川方言(孟庆泰、罗福腾,1994)

 a.比拟动词:你还不跟我呢。|你去不跟我去。(240)

 b.比较介词:他不跟你长得高。(224)|他家不跟您家干净。(240)

(37)临沂方言(马静、吴永焕,2003)

 a.比拟动词:你去不跟我去_{你去不如我去}。(214)

 b.比较介词:他跟你高。|这里跟那里干净。(244)

因为这些方言里用如比拟动词的"跟"同时也有比较介词用法,基于前述证据,我们认为这些方言的比拟动词"跟"也应源自比较介词。

3.4.2 给

山东汶上方言的"给"[kei^{42}]是个多功能语素,除了一些虚词功能外还可以用作比拟动词。例如:

(38)山东汶上方言(宋恩泉,2005)

 a.伴随介词:他给你是朋友?(220)

  b. 有生方向介词：有个事儿给你说。（220）

  c. 并列连词：他给我都没去过北京。（220）

  d. 比较介词：他给你不般大_{他和你年龄不一样大}。（285）

  e. 比拟动词：这闺女给男孩子样_{这闺女像男孩子一样}。（283）

无独有偶，山东金乡方言（马凤如，2000）的"给"也有比拟动词用法：

（39）山东金乡方言（马凤如，2000：181）

  a. 比较介词：张三给李四般大_{张三跟李四一样大}。

  b. 比拟动词：俺这儿媳妇给个闺女样_{我的这个儿媳妇像个闺女似的}。

  说的给唱的样_{说的像唱的一样}。

据马凤如（2000：181），金乡方言里上举 a 类例子中形容词不能省略，与之相反，b 类例子一般不带形容词（*俺这儿媳妇给个闺女样孝顺）。可见 a 类"给"一定是比较介词，b 类"给"一定是比拟动词。

至于这两个方言中"给"比拟动词的来源，参照 3.4.1 节"跟"的分析，我们认为源于比较介词。

4　汉语逆语法化现象的初步解释

以上讨论了汉语方言中四种逆语法化现象，即"并列连词＞伴随介词""处所介词＞处所动词""与格介词＞给予动词"和"比较介词＞比拟动词"。考察发现，这四种逆语法化现象在其他语言中极为罕见。我们的问题是，为什么汉语会发生这类跨语言罕见的逆语法化现象？

我们观察到的一个重要事实是，上述四种逆语法化演变中，输入端(演变前的成分)和输出端(演变后的成分)之间概念意义基本相同,二者的差别主要体现在语法属性(形态句法特性)上。我们甚至可以说,上述四种逆语法化过程中,实际发生改变的是源成分的形态句法地位(介词范畴变为动词范畴或连词范畴变为介词范畴)。因此,如果我们能从类型学角度找到上述逆语法化演变的句法条件和类型动因,那么这几种"匪夷所思"的演变也就有望得到合理的解释。

江蓝生(2014:490)敏锐地发现,"跟""处所介词＞处所动词"的演变导源于谓语成分的省略:"很显然,'跟'由处所介词演变为存在动词是句子成分省略造成的,即'跟 NPVP'(NP 为处所名词)省略了谓语 VP。如果我们给'跟 NP'补上一个 VP,'跟'就变回为处所介词了。"下面是江先生(江蓝生,2014:490)举的例子(标下横线者为增补的成分):

(40)他跟乡下呢 —— 他跟乡下住着呢。

甲:你跟哪儿待着呢? 乙:跟家待着呢。/跟办公室打字呢。

甲:我今年该退休了。乙:不上班,天天跟家待着多好!

(41)问:您哪儿住呢? 答一:跟家住呢。答二:跟家呢。

("答二"承上省略了谓语动词"住",使"跟"用作存在动词。)

句子成分(谓语 VP)的省略当然是处所介词("跟")变为处所动词的重要条件或触发动因。不过,我们还可以进一步追问:为什么汉语句子成分(谓语 VP)可以省略? 为什么汉语 VP 省略可以导致处所介词变为处所动词,而其他语言(如英语、俄语)即使可以省略 VP 也不太可能导致这类演变发生？下面尝试对这些问题进行解释。

4.1 话语规约

"话语规约"(discourse convention)是 Bybee(1997)使用的一个术语,大约是指一种语言的使用者普遍遵守的话语表达的倾向或规范。[①] Bybee(1997:33—35)在论及汉语这类分析性语言为什么未能产生强制性语法范畴时,推测可能跟这类分析性语言的话语规约有关。她认为汉语这类分析性语言的话语规约是避免信息冗余,对话语中的冗余信息容忍度极低,语素特别是语法语素很难被冗余性使用,甚至很多语法语素也只是在其语义内容非冗余、对新信息有所贡献的时候才被使用,也就是说,语法语素的使用在很大程度上是由话语驱动而非语法规定的。另一方面,在像汉语这类分析性语言的话语交际中,由于缺少强制性语法提示(grammatical cue),言谈事件的参与者往往要综合利用包括上下文语境和词汇语义在内的各种各样的话语因素来对句子进行语义解释。也就是说,在话语理解过程中,受话人可以有多种不同的推理选择。

我们认为 Bybee(1997)对汉语话语规约的刻画是可信的。事实上,汉语的这种话语规约可能由来已久,譬如先秦以来很多先哲所强调的"辞达而已""言约意丰""言不尽意""以意逆之"等原则,虽然主要是从文章学、修辞学和训诂学的角度提出的,但也从一个侧面反映出古代汉语话语交际中"避免冗余信息"和"具有多种推

[①] Bybee(1997)未给 discourse convention 定义,本文的界定是基于 Bybee(1997)相关论述做出的。

理选择"这样的倾向。

正如 Bybee(1997)所指出的,在一些综合性语言里,由于话语规约允许语素特别是语法语素冗余性使用,语言成分的隐现在话语理解中就显得非常重要,听话人有一种规约性老套推理:"若 X 未说出,则意味着非 X。"所以在这类语言里,话语成分的省略是极受限制的。而在汉语这类分析性语言里,由于存在"避免使用冗余信息"这种话语规约,听话人并没有"若 X 未说出,则意味着非 X"这样的默认推理,说话人在话语表达时可以省略很多话语成分,甚至借助上下文语境和在线交际情景,删略一些负载非冗余信息的成分。正因为如此,汉语的很多结构式在口语里都可以删略谓词。例如:

(42)a. 无谓把字句:我把你这个小丫头[ ]!
b. 无补"得"字句:看把他气得[ ]!
c. 特殊"呢"问句:甲:张三出国了。乙:李四[ ]呢?
d. 处所结构式:甲:你在哪儿找到的? 乙:在宿舍[找到的]。

实际上,在汉语里不仅谓词删略司空见惯,主宾语等论元成分的省略似更寻常。以致 Bisang(2006:587—595)主张"论元的可删略性"是汉语及大陆东南亚语言的一个非常显著的区域特征。我们甚至可以说,在汉语里只要无伤信递(communication),一切皆可省略。由此可见,汉语这种不允许冗余信息的话语规约,一方面阻碍了形态标记的产生和强制性范畴的形成,另一方面也促动了汉语逆语法化现象的发生(避免冗余信息导致谓语成分省略,而后者直接诱发逆语法化现象的发生)。

4.2 形态类型

在一般形态句法学框架里,动词属于"变形词"(variable word),附置词(包括前置词和后置词)以及连词属于"不变形词"(invariable word)。在具有屈折形态的语言里,动词进入话语是要带上形态标签的。譬如在英语里,动词在定式小句(finite clause)里必须带上屈折词尾。所以在这类语言里,变形词与不变形词在形式上是有明显区别的。而在汉语这种分析性语言里,由于缺少屈折形态,动词在话语里并无形态标签,换言之,变形词与不变形词形式上毫无区别。我们认为,正是因为动词(变形词)和介词(不变形词)在形态上毫无区别,所以在特定的句法环境里,动词可以变为介词,同样,假如具备合适的语义和句法条件,介词也可以被重新分析为动词。另一方面,在英语这类有屈折形态的语言里,由于变形词和不变形词形态有别,所以,不但介词无法重新分析为动词,甚至定式动词也无法直接演变为介词。这就是为什么在英语里,动词只有变为非定式形式(比如分词)才可以有条件演变为前置词(譬如 considering、given)。由此可见,在像英语这类具有屈折形态的语言里,变形词和不变形词的形态差别决定了这类语言即使可以省略 VP,其介词(处所/与格/比较介词)也不可能被重新分析为动词(处所/给予/比拟动词)。[1] 与之相反,在汉语这类缺乏屈折形态的语言里,因为没有变形词和不变形词的对立,动词和介词形态上毫无区别,因此句子的 VP 一旦省略,介

---

[1] 英语这类语言里省略 VP 后介词不能变为动词,还有一个原因:在英语这类语言里介词结构本身是附接语,没有述谓性,介词结构要做谓语必须加上系词。当然这也是英语和汉语这两类语言句法类型差异的一种表现。

词（处所/与格/比较介词）就有可能被重新分析为动词（处所/给予/比拟动词）。

4.3 句法类型

4.3.1 汉语介词和连词的特殊地位

现代汉语的"介词"其实是一种过渡性句法范畴，至少在句法行为上同时具有动词和介词的语法特性。吕叔湘、朱德熙（2002[1952]:9）把"把、被、从、对于"这类介词称为"副动词"，主张"……不如还是把它们归在动词这个大类的底下"。丁声树等（1999[1961]）初版也把介词称为副动词，但结集出版时将"副动词"改为"次动词"，① 该著也认为"次动词也是动词的一种"。② 龙果夫（1958:112—113）似乎也不认为现代汉语里存在纯粹的介词，他把"在、从、把、被、和"这类介词称作"动词·前置词"，认为这类词"在动词之内占据特殊地位"，是一种"能有实义词和辅助词两种作用的动词"。

此外，赵元任（1979）、朱德熙（1982b）把"在家里做饭"这类"PP-VP"结构视为连动式。可见他们两位都主张，现代汉语介词结构 PP 是具有陈述功能的述谓成分，而不是典型的附接语（adjunct），而其中的介词（包括本文讨论的处所/与格/比较介词）

---

① 丁声树等《现代汉语语法讲话·序》（1999[1961]:iii）：原《讲话》的"副动词"现在改称"次动词"，因为"副动词"这个名称容易误会成"副词性的动词"，并且也容易和俄语语法中的"副动词"混淆。

② 丁声树等（1999[1961]:95）指出：

"次动词也是动词的一种，不过有两点和一般动词不同。第一，次动词大都不做谓语里的主要成分，比方说，'我把信写好了'，光说'我把信'就不成话。……第二，次动词后面总要带宾语，而且一般都是体词宾语。'我把信写好了'不能说'我把写好了'。……能带体词宾语是一般动词的性质，但是不做谓语里的主要成分，又跟一般动词有区别，所以叫作'次动词'。"

当然具有动词特性。

"副动词""次动词"以及"动词·前置词"云云,这些术语本身就说明现代汉语介词既非典型的动词,亦非纯粹的介词,实际是一种"动-介"连续统的中间阶段。事实上,赵元任(1979:330)早就强调:"汉语介词,无论在分类上或是在历史上,都有一种过渡的性质。"

因为,现代汉语的"介词"作为一种次动词,处于"动-介"连续统的中间阶段,本质上是一种过渡性句法范畴,所以在现代汉语里只要具备合适的语义和句法条件,介词重新分析为动词不是没有可能。

跟介词一样,汉语的连词(尤其是并列连词)也是一种过渡性句法范畴。赵元任(1979:350)早就指出:"汉语的连词不容易跟介词或副词区别开来。例如'你跟他一块儿走','跟'可以是连词,可以是介词……事实上,汉语连词的地位如此地不确定,以至于龙果夫不承认它是一个单独的词类。"赵先生把"和""跟""同"这类连词叫作"介词性连词",因为它们"是既可以做介词又可以做连词的"(1979:351)。所谓"介词性连接词",应该是说这类连词带有介词的性质,兼有介词和连词的特性。此外,江蓝生(2014:483)也认为汉语并没有印欧语那种跟介词对立的连词,汉语的并列连词其实是伴随介词的一个特殊的次类。她将现代汉语"和""跟""同"这类兼具伴随介词和并列连词两种功能的虚词称为"连-介"。

因为汉语的并列连词是一种过渡性句法范畴,处于"介词-连词"连续统的中间阶段,所以在汉语里伴随介词语法化为并列连词是反复可见的演变现象,另一方面,只要具备合适的语义和句法条件,并列连词重新分析为伴随介词也不是没有可能。

4.3.2 伴随结构的语序

吴福祥(2003b)在讨论 SVO 型语言中伴随介词两种不同演变模式(即:汉语型的"伴随介词＞并列连词"和英语型的"伴随介词＞工具介词＞方式介词")时,发现导致伴随介词在汉语型语言和英语型语言里两种不同演变模式的原因是伴随结构(由伴随介词＋伴随成分构成的介词短语)的位置:在具有汉语型演变模式(即:伴随介词 ＞并列连词)的语言里,伴随结构通常前置于谓语动词(如汉语);与此相反,在具有英语型演变模式(即:伴随介词＞工具介词＞方式介词)的语言里,伴随结构通常后置于谓语动词(如英语)。在伴随结构前置型语言里,如果伴随介词之前没有修饰性成分共现,伴随结构和主语名词在线性序列上便彼此邻接(即"N_1＋PREP.＋ N_2＋VP")。在语言交际中,"N_1＋PREP.＋ N_2＋VP"序列中的两个事件发起者(N_1、N_2)一旦被交际参与者视为一个整体,那么 N_1 和 N_2 就有可能被重新分析为一个并列结构,原来的伴随介词也就被重新分析为并列连词。另一方面,在伴随结构后置型的语言里,由于伴随介词引导的伴随成分和主语名词之间被谓语动词阻隔(即 N_1＋VP＋ PRE.＋ N_2),伴随介词如果发生语法化,它的输出成分不可能是并列连词,而只能是表示其他格功能的介词。①

---

① 有些英语型语言(即伴随结构后置型语言),其伴随介词也可以语法化为并列连词。比如西非约鲁巴语的 *kpèlú*、埃维语的 *kplè*(Lord,1993)以及前文提到的豪萨语的 *da* (Schwartz,1989)。这是因为在这类语言里,伴随结构可以通过左向移位(left-dislocating)而前置于 VP。所以英语型的语言(即伴随结构后置型语言),除非允许对伴随结构进行左向移位的句法操作,其伴随介词才有可能拥有"伴随介词＞并列连词"这一演变模式。(参看吴福祥,2003b:462—469)

进一步考察发现,汉语的这种伴随结构语序不仅有利于"伴随介词＞并列连词"的语法化,而且很大程度上也为"并列连词＞伴随介词"的逆语法化提供了句法条件:在包含并列结构的句式里,当并列结构处于主语位置("N_1＋CONJ.＋N_2＋VP")时,线性序列上便和包含伴随结构的句式("N_1＋PREP.＋N_2＋VP")同形,加上前面提及的并列连词和伴随介词概念意义相同、语法特性相近(并列连词具有介词特性),并列连词便具备了被重新分析为伴随介词的必要条件。也许正因为如此,汉语很多方言里像"张三跟李四一起去"这类句子中的"跟"是伴随介词还是并列连词,不同的学者有不同的分析。这从一个侧面说明,像在汉语这种伴随结构前置的语言里,"N_1＋X(＝PREP./CONJ.)＋N_2＋VP"中X句法槽内,伴随介词和并列连词之间的演变有可能是双向的。反观英语,伴随结构的后置不仅堵塞了"伴随介词＞并列连词"的通道,同时也消除了"并列连词＞伴随介词"的可能,换言之,在英语这种伴随结构后置的语言里,"伴随介词＞并列连词"和"并列连词＞伴随介词"都是不可能的。

4.4 整体类型学特征

以上,我们从不同角度解释了汉语方言为什么会发生上述四类与介词和连词相关的逆语法化现象。归根结底,我们觉得最主要的原因是跟汉语的整体类型学(holistic typology)特征相关。首先,因为汉语在形态类型上属于分析-孤立型语言,在这样的语言里变形词和不变形词不加区分,动词和介词形态无别,这就为二者之间的互变扫清了形态上的障碍。其次,汉语是一种语用凸显性语言,在这样的语言里,语用法往往压倒语法,话语表达更多的是语用驱动而非语法规定的,话语规约避免信息冗余,成分删略普遍可见。再次,汉语是一种低语法化的语言,缺乏强制性语法范畴,介词和连词尚未完成演变阶段,语法化程度不高。

5 结语与余论

本文在前人基础上讨论汉语方言里四种逆语法化演变,即"并列连词＞伴随介词""处所介词＞处所动词""与格介词＞给予动词"和"比较介词＞比拟动词",并从话语规约和语言类型角度进行了初步解释。主要观点是,这些逆语法化演变的发生与汉语独特的类型特征密不可分,甚至可以说,上述四种特异的语法演变本质上导源于汉语特异的结构类型。

有两个问题值得进一步思考。第一,为什么上述四种逆语法化现象罕见于世界语言,在普通语言学文献中鲜有报道？我们认为主要原因是,上述四种逆语法化所需要的特定的句法条件和相关的类型特征,在世界绝大多数语言中难以具备。比如一个语言若要发生"并列连词＞伴随介词",前提条件是:(Ⅰ)该语言是 SVO 型语言且伴随结构(介词结构)前置;(Ⅱ)缺乏典型的并列连词范畴,它的并列连词本质上是"介词性连词"或"连-介词"(具有部分介词的特性)。需要指出的是,具备这两种前提条件(尤其是条件Ⅰ)的语言在世界语言中极为罕见。(吴福祥,2012)又比如一个语言若要发生"处所介词＞处所动词""与格介词＞给予动词"和"比较介词＞比拟动词",前提条件是:(1)该语言是分析性语言,缺少屈折形态变化,不存在变形词和不变形词对立;(2)该语言缺乏典型的附置词范畴,其所谓的"介词"本质上是一种"次动词"(具备动词的部分特性);(3)该语言的话语规约避免信息冗余,成分删略普遍可见。不难想象,具备这些前提条件的语言在人类语言中当然也非常少见。由此可见,本文讨论的四种逆语法化现象之所以罕见,是因为具备这些演变条件(如下表所示)的语言在世界上极其罕见。

四种逆语法化发生的句法条件和类型动因

逆语法化过程	演变发生的前提条件
并列连词＞伴随介词	(1)SVO型语言且伴随结构(介词结构)前置 (2)并列连词范畴是"介词性连词"(未脱离介词特性)
处所介词＞处所动词	(3)分析性语言,缺少屈折形态变化,未有变形词和不变形词对立
与格介词＞给予动词	(4)缺乏典型附置词范畴,介词本质上是"次动词"(未脱离动词特性)
比较介词＞比拟动词	(5)话语规约避免信息冗余,成分删略普遍可见

第二,既然在汉语中,并列连词和伴随介词、处所介词与处所动词、与格介词和给予动词以及比较介词和比拟动词之间的演变可以是双向的,那么这是否意味着语法化的单向性原则不能成立?我们的回答是否定的。因为第一,如前所述,本文描述的四种逆语法化演变实际上在人类语言中十分罕见,而相反的演变则普遍可见。单向性只是一种普遍的原则而非绝对的规则,因此它是允许极少数例外的。第二,对于本文讨论的四种逆语法化演变,我们可以清晰地描述其发生的句法条件和类型动因。一个规则的例外,若能找到其发生的条件并能做出动因和机制的解释,那么这个例外也就不再成为规则的反例。这或许就是新语法学派强调的"语音规例无例外""例外也是有规律的"的理据所在。

参考文献

曹延杰　1991　《德州方言志》,北京:语文出版社。

陈　刚　1985　《北京方言词典》,北京:商务印书馆。

储泽祥、丁加勇、曾常红　2006　湖南慈利通津铺话中的"两个",《方言》第3期。

丁声树等　1999[1961]　《现代汉语语法讲话》,北京:商务印书馆。

高艾军、傅　民(编)　1986　《北京话词语》,北京:北京大学出版社。

江蓝生　2012　汉语连-介词的来源及其语法化的路径和类型,《中国语文》第4期。

江蓝生　2014　连-介词表处所功能的来源及其非同质性,《中国语文》第6期。

金小栋、吴福祥　(未刊)汉语方言多功能词"跟"的语义演变。

李　荣(主编)　2002　《现代汉语方言大词典》,南京:江苏教育出版社。

李　炜、刘亚男　2015　西南官话的"跟"——从《华西官话汉法词典》说起,《中国语文》第4期。

李永明　1988　《临武方言——土话与官话的比较研究》,长沙:湖南人民出版社。

李宗江　2004　语法化的逆过程:汉语量词的实义化,《古汉语研究》第4期。

刘翠香　2004　《山东栖霞方言中表示处所/时间的介词》,《方言》第2期。

龙果夫　1958　《现代汉语语法研究》(第一卷 词类),郑祖庆译,北京:科学出版社。

卢小群　2007　《湘语语法研究》,北京:中央民族大学出版社。

陆俭明　1982　《析"像……似的"》,《语文月刊》第4期;另载陆俭明、马真《现代汉语虚词散论》,北京:语文出版社,1999。

吕叔湘、朱德熙　2002[1952]　《语法修辞讲话》,沈阳:辽宁教育出版社。

栾瑞波　2008　莱阳(石河头)方言初探,苏州大学硕士学位论文。

罗福腾　1997　《牟平方言词典》,南京:江苏教育出版社。

罗耀华、周晨磊　2013　"抑"的去语法化,《语言教学与研究》第4期。

马凤如　2000　《金乡方言志》,济南:齐鲁书社。

马　静、吴永焕　2003　《临沂方言志》,济南:齐鲁书社。

孟庆泰、罗福腾　1994　《淄川方言志》,北京:语文出版社。

聂志平　2005　《黑龙江方言词汇研究》,长春:吉林人民出版社。

钱曾怡　　1997　《济南方言词典》,南京:江苏教育出版社。
覃东生　　2007　宾阳话语法研究,广西大学硕士学位论文。
任林深　　1987　山西闻喜话常用介词例析,《山西师大学报》第4期。
宋恩泉　　2005　《汶上方言志》,济南:齐鲁书社。
苏晓青、吕永卫(编)　1996　《徐州方言词典》,南京:江苏教育出版社。
汪　平　　1994　《贵阳方言词典》,南京:江苏教育出版社。
王菲宇　　2012　从语义地图看汉语"和"类词,北京大学硕士学位论文。
王淑霞　　1995　《荣成方言志》,北京:语文出版社。
王希哲　　1991　《左权方言志》,太原:山西高校联合出版社。
王泽芳　　2007　湖南临武(大冲)土话研究,苏州大学硕士学位论文。
吴福祥　　2003a　关于语法化的单向性问题,《当代语言学》第3期。
吴福祥　　2003b　汉语伴随介词语法化的类型学研究——兼论SVO型语言中伴随介词的两种演化模式,载吴福祥、洪波主编《语法化与语法研究》(一),北京:商务印书馆。
吴福祥　　2005　汉语语法化演变的几个类型学特征,《中国语文》第6期。
吴福祥　　2010　东南亚语言"居住"义语素的多功能模式及语法化路径,《民族语文》第6期。
吴福祥　　2012　试说汉语几种富有特色的句法模式——兼论汉语语法特点的探求,《语言研究》第1期。
许宝华、宫田一郎(主编)　1999　《汉语方言大词典》,北京:中华书局。
阎浩然　　2009　吴桥方言语法记略,山东大学硕士学位论文。
张桂权　　2005　《资源延东直话研究》,南宁:广西民族出版社。
张立昌、秦洪武　2011　逆语法化研究——试论古代汉语句中语气词"也"演变的过程、条件及动因,《宁夏大学学报》第5期。
张琳琳　　2013　山东运河流域方言语法研究,山东大学硕士论文。
张秀松　　2014　疑问语气副词"究竟"向名词"究竟"的去语法化,《语言科学》第4期。
张谊生　　2011　略谈汉语语法化研究中的若干疑难现象,《河南师范大学学报》第2期。
赵秀莉　　2006　曲阳话与普通话语法差异研究,广西大学硕士学位论文。
赵元任　　1979　《汉语口语语法》,吕叔湘译,北京:商务印书馆。
朱德熙　　1982a　说"跟……一样",《汉语学习》第1期。

朱德熙 1982b 《语法讲义》,北京:商务印书馆。

朱 雨 2013 开远方言中"挨"的介词功能与连词功能,《红河学院学报》第5期。

宗守云 2012 类后缀"一族"及其逆向语法化,《百色学院学报》第1期。

Bisang, Walter 2006 Southeast Asia as a linguistic area. In Keith Brown (ed.). *Encyclopedia of Language & Linguistics* (2nd edition). Vol. 11: 587—595. Oxford: Elsevier.

Bybee, Joan 1997 Semantic aspects of morphological typology. In Joan Bybee, John Haiman and Sandra A. Thompson (eds.). *Essays on Language Function and Language Type*. 25—37. Amsterdam; Philadelphia: John Benjamins Publishing Company.

Campbell, Lyle (ed.) 2001 *Grammaticalization: A Critical Assessment. Special Issue of Language Sciences* 23: 2—3.

Fischer, Olga and Anette Rosenbach 2000 Introduction. In Olga Fischer, Anette Rosenbach and Dieter Stein(eds.). *Pathways of Change: Grammaticalizationin English*. 1—37. Amsterdam: John Benjamins Publishing Company.

Haspelmath, Martin 1999 Why is grammaticalization irreversible? *Linguistics* 37.6: 1043—1468.

Haspelmath, Martin 2003 The geometry of grammatical meaning: Semantic maps and cross-linguistic comparison. In Michae Tomasello(ed.). *The New Psychology of Language*. Vol. 2: 211—242. New Jersey: Lawrence Erlbaum Associates.

Haspelmath, Martin 2004a On directionality in language change with particular reference to grammaticalization. In Olga Fischer, Muriel Norde and Harry Perridon (eds.). *Up and Down the Cline: The Nature of Grammaticalization*. 17—44. Amsterdam: John Benjamins Publishing Company.

Haspelmath, Martin 2004b Coordinating constructions: An overview. In Martin Haspelmath(ed.). *Coordinating Constructions*. 3—39. Amsterdam: John Benjamins Publishing Company.

Haspelmath, Martin 2007 Coordination. In Timothy Shopen (ed.). *Language Typology and Linguistic Description*(2nd edition). Vol. II: *Com-*

plex Constructions. 1—51. Cambridge:CUP.
Heine, Bernd 2003 Grammaticalization. In Brian Joseph & Richard Janda (eds.). *The Handbook of Historical Linguistics*. 575—601. Blackwell Publishing.
Heine, Bernd and Mechthild Reh 1984 *Grammaticalization and Reanalysis in African Languges*. Hamburg:Helmut Buske Verlag.
Heine, Bernd and Tania Kuteva 2002 *World Lexicon of Grammaticalization*. Cambridge:Cambridge University Press.
Heine, Bernd, Ulrike Claudi and Friederike Hünnemeyer 1991 *Grammaticalization:A Conceptual Framework*. Chicago:University of Chicago Press.
Hopper, Paul and Elizabeth C. Traugott 1993 *Grammaticalization*. Cambridge:Cambridge University Press.
Hopper, Paul and Elizabeth C. Traugott 2003 *Grammaticalization(znd edition)*. Cambridge:Cambridge University Press.
Lehmann, Christian 1995[1982] *Thoughts on Grammaticalization*. Munich: Lincom Europa.
Lord, Carol 1993 *Historical Change in Serial Verb Constructions*. Amsterdam; Philadelphia:John Benjamins Publishing Company.
Norde, Muriel 2009 *Degrammaticalization*. Oxford: Oxford University Press.
Pulleyblank, E. G. 1986 The locative particles YÜ 于, YÜ 於, and HU 乎, *Journal of the American Oriental Society* 106. 1:112.
Ramat, Paolo 1992 Thoughts on degrammaticalization. *Linuistics* 30: 549560.
Schwartz, Linda 1989 Thematic linking in Hausa asymmetric coordination. *Studies in African Linguistics* 20:2962.
Traugott, Elizabeth C. & Bernd Heine 1991 Introduction. In Elizabeth C. Traugott & Bernd Heine (ed.). *Approaches to Grammaticalization*. Amsterdam:John Benjamins Publishing Company.

语义演变的增积性与隐退性

邢志群

（美国西华盛顿大学人文社会学院）

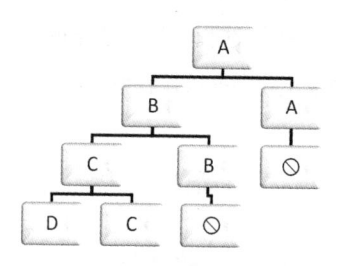

关于语义演变，无论是共时还是历时的，国内外都有不少研究。本文将着重探讨历时的，也就是发生在语法化和词汇化过程中的语义演变。这方面的研究在过去二十多年通过对语法化各层面不同问题的探讨，学者们提出两种相对的语义演变模式：一种是以印欧语为基础欧美学者 Heine et al. (1991)和 Traugott & Dasher (2002) 提出的"隐退性"模式（recessive modal），演变曲线为 A ＜A, B＜B＜B, C＜C ...；另一种是最近 Xing(2015)以汉语为基础提出的"增积性"模式（accretive modal），即增加积累义项的特性，演变曲线为：A＜A, B＜A(L1), B＜A(L1), B, C＜A(L1), B(L2), C, D ...。这两种语义演变模式也可分别用图1、2演示。

图1 语义演变的隐退性模式

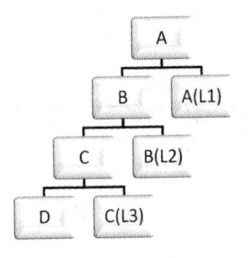

图 2　语义演变的增积性模式

这两种模式的主要区别在于隐退性展示的演变是当一个进入语法化的词引申出新的义项时，新旧义项共同存在一段时间后，旧义项渐渐消失，新义项继续沿用发展的过程；而增积性模式表明进入语法化的词引申出新义项后，新旧义项并存，旧义项有可能进入词汇化，但是不会轻易消失。新义项会继续延伸演变，这样的演变过程很容易产生同时期一词多用的现象。Xing（2015）提出汉语和印欧语之所以呈现两种不同的语义演变趋势，其诱因在于两种语言类型特点的差别，即：汉语属孤立型语言，名词没有格、数、性的标记，动词没有时态和语态的标记；而印欧语特别是德语和日耳曼语的名词和动词有史以来一直都有清楚的语法属性标记。不过 Xing 的研究虽然揭示了两种语言类型在语法化进程中的特点，但是她对提出的语义演变模式并没有做充分的量化研究，本文将通过对比汉英相对应的两个经历过语法化的词"连"与 *even*，量化分析它们的语义演变环境、机制和过程，从而论证说明汉英语义演变的特点和趋势，进一步验证上文提到的两种语义演变模式的适用性。

1　语料分析

从汉英语言历史发展看，两种语言虽然没有完全吻合的发展时期,但是都可大致分为四个时期:古代、中古、近代、现代,见表1。

表1 汉英语言发展的四个时期①

	汉语	英语
古代	3世纪以前	450年—11世纪
中古	4—12世纪	11—15世纪
近代	13—19世纪	15—17世纪
现代	19世纪以后	17世纪以后

从时间上看,古汉语和古英语完全错开了,中古汉语与古英语的时期重叠两个世纪,近代汉语和近代英语时期吻合,但是近代汉语前后都长了两个世纪,因此现代汉语比现代英语晚了两个世纪。虽然汉英的语言历史经过这样或那样不同的重大变革,但是我们认为这些不同的分期法,以及历史事件,不应该影响研究两种语言的发展趋势和特点。相反地,这些不同则为我们研究两种语言演变的诱因提供了必不可少的环境和基础。本文的语料便是从汉英这四个阶段的在线语料库中收集的,具体网址如下。

- 汉语历时语料②:
    - 北京大学语料库:http://ccl.pku.edu.cn:8080/ccl_corpus/

- 英语历时语料:

---

① 汉语的四个阶段是王力(1980)的分期法。英语的分期一般是按照英国历史上发生的重大事件和语言变迁来划分。比如古英语始于罗马帝国在5世纪初从英国撤出后,大批说德语的盎格鲁、萨克逊人迁居到英国后形成的语言。中古英语则标记着英语经过人为的语言改革后失去了古英语屈折型(inflectional)语言的特点。

② 本文的汉语历史语料也参考了"中研院古汉语语料库"http://old_chinese.ling.sinica.edu.tw/,并做了初步的数据对比研究,其结果与"北京大学语料库"的数据结果差不多。

○古英语：http://tapor.library.utoronto.ca/doecorpus/
○中世纪英语：http://quod.lib.umich.edu/c/cme/
○近代英语：http://quod.lib.umich.edu/e/eebogroup/
○现代英语：http://corpus.byu.edu/coca/

根据现代汉语"连"的6种语义、句法功能，如例(1)所示，我们检索北大语料库5个时期"连"的分布和使用情况，检索结果汇总于表2。由于中古时期汉语的语法体系发生了很大的变化，为了更清楚了解"连"在这段时期的演变，我们把这一时期的语料进一步分为中古前期(以六朝语料为主)和中古后期(以唐朝语料为主)两个阶段。

(1) 近代汉语"连"的各种语义功能

  a. 互联网把各家各户都连起来了。(动)

  b. 这两个人心连着心可亲热了。(动)

  c. 人们现在注意到八卦和六十四卦的连线……(形)

  d. 一正一反连用，充分表达了……(副)

  e. 他们班连你九个人。(介)

  f. 学生们都笑了，连老师也笑了。(介/连)

  g. 你怎么连星期天还上班？(连/介)

表2 "连"的历时用法

语义功能	上古 春秋/战国 两汉	中古(前) 六朝	中古(后) 唐朝	近代 清朝	现代
动"连接"	118(59%)	115(56.5%)	97(48.5%)	6(3%)	58(29%)
名"连接"	56(28%)	15(7.5%)	51(25.5%)	4(2%)	41(20.5%)
副"连续地"	12(6%)	18(9%)	27(13.5%)	123(61.5%)	19(9.5%)
形"连续"	14(7%)	54(27%)	16(8%)	22(11%)	48(24%)
介"包括"	0(0%)	0(0%)	9(4.5%)	10(5%)	12(6%)
连"甚至"	0(0%)	0(0%)	0(0%)	35(17.5%)	22(11%)
合计	200(100%)	200(100%)	200(100%)	200(100%)	200(100%)

从北大语料库收集的五个时期中,我们共检索出1000例连的用法,每个时期200例。从它的语义功能看,上古语料中的"连"主要有两种用法:名词和动词,都表"连接"义,动词用法在上古和中古所占比例都在50%左右,在这两个时期,形容词和副词用法虽然比例不很高,但是一直与名、动用法并存。此外在中古后期,即唐朝,出现了表"包括"义的介词用法。近代即清代的语料,除了副词义广泛使用以外,又出现了表"甚至"义的用法。到了现代,这六种用法都并存使用,而且其分布似乎比以往任何一个时期都匀称,没有任何一种用法超过总数的三分之一。

现代英语的 *even* 与现代汉语用作连词、表"甚至"义的"连"具有同样的语义、句法、语用功能。按照同样的方法,我们从英语发展的四个历时语料库中共收集到800例 *even* 用法,其中每个时期200例。分析它们的用法后,汇总统计结果于表3。

表3 英语 *even* 的历时用法

句法功能	语义功能	古英语 4—11世纪 *efne/emne*	中世纪英 11—15世纪 *euen*	近代英语 15—17世纪 *even*	现代英语 20—21世纪 *even*
形容词	flat/equal平	93(46.5%)	109(54.5%)	45(22.5%)	1(0.5%)
副词	equally同样	107(53.5%)	91(45.5%)	129(64.5%)	0(0%)
动词	make equal 弄平	0(0%)	0(0%)	0(0%)	1(0.5%)
连词	even 甚至	0(0%)	0(0%)	26(13%)	198(99%)
合计		200(100%)	200(100%)	200(100%)	200(100%)

首先需要说明的是上古和中古英语跟德语一样仍然是典型的屈折型语言,因此不论名词还是形容词都有格、数、性的变体标志,动词有语态和时态标记,但是到了中世纪(11—15世纪)英语发生了质的变化。日耳曼征服大英帝国后,大量引进日耳曼语言的词汇、语法,把英语贬为低级语言(low language),到了15世纪末16

世纪初以莎士比亚作品为代表的英语基本上失去了名词和形容词的格标记。除了个别的代词以外,其他名词和形容词不再有主格、宾格、属格和与格标记,也不再有阴、阳标记,以致近代/现代英语的名词在某种程度上有些像汉语的名词,唯一不同的是英语虽然失去了格标记,但是同时又从印欧其他语言中引借了大量的词缀,并通过这些词缀来辨别词性。

表 3 中的统计结果①表明上古和中古英语的 *efne/emne*>*euen*>*even* 都可用作表"平等"义的形容词或表"平等地/同样地"的副词,但是不用作连词或动词,因为动词这时候有其自己的拼写形式。从它们的分布看,这两个时期形容词和副词的用法比较均衡,各占总数的一半左右。但是近代英语的 *even* 出现了表"甚至"义的连词用法,这时候只有副词义占 *even* 总数的多数(64.5%),形容词表"平等"义的用法降低了(21.5%)。到了现代英语,基本上所有的 *even* 都用作连词表"甚至"义(99%)。从这四个演变阶段看,*even* 在古英语和中世纪英语中用法相近,之后便发生了巨大的变化,先是表副词义的用法得到广泛的应用,然后延伸出连词的用法,并得以广泛地使用。②

对比汉语"连"和英语 *even* 的历时用法,我们可以清楚地看到

---

① 由于现代英语用作连词的 *even* 源于古代英语用作形容词和副词的 *efne/emne*,而且在上古和中古英语中它的其他句法功能有多种变体,比如,动词为 *efnen/ebnen/efnan*,名词为 *æfen/æfan*,因此本文收集的语料只包括四个时期跟 *even* 有源义关系的形容词、副词用法例句,不包括在形体、语义上与现代英语 *even* 有明显不同的例句。有一种情况需要说明,就是中世纪表形容词/副词义的 *euen*>*even* 和表名词义"晚上"的 *evening* 使用完全一样的拼写形式,这种名词用法显然与同形的形容词/副词用法不同,属于两个不同的词,因此没有包括在表 3 调查的语料中。

② 近代英语不再用 *even* 表副词义,而使用带有副词词缀 *-ly* 表副词义,即 *evenly*。

它们的演变轨迹和模式很不一样。"连"从上古的动词义和名词义经过至少四次演变,延伸出形容词义、副词义、介词义、连词义,共六种不同的句法功能和义项,其特点是同一种书写形式,在同一个时期各种义项并存使用;而 *even*,由于屈折语的特点而有词性标记,从早期的形容词和副词义并存使用,逐渐转换到以副词义为主,然后由副词义延伸出新的连词义,最后连词义占主导地位。我们看到在同一个时期,同一种拼写形式的 *efne/emne*>*euen*>*even* 只有1—2种功能普遍使用。这就是我们先前提到的隐退性模式。"连"则呈现增积性趋势,也就是从一个义项向多个义项演变,而且并存于同一个时期。

2 语义演变分析

为了考察导致汉英语义演变轨迹遵循不同模式的诱因,本文对收集的四个时期的汉英语料进行了具体的语义、语用分析。首先我们看一组"连"现代以前的用法。

(2)上古汉语:战国

    a. 民相连而从之。(战国《庄子》)

    b. 灵连蜷兮既留,烂昭昭兮未央。(战国《楚辞》)

    c. 重刑,连其罪,则民不试。(战国《商君书》)

    d. 十国以为连,连有帅。(战国《礼记》)

    e. 亲与巨贤连席而坐,对膝相视。(西汉《贾谊新书》)

    f. 云余肇祖于高阳兮,惟楚怀之婵连。(战国《楚辞》)

    g. 乃着东关连遭灾害,饥寒疾疫,夭不终命。(东汉《全汉文》)

h. 初元元年,珠又反,连年不定。(东汉《全汉文》)
(3) 中古汉语前期:六朝
　　a. 八月,天连阴雨,禾稼伤损。(六朝《华阳国志》)
　　b. 故元牧有连率之职,奉贡无失职之愆。(六朝《华阳国志》)
　　c. 琬亦连疾元丰本作病。(六朝《华阳国志》)
　　d. 潘安仁、夏侯湛并……时人谓之"连璧"。(六朝《世说新语》)
　　e. 比物荃荪,连类龙鸾。(六朝《全刘宋文》)
　　f. 所亡大半,连岁相持,于今未解。(六朝《全刘宋文》)
　　g. 何人不肯下马,连叫大唤。(六朝《全刘宋文》)
　　h. 七国连谋,实由强盛。(六朝《全刘宋文》)
(4) 中古汉语后期:(唐《通典》)
　　a. 而前缀连之,如冠弁象。
　　b. 十连为乡,乡有良人,以为军令。
　　c. 攻之不拔,连战,士卒疲,曹公欲还。
　　d. 瞰临城中,旗帜蔽野,埃尘连天,钲鼓之声闻数百里。
　　e. 谣曰:补阙连车载,拾遗平斗量。
　　f. 妇人尚专一,德无所兼,连衣裳不异其色。
(5) 近代汉语:(清《官场现形记》)
　　a. 赶忙又把礼物献上,说是两分送给干爹、干娘,两分连著一席酒。
　　b. 每日零用,连合衙门上下吃饭,不到一吊钱。
　　c. 然后到窑子里同老鸨交清楚,连夜一顶小轿把爱珠接了出来。

d. 以致落了他们的圈套,连忙一骨碌从床上爬起。

e. 闹得大了,连著房间里的奶奶都上来劝和。

f. 等到雨下小些,叫了马车,连人连行李一齐替他送回家去。

g. 为的是那一件,连我自己也不明白,怎么好呢!

h. 不要说没有挨过一下板子,并且连骂都没有骂一声。

上古汉语的"连"主要有两种语义、语法功能:动词表"连接"义,连接两个事物或两种状态(如:"灵/蜷");名词表两种事物或概念的"连接"(如:"婵/蝉""岁"的连接)。在这个时期,形容词和副词的用法已经从动词义引申出来,副词用来修饰谓语动词表"连续地"操作某个动作或状态,如:(2g)"连遭";形容词用以修饰名词表'连着的'义,如:(2h)"连年"。我们看到中古前期的例句基本沿袭了古汉语的各种用法,只是到了中古后期,即唐朝,出现了介词的用法,表"包括"义,与后置的名词一起修饰句子的谓语动词,如例(4f)所示。换句话说,在中古八个世纪中"连"在上古汉语的名、动、形、副用法基础上,延伸出语法化程度比较高的介词义。Xing(2004)、邢志群(2008)的分析指出当"连"引申出表示标尺含量的"包括"义,用作介词时,便为它进一步引申出强调义"甚至"打下了坚实的基础,因为"甚至"义不仅延承(entails)了"包括"义,而且符合人类主观认知(subjective and cognitive)使用"包括"义的发展倾向,如(5g—h)所示。(参阅 König 1991)对比近代例(5)和现代例(1)的用法,我们发现"连"还在继续向更加主观化的语义发展,比如带有"吃惊"义项的用法(1g)。

以上所分析的"连"的语义演变曲线为"连接">"连续地"/"连着的">"包括">"甚至"。这五个义项都用同样的书写形式,唯一的区别是它们使用的句子结构和语义环境不同,这些不同便是后人识别它们的语法、语义功能的主要依据。我们看到从句法的角度看,如果连置于另一个动词之前,它的功能可能是并列动词,也可能是副词修饰后面的动词,这时候它的语义也从表动作"连接"转变为表方式的副词"连续";但是如果它后面跟着的是一个名词,而且同一句中还有另一个动词,那么这个"连"有三种可能用法:第一,可能用作形容词表修饰义"连着的(东西)";第二,可能用作介词表"包括(人或事物)"义;第三,可能用作连词表强调义"甚至"(对汉语词性有兴趣的读者可参阅刘丹青,2010;沈家煊,2012)。至于到底是哪个用法,就要看后面的名词与其整句语义、语用的关系,也就是说要看哪种用法最合乎整句表述的整体意思。这里我们看到连的语义演变与它的句法功能有不可分割的关系。Xing(2013)、邢志群(2013)把这种受句法、语用制约的语义演变机制称作"语义重新分析",别于印欧语学者们提出的另外两种语义演变机制:隐喻和转喻,因为隐喻指的是从一个义域映射到另一个义域的演变,属于语义范畴内的变化;而转喻则是在逻辑认知上有邻近关系的语义演变,属于语用的范畴。相比较语义重新分析其本质属于句法、语义、语用三个范畴的演变机制。

现在我们再来分析英语语义演变的机制。我们先看 *even* 在英语四个时期的使用情况。

(6)古英语(450年—11世纪)

  a. *swa þæt eall eorðe byð smeðe & **emne**.* (*Notes* 22.23)
   因此整个地球是平滑的。

  b. *iusta lance mid þa **efnan** helurblede.* (*ClGl* 1 3396)
   就是有平衡性能的矛。

c. *wunedon ætsomne **efen** swa lange swa.* (Met 20.243)

总共的长短是一样的。

d. *ne hafað heo ænig lim, leofaþ **efne** seþeah.* (Rid 39)

她没有肢体,但是同样活着。

(7) 中世纪英语 (11—15 世纪)

a. *Upon an **evene** ground, or on an **evene** ston...*(Chaucer Astr)

在平地上,或者平石头上。

b. *I hate bothe **euene** stafes and crokede.* [Pilgr. LM (Cmb Ff. 5. 30)]

我厌恶直直的木棒和夹子。

c. *þe oon party is **euene** and þe oþer is odde.* [Trev. Barth. (Add 27944)]

一组是偶数,另一组是奇数。

d. *That he mayntene rightwisnes and **even** iustice, as welle to poore as to riche.* [Royal SSecr. (Roy 18. A. 7)]

无论是对穷人还是富人,他主张正义和公平的判决。

e. *Ther bred he brake as **euen** as it cutt had beyn.* [Towneley Pl. (Hnt HM 1)]

他掰开的面包跟切开的一样均匀。

f. *If his teeþ sittiþ **euene** as þei schulde do...*[Lanfranc (Ashm 1396)]

如果他的牙齿按照正常的情况长得对称的话……

g. *He went **euen** to þemperour.* [WPal. (KC 13)]

它直接去找皇帝。

 h. *A clene wall ... **Euyn** round as a ryng.* [*Destr. Troy* (*Htrn* 388)]

 一堵干净的墙……就像圆圈一样圆。

 i. *Many wonderis thou werkyst, **evyn** as thi wyll is.* [*Ludus C.* (*Vsp* D.8)]

 很多你做的奇妙的事情，就像你的意愿一样。

(8) 近代英语 (15—17 世纪)

 a. *lead your Battail softly on / Upon the left hand of the **even** Field.* (*The Tragedy of Julius Cæsar*, Shakespeare)

 悄悄地带着你的战队转到你左边平坦的田野里。

 b. *but do not stain / The **even** vertue of our Enterprize.* (*The Tragedy of Julius Cæsar*, Shakespeare)

 但是别玷污那公义的美德。

 c. ***Even** so my Sunne one early morne did shine.* (*Poems*, Shakespeare)

 就是那样，我那天早上的太阳仍在发光。

 d. *Then walk we forth, **even** to the Market place.* (*The Tragedy of Julius Cæsar*, Shakespeare)

 然后我们继续走，一直走到了那个市场。

 e. *All men make faults, and **even** I in this.* (*POEMS> Carelesse Neglect*)

 人都会犯错误，包括/甚至我也在内。

 f. *I assure yee, / **Even** that your pittie is enough to*

cure me.

(POEMS＞*Selfe flattery of her beautie*)

我向你保证连你的怜悯也能医治我。

(9) 现代英语（以下例句来自 20 世纪至今的语料）

a. ...*any of the American fast-food places that litters the landscape of* **even** *rural Italy.*（ModE corpus）

美国的快餐店遍布在平坦的意大利乡村。

b. ...*adds a touch of girlishness to* **even** *the stiffest suit.*（ModE corpus）

加上女孩子的一点休整便弄平了那硬邦邦的西装。

c. *She had* **even** *called his parents, but they'd...*（ModE corpus）

她甚至会给父母打电话，但是他们……

d. **Even** *though I didn't look back, I quickly realized...*（ModE corpus）

尽管我没有回头看，但是我很快意识到……

e. **Even** *the most repressed citizens of the world will stand up to tyrants...*

（ModE corpus）

连世界上最受压迫的公民也会站起来反抗暴君……

古英语 *even* 的各种变体（*efen/efn/emn*）有两个句法功能，形容词表"平的"义或者副词表"一样/同样"义，如例（6）所示。按照语义演变的规律，这两个句法、语义功能应该先有表具体的地面"平坦"义，后通过隐喻引申出抽象的"平等"义。在这个时期，虽然

371

源于同一个词根表动词义"弄平"使用不同的书写形式（*efnan*/*afnen*），但是表"平坦/平等"义的 *efen*/*efn*/*emn* 没有区别形容词和副词的标记，不过这并不影响判断一个词用作形容词还是副词，因为古英语的形容词沿袭古德语的语法体系有强/弱（strong/weak）和单复数（number）标记，而副词没有。到了中世纪，由于英语的语音系统发生了一系列的变化，因此 *even* 的拼写形式也有所变化，常使用的两种形式为 *euen*/*even*。如果分析中世纪 *even* 的用法（例7），我们发现除了进一步引申出多个形容词义项"直的""公平的""匀称的""对称的"和副词义项"直接""平均"以外，最显著也是最重要的句法、语义演变是连词义"就像"的出现，用来引出与上下文提到的某种类似的或者对应的情形或意向，如例（7g—h）所示。这一演变使 *even* 从句法、语义两个层面在语法化的进程中迈出了划时代的一步，相比较形容词和副词义项的增加只是语义层面的进一步引申。值得注意的是中世纪以后的 *even* 无论在形式上还是语义上都变得更加统一规范，即它的书写形式只有一种 *even*，它的语法、语义功能在近代语料中集中在副词的用法上（见表3:64.5%），在现代语料中高度集中在连词用法上（99%），其形容词的用法则大大减少（近代22.5%，现代0.5%）。

  以上演示的 *even* 的语法化过程，我们大体可从三个层面总结其发展、演变曲线：第一，拼写形式 *efen*/*efn*/*emn*＜*euen*/*even*＜*even*/*evenly*；第二，句法功能：形容词＜副词＜连词；第三，语义功能："平的"＜"平直/直直地/平等/平均"＜"准确"＜"就像"＜"甚至"。① 语料分析表明这三个层面的演变相辅相成，充分凸显

---

① 这个语义演变曲线只包括 *even* 语法化各个阶段最具代表性的义项。

了英语语法化进程的特点。我们看到中世纪以前的英语形容词、名词基本上和德语的语法体系一样有清楚的强/弱、格及数的变化形式,但同时跟副词又有类同的拼写形式,特别是强性形容词,这是为什么中世纪以前的 *even* 有不同的变体。中世纪以后,英语形容词失去了强弱和格标记,其结果导致形容词和副词 *even* 在形体上的一致。从句法的角度看,形容词可以单独做述语成分(stative),而副词要跟动、介词短语连用。这个区别与中世纪和古英语 *even* 的多种变体相对。我们认为由于它从近代开始只有一种拼写形式,因此它的句法、语义功能受到局限,以致到了现代,绝大多数 *even* 只用作连词表"甚至"义,用作副词的 *even* 则选用副词的词缀 *-ly* 来标示。从语义演变机制看,从"平的"引申出"平直/直直地/平等/平均"等多个义项,都是使用隐喻手段导致的语义延伸;而"准确"及"就像"义的出现则是转喻的结果,因为"准确/就像"描述的是个"点"的概念,而"平直"描述的是一个"面"或一条"线"的概念。最后,我们认为"甚至"义的产生是语义重新分析的结果,其原因在于"甚至"义与它先前的义项"就像"不是一个义域映射到另一个义域(即隐喻),也没有逻辑认知上的语义邻近关系(即转喻),而是依据 *even* 在句子中的位置和上下文的语用关系重新推理出表示递进的强调义。这种演变机制,即语义重新分析,跟汉语"连"引申出的"包括"义和"甚至"义演变机制是一样的。

对比汉英语义演变的整体过程,我们看到当英语有词性标记的时候,一个词的语法化进程停留在语义的虚化上,即从表达具体的概念演变为表达抽象的概念。但是当一个词失去了词性标记,这个词才能进入句法和语义的语法化过程中,即从实词的功能延伸出虚词的功能。这与 Bybee et al.(1994:24—25)关于语法化中的语义演变机制的观点相辅。汉语没有词性标记,因此"连"在漫长的语法化过程中从动词义引申出至少四种句法、语义、语用功能:形容词"连续"义、副词"继续"义、介词"包括"义、连词"甚至"义。更值得关注的是,"连"与 even 最大的不同是"连"的五种新旧句法、语义功能在现代汉语中都普遍使用(参表2),而 even 尽管在中世纪引申出多个义项,但是在近代英语实用语料中,所有旧义项都极少使用,只有新义项"甚至"普遍使用。也就是说词性标记是导致汉英语法化中语义演变趋势的关键。没有词性标记的语言呈现增积性模式,有词性标记的呈现隐退性模式。

有的读者可能会问如果我们的论证对的话,那么近代英语既然完全失去了区分形容词和副词的标记,其结果 even 应该跟"连"一样呈现形容词、副词、连词同期并用的情况,但为什么实际情况却并非如此呢? 我们认为虽然近代英语形容词和副词 even 只用一种拼写形式,但是从英语的整个语言系统看,它仍然与汉语不同,属于屈折型语言的语法系统,名词、动词除了有数、时态、语态的标记外,还有从印欧语借用的大量前缀和后缀用来做词性标记,副词后缀-ly 便是近代出现、现代广泛使用的副词标记,如 evenly 的用法。

以上探讨的汉英语法化中的语义演变特点同样反映在词汇化中。通过分析现代汉语最常用的 15 个含"连"的复合词(连串、连带、连接、连累、连连、连忙、连年、连日、连声、连同、连续、连夜、连长、接连、牵连)并对比它们在其他四个时期的分布,我们发现"连"进入词汇化后的使用频率随着其语义增积而增加,如表 4 所示。

表 4 含"连"的复合词分布

	上古 春秋/战国 两汉	中古(前) 六朝	中古(后) 唐朝	近代 清朝	现代	总计
连串	0	0	0	1	29	30
连带	0	1	0	2	21	24
连接	9	4	7	5	27	52
连累	0	4	3	22	56	85
连连	3	0	9	92	126	230
连忙	0	0	0	392	144	536
连年	17	20	5	8	10	60
连日	7	5	5	36	29	82
连声	0	1	4	61	69	135
连同	1	0	0	3	25	29
连续	1	4	2	1	36	44
连夜	0	0	4	70	39	113
连长	2	0	1	1	96	100
接连	0	1	6	20	73	100
牵连	3	0	0	9	17	29
总计[①]	43	40	46	723	797	1649

从表 4 的语料统计看,含"连"的复合词在上古和中古出现的频率相当,近代和现代的也相当,但是这两大时期之间的使用频率却相差甚远:中/古代只有 40—46 个;近/现代却在 700 以上。此外,在上古和中古进入词汇化的复合词中,只有"连年""连日""连接"相对比较普遍;而在近代和现代的语料中,除了几个最早进入词汇化的词仍然在使用外,其他一些后进入词汇化的含"连"的复

---

① 这个总计来源于本文所用五个时期的语料,各时期的字数分别为 250 万左右。需要说明的一点是表 1 中的数据与表 4 中的复合词有重叠的部分,也就是说用作复合词的"连",也在表 1 统计的连的频率中,不同的是表 1 只统计了各个时期前 200 例,语料范围比表 4 小。

合词的使用频率更频繁,如"连忙"(392—144个)、"连连"(92—126个)。从"连"在复合词中的语义功能看,我们发现复合词中前置的"连"做修饰语(相当于副词或形容词),表"继续、连续、连接"义;复合词中后置的"连"做动词,表"连接"义,即连的源义①。这样,词汇化的"连"跟语法化的"连"一样,它的各种义项都保留在现代汉语中,呈现增积的演变发展曲线。

英语含 even 的复合词在其各个时期的使用情况与汉语的"连"则截然不同。主要原因跟上文提到的 even 语法化过程中的诱因类似,就是古英语 efen 与中古英语 euen 和近代/现代英语 even 有拼写上的区别,因此用在复合词中 even 在各个时期的形式也不同,如古英语复合词:*efen-god*"一样好",*efenrice*"一样富裕";中世纪复合词:*euen-cristen*"基督徒同伴",*euen-elde*"同岁",*euen-nexte*"邻居",*euen-liknesse*"同类";现代/近代复合词:*breakeven*"平分",*evenfall*"平掉",*evenhanded*"平手"。比较这三个时期的复合词,我们发现古英语和中古英语的复合词,在现代英语中完全消失了,取而代之的便是由 even 重新组合的复合词。这样的复合词构词趋势跟 even 在语法化中的语义演变曲线是一样的,即隐退性的。

3 结语

本文通过对比汉语"连"和英语 even 的语义演变轨迹探讨汉英义演变的规律。我们发现无论是量化分析结果,还是这两个

---

① 对词汇化感兴趣的读者可参阅董秀芳(2011)。

词在语法化和词汇化进程中的语用、句法、语义功能分析结果,都表明汉英语义演变趋势与两种语言类型的语法表现形式有关。汉语属于孤立型语言,没有词性标记,语义的延伸不受词性的限制,因此新的义项比较容易产生,而且诱发产生这些义项的机制可以建立在语义层面(隐喻)、语用层面(转喻)或句法语用层面(语义重新分析)。英语属于屈折型语言,古英语有很清楚的词性标记和句法标记,因此局限了语义延伸的范围。中世纪英语虽然失去了名词和形容词格标记,在某种程度上有些像汉语的名词,但是英语仍然有极其丰富的词缀以及句法标记,如动词的时态、语态和单复数的标记,因此中世纪以后的英语仍然受词法和句法的约束,这无疑阻碍了新义项的产生,特别是那些通过重新分析诱发的新义项。

与汉英语言类型有关的另一个语义演变特点是旧语义的逐渐消失。量化和语用分析表明"连"的义项不仅随着语法化的程度提高而增加,而且各种义项都可以并存于同一个时期,即增积性趋势;而英语 *even* 在同一个时期,如果没有词性标记,只能普遍用于一两种义项,呈现隐退性趋势。我们认为这与英语使用者对屈折型语言的认知技能有关。也就是说,当一种语言使用者习惯了使用某种语言系统(如古英语的句法、词性表达法)表述不同的语义时,一旦失去某种句法、词性表现形式(如名词的四种格标记),他们就会寻找另一种方法,如词缀,来填补失去的语法表现形式。这就是现代英语仍然保留屈折型语言特点的主要原因。

参考文献

董秀芳　2011　《词汇化:汉语双音词的衍生和发展》(修订本),北京:商务印书馆。

刘丹青 2010 汉语是一种动词型语言,《世界汉语教学》第 1 期。

沈家煊 2012 名动词的反思:问题和对策,《世界汉语教学》第 1 期。

王 力 1980 《汉语史稿》,北京:中华书局。

邢志群 2008 从连的语法化试探汉语语义演变的机制,《古汉语研究》第 1 期。

邢志群 2013 汉语语法化中的语义重新分析和语义演变,《历史语言学研究》第六辑,北京:商务印书馆。

Bybee, J., R. Perkins and W. Pagliuca 1994 *The Evolution of Grammar: Tense, Aspect, and Modality in the Languages of the World*. Chicago: The University of Chicago Press.

Heine, B., U. Claudi and F. Hünnemeyer 1991 *Grammaticalization: A Conceptual Framework*. Chicago: University of Chicago Press.

König, E. 1991 *The Meaning of Focus Particles. A Comparative Perspective*. London/New York: Routledge.

Traugott, E. C. and Richard Dasher 2002 *Regularity in Semantic Change*. Cambridge: Cambridge University Press.

Xing, J. 2004 Grammaticalization of the scalar focus particle *lián* in Mandarin Chinese. *Journal of Historical Pragmatics* 5.1:81—106.

Xing, J. 2013 Semantic reanalysis in grammaticalization in Chinese. In Zhuo Jing-Schmidt (ed.). *Increased Empiricism: New Advances in Chinese Linguistics*. 223—246. Amsterdam: John Benjamins Publishing Company.

Xing, J. 2015 A Comparative study of semantic change in grammaticalization and lexicalization in Chinese and Germanic languages. *Studies in Language* 39.3:593—633.

结构式的语法化与构式演变

杨永龙

(中国社会科学院语言研究所)

0 引言

虚词是汉语最重要的语法手段,因此在汉语历史语法研究中格外关注虚词的来源和虚化过程是理所当然的。但是如果夸大虚词的作用,忽视其所在的句式,或者只关注虚词的语法化而忽略其所在结构式的语法化,则有可能失之偏颇。前者例如:

(1)相鼠有皮,人而无仪;人而无仪,不死何为?(《诗经·相鼠》)

这里"人而无仪"两次出现,不少古汉语教材认为,前一句中"而"表示转折关系,相当于"却",后一句中"而"表示假设关系,相当于"若"。但是如果去掉"而",前一句仍有转折的意思,后一句仍有假设的意思,可见这里的转折、假设之类的关系意义未必属于"而"而更可能属于句子。

后者例如"连"字句语法化。"连 XP 都/也 VP"是一个固定句式,除了字面义之外,还有丰富的字面以外的意思。如:

(2)这事连三岁小孩都知道。

其中包括预设义"三岁小孩是某一集合中最不可能知道这件事的人",以及隐含义"某集合中的其他人更有可能知道这件事"。以往对该句式的来源有大量的研究,但主要是从"连"的语法化入手,发现"连"原来是动词,六朝以后有"连带;包括在内"的意思,如例(3);宋代以后语法化为表示强调的"甚至"义介词,如例(4)(参见刘坚,1989;孙锡信,1992等):

(3)余注此经以来,一千七百余年,凡传三人,连子四矣。(葛洪《神仙传》,引自孙锡信,1992)

(4)今人连写也自厌烦了,所以读书苟简。(《朱子语类》卷十,引自刘坚,1989)

这类研究解决了"连"的实词虚化问题,自然是很有意义的。但是如果进一步思考:"连"字句的预设义和隐含义是"连"带来的吗?如果是,那么为什么去掉"连"之后句式义可能不变?如例(2)可以说成:"这事三岁小孩都知道。"当然此时"三岁小孩"要重读而"都"不能重读。如果不是,那么句式义从何而来?也许我们可以把目光再投向句式中的其他虚词,比如考察"都"的虚化,可能发现"都"存在着从表总括的范围副词到表强调的语气副词的语法化过程。但是例(2)的"都"和"也"可以互换而句式意义基本不变。于是我们再考察"也"是如何从表示类同一步步演变为表示强调的。其实,马真(1982)早已指出,"连"字句中"都"和"也"虽然可以互换,但是"都"仍表总括,"也"仍表类同,并进而强调:"在虚词研究中切忌将含有某个虚词的某种句子格式所表示的语法意义硬归到格式中所包含的这个虚词身上去。""连"字句的预设义和隐含义正是该句式本身所具有的意义,那么句式义是怎么来的?为什么会出现?这也是需要我们加以探索的。(详见杨永龙,2011)

随着语法化研究的深入,越来越多的学者不仅关注虚词和实词虚化,同时开始关注句式在语法化过程中的作用,并进而关注"结构""结构式""句式"本身的语法化。构式语法理论引入之后,一些学者更是有意识地把它运用到历史语法研究之中,探讨一些特定构式的语法化过程。Traugott & Trousdale(2013)的新著把语法化、词汇化、构式化以及构式的演变整合在一起,提出了一系列全新的见解。但是,由于对"构式"和"语法化"有不同的理解,尤其是构式语法理论刚刚创立不久,无论在理论层面还是在操作层面都有许多值得梳理和进一步思考和探索的问题。本文试图对与之相关的一些问题进行梳理,主要内容包括:(1)从实词虚化到结构式的语法化,(2)构式与结构式的关系,(3)构式义与相关虚词意义的关系,(4)结构式语法化与构式的语法化,(5)构式演变:构式化与构式变化,(6)语法构式化与词汇构式化。

1 从实词虚化到结构式的语法化

1.1 语法化与虚化

"语法化"(grammaticalization)概念来自国外,大体对应于我国学者的"虚化"。不过,严格地说语法化与虚化是不同的概念,是从不同角度讨论语言现象的。"语法化"着眼于"语法",是语法的实现过程,即语法范畴、语法功能和语法形式的产生和发展演变过程。"虚化"着眼于词义,是语义的发展演变过程。但是二者又有联系,而且有时候可能所指相同。因为语法化过程中常常伴随着语义的虚化,而语义虚化也有可能导致语法化。尤其当我们说"实词虚化"的时候,往往就是指实词(或词汇形式)虚化为虚词(或功能词)的过程。所以,早期的研究中,语法化与实词虚化几乎是不加区分的,最初的语法化研究正是从实词虚化开始的,后来扩大到包括结构式在内的所有语法手段的产生过程。

1.2 实词虚化

不少学者提到,元代周伯琦的《六书证讹》已经提出"今之虚字,皆古之实字",(沈家煊,1994;Sun,1996;文旭,1998)这是从实词虚化说起的①。国外最早采用"语法化"这一术语的梅耶(Meillet)也主要是从词汇形式到语法形式的变化来讨论语法化的。他说:"语法语素由词汇形式发展而来","词项"是绝大多数语法化实例的来源。(据 Hopper & Traugott,2003:21)国内较早讨论虚化或语法化的文章,如解惠全(1987),其题目就是《谈实词的虚化》,而刘坚(1989:447)则把"实词虚化"与"语法化"直接联系起来,指出:"通常是某一个实词的词汇意义首先发生变化,变化到一定程度,又引起这个词的功能发生变化,变化到只在语句中起某种语法作用而失去了它原来的词汇意义。这个过程,可以称之为'实词虚化',或者'语法化',也就是说,由词汇单位变化为语法单位。"刘坚、曹广顺、吴福祥(1995:161—169)对语法化的若干诱因从句法位置的改变、词义变化、语境影响等方面进行了归纳,文章也是讨论从实词变成虚词:"通常是某个实词或因句法位置、组合功能的变化而造成词义演变,或因词义的变化而引起句法位置、组合功能的改变,最终使之失去原来的词汇意义,在语句中只具有某种语法意义,变成了虚词。这个过程可以称之为'语法化'。"

---

① 不过,刘永华(2013)认为,周伯琦说的实字与虚字是造字上的假借关系,不是指语义上的演变关系。最早讨论实词虚化的是清代袁仁林《虚字说》。

1.3 结构式的语法化

词汇形式不可能脱离语境而独自发展为语法形式,因此,在研究实践中,从吕叔湘、王力、太田辰夫以来,包括梅祖麟、刘坚、贝罗贝以及后来的更多学者,都很注重句法位置或环境在实词虚化中的作用。如曹广顺(1995:3)指出:"在动态助词产生的过程中,'将''着''取''得'等几个词从动词向助词发展,都是从充当连动式中第二个动词开始的。"国外学者如 Himmelmann(2004:31—34)更是明确指出,单个词汇项不会孤立地语法化,词汇项的语法化离不开特定的组合环境。其实梅耶最初的语法化研究也不限于单个实词的演变,还包括词语组合成固定短语并最终合并在一起,甚至还包括语序的变化。(参见 Hopper & Traugott,2003:23)尽管后世对语序变化是否属于语法化有不同看法,但总的趋势是在语法化研究中越来越关注词汇以外的结构式。据 Traugott(2008),至少从 1979 年 Givón 的 *On Understanding Grammar* 以来,"构式"(construction)就与词汇项一起被看作语法化的输入端。Hopper & Traugott(2003:xv)的语法化经典定义中,语法化的输入端既包括词汇项,又包括构式:

(5)某些词汇项和构式在特定的语境中表示语法功能,当这种功能一旦语法化了,将继续发展出新的语法功能。

Bybee(2003:602—603)甚至认为:"其实更准确地说,不是词汇项语法化了,而是带有某词汇项的构式语法化了。"

不过,正如 Traugott(2008)所说:在语法研究中,"构式"(construction)是一个比较宽泛的概念,并没有严格的定义,往往是指"搭配""语段""短语""成分""组合关系"之类。这个意义上的"构式"汉语学界很早就比较重视,不过一般称作某某"式"(如处置式、连动式)、某某"结构"(如述补结构)、某某"句式"(如"为……所"句式),或者某某"结构式"等。汉语学界对这类结构的语法化研究近些年来取得了不少成绩,如贝罗贝(1986)讨论了双宾语结构,Sun(1996)讨论了"把"构式(BA construction)和"把"的语法化,以及汉语史上的语序变化,吴福祥(2002)讨论了能性述补结构"V 得/不 C",洪波(2003)讨论了动结式,洪波、董正存(2004)讨论了"非 X 不可",江蓝生(2004、2005、2007、2008)讨论了跨层次非短语结构"的话""VP 的好"构式整合等,江蓝生、杨永龙(2006)讨论了句式省缩,等等。不过,总的来看,这类研究还很薄弱,因此,吴福祥(2005)呼吁:"未来的汉语语法化研究应该在借鉴当代语法化理论思路和成果的基础上对汉语句法结构式的语法化过程、机制和动因做比较全面和深入的研究。"随着近些年构式语法理论的兴起,汉语历史语法研究中出现了"某某构式的语法化"之类的研究成果,如彭睿(2007)以"从而""以及"和"及其"为例,讨论了构式语法化的机制和后果,杨永龙(2011)讨论了"连 X+都 VP"构式中预设义和隐含义的产生过程,龙国富(2012)讨论了动趋结构的语法化等。不过许多成果虽然用到了"构式"这一术语,却未必是严格按照构式语法的范式来进行研究的。

为便于讨论,我们把以往语法研究中所涉及的搭配、语段、短语、组合、某某式、某某结构等相对复杂的特定句法格式称之为"结构式",把"构式语法"理论中所说的形式语义匹配称作"构式"。二者分别对应于国外传统语法研究中的 construction 和构式语法理论研究中的 construction。那么二者是什么关系?结构式的语法化与构式的语法化又是什么关系?

2　结构式与构式的关系

"construction"本来是语法研究的一个传统术语,所指比较宽泛,自亚里士多德(Aristotle)以来一直是语言研究的主要对象,主要指语言中比较复杂的各种组合。构式语法理论(construction grammar)兴起之后,给它赋予了特定的内涵,用来指语言中各种层次的具有字面以外意义的"形式-意义"匹配。虽然构式语法理论本身仍然处于不断完善阶段,还有一些说不清道不明的地方,需要不断地探索,而且不同的学者也会有不同的理解和认识,存在一些不同的流派①,但其基本理念在许多方面都值得借鉴。

首先,构式是形式语义匹配。Goldberg(1995:4)给构式(construction)所下的定义是:

(6) 当且仅当 C 是一个形式-意义匹配<Fi,Si>,且其形式(Fi)或意义(Si)的某些方面不能从其组成成分或先前已有的构式中得到完全预测时,C 就是一个构式。

构式既有形式又有意义,二者相匹配,不能独立存在。这种观念与我国的语法研究传统是一致的,汉语学界许多前辈都提倡语法形式与语法意义结合,因此很容易被我们接受。不过与以往的结构式不同的是,以往更多地着眼于组合结构,虽然有可能会考虑意义,但更看重的是搭配形式。而构式语法的形式和意义是一个

---

① 主要流派包括 Fillmore 的构式语法,Langacker 的认知语法,Lakoff 和 Goldberg 的构式语法,Croft 的激进构式语法。对此王寅(2011)第四章至第八章有非常详细的评介。

系统,根据 Croft(2001)的激进构式语法观,构式的形式包括句法特征、形态特征、语音特征,构式的意义包括语义特征、语用特征、语篇特征。形式和意义通过象征性纽带有机地结合为一个整体(见下图)。

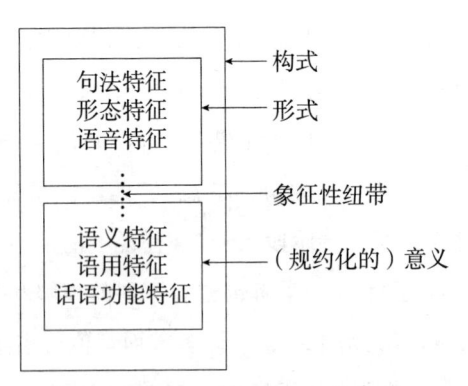

```
┌─────────────┐
│  句法特征    │ ← 构式
│  形态特征    │ ← 形式
│  语音特征    │
│  ⋮          │ ← 象征性纽带
│  语义特征    │
│  语用特征    │ ← (规约化的)意义
│  话语功能特征 │
└─────────────┘
```

构式的象征性结构模式(据 Croft,2001:18)

其次,构式本身有意义,构式的整体意义大于部分意义之和。比如,双宾构式"Subj [V Obj1 Obj2]"表示"传递"(transfer)义:(Goldberg,2003)

(7)a. He gave her a Coke.

b. He baked her a muffin.

虽然(7a)动词 give 有传递、给予的意思,但是(7b)bake 本身不含有传递义,(7b)的传递义是构式赋予的。因此,构式意义和其中的动词意义可能相同也可能不同,二者间有多种互动关系。这种看法弥补了配价语法和生成语法"动词中心论"的不足。汉语学界很早就注意到了结构式的意义,如"把"字句也叫处置式,这两个术语除了所指范围大小有别以外,从字面看,叫"把"字句,更多关注的是形式,而叫处置式就兼及意义了。下面是王力(1985

[1943]:87)的定义:"凡用助动词把目的位提到叙述词的前面,以表示一种处置者,叫处置式。"这相当于说"构式有义"。同时也有人注意到"构式赋义"。如吴竞存、梁伯枢(1992:238—239)在分析兼语使动句时指出,能够进入"V_1NV_2"句式 V_1 位置的动词有的有使动义,但有的本身不带使动义,却有使的意思。例如"谁放了小柳儿走了","放"不在该句式时没有使动义,置于该句式时具有使动义,这个意思是使动句型赋予的,"句式赋予了它使动义"。由此可见,汉语语法研究中很早就注意到结构式具有独立的意义,注意到句式对动词意义的压制(coercion)作用。当然,以往汉语研究中这种认识并没有系统化和理论化,也没有强调结构式必须具有独立的意义。

第三,构式义不能从构成成分中得到完全预测。所谓不能得到完全预测,是指难以从字面观察出整体意义,或者说构式的意义是不透明的。为叙述方便,可以简称为"难测性"(inpredicability)。难测性是从消极的视角说的,如果从积极的视角说就是构式具有浮现意义。这里涉及两个问题,一个是如何理解难测性,一个是难测性的程度。(参见王寅,2011:49)从理解的角度看,任何层级的语言单位都可以说是形义结合体,但是有必要区分非组合单位和组合单位。非组合单位包括独立的语素和单语素的词,组合单位则包括合成词、短语、句子等。从语言的符号性看,非组合单位也有形(音)有义,从形式不能完全推知其意义。如"白"形式是[pai](音),意义是一种颜色,从语音形式[pai]不能推知其颜色意义。这种情况能不能算构式义的难测性?Goldberg(1995:4)明确指出:"语素明显属于构式,因为语素也是不能从任何地方做出预测的形义匹配。"这样的话,任何有意义的语言单位都具有难测性,难测性这一限制对构式的构成要件而言似乎没有多少实际意义。但是,从难测性的程度来看,非组合单位的难测性是最基本的,是语言符号所具有的基本特征;组合单位除了具有这些基本特征外,总体上具有更高的难测性,因为组成成分的意义加起来与总体意义不完全相同,总体大于部分之和。与此同时,组合单位本身的难测性也有程度区别。有的组合单位难测性较低,可预测性较强,如"白纸""他吃面条"等,而有的组合单位难测性较高,可预测性较弱,如"白菜""他连面条都不吃"等。由此可见,各种语言单位都会或多或少地存在着一定的难测性,只是程度不同而已。我们可以把非组合单位称作非组合构式;把难测性低的组合构式称作常规组合构式,简称常规构式;把难测性较高的组合构式称作特殊组合构式,简称特殊构式,那么,三类构式大体上构成一个难测度由低到高的连续统:

(8)非组合构式＞常规构式＞特殊构式

以往的结构式研究中并不特别关注结构式意义的难测性,但一般比较关注特殊构式,这一点与构式语法的研究实践大体相同。

第四,任何语言层级的形式语义匹配,包括语素、词、复合词、习惯用语、各种句式等各种表达式,都属于"构式"。这一点是构式与以往所说的结构式的最明显的区别:以往所说的结构式只包括组合单位,而不包括非组合单位,而构式却包括语素和单语素的词,正如前述 Goldberg(1995:4)所说"语素明显属于构式"。不过,在具体研究实践中,构式语法大多把重点放在比较复杂的结构以及惯用语和特殊句型上。如 Kay & Fillmore(1999)对标记性构式(marked construction)的研究。所谓标记性构式与无标记的常规构式相对,指那些凝固程度较高、不能通过组成部分的相加而得到其构式意义的比较复杂的语言单位,例如"What's X doing Y"(What's it snowing in August)表达说话人对异常现象的判断。标记性构式通常都是上述特殊构式。Goldberg(1995)对题元结构进行研究,如英语双及物构式、致使移动构式、动结构式、way构式等,这些题元结构虽然难测性低于标记性构式,如双及物构式可以看作语言中的常规构式,但也都属于比较复杂的结构。这些标记性构式和复杂的组合结构同样也是结构式研究感兴趣的课题。

第五,构式具有不同的抽象性或图式性(schematicity)等级,根据不同的图式性等级可以把构式分为不同的层级。其中,图式性低的如语言中具体的例子,图式性高的如以往所说的句式。Croft & Cruse(2004:263)指出,在具体习语 kick the habit"戒除毒瘾等不良嗜好"和高图式性的动词短语(verb phrase)之间有如下图式性层级(见9左列):

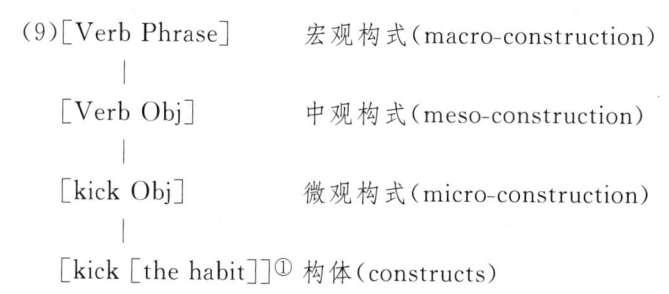

(9) [Verb Phrase]　　宏观构式(macro-construction)
　　　　|
　　[Verb Obj]　　　中观构式(meso-construction)
　　　　|
　　[kick Obj]　　　微观构式(micro-construction)
　　　　|
　　[kick [the habit]][1] 构体(constructs)

Traugott(2007:525)把具体的构式实例称作构体(constructs),在构体之上按照图式性由低到高概括为:微观构式、中观构式、宏观

---

[1] 此处原文是[kick [the bucket]],据前后叙述文字当是[kick [the habit]]之误。

构式。与(9)左列从下往上大体上相对应(见 9 右列)。Traugott 指出,具体分几个层级是不固定的,要根据研究所需精细程度而定,层级之间其实是一个连续统。就以往的结构式研究来看,通常以研究具有一定图式性的结构式为多,但是对图式性层级关注很少,更少有人探索自下而上的不同图示性等级的构式是如何实现的。

由此可见,"结构式"与"构式"的关系可总结为以下几个方面:第一,从理论上说,传统上的construction(结构式)与构式语法理论所说的construction(构式)不是一个概念。二者视角不同,传统上的"结构式"是从语言成分的组合和复杂性上来说的,大于词小于句子的各种复杂的结构都可以说是结构式,构式则是构式语法研究的基本单位,不论组合单位还是非组合单位都可能属于构式。第二,结构式与构式又是相容的,在上述五个方面都不存在对立,甚至有的是一致的,如形义结合、构式有义等,而且早期的构式语法研究就其研究对象而言大多都是结构式研究。第三,几乎所有的结构式都可以纳入构式之中,从这个意义上讲,构式包括结构式。

3 构式意义与相关虚词意义的关系

构式语法比较关注构式与动词的各种互动关系,如动词为构式添加具体详细的细节意义、动词意义是构式意义的前提条件等,(Goldberg,1995;董燕平、梁君英,2002;王寅,2011)似乎不太关心构式意义与相关虚词意义的关系。但是,在汉语研究中,因为虚词是最重要的语法手段之一,构式意义与虚词意义的关系值得系统探讨。总体看,构式有的包含虚词,有的不包含虚词。不包含虚词的构式自然不存在构式义与虚词义的关系问题。包含虚词的构式可能存在多个虚词,有的属于整个构式层面,有的属于其中的组成成分。当我们讨论构式意义与虚词意义的关系的时候,关注的应该是属于整个构式层面的虚词。这正像我们在讨论构式意义与动词意义的关系时,所关注的动词其实是属于该构式的核心动词一样。参照核心动词这一概念,这里把属于整个构式层面的虚词称为"核心虚词"(core function word)。核心是相对而言的,如"难道我说过这样的话?"整个句子可以看作一个表示反问的构式,其中的虚词包括"难道""过""的"之类,只有"难道"属于该构式的核心虚词,"过"和"的"都不是。但是在"我说过这样的话"这个经历体构式中,"过"就是核心虚词,"的"不是;而在"这样的话"这个描写性构式中,"的"就是核心虚词。

既然构式有独立的意义,核心虚词也有自己的意义,那么构式意义与核心虚词的意义是什么关系?这是构式语法在研究所有虚词发达的语言中都应该关注的问题,但目前似乎还没引起足够注意。据初步归纳,以下几种关系是比较容易观察到的:相异、相同、相成。

其一,相异关系:构式义与虚词义各不相同。陆俭明、马真(1999:11—12)曾经指出,"也"的语法意义是表示类同,有人列出它表示并列关系、假设关系等,其实都不是"也"的语法意义,而是含有"也"的句子格式所具备的语法意义。这表明"也"的语法意义与含有"也"的构式的意义各不相同。

其二,相同关系:构式义与虚词义相同,虚词有明示作用。如反诘构式根据核心虚词的隐现有四种类型:

(10) a. "难道……不成?":他若见你便起身来,走了归去,

难道我扯住他不成?(《金瓶梅》第3回)

b."难道……?":若是他便走时,难道我扯住他?(《金瓶梅》第3回)

c."……不成?":若是他便走时,我扯住他不成?

d."……?":若是他便走时,我扯住他?

既然构式意义与核心虚词的意义相同,那么加上核心虚词岂不是叠床架屋? 实则不然,有与没有,构式意义的显明程度是不同的,如(10d)单纯看可以是反诘句,也可能是真性疑问句,加上"难道"或"不成"之后反诘意义更为显明,句子不再可能理解为真性疑问句。因此,核心虚词有明示构式意义的作用。而且加一个虚词与加两个虚词明示性程度应该也有区别,多加的目的往往是因为原来构式的意义不够显明,构式的意义需要进一步明示。

其三,相成关系:构式成就虚词的意义。有的虚词的意义是通过语境吸收而获得的,某功能本来为构式的意义,通过回溯推理,被分析为虚词所有,规约化之后就成了虚词的功能。如唐代以降用于句尾的"着"原本表祈使或愿望(11a),后来有暂且先(VP)、别的暂缓考虑(11c)的意思。这个暂且先(VP)就是在(11b)这种语境中吸收语境意义的结果。(杨永龙,2002b)如:

(11)a.裴尚书休为谏议大夫,形质短小,诸舍人戏之曰:"如此短,何得向上立?"裴对曰:"若怪,即曳向下着。"(《因话录》卷五)

b.你都站开,等我再叫他变一变着。(《西游记》第三回)

c.娃子啥时候结婚呢?——房子盖好了着。(宁夏中宁方言;李倩,1997)

构式意义与核心虚词意义的关系可能比较复杂,值得进一步研究。

4 结构式语法化与构式语法化

4.1 语法化的输入端与输出端

对"语法化"已经有不少学者下过定义,按我们的理解,语法化就是语法的实现过程。大到语言如何获得语法,小到具体语法形式如何产生,都是语法化研究的内容。更简单地说,语法化可以公式化为:X实现为Y的语法演变过程。其中X为源点(source)或输入端(input),Y为目标(target)或输出端(output)。

(a)X可能是词汇形式,包括名、动、形等实词,输出的Y可能是功能词,包括虚词、词缀或形态标记等。如:方位名词>后置词,动词>介词,形容词>副词等。

(b)X可能是功能词,Y可能是语法化程度更高的功能词。如:介词>连词,时间副词>语气副词。

(c)X可能是各种短语结构,Y可能是功能词、特定结构式。如:连动式>动结式>,连动式>处置式。

(d)X也可能是相邻的不具有结构关系的跨层排列[①],Y可能是话语标记、功能词。如:"不成"(跨层排列:不能实现)>"不成"

[①] 所谓"跨层排列"指相邻的没有直接结构关系的两个或两个以上的语言单位。因为位置紧邻、语义相宜、节律因素等"跨层排列"有可能被重新分析为一个单位。对此不少学者已有关注,但表述不尽相同。吴福祥、梁伯枢(1992)称之为"跨层结构",董秀芳(2002)称之为"跨层组合",江蓝生(2004)称作"跨层非短语结构",彭睿(2007)称作"非结构性排列"。这里我们综合一下称之为"跨层排列"。

(副词)＞"不成"(语气词);"的话"(跨层排列)＞"的话"(助词)。

(e)X可能是复杂句,Y可能是简单句、特定句式。如Hopper & Traugott(2003)讨论的并列结构(parataxis)＞主从结构(hypotaxis)＞包孕结构(subordination);"连NP+VP"(包括式)＞"连NP+VP"(强调式)。

上面这些无论输入端还是输出端都是着眼于语言结构本身,是从不同层级的语言单位出发来观察语法化过程。如果进一步扩大范围,那么认知结构也可以作为语法化的输入端,从而输出各种语法范畴和句法结构。Heine,Claudi & Hünnemeyer(1991:151—153)指出,语法化的认知来源通常是几种基本认知结构(cognitive structure),包括源概念(source concept)和源命题(source proposition)。前者如物体、过程、处所等,可以编码为实词;后者是更复杂的结构,常见的有处所命题、位移命题、行为命题等,如"X is at Y""X is doing Y"等。因此有:

(f)X可能是认知结构,Y则是句法结构。

当我们说"某某的语法化"时候,"某某"有时指X,此时关注输入端是如何语法化的。如动词的语法化,可能是指研究不同次类的动词的发展演变;"某某"有时指Y,此时关注的是输出端的来源和产生过程。如时体标记的语法化、语气词的语法化等。

4.2 结构式或构式的语法化

如果我们把结构式代入上述语法化公式的X或Y的位置,那就是所谓的结构式的语法化。上述(c)(d)(e)都可以称之为结构式的语法化。结构式的语法化是与实词虚化相对的。以往汉语学界实词虚化以外的语法化研究大多属于结构式的语法化探讨。

如果我们把构式语法理论的构式代入上述语法化公式的X

或 Y 的位置,那就是所谓的构式的语法化,——把构式代入 X,即研究源构式的发展演变;把构式代入 Y,即研究目标构式的来源和产生过程。因此有:

(g) X 是源构式,Y 是目标构式。

"构式"既然是构式语法的基本单位,既然包括语素、词、短语、成语、习惯用语等各种搭配、各种句式等任何语言层次的语言单位,那么把它们分别代入上节的语法化公式,构式的语法化就会涵盖上述(a)(b)(c)(d)(e)甚至(f),即涵盖了以往语法化研究的所有内容。可以说,几乎所有的语法化现象或语法化实例都是属于构式的语法化,甚至可以说,构式语法化以外的语法化是不存在的。如实词虚化,作为输入端的实词算作形式语义匹配,作为输出端的虚词也是形式语义匹配,无论输入端还是输出端都可以说是"构式",因此,实词虚化的过程就是构式的语法化过程。同理,结构式的语法化过程也属于构式的语法化过程。当然,在具体研究中,当我们说"XXX 构式的语法化"或"XXX 结构式的语法化"的时候,所指可能相同,无论研究对象还是研究方法都没有实质区别;同时也可能存在着研究方法和理论背景的不同。

其实,作为(g)中输出端的目标构式如果是词汇或习语,那么,这一变化就不属于语法化,就超出了语法化的范围,属于更大范围的构式演变了。因此,关于构式演变的议题自然而然地就提上了研究日程。

5 构式演变:构式化与构式变化

无论是实词虚化、结构式的语法化,还是构式的语法化,都是从语法化的视角来考虑问题,但是语法化不能解决诸如习语化、词汇化之类的问题。如果从构式语法的视角出发,无论是语法演变,还是词汇演变,或成语、习语的产生和发展,都属于构式的发展演变。既然语法化是语法的实现过程,即 X 实现为 Y 的语法演变过程,那么以此类推,构式演变就是构式作为输入端或输出端的发展演变过程,亦即 X 实现为 Y 的构式产生和发展过程。当着眼于输入端 X 时,是源构式的发展变化;当着眼于输出端 Y 时,是目标构式的来源和产生过程。因此,构式演变就是特定形式语义匹配的产生和变化过程,包括构式的能产性、图示性、组合性的变化以及相关的构式兴替,构式演变的动因、机制等。

以往构式语法主要关注共时层面的语言现象,不太关心历时层面的发展演变。不过,Croft(2001:126—127)的激进构式语法已经谈到了构式的兴替过程:

第一步,构式扩展出新的功能 F——该功能先前由别的构式承担,新、老构式在新功能 F 上形成对照。

第二步,老构式失去功能 F,或者边缘化;新构式的功能 F 成为惯常用法,该构式在原有意义的基础上又增加了新义,成为多义构式。

第三步,为了与新功能 F 相一致,新构式在句法结构和句法表现上经历变化,以显示它与老构式的不同。

2006 年在德国召开的第三届构式语法网络研讨会(Düsseldorf,2006.3.31—4.2)把"构式语法视角下的语言变化和变异"作为主题,设定了十个议题,其中包括:能否把以往讨论的语言变化的机制(如类推、扩展、重新分析等)整合到构式语法中?怎样把构式和构式语法与语法化和词汇化联系起来,或者反过来怎样把语法化、词汇化与构式和构式语法联系起来?[①]随后,Noël(2007)以《历时构式语法与语法化理论》为题,梳理了构式语法与语法化研究的关系,提出了历时构式语法的概念,并提倡要研究语言获得构式的过程。

Traugott & Trousdale(2013)的新著《构式化与构式变化》把构式语法理论与语法化理论、词汇化理论整合在一起,试图在一个统一的框架下研究语言的演变。该书把构式的产生和发展演变分为两种类型:"构式化"(constructionalization)与"构式变化"(constructional changes)。所谓"构式化",是指新的形式语义匹配的产生过程。构式化形成构式网络的新节点,具有新的形态句法特征和新的意义。构式化过程中伴随着图示性等级、能产性等级和组合性等级的变化。所谓"构式变化",是指影响现存构式的内部特征的变化,如语义变化(will'intend'＞future)、形态音位变化(will＞'ll)、搭配限制的变化(way-construction 的扩展,whistle one's way home)等,这种变化不会引起新构式的产生。构式化涉及新的形态句法形式和语义语用意义的新分析(neoanalysis),而单独的形式变化和意义变化都属于构式变化。

我们认为,构式化和构式变化都是构式演变的一部分,构式化着眼于构式演变的输出端(Y),探讨新的构式的形成过程;"构式变化"着眼于构式演变的输入端(X),探讨已有构式是如何发展变化的。

---

① http://www.phil-fak.uni-duesseldorf.de/anglist3/CGN3/.

6 语法构式化与词汇构式化

以往与语法化相提并论的是词汇化,学界对词汇化有不同的理解:或认为词汇化是语法化的反面(去语法化),如 up(副词＞动词),或认为词汇化是复合形式凝固化的过程,如 forget-me-not"勿忘我"。(参见 Traugott,2009)Traugott(2009)认为前一种属于构词法而不是词汇化,后者可以看作词汇化。国内的学者通常把成词过程看作词汇化,既包括实词的成词过程也包括虚词的成词过程,如董秀芳(2002)。至于语法化与词汇化的关系,有的认为截然相反,如前述第一种看法;有的认为语法化包括词汇化,如国内的许多学者;有的认为二者不同,但是有交叉,如 Brinton & Traugott(2005)。

Brinton & Traugott(2005:93—94)以构式体现出来的词汇性或语法性等级来区分词汇化和语法化。词汇性有三个等级:L1 固定短语,如 lose sight of"看不到";L2 复合的半习语化形式,如 desktop"桌面";L3 单一形式和最无法分解的习语形式,如 desk"部、司",handicap"不利条件"(＜ hand in the cap"手在帽子里")。词汇化是任何等级的词汇性增强的过程。语法性也有三个等级:G1 迂回说法,如 a bit of"相当";G2 半黏着形式,如功能词、附着词 of,所有格标记-s;G3 词缀:派生形态和屈折形态。语法化是任何等级的语法性增强的过程。Brinton & Traugott(2005:96、99)还进一步通过对比的方式对词汇化和语法化进行了界定,然后分别排列出一系列变化清单,如词汇化过程中往往伴随着凝固程度的增强,语法化过程中往往伴随着搭配能力的增强等。词汇化的例子如：[good＋spell]$_{NP}$＞[gospel]$_N$。短语缩成词，内部成分变得无法分解。语法化的例子如：古匈牙利语[vila"世界"＋béle"内脏/核心＋方向"]名词短语＞[vilag bele]"世界＋方向附着词＝进入世界"＞现代匈牙利语[világba]"世界＋方向格标记"。其中只有 béle 语法化了，vilá还是个实词。

尽管语法化与词汇化不同，但是中间确有交叉。具体到变化的实例，有时候二者交织难分，有时候又都难以覆盖。例如"已经"，原本是没有直接结构关系的跨层排列，后来重新分析为表完成的副词。（参见杨永龙，2002a）这个过程因为涉及"已经"从跨层排列凝固成词，可以看作词汇化过程。但是"已经"是功能词，在其成词前后经历了重新分析、功能扩展以及"经"的虚化过程等一系列变化，而且存在着语法性增强的过程，这似乎又与语法化有关。再如"执事"，原本为动宾短语，意思是执掌事物、做事，后来演变为名词，用于指官员，又用于尊称对方。从执掌事物（动宾短语）转指执掌事物的人（名词），这显然是词汇化过程，但是接下来发生的意义变化（官员＞尊称对方）就很难说是词汇化，更不可能是语法化。其实从构式的视角看，无论是"已经"的成词和发展演变还是"执事"的成词和发展演变都属于构式化或构式变化。

Brinton & Traugott(2005)在定义词汇化时已经站在构式语法的视角，Traugott & Trousdale(2013)更是把语法化、词汇化与构式语法加以整合，分别纳入两种类型的构式化，一是语法构式化(grammatical constructionalization)，即具有语法（或程序）功能的新的形式语义匹配的渐变过程；一是词汇构式化(lexical constructionalization)，即具有实在意义而且属于主要词类范畴（名动形）的新的形式语义匹配的发展过程。这样一来，无论是语法化还是词汇化,都是构式化的一个组成部分。于是,上述有关"已经"和"执事"的成词和演变过程都可以在构式化和构式变化的框架下加以考察。不仅如此,一些习语和短语结构的历时演变过程也可以在构式演变的视角下加以讨论。如"七 X 八 Y"是一个具有一定图示性、一定能产性的习语构式,构式义是多而杂乱。嵌入 X、Y 位置的可以是名词,如"七嘴八舌""七大姑八大姨";也可以是动词,如"七拼八凑""七零八落"等。"七 X 八 Y"的产生与发展放在词汇化框架下显然不太合适,因为"七 X 八 Y"很难说是属于词;放在语法化框架下也不完全合适,因为既没有产生新的语法范畴,新的语法格式限制性也很大。但是,如果放在构式化或构式演变的框架下观察却非常合适。

构式演变及相关的构式化、构式变化还处于研究的起步阶段,有许多问题需要进一步系统化和深化,无论在理论建构还是在具体语言现象的研究方面都有许多工作要做,需要我们在今后一段时间结合汉语的实际,加强研究和探索。

参考文献

贝罗贝 1986 双宾语结构从汉代至唐代的历史发展,《中国语文》第 3 期。
曹广顺 1995 《近代汉语助词》,北京:语文出版社。
董秀芳 2002 《词汇化:汉语双音节词的衍生和发展》,成都:四川民族出版社。
董燕萍、梁君英 2002 走近构式语法,《现代外语》第 2 期。
洪 波 2003 使动形态的消亡与动结式的语法化,载吴福祥、洪波主编《语法化与语法研究》(一),北京:商务印书馆。
洪 波、董正存 2004 "非 X 不可"格式的历史演化和语法化,《中国语文》第 3 期。
江蓝生 2004 跨层非短语结构"的话"的词汇化,《中国语文》第 5 期。

江蓝生　2005　"VP 的好"句式的两个来源——兼谈结构的语法化,《中国语文》第 5 期。

江蓝生　2007　同谓双小句的省缩与句法创新,《中国语文》第 6 期。

江蓝生　2008　概念叠加与构式整合,《中国语文》第 6 期。

江蓝生、杨永龙　2006　句式省缩与相关的逆语法化倾向,载《山高水长:丁邦新先生七秩寿庆论文集》(上册),(台北)"中研院"语言学研究所《语言暨语言学》专刊外编之六。

李倩　1997　宁夏中宁方言的虚词"着",《语文研究》第 4 期。

刘坚　1989　试论"和"字的发展,附论"共"字和"连"字,《中国语文》第 6 期。

刘坚、曹广顺、吴福祥　1995　论诱发汉语词汇语法化的若干因素,《中国语文》第 3 期。

刘永华　2013　"今之虚字,皆古之实字"考察,《语言科学》第 2 期。

龙国富　2012　构式语法化:试论汉语动趋结构的语法化,《汉语史学报》第十二辑,上海:上海教育出版社。

陆俭明、马真　1999　《现代汉语虚词散论》(修订本),北京:语文出版社。

马真　1982　说"也",《中国语文》第 4 期。

彭睿　2007　构式语法化的机制和后果——以"从而"、"以及"和"极其"的演变为例,《汉语学报》第 3 期。

沈家煊　1994　"语法化"研究综观,《外语教学与研究》第 4 期。

孙锡信　1992　《汉语历史语法要略》,上海:复旦大学出版社。

王力　1985[1943]　《中国现代语法》,北京:商务印书馆。

王寅　2011　《构式语法探索》,上海:上海外语教育出版社。

文旭　1998　《语法化》简介,《当代语言学》第 3 期。

吴福祥　2002　汉语能性述补结构"V 得/不 C"的语法化,《中国语文》第 1 期。

吴福祥　2005　汉语语法化研究的当前课题,《语言科学》第 2 期。

吴竞存、梁伯枢　1992　《现代汉语句法结构与分析》,北京:语文出版社。

解惠全　1987　谈实词的虚化,《语言研究论丛》第 4 辑,天津:南开大学出版社。

杨永龙　2000　近代汉语反诘副词"不成"的来源及虚化过程,《语言研究》第 1 期。

杨永龙 2002a "已经"的初见时代及成词过程,《中国语文》第1期。

杨永龙 2002b 汉语方言先时助词"着"的来源,《语言研究》第2期。

杨永龙 2011 试说"连X+都VP"构式的语法化,载吴福祥、张谊生主编《语法化与语法研究》(五),北京:商务印书馆。

Brinton, Laurel J. & Elizabeth C. Traugott 2005 *Lexicalization and Language Change*. Cambridge: Cambridge University Press.

Bybee, Joan 2003 Mechanisms of change in grammaticalization: The role of frequency. In Brian D. Joseph & Richard D. Janda (eds.). *The Handbook of Historical Linguistics*. 602—623. Oxford: Blackwell.

Croft, William 2001 *Radical Construction Grammar: Syntactic Theory in Typological Perspective*. Oxford: Oxford University Press.

Croft, William & D. Alan Cruse 2004 *Cognitive Linguistics*. Cambridge: Cambridge University Press.

Goldberg, Adele E. 1995 *Construction: A Construction Grammar Approach to Argument Structure*. Chicago: University of Chicago Press.

Goldberg, Adele E. 2003 Constructions: A new theoretical approach to language.《外国语》第3期。

Heine, Bernd, Ulrike Claudi & Friederike Hünnemeyer 1991 *Grammaticalization: A Conceptual Framework*. Chicago: University of Chicago Press.

Himmelmann, Nikolaus P. 2004 Lexicalization and grammaticalization: Opposite or orthogonal? In Bisang, Himmelmann, Wiemer (eds.). *What Makes Grammaticalization: A Look from Its Frings and Its Components*. 21—44. Berlin: Mouton de Gruyter.

Hopper, Paul J. and Elizabeth C. Traugott 2003 *Grammaticalization*. 2nd edition. Cambridge: Cambridge University Press.

Kay, P. & C. J. Fillmore 1999 Grammatical constructions and linguistic generalizations: The what's X doing Y? construction. *Language* 75: 1—33.

Noël, Dirk 2007 Diachronic construction grammar vs. grammaticalization theory. *Function of Language* 14.2: 177—202.

Sun, Chaofen 1996 *Word-Order Change and Grammaticalization in the History of Chinese*. Stanford: Stanford University Press.

Traugott, Elizabeth C. 2007 The concepts of constructional mismatch and type-shifting from the perspective of grammaticalization. *Cognitive Linguistics* 18.4:523—557.

Traugott, Elizabeth C. 2008 语法化专题讲座(上)·语法化和构式语法,孙朝奋译,《历史语言学研究》第一辑,北京:商务印书馆。

Traugott, Elizabeth C. 2009 语法化专题讲座(下)·再论词汇化和语法化的异同,孙朝奋译,《历史语言学研究》第二辑,北京:商务印书馆。

Traugott, Elizabeth C. & Graeme Trousdale 2013 *Constructionalization and Constructional Changes*. Oxford: Oxford University Press.

从语义地图看现代汉语"白"的语义演变[*]

曾静涵　袁毓林

(北京大学中文系)

1　引言:现代汉语中"白"的多义性和语义地图模型

现代汉语中的"白"作为副词使用时有两个截然不同的意义。例如:

(1)白吃苦,守摊子,熬岁月,算什么英雄?[①]

(2)一些人动不动就以各种理由收费,或者白吃白喝。

(3)我没有什么大病,一多半是急出来的。老完不成任务,白吃人民的饭。

例(1)中,说话人认为白吃苦不算英雄,"白吃苦"就是说"吃了苦没有效果",这种人就算不得英雄。对于发出"白"所修饰的述谓结构的主体来说,完成该述谓结构所代表的事件之后却没有收到

---

[*] 本课题的研究得到教育部人文社会科学重点研究基地重大项目"汉语意合语法框架下的词汇语义知识表示及其计算系统研究"和国家重点基础研究计划(973计划)项目课题"语言认知的神经机制"(批准号:2014CB340502)的资助,谨此致以诚挚的谢意。

[①] 本文未标注出处的语料均出自北京大学中国语言学研究中心CCL语料库。

相应的效果,这是副词"白"的第一个"义面"(semantic facet)①,即:没有效果、徒然。再来看例(2)和例(3),例(2)说的是现下一些不称职的公务人员借职务之便,不花费金钱就到商家吃喝,即"白吃白喝"。对于发出"白"所修饰的述谓结构的主体来说,完成该述谓结构所代表的事件没有付出相应的代价,这里的"白"指的是"无代价";例(3)中说话人认为,完不成任务,就意味着"白吃人民的饭",也就是说,吃了人民的饭,就应该完成任务,但实际上却没有完成。这里,对于发出"白"所修饰的述谓结构的主体来说,经历了该述谓结构所代表的事件却没有完成相应的报偿,这里的"白"就是"不报答、无报偿"的意思。例(2)和例(3)的两个"白"都是表示发出"白"所修饰的动作的主体做了这件事却没有付出相应的代价或报答,这是"白"的另一个义面,即:无代价、无报偿。袁毓林(2014)用了更简单的语言把"白"的这两个意思做了精简,当"白"是"没有效果、徒然"义时,表示付出的代价没有得到相应的回报,可以简称为"无收获"或"白给、白搭";当"白"是"无代价、无报偿"义时,表示得到利益却没有付出相应的代价或回报,可以简称为"无付出"或"白得、白捡"。

同样一个"白",也都是做副词用在动词前起修饰作用,为什么会有两个不同甚至是截然相反的意思,袁毓林(2014)借用日常生活中的一个普通原理"劳酬均衡原理"(the principle of the equilibrium of payment and reward)已经给出了很好的解释和论证。我们发现,"白"不仅仅在现代汉语中存在这种多义性,在近代

---

① 这是袁毓林(2014)在描写副词"白"的意义时引入的术语,比"意义""语义"等都要更加精准,在这里我们也使用这个概念。

汉语中这种多义现象尤甚。那么,现代汉语中的这两个义面到底是如何发展而来的,它们经历了一个怎样的轨迹,这是我们想弄清楚的问题。

杨荣祥(2007)从语法化视角对"白"的语义演变过程做了很清晰的梳理,本文想做的工作是从另一个角度来看"白"的发展轨迹,一方面,"白"的多义不是凭空出现的,一定有历史传承上的原因;另一方面,"白"的意义也在一定程度上受到了外族语言如满语、蒙古语的影响,与语言类型相关。对于有历时影响的实词虚化问题,以往多从语法化角度进行研究;对于语言的多义和多功能形式,以往多用认知语义学框架。但是我们遇到的"白"似乎兼有这两方面的特点,同时还涉及了不同类型语言的影响,因此这里我们使用语义地图模型来研究"白"。在本文中,我们要做的工作就是首先梳理出副词"白"在近代和现代的所有义面。[1] 然后构拟出汉语中"白"的语义概念空间,并试图画出"白"的语义演变方向图。下面首先来看,副词"白"在近代汉语和现代汉语中都具有哪些意义。

2 宋元明时期"白"的语义

2.1 宋元明时期的"白"[2]

"白"的本义指颜色,是形容词,副词"白"是从形容词"白"发展而来的,"白"在《说文解字》中的解释是:"白,西方色也,阴用事,物

---

[1] "白"在现代汉语中的用法只有"无代价、无报偿"和"没有效果、徒然"两个义面,因此下面我们要梳理的主要是近代汉语中副词"白"的义面。
[2] 由于"白"的语义在清代比较繁复,篇幅较长,为了平衡文章篇幅,这里把宋元明时期放在一节,清代的"白"另立一节。

色白。"作者许慎所在的汉代五行说盛行,认为日为太阳位,东方主青色,月为太阴位,西方主白色,说明"白"的本义是表示没有颜色。

宋代开始,形容词"白"的词义开始慢慢分化,其功能和用法也逐渐向副词转变。由于这一时期的形容词"白"经常出现在状语位置,因此逐渐演变为可以做状语的副词。例如,"白民"是没有功名的人,"白本"是不加批注的经书,后来又出现"白晒"的说法,是不加任何调料用日光曝晒制作果脯的方法。[①] 这时的"白"有"不额外添加什么东西"的意思。南宋末年口语中有"白厮打"这种形式,"白"已经开始用在动词前。例如:

(4) 前日两个小人,一个道欠钱,一个道不欠钱。十八般武艺都不会,只会白厮打。这个打一拳,这个也打一拳;这个踢一脚,这个也踢一脚。(《张协状元》)(白:不凭借外物地)

《张协状元》是南戏剧本,一般认为是南宋作品。例(4)中,"白厮打"指不用武器、没有章法地胡乱打,也就是什么外在的规则都不用,"白"是"不外加什么东西"的意思。

"白"的词性从形容词发展到副词,早期词义是"平白",表示"平白无故、没有原因",这类"白"在唐代已经开始出现。清代王琦注道:"白地,犹俚语所谓'平白地'也。"但唐代多数的"白"用为形容词。例如:

(5) 相看月未堕,白地断肝肠。(《越女词》)(白:平白地)

近代副词"白"的另一个出现较早的意义为"没有效果、徒然",这一义面出现在北宋时期,例如:

(6) 盖其抛死牛马,已是下民之苦,更不支得价钱,令人户

---

① 详见马思周(1990)、杨荣祥(2001a、2001b)。

白纳。(欧阳修《乞放行牛皮胶鳔》)(白:没有效果、徒然)

(7)盖始者一疋,官先支得六百钱;后来变得令人先纳绢,后请钱,已自费力了;后又无钱可请,只得白纳绢;今又不纳绢,只令纳价钱,钱数又重。《朱子语类》)(白:没有效果、徒然)

马思周(1990)曾将例(6)的"白"解释为"不花代价",然而,例(6)中政府向有收益的百姓纳税,但由于牛马死亡,百姓"不支得价钱",但却依旧要上税。"白纳"指的是"无收益却有所失",也就是"白"表示"没有效果、徒然"。

金元时期,表示"有/无特定目的"的"白"开始出现。"白"表示无特定目的时,可以理解为"随便""随意";表示具有特定目的时,可以理解为"特意"。例如:

(8)(末云)小生这一去白夺一个状元,正是"青霄有路终须到,金榜无名誓不归"。(《西厢记》)(白:无特定目的地;言极考取状元之简单)

(9)项羽争雄霸,刘邦起战伐,白夺成四百年汉朝天下。(《怀古》)(白:无特定目的地;言极)

(10)见一条蛇儿金色甚分朗,更来往打盘桓。白走上青春布衫,认得新来底那汉,向鼻窍内胡钻。(《刘知远诸宫调·南吕宫应长天》)(白:具有特定目的地、特意)

明代副词"白"新出现的义面是表示意料之外,可以用"竟"来解释,有意外转折的意思。《汉语词典》(原名《国语辞典》)中,多把明人小说中的"白"解释为"竟",《金瓶梅》中有很多这样的用法。另一个新义面为"无代价、无报偿地",与现代汉语中的"白"已经非常接近,表示获得益处后没有付出应有的代价或回报。例如:

(11)就是仪门首那堆子雪,我分付了小厮两遍,贼奴才,

408

白不肯抬,只当还滑到了。(《金瓶梅》)(白:竟然、居然;表示意料之外)

(12)伯爵与希大一连打了三盘双陆等西门庆,白不见出来。(《金瓶梅》)(白:竟然、居然;表示意料之外)

(13)他不曾白吃了你东西,问你怯他怎的。(《西游记》)(白:无代价地、无报偿地)

2.2 清代的"白"

2.2.1 明末清初的"白"

明末清初时期,"白"的语义有所增加,出现了与"意料之外"相对的语义"意料之中",另一个新出现的义面表示"无变化"。例如:

(14)家中好不无人,只靠着我逐日出来供唱,答应这几个相熟的老爹,好不辛苦。也要往宅里看看姑娘,白不得个闲。(《金瓶梅》)(白:无变化地、一直)

(15)我读书一场,未搏春官一第,为终身之憾,屏障上落款,只写得诰授中宪大夫;这"赐进士出身"五个字白不得写。(《歧路灯》)(白:无变化地、一直)

《汉语词典》将明人小说中的"白"统统解释为表示意外转折的"竟",马思周(1990)把明人小说中的"白"又分出"低级限制、用'总'表示"一个意义,作者认为如果"白"前面的事件发生的频率高,那么"白"则是"总"的意思,若事件发生的频率是单次的,那么"白"才是"竟"的意思,并且这类用法在明代以前的文献中没有出现,那么大约是明末清初开始使用直至清中后叶。我们同意马先生的观点,但马先生认为这个"白"是"表范围"的"低级限制",准确地说,这里的"总"表示的应该是一种事件发生的频率,而不是范围。并且,说成"低级限制"是为了和马文中表示"高级限制"的

"只"进行配比,实际上,不是低级限制,而是低级限制这种状态没有变化,事件频率和覆盖次数从开始到说话时点结束没有一次是例外。比如,例(14)中说话人又要忙着供唱,又要忙着应酬老爹,还要去看姑娘,说话人认为自己"白不得个闲"就是表示从开始到最后从来都没有空闲,而不是空闲少,所以这里不是"低级限制",而是"没有变化"。

表示"意料之中"的"白"也可以用汉语中的副词"绝"来释义,它表示在任意条件下"白"后面修饰的述谓结构表示的动作或事件对说话人来说,都是可预测的,在其预料之内。但是,"意料之中"表示的也是句子中的一种附带语气,在语境中可以取消。例如:

(16)你只叫他有气儿,我白没话说。(《醒世姻缘传》)(白:意料之中地)

(17)紫鹃坐下炕来,拉着宝玉道:"有什么心事和我说。"宝玉道:"料你也摸不着这件事的踪影,对你说也白不中用。"(《红楼梦补》)(白:意料之中地)

例(16)是明末清初作品,马思周(1990)也考证说"绝"大约是清初的产物。《红楼梦补》和《红楼复梦》为清人在《红楼梦》后写的相关作品,前者作者是归锄子而后者是小和山樵夫南阳氏,但作品中都出现了"白不中用"这个结构,并且该结构在《红楼复梦》中出现了多次,说明大约当时这个用法比较固定。例(17)中说话人宝玉在前一个小句中用"料"来表示自己的语气,也就是说下面所说的内容都是意料之中,无论任何条件下,都是"不中用",也就表明对方对意料之中的这个结果有绝对的信心。

2.2.2 清中晚期的"白"

清初之后,在保留了以往的用法之外,副词"白"又新出现两个义面,表示程度浅、未达更高量级。"白"表达"程度浅"这个义面时,可以理解成"略微""稍微"。

(18)奶母丫鬟,伏侍小姐的人也不少,怎么这些书上,凡有这样的事,就只小姐和紧跟的一个丫鬟?你们白想想,那些人都是管什么的?可是前言不答后语?(《红楼梦》)(白:略微地、稍微地;表示程度浅)

(19)公公白瞧,他这一开脸,瞧着也不算黑不是?(《儿女英雄传》)(白:略微地、稍微地;表示程度浅)

"白"具有"未达更高量级"义时,表示对于说话人来说,"白"所修饰的述谓结构表示的事件还没有达到更高的要求或没有上升到更高的程度,表现说话人自身的主观性,同时也附带着轻松语气,有"只、仅仅"的意思。例如:

(20)白说了几句,你就抱怨天,抱怨地了。(《红楼梦》)(白:只;表示未达更高量级)

(21)我白问一声,你们就有这些话。(《红楼梦》)(白:只;表示未达更高量级)

"白"表示未达更高量级时,说话人心中都有一个关于事件量级的尺度标准,因此这类句子往往可以插入一些后续小句,例如:

(20')白说了几句,你就抱怨天,抱怨地了。那我再说几句,你不就闹上天了?

(21')我白问一声,你们就有这些话。我要是再多问几声,你们还要说多少?

除了以上几种意义之外,清代的"白"也保留了以往的其他义面,例如:

(22)难道我通共一个宝玉,就白放心,凭你们勾引坏了不

成？(《红楼梦》)(白:平白无故)

(23)若是白来逛逛呢,便罢;若有甚说的,只管告诉二奶奶。(《红楼梦》)(白:无特定目的地)

(24)可知道你姑娘寄来小像给你瞧的意思吗？你刚才白问甄家去说亲允不允,如今瞧着这幅小像,可猜透你姑娘的心事了。(《红楼梦补》)(白:具有特定目的地)

(25)便是我的父母,也不白占人家的一块坟茔,亲家爹妈,也不白吃人家的半生茶饭了。(《儿女英雄传》)(白:无代价、无报偿)

(26)正是,姑娘却不可叫我白花钱。(《儿女英雄传》)(白:没有效果、徒然)

3 "白"各个义面间的语义关联和概念空间底图

通过上文对近代汉语、现代汉语文献中出现的"白"的语义的梳理,我们对"白"具有的众多义面(共十一个)有了一个概观,为了便于观察,这里再把上述十一个义面分列如下:

| 平白无故　不添加外物　无效果　无代价 |
| 无特定目的　有特定目的 |
| 意料之外　意料之中 |
| 无变化　未达更高量级　程度浅 |

下面我们要做的是,根据这些义面间的语义关联,构拟出一个"白"的语义地图概念空间底图。语义地图模型是近年来研究语言的多义和多功能形式的一种分析方法,最早由 Anderson(1982)提出,最初的理论设想是绘制一个适用于所有语言全部形式和意义的大语义地图,之后陆续有学者通过语义地图模型对具有多义现

象的语法形式进行了深入的考察。它不仅有助于我们清晰地看出多义形式相互之间的关联,基于共时和历时现象来构拟语义的演变路径,还可以将已有的语法化研究成果动态化为语法化方向图。

语义地图的核心概念为"概念空间"(conceptual space)和"语义地图"(semantic map)。Croft(2003)提出,语言共性无变化和特定语言的具体状况,可以表述为概念空间和语义地图,其中概念空间是底层结构,反映了共性,而特定的具体语法形式或词语功能在概念空间上的分布就是语义地图。

由于词义具有概括性,一个词在同一历史时期具有十一种不同的语义是非常罕见的。这十一种不同的概念是否应该合并义项,并不是本文要着重探讨的问题。甚至,有些不同的义面在不同的语境中存在"两可"分析。[①] 由于它们主要的差异在概念上,是否都可以独立义项存在争议,因此我们使用了"义面"(semantic facet)来描述"白"的不同概念,以之与词典中的"义项"区分开来。

曾静涵、袁毓林(2015)认为这十一个义面具有一个共同的概念基础——隐性否定,即这些词在语义的底层形式上,都具有一个隐性的否定义。杨荣祥(2007)认为形容词"白"和副词"白"本身包含一个[否定]的语义特征,副词"白"的语义可以直接识解为"动作行为的实施没有根据和理由或没有条件限制",张谊生(2000)认为副词"白"否定预设,这些都能反映出副词"白"与否定义有关。副词"白"的十一个义面共同具有的隐性否定义是它们能够在同一个概念底图上进行语义关联的基础。我们在上文分析"白"的义面

---

① 正是这样的"两可"分析,才为语义地图模型的连贯性奠定了基础,在概念空间底图上,相邻的节点往往存在语义上的"两可"分析。

时,都提到了"白"的语义之中含有"没有、无"这种否定义:"平白"是"没有原因","不添加外物"是"没有其他添加物","无效果"是"没有结果、徒然","无代价"是"没有付出代价","无特定目的"是"没有其他目的","有特定目的"是"没有其他额外原因","意料之外"是"没有在预期之内","意料之中"是"没有例外","无变化"是"没有改变","未达更高量级"是"没有更高量级","程度浅"是"没有更深程度"。下面,我们再来看"白"的这些义面在语义上是如何联系起来的。

3.1 平白无故、不添加外物、无效果、无代价、意料之外

"白"在《说文》中的本义是表示一种不添加其他颜色的色彩,也就是"无色之色"。发展到副词之后,"不添加外物"与其本义最接近,当不添加的东西从色彩扩展到其他形式,如方式、方法等时,则产生"白厮打"(不按照任何方式打架)、"白煮"(用不添加任何辅料的方法烹饪)等形式。这说明"不添加外物"义与"白"的本义有直接关联。

与"不添加外物"义直接关联的是"平白无故"。当不添加的东西进一步抽象化,从起初的不添加颜色到不添加其他方式方法,再到不添加任何原因时,则推出了"平白无故"这个意思。

"平白无故"与"没有效果、徒然"是直接关联的。对于动作主体来说,之所以认为一个事件的发生或完成是没有原因平白无故的,是因为做这件事付出劳动或代价后没有效果,所以对于事件主体来说,是平白无故地失去了,就是"白白失去、白搭"。例如,前文中举过的例(6)"盖其抛死牛马,已是下民之苦,更不支得价钱,令人户白纳。"对于下民来说,政府应该向有收益者征缴赋税,但实际情况是,牛马死亡,百姓无所收益,本不要纳税,政府向百姓征税是没有原因、平白无故的。对于百姓来说,无收益却有所失,徒然纳

税,正是"白"的"没有效果、徒然"义。

"白"表示"意料之外"也与"平白无故"义有密切的语义关联。"平白无故"表示做一件事没有任何理由,对于事件的主体来说,"白"修饰的述谓结构代表的事件是不合预期的,具有反预期效果。也就是说话主体在事先对事件已经有了一定的预料和认识,但是结果却与说话人的意料完全不同,表示"意料之外"。同时,当句子带上这类"白"时,也带上了反预期语气,表示该事件对于说话人或事件主体来说具有反预期性。

"无效果"与"无代价"是两对彼此相反的义面,但是它们却存在着内在的必然联系。袁毓林(2014)用"劳酬均衡原理"巧妙地把"无效果"与"无代价"两个截然相反的义面联系起来,由于动作主体都有"获得收益就要有付出"这种基本的认知观,因此一旦付出与回报发生偏离,则产生两种不同义面:如果"白"所黏附的述谓结构表示的事件可以识解为获得利益,则"白"表示"无代价";如果事件可以识解为付出代价,则"白"表示"无效果"。

那么我们首先可以构建出这五个义面的概念空间底图:

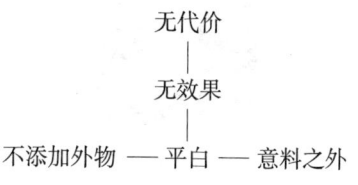

```
            无代价
             |
            无效果
             |
不添加外物 ── 平白 ── 意料之外
```

3.2 平白无故、无特定目的与有特定目的

"平白无故"与"无特定目的"有直接的语义关联。"无特定目的"表示的是事件主体完成事件的主观性,主观目的与因果有密切联系。对于事件经历主体来说,如果一个事件的发生对于行为主体(句子主语)来说是平白无故的,那么事件主体完成该事件,也就

不具有强烈的主观性,即没有特定的目的。例如,上文例(22)中"白",表示"平白无故":"难道我通共就一个宝玉,就白放心,凭你们勾引坏了不成",对于说话人来说,"放心"这个事件的发生是没来由、没原因的,那么说话人不带有任何主观性而随随便便放心,也是不可能的。所以这里的"白"也略微带有一些"随意、随便"的意思:"平白无故地放心"也类似于"随随便便"地放心。

"有特定目的"和"无特定目的"是对立的两个义面,当动作主体在完成"白"所修饰的述谓结构所代表的事件时抱有特定目标,我们说这时"白"具有"特定目的"义,可以用"特意"来理解,如上文例(24)中的"你刚才白问甄家去说亲允不允"说的就是主体以一件事(问说亲允不允)为目的去完成该事件。

"有特定目的"和"无特定目的"的联系,可以用认知语言学中的"图形-背景"相关知识来解释,信息接受者的大脑其实发生了认知上的图形与背景的互换,正如下面的"人脸/花瓶幻觉图"所示:

人们对于概念的认知可以抽象化为一张由前景信息(即主体图形 figure)和背景信息(即背景图形 ground)组合而成的"人脸/花瓶图"。当"白"表示没有特定目的时,"没有特定目的"这一语义是人们认知的主体,就好像在观察"人脸/花瓶图"时,看到了两张相对的人脸这样的结果。但是,当主体和背景发生互换时,上图也可以被看成是一个立着的花瓶,这时之前的主体图形变成了背景。

"白"的"没有特定目的"义也就是"没有其他意图",那么与它互补的语义正是"只有一个意图",也就是"表示特定目的",当"没有特定目的"这一语义由主体转换为背景时,则表示"特定目的"这一语义成为认知上的主体图形。

由此我们可以构建出这几个义面的语义底图:

平白
|
有特定目的 —— 无特定目的

3.3 无特定目的、未达更高量级、程度浅

"白"表示发出动作的主体在完成或经历事件时是没有特定目的的,即强调对于主语来说,主观性比较弱,是不经意的。当句子要着重强调这种弱主观性的时候,即主观性程度较浅,则"白"的义面便偏向到了表示程度浅的"略微、稍微"义。实际上,当句子主语表示的个体对一件事的态度是没有特定目的、不经意时,那么它在完成这件事的时候采取的方式就是"一笔带过"式地浅尝辄止。

未达更高量级和程度浅,说的都是主语在完成"白"修饰的述谓结构表示的事件时,主观性较弱,但"白"的"未达更高量级"义除了说明程度不高、范围较小之外,还强调了主语表示的个体的一种不耐烦不满意的主观态度,即主语认为自己本可以有在量级上和程度上更高的行为,但却没有提出更多的要求。当主语要强调"白"修饰的述谓结构表示的事件程度轻微时,用表示无特定目的的"稍微、略微"义;当主语进一步强调"白"修饰的事件表示程度浅、量级低,没有达到更高程度,没有更多要求时,则语义转向了表示未达更高量级的"只"义。例如,上文例(20)"白说了几句,你就抱怨天,抱怨地了"。"仅仅说了一句话",对于主语来说,本身就是一种程度不高的要求(有"略微、稍微"义),但是这里更表现出主语的反预期和不耐烦的态度,认为自己"只说了一句",还没有"说两句、说三句",对方就"抱怨天,抱怨地",这里的"白"则表示未达更高量级。

从主观性来看,这两个义面都通过副词来表示主语代表的个体的一种主观态度,也可以说成是情态。袁毓林(2014)指出句子的意义结构有三个层面,其中之一就是情态结构(modal and modality),通过情态标记(其一就是副词)来表示说话人对事件的主观评价。逻辑学中把"情态"称为"模态",模态逻辑用以刻画不同的可能世界,即事件的可能性。当"白"表示"未达更高量级"时,对于说话人来说,可能有好几个不同的可能世界,这些可能世界里说话人自己的态度是呈现量级排列的,如例(20)的说话人可以不说话、只说一句话、说几句话或者说很多话,每一个量级都表示一种可能世界,整个句子表示的事件仅仅是众多可能世界中的一个,这个可能世界本身没有达到最高的量级(即说很多话),同时它的程度是不高的、浅的,也就是表示"程度浅"。

我们可以由此画出这三个义面的语义关联底图:

无特定目的
|
程度浅
|
未达更高量级

3.4 无效果、无变化、意料之中

副词"白"表示"没有效果、徒然"义时,与其"无变化"义有直接的语义关联。我们说,"没有效果、徒然"表示的是事件付出(劳)和

受益(酬)发生偏离,付出了代价,相应的结果与没有付出时发生改变,那么就是得到了相应的回报,若没有收到相应的报偿,则说明付出代价前后,结果都一样,没有变化。而"白"的"无变化"这一义面,表示的正是在它所修饰的述谓结构表示的事件中,主体的状态在一段时间中没有变化。"白"的语义重点由事件完成的结果变换到时间域,与具有时间性语义的成分组合,强调在线性的时间轴上,事情没有发生变化,一直如此,这时"白"的语义也就由"无效果、徒然"转换到"无变化"了。

若表示"无变化"的"白"中的[+不变],进一步变成前提条件,那么这时"白"的语义开始向"意料之中"发生转变。如果一件事对于主语或说话人来说,总是不变的,那么这件事在说话人或主语的认知世界中就是可以预料的,在意料之中。因此,无变化和意料之中有直接的语义关联。

我们可以由此画出这三个义面的语义关联底图:

无效果 —— 无变化 —— 意料之中

4 近、现代汉语中"白"的语义地图

通过上文的分析和构建出的语义关联底图,我们把各个底图加以组合,首先能够构拟出副词"白"在近代、现代汉语中的概念空间[①]:

---

① 概念底图左部括号中的,是"白"从本义发展到副词的轨迹,即:名词→形容词→副词,这里放在副词"白"的概念空间中,是为了能更直观地表现副词"白"的语义演变,因此用虚线和括号将它们与副词义面进行区分。

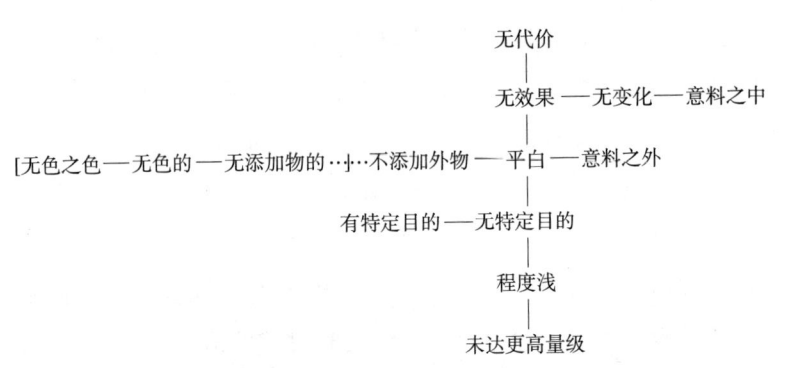

```
                              无代价
                                │
                              无效果 ── 无变化 ── 意料之中
                                │
[无色之色──无色的──无添加物的┈┼┈不添加外物 ── 平白 ── 意料之外
                                │
                              有特定目的──无特定目的
                                │
                              程度浅
                                │
                              未达更高量级
```

在 2.1 节中我们提到,"白"的词性起初为名词,本义是"无色",即"一种没有颜色的颜色"。随后,形容词"白"出现,表示事物具有"无色的"性质。"无色"即不添加其他杂色,当不添加的内容进一步扩大,"白"则可以表示"不添加其他外物"的义面,这时的"白"还是形容词,如"白本""白饭"等。由于形容词"白"经常出现在状语位置,逐渐出现了具有副词功能的"白",这时"白"所修饰的述谓结构表示的事件的实现方式是"不添加外物",如前面所说的"白厮打"。[①]

因此,"白""孕育"出副词的过程在语义上和词性上,经历了如下变迁:

无色→无色的→无添加外物的→无添加外物地

名词→形容词→副词

为了能更直观地描绘出副词"白"的语义演变路径,我们把名词"白"和形容词"白"的语义也纳入了概念空间底图中。但它们与副词"白"的语义和功能都不再相同了,因此在副词"白"的概念空间中,我们用虚线和括号把它们与其他义面加以区分。

构建出概念空间后,我们可以根据"白"的义面在不同时期的分布特点,在概念底图上画出相应的语义地图。

---

① 关于副词"白"的共同语义基础,我们会另文说明,这里不再详细讨论。

宋代汉语"白"的语义地图：════

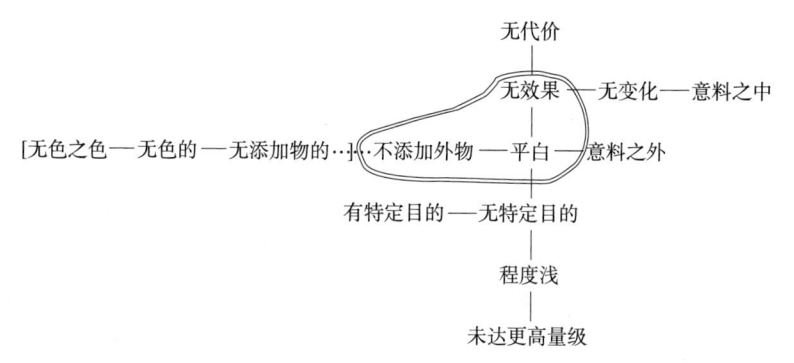

　　　　　　　　　　　　　　无代价
　　　　　　　　　　　　　　　│
　　　　　　　　　　　　　　无效果 ── 无变化 ── 意料之中
　　　　　　　　　　　　　　　│
[无色之色 ── 无色的 ── 无添加物的…]···不添加外物 ── 平白 ── 意料之外
　　　　　　　　　　　　　　　│
　　　　　　　　　　　　　　有特定目的 ── 无特定目的
　　　　　　　　　　　　　　　│
　　　　　　　　　　　　　　程度浅
　　　　　　　　　　　　　　　│
　　　　　　　　　　　　　　未达更高量级

金元时期汉语"白"的语义地图：— — —

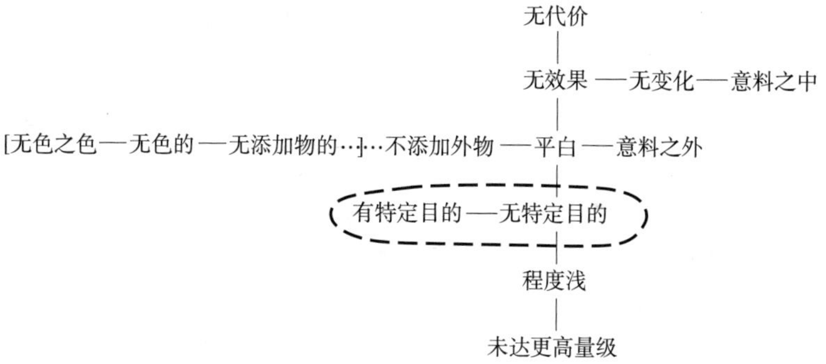

　　　　　　　　　　　　　　无代价
　　　　　　　　　　　　　　　│
　　　　　　　　　　　　　　无效果 ── 无变化 ── 意料之中
　　　　　　　　　　　　　　　│
[无色之色 ── 无色的 ── 无添加物的…]···不添加外物 ── 平白 ── 意料之外
　　　　　　　　　　　　　　　│
　　　　　　　　　　　　　　有特定目的 ── 无特定目的
　　　　　　　　　　　　　　　│
　　　　　　　　　　　　　　程度浅
　　　　　　　　　　　　　　　│
　　　　　　　　　　　　　　未达更高量级

明代汉语"白"的语义地图：— · —

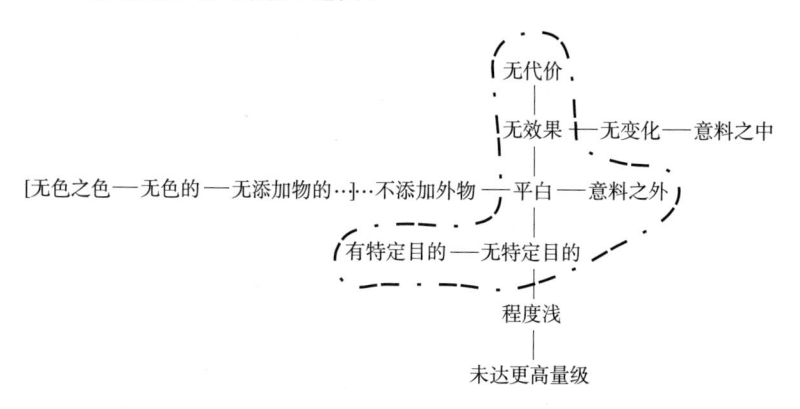

　　　　　　　　　　　　　　无代价
　　　　　　　　　　　　　　　│
　　　　　　　　　　　　　　无效果 ── 无变化 ── 意料之中
　　　　　　　　　　　　　　　│
[无色之色 ── 无色的 ── 无添加物的…]···不添加外物 ── 平白 ── 意料之外
　　　　　　　　　　　　　　　│
　　　　　　　　　　　　　　有特定目的 ── 无特定目的
　　　　　　　　　　　　　　　│
　　　　　　　　　　　　　　程度浅
　　　　　　　　　　　　　　　│
　　　　　　　　　　　　　　未达更高量级

明末清初汉语"白"的语义地图: - - - - - -

```
                            无代价
                             │
                           无效果 —— 无变化 —— 意料之中
                             │
[无色之色 —— 无色的 —— 无添加物的…}… 不添加外物 —— 平白 —— 意料之外
                             │
                        有特定目的 —— 无特定目的
                             │
                           程度浅
                             │
                        未达更高量级
```

清代中晚期汉语"白"的语义地图: ————

```
                            无代价
                             │
                           无效果 —— 无变化 —— 意料之中
                             │
[无色之色 —— 无色的 —— 无添加物的…}… 不添加外物 —— 平白 —— 意料之外
                             │
                        有特定目的 —— 无特定目的
                             │
                           程度浅
                             │
                        未达更高量级
```

现代汉语"白"的语义地图: ··········

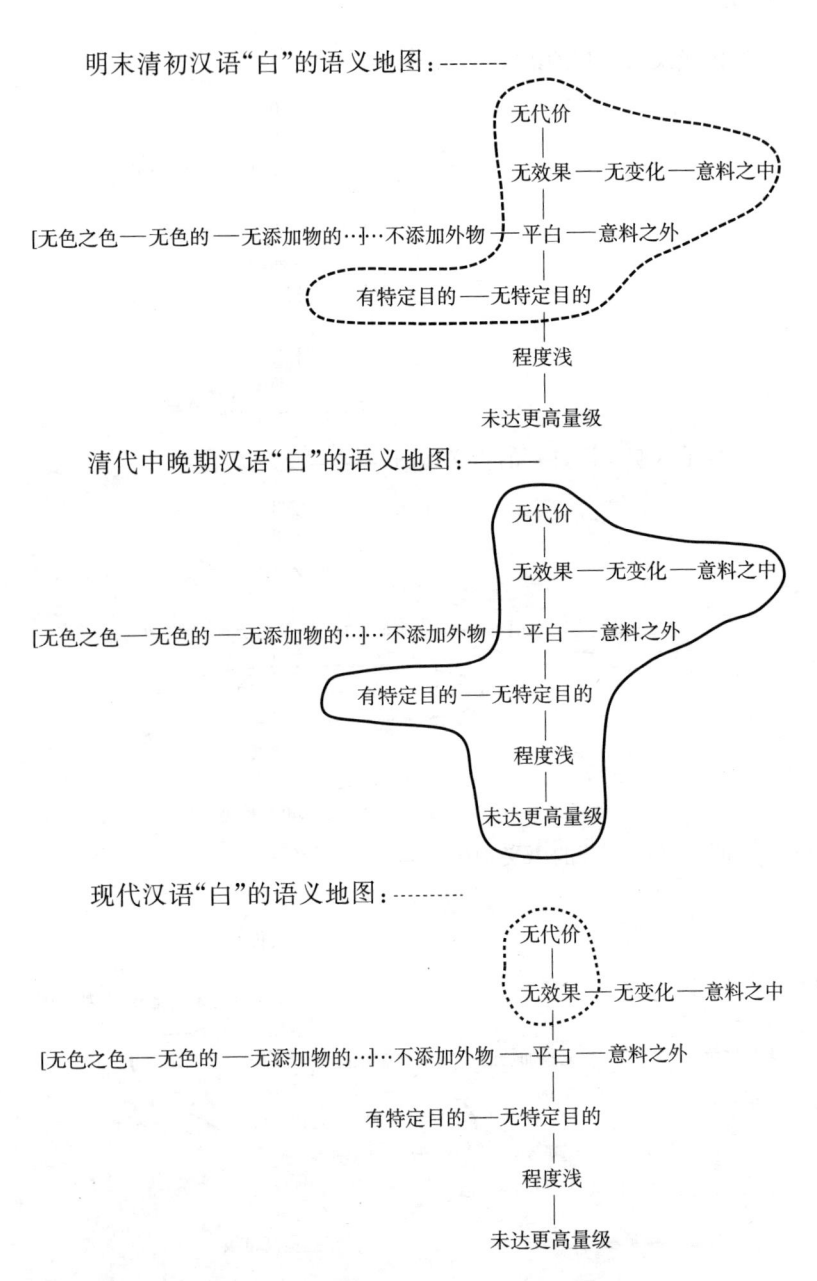

```
                            无代价
                             │
                           无效果 —— 无变化 —— 意料之中
                             │
[无色之色 —— 无色的 —— 无添加物的…}… 不添加外物 —— 平白 —— 意料之外
                             │
                        有特定目的 —— 无特定目的
                             │
                           程度浅
                             │
                        未达更高量级
```

我们把各个时期的语义地图叠加起来,就可以清晰地观察出"白"在各个时期的语义演变路径:

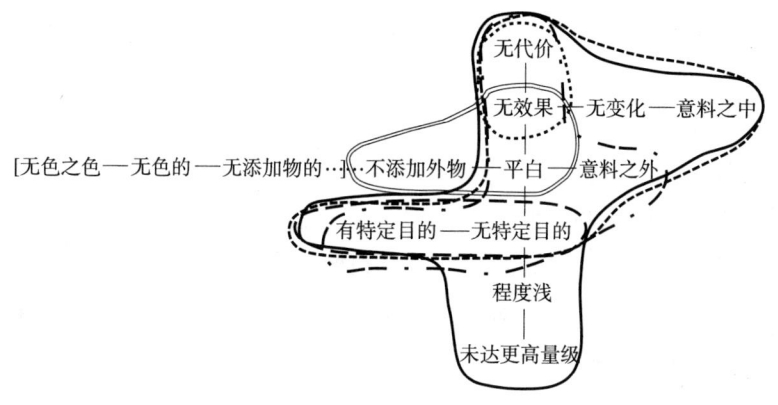

```
                        无代价
                   无效果 — 无变化 — 意料之中
[无色之色 — 无色的 — 无添加物的⋯不添加外物 — 平白 — 意料之外
                   有特定目的 — 无特定目的
                        程度浅
                       未达更高量级
```

宋══ 金元——— 明── ·明末清初------- 清中晚 ──── 现代⋯⋯⋯

5 余论

从上文构拟出的"白"的语义地图上,我们能够看出,"白"的语义范围经历了一个由小到大,再由大到小的过程。从最初的表示颜色的形容词"白",到可以做副词修饰动词,"白"的义面逐渐增多,发展到清代,数量达到了十一个,但是到了现代,数量锐减,在清代一些作品如《红楼梦》《儿女英雄传》中很常用的用法都消失殆尽,只剩下两个义面:"无代价、无报偿"和"无效果、徒然"。我们推测,这可能与外族语言对现行语言的影响减弱有关。钟兆华(1987)、胡增益(1989、1995)等都表明现代汉语的副词"白"与满语的 bai、baibi 等词有关。我们在本文暂且不去讨论"白"到底是汉语固有的,还是从外族借用的,可以肯定的是,汉语的"白"一定受到了满语影响。这种现象在清代尤甚,政治因素导致语言接触,而语言接触是导致语言变异的重要因素。(吴福祥,2004)清后,汉语中"白"的义面逐渐变少,这在一定程度上能够促使我们去推断义面减少的原因与外族语言影响减弱有关。

另一方面,为什么现代汉语保留下来的义面是"无代价、无报偿"和"无效果、徒然",我们推测可能和语义上的关联度有关。从上文构拟出的语义地图以及"无代价、无报偿"和"无效果、徒然"两个义面出现的时间,同时考虑二者与"白"在《说文解字》中的本义上的逻辑联系,可以看出这两个义面较之其他义面来说与本义更近,更能反映出"白"的固有意义。袁毓林(2014)把"白"的陈述性意义表述为"偏离(deviate from)劳酬均衡原理",即或者是付出了没得到回报,或者是得到了没有付出辛劳,而在袁先生调查的实际语料中,前者(付出了没有回报)的数量要远远高出后者,这对于说话主体来说是一种消极的反预期效果,与"白"的本义中的"否定"特征相吻合,由此我们推断,这可能是"无代价、无报偿"和"无效果、徒然"这两个义面在现代汉语中得以保留的原因之一。但是,我们目前构拟出的概念空间和语义地图仅仅基于近代和现代汉语,语言类型不够,材料也不够详实,在今后的工作中还需要不断完善。

参考文献

郭良夫　1988　近代汉语副词"白"和"白白",《中国语言学报》第三期。
胡增益　1989　满语的 bai 和早期白话作品"白"的词义研究,《中国语文》第5期。
胡增益　1995　满语"白"同汉语副词"白"的借贷关系,《中国语言学报》第五期。
马思周　1990　再论近代汉语副词"白",《中国语文》第5期。

吴福祥　2004　近年来语法化研究的进展,《外语教学与研究》第1期。

杨荣祥　2001a　汉语副词形成刍议,《语言学论丛》第二十三辑,北京:商务印书馆。

杨荣祥　2001b　副词词尾源流考察,首届汉语语法化问题国际研讨会(2001.10)论文。

杨荣祥　2007　近代汉语副词"白"的释义与来源,载沈家煊、吴福祥、李宗江主编《语法化与语法化研究》(三),北京:商务印书馆。

袁毓林　2014　概念驱动和句法制导的语句构成和意义识解——以"白、白白(地)"句的语义解释为例,《中国语文》第5期。

曾静涵、袁毓林　2015　汉语"白"的隐性否定语义探析,《澳门语言学刊》第2期。

张谊生　2000　《现代汉语副词研究》,上海:学林出版社。

中国大辞典编纂处　1957　《汉语词典》,北京:商务印书馆。

钟兆华　1987　《红楼梦》"白"字来源探疑,《中国语文》第1期。

Allwood, Andersson & Dahl 1977 *Logic in Linguistics*. Cambridge: Cambridge University Press. 王维贤等译,《语言学中的逻辑》,北京:北京大学出版社,2009。

Anderson, Lloyd B. 1982 The "perfect" as a universal and as a language-pariticular category. In Paul J. Hopper(ed.). *Tense-Aspect: Between Semantics and Pragmatics*. 227—264. Amsterdam: Benjamins Press.

Croft, William 1997 Typology and linguistic theory in the past decade: A personal view. *Linguistic Typology* 11.

Croft, William 2003 *Typology and Universals*. Cambridge: Cambridge University Press.

Zeng, Jinghan & Yuan, Yulin 2015 The implicit negation and counter-expectation of *bai* in Mandarin Chinese. In Qin Lu and Helena Hong Gao (eds.). *Chinese Lexical Semantics*. 47—61. Berlin: Springer-Verlag Press.

试论"有加"的附缀化与"X有加"的构式化[*]

张谊生

(上海师范大学语言研究所)

1 前言

在现代汉语略带书面色彩的语体中,"有加"经常出现在双音节谓词后面,组成"X有加"四字格式;"有加"前面的"X"既可以是具体的行为,也可以是特定的性状。例如:

(1) 这不得不让你对她<u>敬畏有加</u>、刮目相看,并且由此看出她功底深厚,绝非浪得虚名!

(2) 随后是全体鞠躬,人人都鞠成九十度屈身,<u>恭顺有加</u>,大家一起向保育妈妈们致礼。

---

[*] 本文曾在第八届汉语语法化问题国际学术研讨会(2015.10.31—11.1,中国人民大学)宣读并发表于《中国语文》2017年第3期,根据与会专家以及《中国语文》审稿专家的前后两次修改意见,本稿又做了全面修订。本文是国家社科基金"程度副词的生成、演化及其当代功能扩展的新趋势研究"(15BYY131)、教育部规划基金项目"介词演化的规律、机制及其句法后果研究"(13YJA740079)专题成果之一,对于获得的各项帮助与资助,笔者谨表由衷的谢意。

据调查,"有加"前面的"X",现代汉语早期大多还是具有对待义的动词,比如"关爱有加、体贴有加、赞赏有加、信任有加、呵护有加"等,发展到当下则已逐渐扩展到各种类别的性质形容词,比如"殷勤有加、严厉有加、温柔有加、隆重有加、雍容有加"等。例如:

(3)尽管国务院三令五申,一些地方向农民征收的税费仍<u>繁杂有加</u>,随意性大,透明度低。

(4)无论是在人物形象上,还是在服装和造型上,几位女主角也都是美貌各异,<u>漂亮有加</u>。

迄今为止,几乎所有的汉语词典,包括《汉语大词典》《现代汉语词典》(第7版)和《现代汉语规范词典》(第3版)都没有收录"有加"。[1] 那么,"有加"究竟是否已经词汇化,如果是词,"有加"到底是动词还是形容词,或者已虚化为程度副词甚至后附缀(enclitic)了呢?而"有"与"加"之间又是什么结构关系呢?本文的基本观点是,除少数"有加"还是黏着性动词外,随着表达方式定型化,绝大部分四字格的"X有加"已经固化成了特定的表示强化功能的习用性类推构式,其中的"有加"已经转化成强化程度的准后附缀了[2]。

本文本着共时与历时相结合的原则,从语法化、附缀化(cliticization)的角度依次对"X有加"进行考察。首先辨析"有加"的不同性质,描写后附缀"有加"的分布与特征;然后揭示"有加"的历时

---

[1] 《中国成语大辞典》(上海辞书出版社,1986)和《汉语大词典》(汉语大词典出版社,1990)均收入了成语"有加无已",分别解释为"不断增加,没有停止"和"不断增加,越发展越厉害"。

[2] 关于附缀(clitic)的性质和作用,还可以参看刘丹青(2008)、张谊生(2010)、张斌(2013)、张谊生(2014)、Zwicky & Pullum (1983)以及 Zwicky (1985)的相关论述。

发展,分析其附缀化及后果,探究"X 有加"的构式化趋势;最后探讨现代汉语"X 有加"的各种表义功用,说明构式化的表达方式及其表达功用。

本文用例引自北大语料库及报刊、网络上的报道,例句全部注明出处(略有删节)。

2 "有加"的性质与类别

本节首先辨析"有加"的不同性质,进而分析"有加"所附加"X"的构成与特征。

2.1 "有加"的不同性质与类别。由于语言发展、演化的滞留以及新旧形成的并存,现代汉语中至今还保留着附缀化之前遗留下来的短语"有加"与动词"有加"。

述宾短语"有加"的"加",表示"加法",这类用法的"有加",在现代汉语中出现频率并不高,而且通常都要与表示"减法"的"减"对举、并存。例如:

(5)具体措施是很难经得住时间考验的,这里用得上"道高一尺,魔高一丈"这个成语,花样可以翻新,形式可以变幻,会在不知不觉中减中有加,穿新鞋走老路。(2000年《人民日报》)

(6)增加房地产的科技含量可以在软和硬技术两方面做文章,在成本上有加也有减,不一定就是增加了总造价。(《品质时代 多位专家畅谈科技地产》,2015-07-29,中国住宅产业网)

至于动词"有加",意为"有所增加",大都分布于"N"之后,单独充当谓语。① 例如：

(7)日复一日,年复一年,守坟人黑发变成白发,挺直的腰杆弯了下来,然而,坟上的新土年年<u>有加</u>。(1996 年 7 月《人民日报》)

(8)孟宪杰已由镇委书记升为山东省章丘市市长了,其政务繁忙日甚一日,工作担子屡屡<u>有加</u>。(1996 年 4 月《人民日报》)

需要鉴别的是,并不是所有"N 有加"的"有加"都是动词,其实,由于受到"有加"的附缀化因素的制约,有相当一些"N 有加"的"有加",也已经是后附缀了。例如：

(9)参赛各队虽然对拥有姚明、王治郅、巴特尔三大中锋的中国队<u>好评有加</u>,但通过预赛可以看出,中国大学生男篮只能算是"半支队伍"。(新华社 2001 年 8 月《新闻报道》)

(10)事实上,正是这种坚定不移的纠风决心,才让广大网友对《折兵》文章<u>好感有加</u>,纷纷留言夸好。(《网友为啥热议"让买官者'赔了夫人又折兵'"?》(2008-04-18,中国共产党新闻网)

"好评有加、好感有加"都是"对 NP"加以论述的关涉性谓语,"好评、好感"在此都已经陈述化了,相当于"做出的好评、获得的好感"。总之,只有那些前面的"N"在特定语境中还没有陈述化的

---

① 动词"有加"也可以用在数量短语后,相当于"有余"。比如：一些网民砖也拍了,水也灌了,可岁月也不饶人,转眼<u>两年有加</u>,当时网民所拍的所有问题,老郑所带领的汕尾政府究竟去落实了多少件呢?(《网民声音能获几成认可?》,2013-03-24,汕头市民网)如何用英语通过<u>这些</u>通行全球的考试才是各专业人才的大问题,一旦证书考到手,身价立刻就上浮<u>数倍有加</u>。(《英语统江湖》,2005-04-18,东方教育)

429

"有加",才是真正的动词。当然,也存在着依违两可的情况。例如:

(11)已届花甲之年的天津劝业场,如今辉煌依旧,风采有加。(1994年《市场报》)

(12)他就是我心中理想的白马王子,英俊潇洒,风度有加。(《初恋,你是我的小苹果》,2015-10-17,《扬子晚报》)

上面两个"有加"分析为动词和附缀,似乎都可以,只是"风度"比"风采"的陈述化倾向略强些,因为"辉煌依旧"还是个主谓短语,而"英俊潇洒"已是个谓词性联合短语了。

既然本文主要研究附缀"有加"及其四字格的构式"X有加",所以,除非为了探究"有加"的生成、发展及其附缀化,否则,短语与动词"有加"均不在下文讨论之列。

2.2"X有加"的分布与用法。由于"加"的"施加"和"增加"的语义积淀,"X有加"的典型分布是与"对X"一起做谓语。例如:

(13)他的精湛球艺博得全场观众的喝彩,日本球迷们更是对他喜爱有加,不停地呼喊他的名字,一时间,前圆真圣似乎成了英雄。(1996年3月《人民日报》)

(14)伊维奇还对中国足球恭维有加,他说:"中国最有希望拥有好的球员和好的俱乐部。"(新华社2004年9月《新闻报道》)

"对X"之后的"X"多为对待类动词,如果是没有关涉义的形容词,"X有加"大多单独充当谓语。例如:

(15)这老尼姑,盖前世宿缘善果,比及天意享受福禄荣寿之人,幸福有加,好不让人嫉羡。(《源氏物语》中译本)

(16)虽然其中侯英超、范瑛与德国选手的比赛,惊险有

加,但蔡振华总教练认为"这还算是正常的"。(新华社2003年5月《新闻报道》)

(17)这天参赛的共有6头牦牛,个个膘肥体壮,威猛有加。(新华社2003年9月《新闻报道》)

(18)第一招:风流不风骚。美丽有加,却不要风骚袭人,也不要总是说老公不好,要吹老公如何如何爱你没商量。(《必备8招,教你如何逃出色狼上司的魔爪》,2013-02-21,人民网)

随着"X有加"构式的渐趋定型化,充当定语、状语的比例也开始日渐提高。例如:

(19)顺着退潮后裸露出来的大片平坦而细腻的沙滩向海里走,想用双脚和身体去触摸看起来温柔有加的夜潮。(1998年《人民日报》)

(20)在参观的3个小时中,市民看到了流动国土上的异域风情,不少市民还不断邀请澳舰官兵合影,处处闪现友爱有加的场景。(《湛江市民参观澳皇家海军军舰》,2005-04-05,人民网)

(21)碰到这种时候,海老有时也会"慰勉有加"地说上一句:"所以有人才称你是'总理各国事务衙门'的一品大臣。"(1994年《报刊精选》)

(22)剖腹之后,大伙发现里面有一对袖珍型的白髯公公,相互在那儿打躬作揖,并且礼貌有加地向对方说:"您先请吧!老哥哥,您先请吧!"(《读者》合订本)

作为谓词性短语,一些性状化的"X有加",还可以充当"得"后的组合式补语。例如:

(23)黄宗江爱戏,爱得痴狂有加,忘乎所以。后来见编剧一行人才奇缺,他将脚一跨,竟又成了一位著名剧作家。(晓田《黄家四兄妹相聚〈大栅栏〉》)

(24)她还是像从前一样,每一样东西都替他收拾得整齐有加,还是跟从前一样,只会默默地做她该做的事。(《豪门惊梦》,2014-09-12,天天小说网)

特定情况下,有些"X有加"也可以充当指称化的主、宾语,只是现在还较少这样用。例如:

(25)如今随着城镇独生子女的增多,(对孩子)宠爱有加自不待言,饭来张口、衣来伸手,要啥有啥成了习惯。(1998年《人民日报》)

(26)李慧芳对女儿也始终做到关爱有加,对她的教育也丝毫不懈怠,但她对于自己缺要求严格,勤俭节约,任劳任怨,丝毫不求回报。(《第二届"十佳好婆婆、好媳妇"评选活动》,2012-09-20,临安网)

值得注意的是,像"禁不住感叹有加"和"需要恩爱有加"之类的,也都是状中短语。例如:

(27)当看到座座严整的军营和稳定繁荣的香港后,将军禁不住感叹有加,他说:"自然,在她的背后,有一支训练有素的军队作为支撑。"(1998年《人民日报》)

(28)甲亢患者心情易激动,要多加忍让,心情的好坏对甲亢病情影响很大,所以,夫妻两人需要恩爱有加,共同合理治疗甲亢。(《甲亢的女孩能生小孩吗?》,2013-10-30,39健康网)

"禁不住"已有副词化倾向,"需要"受"须要"感染,也有副词倾向,所以,都是状语,而不是述语。

总之,现代汉语"X有加"已经可以充当各种句法成分,包括修饰性、限制性甚至指称性成分,充当表明"有加"的附缀化乃至"X有加"的构式化,现在已相当成熟了。

2.3 选择倾向与语义特征。如前所述,附缀化"有加"的基本分布都是位于双音谓词后面,但就"有加"选择倾向看,谓词"X"的及物性越高,就越有可能被附加。细究起来,从所附谓词"X"的语义倾向看,这些谓词大都为具有[＋对待][＋积极]语义特征的双音节动词,譬如"褒扬、呵护、勉励、赞赏、慰勉、恩宠、推崇、敬重、崇拜"等。例如:

(29)在内容体例上总都有"人物传"一项,即有选择地记述本地一个时期内的各个方面的著名人物的生平事迹,其中对那些优秀人物更是<u>褒扬有加</u>。(1994年第4季度《人民日报》)

(30)然而,尽管蒋介石对张冲"<u>慰勉有加</u>",尽管他仍置顽固派的攻击陷害于不顾,为国共合作奔走呼号,但他已预感到国共关系将跌入低谷,自己也可能遭受顽固派的毒手,心情至为沉痛。(仲向平《从国民党杀手到共产党密友》)

(31)美国前任贸易代表卡拉·希尔女士、现任贸易代表坎特先生,都对她<u>推崇有加</u>,称她"既是国利益坚定的维护者,又是坚韧的谈判者"。(1994年《报刊精选》)

(32)还刊印了周自娱写的《毛泽覃先生行状》,对毛泽覃一生<u>褒扬有加</u>。(1994年《报刊精选》)

再比如,同样是"爱",关涉度越强的"X爱",被"有加"附加的频率也就越高。例如:

(33)做父母、祖父母的,对他们<u>疼爱有加</u>,总是千方百计地满足孩子的生活要求,唯恐"委屈"了他们,真是要星星不给摘月亮。(1995年11月《人民日报》)

(34)邹文怀也是对李小龙<u>关爱有加</u>,对初次执导的李小龙,他请了很多电影技术方面的高手来助阵。(张小蛇《李小龙的功夫人生》)

(35)隋炀帝对表兄李渊也亲爱有加,委以重任。(《和谐治理:亡隋之鉴教乖了唐太宗》,2007-05-17,中国共产党新闻网)

(36)祖斐见她惊惶失措,反而放下心来,这分明是个业余者,祖斐一向对女同胞<u>友爱有加</u>,便放她一马,急步走开。(亦舒《异乡人》)

看似这四个"X爱"动词都可以后附"有加"组成"X有加"格式,其实,这些"X爱"之间后附"有加"的频率,差异极大。下面是人民网中各"X爱"后附"有加"的用频①:

| 疼爱 | 7013 | 宠爱 | 4553 | 关爱 | 3846 | 珍爱 | 2201 | 钟爱 | 1362 | 偏爱 | 811 |
| 怜爱 | 507 | 厚爱 | 456 | 溺爱 | 160 | 慈爱 | 60 | 亲爱 | 57 | 友爱 | 1 |

从发展的角度看,随着"有加"附缀化的日益定型,在当代汉语中,这种搭配选择限制正在逐渐淡化。比如,同样是表示"热情",从陈述对待义已逐渐扩展到说明性状义。例如:

---

① 需要说明的是,在人民网中同一篇报道出现在不同的媒体和网站上,有时会一起出现,所以,表中的数词并不是严格、精确的用频,但是,由于同一文稿重复出现的现象,对各个动词都是一样,所以,总体的频率差异,还是完全能够说明问题的。其实,表中的频率差异也不是绝对的,比如,从词义来看,"溺爱"的关涉度并不比"珍爱、钟爱、怜爱、厚爱"低,只是受到搭配对象的限制,出现频率相对要低一些。

(37)虽然旅行社对"十一"黄金周旅游保持低调,认为不会有"井喷",但上海的航空、铁路部门对黄金周依然热情有加。(新华社 2003 年 9 月《新闻报道》)

(38)而外国客人夸赞最多的正是利泰人,说不管是管理人员,还是普通的服务人员,都是训练有素,精明能干,待客彬彬有礼,热情有加,令仪令色,这是最令他们感到亲切的。(1998 年《人民日报》)

(39)在西安跑工作期间,我早出晚归,就借宿在他们租住的小屋,尽管他们每次都笑脸相迎,热情有加,可我觉得事情悬而不决,久拖下去不是办法,很无奈,也很无趣。(陆步轩《屠夫看世界》)

(40)出机场后,接我们的两位小姐也是热情有加,可却一点不灵活,非要等齐两辆车一块走。(1998 年《人民日报》)

现在不但没有任何关涉义的动词、形容词可以附加,甚至一些状态形容词也可以被"有加"后附。例如:

(41)员工拾金不昧再塑景区正能量,让游客失主感动有加。(《呀诺达再塑"正能量"寻返万元财物感动失主》,2014-11-25,海南视窗)

(42)身体上痛苦有加,而心灵深处的伤痛则更加惨烈(《揭秘:贺龙五任妻子和子女今何在?》,2014-12-09,华声在线)

(43)得知您连续三天或求助或运用健身产品或家园朋友帮助调理,使身体不适都先后消失,快速及时为您解除了病痛疾苦,真叫人高兴有加!(张玉香《感恩》,2014-11-26,人民网)

(44)30万元,90％的京城个体书摊以此作为进货首选渠道,生意红火有加。然而,主办者却不无忧虑。(1994年《市场报》)

当然,这类搭配扩展化的"X有加",在北大语料库和人民网中,都还很少出现。

3 "有加"的发展与演化

本节从历时的角度分析和揭示"有加"的附缀化以及"X有加"的构式倾向。

3.1 从跨层短语到存有动词。从"有加"的语义来看,"有"是"具有而存在","加"是"施与而增加"。一开始"加"不是"有"的直接成分,"加Y"才是"有"的宾语。例如:

(45)其君之举也,内姓选於亲,外姓选于旧。举不失德,赏不失劳。老有加惠,旅有施舍。君子小人,物有服章,贵有常尊,贱有等威,礼不逆矣。(《左传·宣公十二年》)

(46)故闻敌国之君,有加虐于民者,则举兵而临其境,责之以不义,刺之以过行。(刘安《淮南子》卷十五)

"加"作为及物动词,本来都可带宾语"Y",然后一起充当"有"的宾语。由于表达需要以及音步制约,"加"的支配对象"Y",也可以出现在"有加"的前面。例如:

(47)王曰:"子何力有加?"绾曰:"虽无力,能商台。"(刘向《新序·刺奢》)

(48)亲兄之子西乡而击,今吴又见告矣。天子春秋鼎盛,行义未过,德泽有加焉,犹尚如是,况莫大诸侯,权力且十此者

乎!(贾谊《治安策》)

(49)与巴东领军襄阳罗宪各保全一方,举以内附,咸因仍前任,宠待有加。(《三国志·蜀书》卷十一裴松之注)

(50)且陛下即位以来政教未过而德泽有加,天下所具也。臣等独何讥刺哉!(《后汉书·孔僖传》)

"加"的对象,本来是"何力、德泽、宠待",由于表达的需要,都被提到了"有"前面。从晚唐到明初,一再后置的"有加"内部分界消失,开始词汇化,逐渐成为表示或强调某种现象的存在动词。例如:

(51)祖镇乃皇朝襄城令,赠魏州刺史;本於孝悌,率礼有加;饰以文章,象贤增美。(周绍良、赵超编《唐代墓志汇编续集》)

(52)麟德元年十一月十五日,薨於扬州之旅馆,春秋七十有二。朝廷伤悼,赠吊有加。(周绍良、赵超编《唐代墓志汇编续集》)

(53)太后自房归,云,某年月日,房人待之,礼数有加;至某年月,又加礼;又某年月,又甚厚。(宋·朱熹《朱子语类》卷一百三十一)

(54)此后伉俪弥笃,恩礼有加。次年,即特旨建储,人心大定,去冬弥天疑谤,一旦冰释。(明·沈德符《野获编·宫闱·今上笃厚中宫》)

至此,直接充当谓语的动词"有加"已基本形成,四字格的"X有加"也已趋于定型。而且,动词"有加"形成之初,前面的动词"X"多数具有赐予义,名词大多具有礼遇义。

3.2 从动词谓语到强化附缀。从晚唐到明清,随着"X有加"进一步定型,动词"有加"开始逐渐向后附缀转化,其转变的过程表

437

现在三个方面:结构转化、搭配泛化、语义深化。

结构转化是指"X"与"有加"的结构,由主谓陈述转化为后加补充——句子的谓语核心或者说表述重心,逐渐从由"有加"充当转到了主要由宿主(host)"X"来承担。请比较:

(55)幸生于公家,今十九年矣。身厌罗绮,口穷甘鲜。宠待有加,荣亦甚矣。况国家建极,庆且无疆。此即违天,理当尽殚。(唐·袁郊《红线传》)

(56)乃夜纵之,迨旦皆割蹸而至。后主喜之,赏赐有加。于是再遣之,而不复至矣。(宋·龙衮《江南野史》卷三)

(57)又十许年而新建为漕帅,则吴夫人殁矣,追念沙氏不置,复招致淮阴署中,宠待有加。(明·沈德符《万历野获编》卷五)

(58)自见皇太孙立了东宫,心甚不悦,只因太祖宠爱有加,尚望有改立之命。(明·徐谓《续英烈传》第2回)

例(55)的"宠待有加"还只能分析为主谓关系,还是动词"有加"对"宠待"的陈述与说明,而例(58)的"宠爱有加"则应该是补充关系,已是句法功能虚化的准后附缀"有加"对"宠爱"的补充与强化。至于中间两例,虽然分析为主谓、述补关系似乎都可以,但是例(56)更接近于主谓短语,例(57)更接近于述补短语。而且,从陈述到后补,从动词到附缀,"有加"的语音也相应弱化了,两个音节从[iou²¹⁴·tɕia⁵⁵]逐渐弱化、融合为[iou²² tɕia²¹]了。

搭配泛化主要体现为前面的"X",逐渐从针对性的施加、赐予行为,扩展到客观现象与主观认识,从有生、能动到无生、被动,从积极、如意到消极、不如意。例如:

(59)伏念奴才派出天潢,素叨门荫,诵诗不达,乃专对而

使四方,恩宠有加,遂破格而跻九列。(清·况周颐《眉庐丛话》)

(60)谢家昆季,棣萼参商,致遗状尸控,上达天听,谴责有加,先生始服客之先见。(清·孙静庵《栖霞阁野乘》)

(61)其所取法,无异梓人之琢雕,红女之传绣,以为一日之长,拜而礼之,随行隅坐,爱敬有加可也。(清·章学诚《文史通义》)

(62)仁宗览了这奏,震怒有加,立即下诏,逮问铁木迭儿。(民国·蔡东藩《元史演义》第31回)

语义深化则主要体现为"X"附加了"有加"之后,从力度更大、频率更高,扩展到情态更切、要求更高,尤其是从强调行为的力度,还逐渐扩展到了强化情态的程度。例如:

(63)魏公等虽惊其事,而不异其人,遂随事瘗埋。唯姊悲恸有加,潜具葬礼。至小殓之日,乃以一黄绣披袄子,平日所惜者,密置棺中。(《太平广记》卷三十六)

(64)方渡淮,则女复至舟中,虽欢好有加,而意则愈疑。(冯梦龙《情史·江南詹詹外史》)

(65)上不能骑,吉翔奉篮笋,步行扶掖,行羊肠,夜则通夕巡警,勤敏有加。慈圣太后与上益眷倚之。加少保,晋封文安侯。(王夫之《永历实录》)

(66)既蒙星君应允,我也不敢稍有违犯,磕头礼拜的恭谨有加,原因星君乃当今玉帝的公主,即和玉帝的金身一样。(无垢道人《八仙得道》第49回)

尽管由于受原格式的制约,"悲恸、欢好、勤敏、恭谨"都还是具有[+情态]的述人形容词,但与普通关涉类动词不同,这些形容词都

439

已具有程度性,无疑拓展了"有加"的附加范围。

发展到当代,"有加"的后附对象,虽然大多还保留书面色彩,但已没有限制:既保留关涉义用法,也可以强化性质状态;既可以是正向、褒义的,也可以是负向、贬义的。例如:

(67)朱棣闻讯召戴,对他劝勉有加,要他臣事新朝。但戴却写了一段尖刻的文字,痛斥朱的无义无道,由此触怒朱棣,下令用锯子锯杀之。(《宁死不屈戴德彝》,2014-03-7,奉化新闻网)

(68)1905年末,秋瑾自日本回国从事反清活动,唐群英不时去函,勖勉有加。(刘作忠《挽联一束祭秋瑾》,2003-06-09,人民网)

(69)格美关系不断升温,亲密有加;格俄关系磕磕碰碰,每况愈下,但美俄之间的较力像一条有形的线,必然贯彻其中。(《解读美俄博弈格鲁吉亚地缘战略因素》,2014-03-31,道里巴巴)

(70)有人走进德明与莎莉的家,发现家里一团混乱、肮脏邋遢,令人觉得不舒服,外人不会认为德明邋遢有加,却会以为莎莉是个不擅打理家务的主妇。(《如何为你的妻子祷告?》,2014-04-27,好酷网)

"劝勉、勖勉"都是关涉义动词,表示"不断劝勉、勖勉""一再劝勉、勖勉",仍保留了强化行为频率的用法,①而"亲密"与"邋遢"都是性质形容词,主要是强化性状类程度。

---

① 《现代汉语词典》(第7版 P.1481)对词条【勖勉】的解释是:〈书〉勉励:~有加(一再勉励)。

3.3 类推格式到定型构式。由于受汉语双音节音步的制约，从"有加"附缀化形成之初，绝大多数的"X有加"都是四音节短语，发展到明清，这一倾向就已非常明显了。例如：

(71) 奉别以来，瞻恋弗置，沿途蒙遣官问候，款待有加，仆从而下，无不沾惠。(明·严从简《异域周咨录》)

(72) 迨阅所作，即赏识有加。每遇有官学课卷，复命彭代为评阅焉。(清·朱彭寿《安乐康平室随笔》)

(73) 应试日，彭坐堂号，值师下堂巡视，睹卷面姓名，即知为府首，取阅起讲，深蒙赞赏，嗣垂询家世学业，一日中临视多次，奖励有加。(清·朱彭寿《安乐康平室随笔》)

(74) 官内大臣赍帑金，设伊蒲精供，特敕旅公开法堂于京师之善果寺，驾时临幸，赐赉有加。自诸王大臣而下莫不北面同参。(清·叶梦珠《阅世编》)

这一构式化趋势，发展到民国则已基本定型，"X有加"的表达功能，不仅依靠后附缀"有加"来促发，也同时借助于"X有加"这一构式的强化功能来一起体现。① 例如：

(75) 太后乃询其居巴黎之情状，慰劳有加。且见其不能久跪也，特谕太监赐以毡垫，此亦殊恩也。(民国·德龄《清宫二年记》)

(76) 武帝却不责他迟慢，反默许他遇事小心，倚任有加。可小知者，未必能大受，故后来为相，贻讥素餐。(民国·蔡东

---

① 在我们统计的北大语料库中，"有加"不是附加在双音节宿主"X"上的典型用例，只有两例，而且都是附加在联合式"X"上面的。例如：那一边，安娜已把佐治扶到书房去，对他袒护抚慰有加。(岑凯伦《合家欢》)蒋孝勇的生活环境大有改观，人们把他当贵公子看待，恭维、宠爱有加。(陈廷一《蒋氏家族全传》)

藩《前汉演义》第 59 回)

(77)苏轼自奉召入都,才十阅月,已三迁华要,而<u>圣恩有加</u>,不久又命兼侍读。(民国•李逸侯《宋代十八朝宫廷艳史》)

(78)当然,你亲眼见着我们这些无聊不肖的儿孙,将你那满是血液,满是生命的躯体,忍心无耻地一块块割让与异族,将你一直<u>爱护有加</u>的人民,残忍酷恶地用鸦片烟、吗啡、土匪、病毒、洋货等,一群群断送到黑暗无边的苦海里去,你的心何能不痛?(民国•袁昌英《再游新都的感想》)

总之,随着"有加"后附功能的强化,尤其是句法上已缺乏独立性,只有黏附性,表达上既有类推性又有强调性,读音上又是弱化、融合的双音节成分,再分析为结果补语或程度补语显然都不恰当;"X 有加"作为一种特定后附类推格式,分析为述补短语也不合适,认为是附加类词缀的四音节单词,更是缺乏理据;所以,本文将"有加"定性为"强化后附缀"。其实,发展到 20 世纪中叶,"有加"的附缀化与"X 有加"的构式化,都已基本完成了。

4 "有加"的功用与方式

本节从不同角度讨论现当代汉语"X 有加"的特定表达功用与常见表达方式。

4.1 超量化的强调方式。前面已指出,现代汉语"有加"基本上都已转化为后附缀了,那么,附缀"有加"主要有哪些表达功用呢?细究起来大致有三种:强化、转化与完句。

所谓强化功能,就是"X"后附"有加"之后,"X"的语义得到了

多方面的强化。例如:

(79)幸而有圣天子在上,知道内情,把贞女宣进官内,由皇后令官人验明贞身,确系处女,这才龙颜大悦,赏赐有加,隆重热闹,于是结婚已久之夫妇乃卿卿我我,似水如鱼,发生其老早应发生之夫妇关系云。(《读书》Vol.41)

(80)对于几个攻击手的表现,陈忠和还是赞誉有加:"老将王丽娜进攻有气势,而且心态比较好,富有比赛经验。"(新华社2003年6月《新闻报道》)

"赏赐有加"强调"赏赐"措施和礼遇,比通常礼制所规定的要多、要重;而"赞誉有加"不是普通的赞誉,是比一般赞誉的力度更大、情态更切。也就是说,后附缀"有加"的表达功能,已经抽象而虚化,所以,不同的强化效果,要取决于"X"的语义基础。例如:

(81)他在大阪城参观时,对于日本历史上的军阀德川家康推崇有加,大有将德川家康靠"忍""等"要诀打败政敌的经历与自己堪为得意的出尔反尔、玩弄权术、分裂国家的伎俩相比之意。(新华社2001年4月《新闻报道》)

(82)虽然美军在伊拉克伤亡人数仍在上升,公众对他的伊拉克政策批评有加,但美国不会放松打击恐怖主义。(新华社2003年8月《新闻报道》)

"推崇有加"强调超乎一般标准与常理的推崇,很卖力的推崇;而"批评有加"则是"批评"的力度很大,涉及人数多、频率高、内容广等多个方面。总之,虽然经过长期演变、虚化,附缀"有加"的基本语义已发生转化,但细细体味,其内在含义还是与"有所增加"相关。

转化功能就是指"有加"附在一些抽象名词后,具有促发该名词陈述化的功能。例如:

(83)我今年23岁了,脸上有许多痘痘,很烦恼,最近有朋友说有一种药叫痘根清,疗效挺好,想问一下是什么牌子,哪儿生产的,这个痘根清有副作用吗?(《痘根清疗效如何》,2011-03-26,120快问网)

(84)今天就推荐一款中医调理的方子,对便秘很有疗效。(《便秘吃什么好立刻见效》,2014-11-07,39健康网)

(85)它选用麝香、羚羊角、牛黄、冰片、珍珠、熊胆、蛇胆、牛胆、猪胆、青鱼胆等20多味名贵中药入墨,使疗效有加,且因墨能久存如金,使药效也保持久远,成品药墨外包金箔,故又称金墨。(1994年第一季度《人民日报》)

(86)而小编认为,不管刘亦菲的胸是否曾经隆过,亦或是刘妈妈所提供的食谱疗效有加,刘亦菲的事业现如今日益红火是明显的。(《刘亦菲隆胸后丑小鸭变天鹅》,2011-08-31,太平洋时尚网)

四个"疗效"都是名词,但因为搭配关系不同,陈述性是依次增加的,尤其是例(86)的"疗效",由于受到"有加"的后附以及"X有所"构式的促发,已明显趋向陈述化了。请比较:

(87)北京国际马拉松赛的牌子还不够响、不够亮,还不足以令优秀选手青睐有加,令国际知名企业为之投下巨资。(1998年《人民日报》)

(88)而朝鲜族对汉族的饺子和炒菜也青眼有加,做起来相当地道。(1998年《人民日报》)

(89)转眼一个多月过去了,陈家上下一直对韩老头儿礼待有加,虽然陈老爷没开口但韩老头儿心里跟明镜似的。(《胖编怪谈》第47期,2014-05-10,163易网)

(90)假若有两个市场,一边秩序井然,服务周到,待人礼遇有加;另一边秩序混乱,强买强卖,对人恶语相向,如果您是客商,会选择哪儿?(1998年《人民日报》)

"青睐、礼待"是动词,而"青眼、礼遇"本是名词,但一旦后附了"有加",表达功能都是陈述,相当接近了。这就表明,在"有加"及其"X有加"构式的影响与制约下,"青眼有加、礼遇有加"显然不能再看作主谓短语了,而只能分析为已经陈述化的构式了。

完句功能是指后附"有加"增加了"X"的有界性与现实性,都可以单独使用。请比较:

(91)叶帅说:你现在还信任我,我(很)感激。说着就流出了眼泪。老爹说:叶帅,你不能这样讲,首先是你信任我啊!(《1976年,华国锋和叶剑英怎样联手抓捕"四人帮"?》,2015-08-07,人民网)

(92)阿敦与阿敏叙了一个晚上,见阿敏对汗王感激(有加),找不到机会从中挑拨,便又把话题转到代善与皇太极身上去。(李文澄《努尔哈赤》)

(93)他(庚澄庆)希望妈妈挑自己喜欢的包包,语气却(很)严厉,节俭的母亲因为舍不得花钱而拒绝,母子俩因此吵了起来。(《53岁庚澄庆坦言目前单身 择偶年限到55岁》,2015-07-22,中国新闻网)

(94)胡子叔叔大将风度,胸怀宽阔,耿介为人,可就是对三个儿子严厉(有加)。(1993年4月《人民日报》)

"很"和"有加"都是用以强化程度,也都兼表有界化的完句功能,在句中都不可或缺。关于"很"的完句功能,前人多有论述,其实,"有加"也有类似功能,尽管只是辅助功能。

4.2 多样化的表义倾向。随着"有加"附缀化发展的渐趋成熟,"X有加"在表义方面出现了两个倾向。首先,表性质、状态的形容词"X"用频,现当代进一步提高了。例如:

(95)何况,还有更多运动员平时努力有加,比赛同样发挥,只是因为各种原因,最后只得了银牌、铜牌。(《金牌情结与状元"夸街"》,2012-08-09,《中国教育报》)

(96)2011年,邱光平在温州做了一个个会展,可谓成功有加,连草图都被抢购收藏了。(《灵鹫:在锅炉的烈焰中"涅槃"》,2013-09-29,人民网)

(97)无论是在人物形象上还是在服装和造型上都是非常用心的,尤其是林峰在剧中的造型,相当华丽亮眼,而几位女主角也是美貌各异,漂亮有加。(《林峰版陆小凤什么时候上映》,2015-01-06,新浪娱乐)

(98)得知您连续三天或求助、或运用健身产品、或家园朋友帮助调理,使身体不适都先后消失,快速及时为您解除了病痛疾苦,真叫人高兴有加!(《感恩》,2014-08-06,蒲县教育网)

其次,不管是动词还是形容词,表示消极、贬义的"X",出现频率也不断增高。例如:

(99)"文革"开始后,江青就将阿甲等真正创作了《红灯记》的艺术家们打成"破坏《红灯记》的反革命分子",迫害有加。林默涵也被江青关进了牛棚。(钟兆云《京剧〈红灯记〉公演前后》)

(100)能与这样的女人保持密切关系实在匪夷所思,而在处理与赵萍的关系上,他又显得非常矛盾,一方面善行不止,竭力资助;一方面痛恨有加,预谋杀害。(李红霞、贾莉《医学

教授杀人案追踪》)

(101)有些手握大权的领导,却懒惰有加,懈怠成习,高高在上,一不接触群众,二不接触实际,三不调查研究,四不听取群众意见和班子其他成员的意见,甚至也不接触使用对象。(1998年《人民日报》)

(102)今商潮袭来,人心浮躁向利,贪官们更是无耻有加,罔顾民瘼。(《妈祖是一尊什么"神"?》,2014-12-09,《北京日报》)

这就表明,附缀"有加"强化对象的限制,现在已很少了,其附加范围也相应扩大了。

4.3 互补化的对举格式。以"X有加"构成的对举构式,主要有两大类:同义互补类与反义对举类。同意互补类主要有"X有加,X无度""X有加,X备至"等。① 例如:

(103)他冷漠得难以亲近,残酷无情,不近女色,却唯独对她宠爱有加,呵护备至。(《盗妃嚣张:残王宠妻无度》2015-06-23 言情小说吧)

(104)在一旁打点的张重轩太太母女,把母亲推崇备至,奉承有加,我看着实在觉得有点过态,甚至肉麻,无法形容过程的突兀和夸张。(梁凤仪《风云变》)

(105)对姐姐,他青睐有加,宠爱无度;对她,他横眉冷对,不屑多看。(雨初晴《妖妃难求》)

---

① 其他还有"X有加,X有余",比如:对于自己的亲人、部属、故友,关爱有加,同情有余,亲情难舍,友情难忘,有意无意地利用自己手中的权力,为他们谋取不义之利。(2000年《人民日报》)

(106)(玄宗认为)安禄山怎么会造反呢,况且自己平时对他青眼有加,宠爱无度,谁都可以造反,就是安禄山不可以。(《中国残酷历史:历代重臣的惨死》,2014-04-08,中国历史吧)

这些年来,以"倍至"替代"备至"的用法时有出现,可以说已是"积非成是"了。例如:

(107)贾母对可卿一贯爱怜有加,呵护倍至,这回却淡淡地说:"才咽气的人,那里不干净;二则夜里风大,明早再去不迟。(刘心武《秦可卿之死》)

(108)在他身上有太多的疑问,没有人能解释曹雪芹为什么对他那么珍爱倍至、赞赏有加?(刘心武《北静王之谜》)

至于反义对举类,主要有"X有加,X不足""X有加,X不够"等。例如:

(109)赵薇的活泼可爱让她穿什么都很亲和,不会有太大距离感;范冰冰的甜美装漂亮有加,亲和不足,但总能美得很惊艳!(《范大美人十年时尚上位经》,2010-07-01,宜春娱乐)

(110)伊朗国家奥林匹克足球队主教练伊万科维奇日前再次表达对伊朗媒体的不满,认为媒体对国奥队关心不足,挑剔有加。(新华社2002年8月《新闻报道》)

(111)在本片中,威尔充分发挥了自己的戏剧才能,为影片增添了不少精彩段落,尤其是片中他模仿各个喜剧明星表演的那个桥段,为影片增色不少,弥补了妮可"漂亮有加,搞笑不够"的小小缺憾。(《〈魔法娇妻〉海报》,2012-03-07,新浪娱乐)

(112)现在大部分学生都是独生子女,家长对孩子娇生惯养生怕他们吃苦,生怕他们吃亏,呵护有加而放手不够,养成了他们的惰性和依赖思想。(《弘扬南泥湾精神 开展素质教育》,2012-05-05,百度文库)

总之,无论是同义补充,还是反义对比,这类对举格式的频繁出现,表明附缀"有加"构成的四字格"X有加"的分布模式,现已日益定型化了,其表达方式也已渐趋构式化了。

5 结语与余论

综上所述,可以归纳为以下三点:首先,现代汉语"有加"具有不同的性质与类别,分别是短语、动词与附缀。附缀"有加"的典型选择倾向是:"X"及物性越高就越有可能附加,当然,随着附缀化的成熟,这类后附倾向正在日益淡化。"X有加"构式除了充当谓语,也可以充当定语、状语和补语,甚至主语、宾语。其次,"有加"的历时演化经历了从跨层短语到存有动词、从动词谓语到强化附缀、类推格式到定型构式三个阶段。附缀化的成熟,表现为结构转化、搭配泛化、语义深化三个方面。最后,在现当代汉语中,"X有加"构式的表达功用,主要体现为超量化的强调方式、多样化的表义倾向、互补化的对举格式三个方面。

如果拓宽观察视野可以发现,现当代汉语中与"有加"相似的具有强化功能的后附缀,应该还有一批。比如,现代汉语中有"得慌、得很",当代汉语中有"到爆、到哭",而且,也都是通过后附来强调前面的"X"的,[1]只是强调的重点、方式不同:"有加"只强调加

---

[1] 相关的研究,请参看张谊生(2013)和蔡丽(2010)等。

量、增量与足量,一般不强调过量、极量与超量。而且,演化的轨迹、机制、动因也不同,"有加"是跨层到动词,进而虚化为附缀,而"得慌、得很"和"到爆、到哭"都是由动宾短语发展、演化为程度补语,进而标记词与补语融合而附缀化。语言学界以往的研究拘泥于"得、到"的独立性,没能将"得慌、得很""到爆、到哭"作为一个强调成分加以考察。从"X有加"的研究可以得到启示,既然"得慌、得很""到爆、到哭"都是后附强调的固化成分,那么,将其统一归入后附缀来加以研究,可能不失为一种有效的研究方法。

参考文献

蔡　丽　2010　程度范畴及其在补语系统中的句法实现,暨南大学博士学位论文。
蔡　玮　2003　"有"字句中的预设,《修辞学习》第 2 期。
陈　琳　2007　论现代汉语中的"有＋VP"句式,暨南大学硕士学位论文。
刘丹青　2008　《语法调查研究手册》,上海:上海教育出版社。
陆丙甫　1986　语句理解的同步组块过程及其数量描述,《中国语文》第 2 期。
沈家煊　1994　"语法化"研究综观,《外语教学与研究》第 4 期。
宋作艳　2010　类词缀与事件强迫,《世界汉语教学》第 4 期。
吴福祥　2014　结构重组与构式拷贝——语法结构复制的两种机制,《中国语文》第 2 期。
吴为善　2013　"有＋N双"的熟语化趋势及其语义倾向探源,载吴福祥、邢向东主编《语法化与语法研究》(六),北京:商务印书馆。
张　斌　2013　现代汉语附缀研究,上海师范大学博士学位论文。
张谊生　2010　从错配到脱落:附缀"于"的零形化后果与形容词、动词的及物化,《中国语文》第 2 期。
张谊生　2013　程度副词"到顶"与"极顶"的功能、配合与成因——兼论从述宾短语到程度副词的结构与语义制约,《世界汉语教学》第 1 期。
张谊生　2014　从前加到后附:"(有)所"的跨层后缀化研究——兼论"有所"

的词汇化及其功能与表达,《汉语学报》第1期。

张谊生 2016 当代汉语"X得慌"的演化趋势与性质转化,第七届现代汉语虚词研究与对外汉语教学学术研讨会论文。

张豫峰、范 晓 1996 "有"字句的后续成分,《语言教学与研究》第4期。

Heine, Bernd, Ulrike Claudi and Fruederike Uünnemeyer 1991 *Grammaticalization: A Conceptual Framework. Chicago.* Chicago: The University of Chicago Press.

Hopper J. Paul & Elizabeth Closs Traugott 1993 *Grammaticalization*. Cambridge: Cambridge University Press.

Zwicky, Arnold & Geoffrey Pullum 1983 Cliticization vs inflection: English n't. *Language* 59.3.

Zwicky, Arnold M. 1985 *Clitics and Particles Language* 61.2.

汉语"要"类惯常表达研究[*]

赵葵欣

(日本福冈大学言语教育研究中心)

1 引言

现代汉语中"要"用在动词前,被认为是情态助动词,表达的情态义包括主观意愿、客观需要和某种主观推测,跨越了动力情态(dynamic modality)、义务情态(deontic modality)和认识情态(epistemic modality)3个等级。但是它还常出现在下面这样的句子里,与一般情态用法有明显不同。[①]

(1)一到春天,水面就要长水华,好像个浓绿色的垃圾场。湖水因此变得黏稠,不管多大的风吹来,都不会起波浪。

(2)他最恨奢侈,但他最注重生活的舒适和休息的重要,差不多每年总要寻一个歇夏的地方,很费事地布置他全家去避暑。

(3)美洲旅鼠据说是一种每年都要从美洲北端迁徙到南

---

[*] 本文初稿在第八届汉语语法化问题国际学术研讨会上宣读后,得到吴福祥、洪波、李明、董正存、林华勇等先生的多方指教,在此诚致谢意。文中尚存疏漏概由本人负责。

[①] 文中现代汉语例句没有特别标明出处的,均来自北京大学CCL语料库。

端的动物,后来地壳漂移,旅鼠仍然要沿原路迁徙。

例(1)"一到春天,水面就要长水华"也可以说成"一到春天,水面就长水华";例(2)的"差不多每年总要寻一个歇夏的地方,很费事地布置他全家去避暑"也可以改述为"差不多每年总寻一个歇夏的地方,很费事地布置他全家去避暑",例(3)也一样,去掉"要"后基本意思都没有什么改变。可见在这样的句子里"要"已经很难说清是什么情态义了,是否还是情态助动词也是个问题。因为典型的助动词"要"在句子中一般无法删除,删除后句子的情态义消失,整个句子的意思会改变,甚至可能无法成句。如"借东西要还"(吕叔湘,1999:592),如果去掉"要",整个句子就面目全非了。

从语义来看,例(1)—(3)这样的句子都是表述一段时间或某种条件下,某一动作行为或事件往往发生,或者倾向于发生,也就是描述的是一种具有规律性、能反复发生的行为或事件,如"一到春天水面长水华""每年夏天找个地方避暑"。有时甚至是一种习俗或习性,如例(3)美洲旅鼠每年迁徙等。

这种意义在一些研究里被称为"惯常体 habitual"(Comrie,1976;Bybee et al.,1994;柯理思,2007)。Bybee et al.(1994:127)在定义"惯常体"时,引用了 Comrie(1976:27—28)的界定,即:(惯常体)描述的是情状在一段较长时间内的典型特征,事实上这种长时间使得所指情状不被视作某一时刻的偶然属性,准确地说,它被视为整个时间段的典型特征。① 本文认为以上的那些句子,正是

---

① [Habitual] describe a situation which is characteristic of an extended period of time, so extended in fact that the situation referred to is viewed not as an incidental property of the moment but, precisely, as a characteristic feature of a whole period. 此处汉译引自中译本。

汉语里描述惯常的一种语言形式,本文称之为"要"类惯常表达。

关于汉语里惯常表达的研究很少。柯理思(2007)讨论过汉语里标注惯常动作的三个形式——会、要、爱,认为这几个形式范畴化程度都不高,并将它们归于情态范畴。范晓蕾(2016)在研究"会"的情态意义时也认为"会"有表达惯常的功能,还提到"会"在表达惯常时有能与"要"互换的情况。但至今为止还没有对"要"类惯常表达的专门研究,而且汉语惯常范畴的面貌还相当模糊,甚至汉语里是否存在表达惯常的专用语言形式也多有异议。本文对"要"类惯常表达的考察,也能帮助弄清汉语惯常范畴的一些基本问题。

以下首先讨论汉语里"要"类惯常表达的形式特征、意义及语用功能,进而探讨这种惯常表达中"要"的来源。最后将"要"表惯常的用法置于"要"的一系列用法中对其进行定位,并讨论后情态用法的一些特点。

2 "要"类惯常表达的形式与功能

2.1 形式特征
先看更多语料。

(4)每到星期六我们厂总要放场电影,这差不多成了惯例了。

(5)以前我们那里穷,一到春节家家都要挂上财神像,好为自己新年带来财运。

(6)新年一到,意大利人个个要大吃蜂蜜汤团,家家户户请客设宴也以此为先为敬。

(7)每逢新春佳节、喜庆吉日,中国的许多家庭都要在洁白的窗上贴上美丽的窗花,以表达人们喜悦的心情和对未来的祝福。

(8)像这些快板,李有才差不多每天要编,一方面是他编惯了觉着口顺,另一方面是老槐树底的年轻人吃饭时候常要他念些新的,因此他就越编越多。

(9)三里湾村西边有一条黄沙沟,每年发水时候要坏河滩一些地。

(10)母亲因为这样过于劳苦的原故,身子是异常衰弱的,每年交秋的时候总要晕倒一回,在旧时称为"晕病"。

(11)然而每到冬季他总是要不断地受凉,反复地感冒。

这些句子在语言形式上的共同点是,都有"每、每到、每逢、一到"等表示时间的词,并且一般还有"总、都"等副词(柯理思,2007)。"要"与这些"每/到类时间词"共现,表述在这些特定的时期或时段中,某些动作或事件惯常性地发生。因此可以将这类惯常表达的形式简单概括为"每/到类时间词+要"。

但是,并非只要句中有"每/到类时间词+要"就能表达惯常语义。这种结构只有出现在描述、介绍性文本里才能表达惯常义。比较下面两个句子:

(12)我家各位弟弟……总以看书为急需之事。不然,……将来就是想做乡下私塾的教书先生也没有人请。或经或史,或诗集文集,每天总要看二十页。(《曾国藩家书·理财篇》6)

(13)目下已经六十三岁,然而精神还健,目力还好。每日清晨起来,定要临摹《灵飞经》,写白折子两开方吃早点。下午太阳还未落山的时候,又要翻出诗韵来做一首五言八韵诗。(《官场现形记》第56回)

例(12)是言者对听者(addressee)提出的要求,具有明显的动作性。"要"在该句中显然是义务情态"需要、必要"义。例(13)则是介绍描述某人的生活习惯,理解为惯常表现已经没有问题。

因此,"要"类惯常表达的典型形式是"每/到类时间词+要",而描述性文本是其解读为惯常义的必要条件。

2.2 语用功能

"要"类惯常表达描述一段时间内的典型特征,所谓"典型特征"就需要有区别性。所以如果是描述日常行为的句子,那么句子所涉及的动作须有特殊性,比如"我每天要上班"就不太能理解为惯常句,而如例(13)"每日清晨定要临摹《灵飞经》……下午太阳还未落山的时候,又要翻出诗韵来做一首五言八韵诗"这样的描述,理解为惯常句几乎没有什么问题。刘小梅(1997:112)提到"会"类惯常句时也指出"当描述的事件没有了特殊性,归纳的事件就失去意义",比如"他每天都会起床"这样的句子,可接受度就很低。所以"要"类惯常表达是一种类指句(generic sentence),而不是具体的事况句(episodic sentence),这是其语义上最重要的特征。

"要"类惯常表达的语用功能表现为在篇章里,它一般作为始发句引进话题,或成为背景来凸显后续句的内容。例(7)(9)的原语篇不长,以它们为例说明如下:

(7')每逢新春佳节、喜庆吉日,中国的许多家庭都要在洁白的窗上贴上美丽的窗花,以表达人们喜悦的心情和对未来的祝福。这些千姿百态的窗花,大多出自农村妇女之手,她们用一把剪子或一把刻刀,剪刻出各种花样,是富有民族风格的工艺美术作品。

(9')三里湾村西边有一条黄沙沟,每年发水时候要坏河滩一些地。1949年他发明了活柳篱笆挡沙法,保护得他们互助组里两块地没有进去沙;来年大家都学会了他的办法,把可以进去沙的地一同保护起来,县里的劳模会上给了他一张特等劳模奖状。

例(7')通过一个"要"类惯常表达引出"窗花"的话题,接着后继句介绍窗花是一种什么样的工艺美术品;(9')则在惯常句说明"黄沙沟每年发水的时候要坏河滩一些地"的背景下,介绍"他"发明了一种挡沙法并因此获奖的内容。惯常句这种在语篇中引进话题、作为背景的功能,跟它本身具有的描述性语义是相吻合的。

汉语方言中的惯常表达形式在语义和功能上也跟普通话相似。如柯理思(2009)描写西北方言句尾"呢"表惯常用法时,举了两个例子"延安下雪嘞。[表示延安的习性]。/奶奶睡觉打鼾水嘞。["打鼾水"="打呼噜"][表示奶奶的习性]"来说明"'呢'的这类用法和表示眼前正在进行的动作或者持续的状态有所不同"。彭小川(2002)描写粤语广州话惯常体标记"开"时也指出①,惯常体的句子一般是背景信息,需要有后续句才能成立,如:a.*佢每日都跑开步。/b.佢跑开步,一日唔跑唔舒服(他每天都跑步,一天不跑不舒服)。他认为 a 类句虽然"在句法上都没有多大问题,可是在话语中一般都不能这样单说。b 类句子增添了与惯行为相对的行为或情况,就都能成立"。可见,整个句子描述某种泛化的

---

① 根据彭小川(2002),粤语里"开"用在动词后无须跟时间词共现,已经能独立表达一种惯常性行为。因此笔者也认为可以将其处理为惯常体标记,故此处采用原文说法。

属性或特征,多作为背景句,应该是惯常表达的共同特征。

2.3 关于"要"的省略

虽然在这类表惯常的句子里,可以删去"要"而基本意思不变,但仔细考察会发现,有无"要"还是有细微差别的。比如例(9)去掉"要"后,"三里湾村西边有一条黄沙沟,每年发水时候坏河滩一些地",整个句子表述一个事实,更像一个事况句。而用了"要"则多了一种事件发生有"倾向性"的语感。其他句子也是如此,理由将在第3部分再谈。

同时还要指出的是,在世界语言中,表达惯常体意义的具体、显性的语法语素(grams)本来就是最为少见的(Bybee et al.,1994:159),而且也常常是可以省略的,如西班牙语的 saber、法语的 savior、英语的 will、葡萄牙语 vai 及泰语 ja 等,省略甚至可以说是惯常范畴标记的一种普遍特征(范晓蕾,2016)。所以"要"在这类惯常表达中可以删除,也并不显得特殊。

3 "要"类惯常表达的来源

关于这类惯常表达里"要"的来源,柯理思(2007)根据 Bybee et al.(1994:154—155)对英语 will 和 would 由意愿发展出惯常用法的研究成果,认为汉语的"要"也是由表主观意愿的情态助动词"要",经过"愿意做某事＞倾向于做某事＞经常做某事"发展出来的。不过该文并没有对这一发展过程进行具体地探讨,也没有历时语料的证明。尽管从语义来看,这种推测没有什么问题,也有英语研究的实例作为旁证。但考察古代及近代汉语语料,却完全找不到这种从意愿＞惯常的临界环境和实际用例,更不用说要使其语法化所需要的使用频率了。① 因此这一推测难以证明。本文认为"要"类惯常表达的产生跟条件复句密切相关。② 具体论证如下。

"要"类惯常表达最早在明代可以见到用例,不过很少。如:③

(14)李万道:"老爷如今在那里?"老门公道:"老爷每常饭后,定*要*睡一觉,此时正睡哩。"(《沈小霞相会出师表》)

就是到了清代,也并没有很多这种表惯常的用例。所以可见这种用法出现是比较晚的。但是在近代汉语语料里,却能看到很多这样的条件复句。④

(15)谁要赊欠,就*要*罚他二十两银子的东道。(《红楼梦》第24回)

(16)智化道:"若要一网打尽,说不得却*要*做一件欺心的事,生生的讹在他叔侄身上,使他赃证俱明,有口难分诉。(《三侠五义》第79回)

(17)蒋平道:"虽则如此,他若看见有了印信,只怕又*要*生别的事端了。"(《三侠五义》第105回)

(18)别人罢了,现有钟家嫂嫂,两个侄儿、侄女,难道他们不找么?若是知道被咱们诓来,这一惊骇,不定*要*生出什么事

---

① 彭睿(2008、2011)在前人研究(Heine,2002;Diewald,2002)的基础上,指出语法化项是在临界环境中发生演变的,且高临界频率是语法化的一个必要条件。
② 本文的条件复句采用广义概念,将假设也作为一种条件句。
③ 本文考察的近代汉语语料以《西游记》《金瓶梅》《红楼梦》《品花宝鉴》《儿女英雄传》《三侠五义》《老残游记》《二十年目睹之怪现状》为主。也参考使用了CCL古代汉语语料库。感谢李明先生对语料调查提供的宝贵建议和帮助。
④ 例(15)和(16)里有两个"要",前一个是表假设的"要",本文讨论的是后一个"要",故用斜体以示区别。下文如出现相同情况均按此处理。

来。(《三侠五义》第116回)

这些句子里"要"都处在一个条件复句的后项——结果小句里,或表达义务情态,如例(15)(16),"要罚他二十两银子的东道"就是"需要/必要罚他二十两银子做东""说不得却要做一件欺心的事"就是说"必须/不得不做一件亏心事";或表达认识情态,如例(17)意思是"可能生出别的事端"、例(18)表示"不定会/可能生出什么事来"。这些都是典型的情态助动词。

如果在这样的条件复句里,结果小句的结果是根据惯例、人情世故或物理特性所产生的结果,那么其必然发生的语义就增强了,这时"要"的情态义就会淡化,整个句子重点在于表述结果一定会发生。如:

(19)龙若离水,虎若离山,便要受人狎侮的。(《老残游记》第9回)

(20)我道:"这又何苦!算起帐来,未免总要伤了和气,我看这件事暂时且不必提起。"(《二十年目睹之怪现状》第23回)

(21)只要得了些须暖气,硼砂在油里面要化水,化不开,便变了白沫,浮到油面,人家看了,就犹如那油滚了一般,其实还没有大热呢。(《二十年目睹之怪现状》第31回)

在(19)—(21)里,"龙离水、虎离山"根据一般经验或常识必将发生"受人狎侮"的情况;根据世态人情"算起帐来"就"未免伤和气";而"硼砂遇到些须暖气就化水"更是物理特征,是一定会出现的结果。所以这些条件复句里"要"的情态义已经无足轻重,重要的是说话人阐述这种结果一定发生。

还有一些紧缩复句也是如此,如:

(22)保珠道:"说唱就要唱的。"(《品花宝鉴》第2回)

(23)文辉与座客均各会意,点头微笑,桂保道:"准是太太打发人来叫,回去迟了是要顶灯的。"(《品花宝鉴》第8回)

(22)(23)的"要"可以理解为需要(说好了唱就必须唱、回去迟了的话必须受罚);也可以理解为一定会(说好了唱就一定会唱、回去迟了的话一定会受罚)。可以两解,说明它的情态义在句子里已经无足轻重,整个句子的语义重心是阐述"要"后面的动作或事件很有可能甚至是无悬念地发生。

另一方面,既然是惯例或常态,那么就是一种可以反复出现的情况,这样由此产生的结果就会变成有规律发生的动作或行为。这种语义与惯常表现就很接近了。比如用这种句子来谈论或描述一些个人习惯:

(24)学生曰:"先生是个体厚之人,不论寒天热天,常要水中去浸一浸。若浸得久时,还有两三个时辰才回来。"(《警世通言》第13回)

(25)这个人是坐不住的,我见他在戏园里,一天总要走个十几回,想必他就来的。我们先坐,不用等他了。(《品花宝鉴》第42回)

(26)劣兄有个贱恙:若要闲的日子多了,便要生病。所谓劳人不可多逸,逸则便不消受了。(《三侠五义》第68回)

(27)子明道:"你请便罢。我有个毛病,有了事在心上,要一夜睡不着的。我打算看几篇书,就过了这一夜了。"(《二十年目睹之怪现状》第26回)

上面这些句子里的"要",主要表达动作倾向发生,如果删掉也不影响整个句子的基本意思。如"若要闲的日子多了,便生病";"有了事在心上,一夜睡不着的"等。

"要"常用于这样的条件句之结果小句中,就会语境吸收(absorption of context)(Bybee et al.,1994:297)句中条件与结果逻辑推理关系产生的语义,解读出"在条件 A 下,倾向于发生 B"的用法。这种"倾向发生"的语义,正是"要"类惯常表达中"要"所具有的语义特征。而时间其实就是一种条件,所以当"每/到"类时间词占据条件复句的前项,而结果小句谓语动词所描述的又是一种有规律性的动作或事件时,就能被理解成本文所说的"要"类惯常表达了。如:

(28)到他们院门前,只见院门掩着。知道凤姐素日的规矩,每到天热,午间要歇一个时辰的,进去不便,遂进角门,来到王夫人上房内。(《红楼梦》第30回)

(29)种田人每到腊月卅夜,总要去敬土地神:土地菩萨,保住我五谷十分收,到卅夜我为你买猪头。(《靖江宝卷》第15-1)

(30)其中怀宝又有个毛病,处处爱打个小算盘,每逢弄了钱来,他总要绕着弯子多使个三十、五十,一百、八十的。(《七侠五义》第117回)

(31)这位王太史却是倚老卖老的,每逢见面的时候总要说两句凿四方眼的话儿,一个不高兴,还要教训几句。(《九尾龟》第69回)

(32)每到酒酣耳热,更要发这一种议论。娄通政也是听不过,恐怕惹出事来,所以劝他回浙江。(《儒林外史》第8回)

(33)有个大户,姓黄,名叫瑞和,害了一个奇病:浑身溃烂,每年总要溃几个窟窿。(《老残游记》第1回)

例(28)就是在"每次到天热"的条件下,会反复出现"午间歇一个时辰"这样的动作;例(29)的种田人在"到了腊月卅夜"的条件下,就倾向于去做"敬土地神"的事情。其余各例也都能这么理解。这些句子跟现代汉语里的"要"类惯常表达已经没什么区别了。

以上"要"类惯常表达的发展过程,也能得到语料数据的支持。详见下表。

明末至清末"要"用于条件句的使用状况①

		西游记	金瓶梅	红楼梦	老残游记	二十年目睹之怪现状
(用于前项)条件小句		70 (60.9%)	39 (59.1%)	45 (53.6%)	25 (43.9%)	22 (25.6%)
(用于后项)结果小句	后项总和	45 (39.1%)	27 (40.9%)	39 (46.4%)	32 (56.1%)	64 (74.4%)
	需要、必要	16	14	12	8	21
	可能性(后项中百分比)	29 (64.4%)	13 (48.1%)	27 (69.2%)	24 (75.0%)	43 (67.2%)

"要"用于条件句,既可以在前项即条件小句中,也可以在后项即结果小句中。用于前项时"要"用来表假设或必要条件,如:

(34) 师父要善将起来,就没药医。(《西游记》第80回)——假设

(35) 你用心,只要做的好,你老爹赏你五两银子。(《金瓶梅》第62回)——必要条件

---

① 此处统计时都除去了已经成词使用的"要是、若要、只要",数据为只统计"要"单用的结果。是否成词以是否可以分开解释为标准,如"你若要倒换关文,趁此急去还赶上"(《西游记》),其中的"若要"可以理解"如果想/希望……",故判断为尚未成词,按"要"单用于条件句计算。而如句子"此处并没有什么'兰麝''明月''洲渚'之类,若要这样着迹说来,就题二百联也不能完"(《红楼梦》)里的"若要"已经没有"如果+想/需要……"等义,只能一起解释为"如果",故判断已成词,不计算在内。从《红楼梦》开始,《老残游记》和《二十年目睹之怪现状》里成词的用法已经非常普遍,所以"要"单用于条件前项的例子明显减少。

用于后项时可以表需要/必要和可能性,如:

(36)你就赖他做贼,万物也要个着实才好,拿纸棺材糊人,成个道理。(《金瓶梅》第 26 回)——需要/必要

(37)这马蜂最可恶的,一嘟噜上只咬破两三个儿,那破的水滴到好的上头,连这一嘟噜都是要烂的。(《红楼梦》第 67 回)——可能性

如前所述,"要"只有用在条件句的结果小句,且表可能性的时候,才能在语境中吸收"倾向发生"的语义。所以,用于表示可能性的结果小句,是惯常表达"要"出现的关键。上表显示,从明末到清末"要"用于条件句前项——条件小句的比例从 60.9% 下降到 25.6%,而同时,用于后项——结果小句的比例则从 39.1% 上升到 74.4%。"要"在用于结果小句中时,用于表可能性的结果小句的比例一直占优势,差不多都超过了 60%,最少也接近一半(48.1%),在清末更达到 75%。由此可见,从明末到清末,"要"用于条件句经历了从条件小句到结果小句的转移,而在用于结果小句时,又多用于表可能性的结果小句。所以,上表的数据恰好显示,"要"在这一时期有充分的发展出惯常用法的所需环境和使用频率。

就此,"要"类惯常表达的来源可以简单归纳如下:

条件句的结果小句	表可能性的结果小句	结果为倾向或必然发生的结果小句	"每"类时间结构占据条件句前项
要 →	要 →	要 →	要
(情态助动词需要/必要、可能)	(情义减弱,语义重心在可能/倾向发生)	(吸纳"倾向发生"语义)	"要"类惯常表达

惯常表达里"要"的"倾向发生"语义,是一种语境吸收。① Bybee认为这种演变机制常发生在语法化晚期,这跟"要"类惯常表达处于"要"语法化晚期阶段也是一致的。另一方面,由于条件句之间的逻辑语义不用显性的形式标记也可以表达(如紧缩复句),所以这种句子里的"要"也是可以省略的。而如果用"要"来显性标记的话,就会加强对事件发生有"倾向性"的语感。这就是2.3里提到的是否使用"要"会产生细微语感差异的原因。

4 "要"惯常用法的定位

4.1 "要"惯常用法的定位

上文已经提到,"要"类惯常表达出现是比较晚的,它处于"要"语法化的后期阶段。下面我们将"要"的惯常表达用法,放入现代汉语"要"的各种用法中,对其进行定位。

根据吕叔湘(1999:592—593),现代汉语里"要"的用法有动词、助动词、连词,还有与体(aspect)有关的意义,表示近未来"将要"。例句②如下:

---

① "要"在魏晋南北朝时有过表必然的用法。李明(2001)将之归为副词,解释为"终归、一定";马贝加(2002)称之为"表示对将来的事情的肯定,即表示必然的发展趋势"。如(均引自李明,2001:38—39):黄泉下兮幽深,人生要死,何为苦心。(《汉书·武五子传》,2762)/相与谋曰:"西域诸国颇背叛,匈奴欲大侵,要死。可杀校尉,将众人降匈奴。"(《汉书·西域传下》,3926)这两例"要"都可释义为"一定会、肯定会"(人生终归/一定会死;总之是死/必然是死,不如投降匈奴)。但是这种用法在魏晋南北朝时很少见(李明,2001:39),以后也没发现更多用例。所以尽管"要"的这种表"必然性"跟"要"类惯常表达里的"要"意思非常接近,但是两者是否相关目前尚无法证明,暂存疑。

② 以下例句(38)—(43)引自吕叔湘(1999:592—593)。

(38)昨天我跟老张要了两张票。(动词)

(39)我有话要对他讲。(动力情态)

(40)水果要洗干净才能吃。(义务情态)

(41)不顾实际一味蛮干要失败的。(认识情态)

(42)你要能来,那该多好啊。(连词)

(43)他要回来了。(近未来)

因为在现代汉语里,"要"的主要用法还是情态助动词,故本文以"要"的情态用法为中心,参考 van der Auwera and Plungian (1998)的情态语义图,将"要"的各种用法整理为下图:

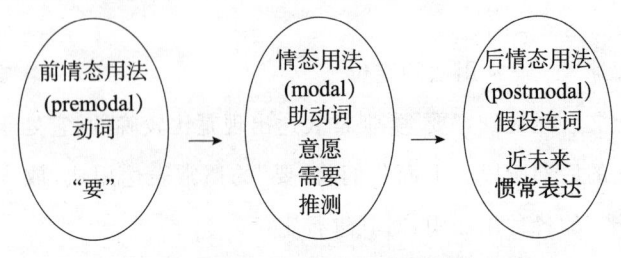

```
前情态用法          情态用法          后情态用法
(premodal)    →    (modal)     →    (postmodal)
   动词              助动词             假设连词
   "要"              意愿               近未来
                    需要             惯常表达
                    推测
```

"要"的各种用法及演变关系

前情态用法、情态用法、后情态用法三者间的"→"表示了彼此的衍生关系。也就是说,"要"的助动词用法来自动词,而从助动词又发展出假设连词、近未来的用法。"要"从动词发展为助动词,再从助动词发展为假设连词,卢卓群(1997)、马贝加(2002)、古川裕(2006)等已有探讨。"要"的近未来用法李明(2001)在论文最后略有谈及,认为是由表意愿的"要"发展而来。本文的研究表明,"要"类惯常表达的出现远远晚于情态助动词用法,而且它与典型的情态助动词在使用方面已经有很大不同(如可省略性),因此本文认为它已经超越情态范畴,将其定位在后情态用法中。① 下面讨论后情态用法中的"要"在语法化程度和主观性方面的一些特点。

4.2 惯常表达中"要"的语法化程度

现有语法化理论认为,从句法形式上来说,衡量语法化程度的参数有:a. 成分的"重量"或大小;b. 成分隶属于黏聚体(cohesive)或词形变化(paradigm)的程度;c. 成分被选择的自由度;d. 结构的范围或结构规模;e. 结构中成分之间的黏合程度;f. 结构中成分可移动的程度。从意义演变角度来看,语法化伴随着从具体意义到更抽象意义的倾向,尤其是演变成基于说话者对命题间关系的评价意义。(张丽丽译,2013:38—40)简单地说,就是在形式上一般是由"自由"变为"黏着",在语义上一般是由"实"变"虚"。因此,语法化程度越高就在形式上应该越"不自由",在语义上则更"虚化"。

"要"类惯常表达里的"要"在句法上必须位于动词前,跟助动词占据的句法位置一样。不过,比起助动词来显得不自由。这表现在两个方面:A."要"必须处于"每/到类时间词＋要"结构中,每(到)类时间词不可缺省。B."要"与每(到)类时间词的先后顺序也是固定的,只能处于其后。如:

(44)像这些快板,李有才差不多<u>每天要</u>编。

(45)像这些快板,李有才差不多<u>要每天</u>编。

---

① 本文在初稿完成后才看到范晓蕾(2016),范文将"会"类惯常句的用法归为"条件必然",即"惯常地,如果存在条件 A,则必然有事态 B"。这与本文论证的"要"类惯常句来自条件句不谋而合。但范文将这一用法处理为动力情态,可是也承认"表条件必然的'会'在句法表现上异于其他情态标记。其可省略性为其他情态标记所无"。笔者认为"要"类惯常用法与"要"的其他情态用法有明显不同,故将其归为后情态用法。

例(44)是表达惯常,但(45)"每天"在"要"的后面时,这个句子的意思就完全改变,"要"成了义务情态"需要"义了。

而情态助动词的"要"则不会如此。时间成分在其前后都不会改变其情态用法,如:

动力情态(主观意愿):

(46)我现在要探家自有我的道理!

(47)周靖更是疑云飞涌,一摇头道:"不,在下要现在知道!

义务情态(需要):

(48)按计划,明天放置炸药,后天就准备炸山;因此,这家人无论如何今天要腾开这块"风水宝地"。

(49)他的眼光还是对着杨健,怀疑地问:"要现在坦白吗?"杨健知道他在试探,偏不给他露口风,反问他:"你看怎么样?"

例(46)(47)的"现在"无论是在"要"前或后,该句的"要"都表示主观意愿;例(48)(49)也一样,时间词"今天"和"现在"分别在"要"前后位置,但"要"表需要的义务情态用法没有改变。

可见,惯常表达里的"要"是隶属于一个结构的,而且在此结构中成分之间的可移动性也很低,因此明显不如助动词"要"自由。所以从句法形式来看,惯常表达里的"要"语法化程度比助动词高。

再从语义演变来看,助动词"要"表动力情态时意为"愿意";表义务情态时意为"需要",表认识情态时是表推测的"可能或将会",都有很清楚的情态义。而惯常表达里的"要"则如前文所述,具体、明确的情态义弱化,是在整个句子中表现"倾向发生"的语义。

这两点正如 Bybee et al.(1994:7)所说:"伴随着语义和语音的弱化及其对语境的依赖,语法语素的句法位置以及它与其他成分之间辖域的关系也日益固化。"①所以从句法形式和语义演变来看,惯常表达中"要"的语法化程度比用作情态助动词时高。

4.3 惯常表达中"要"的主观性

关于主观性问题,本文采用 Traugott 的理论。Traugott(1982)早前提出了一个不可逆的语法化的语义演变链:命题的＞语篇的＞表达(propositional＞textual＞expressive)。后来她(Traugott,2003:129—130、134)又提出交互主观性(intersubjectivity)这一概念,并认为"没有一定程度的主观化就没有交互主观化"②。最近,Traugott(2010)又将此前的观点概括为"non-/less subjective＞subjective＞intersubjective"的演变链。"命题的"就是一个句内的表达内容,"语篇的"是建立在文本上的意义,"表达的"强调语言表达说话者的态度和立场,交互主观性则是指说/写者用明确的语言形式表达对听/读者"自我"的关注。

关于汉语情态的主客观性问题,杨黎黎(2015:50)指出,认识情态是具有主观性的,而动力情态是客观性的,道义情态(相当于本文的义务情态)则是主观性和客观性两者兼备的。本文基本同意这一观点。但是笔者认为,当表需要的"要"出现在第二人称主语的句子中时,句子可以表达命令或祈使,如:

(50)还有,你父亲有个红皮的小本子,是最要紧的东西。

---

① With semantic and phonological reduction and dependence comes an increasing rigidification of the syntactic position of the gram and its scope relations with other elements. 汉译引自中译本。

② there cannot be intersubjectification without some degree of subjectification.

你要留神!

(51)你们要珍惜这一份产业,知道它来之不易,才能更加用心地管理好这份产业。

祈使用法的语义指向是听话人,是施为性的(illocutionary acts),因此一般被认为是交互主观化的表现(Traugott,2010;Narrog,2012a、2012b)。所以助动词"要"笔者认为有主观性>交互主观性的发展。而惯常表达里的"要"正如前文所分析,其解读必须依赖整个句子,因此它的主观性程度只在命题的范围。可见,此时的"要"主观性低于助动词"要"。

由此可知,惯常表达中"要"语法化程度比助动词"要"更高,但是其主观化程度并不及助动词。

关于后情态用法的语法化程度,van der Auwera and Plungian(1998)曾说:原则上来说,后情态的形式语法化程度可能更高、相等或更低。形式语法化程度更高是大家都期待的,而且也确实是被广泛证实的。[①] 并举了英语"may"祈愿用法的例子:May he live a hundred years!(希望他能长命百岁!)在祈愿用法时"may"只能用于句首,所以明显比助动词用法时语法化程度更高。但是也有反例,如瑞典语的 må,在后情态用法意为"觉得"时是规则动词,这就明显比它做助动词时语法化程度低[②]。惯常表达中的

[①] in principle the degree of formal grammaticalization of postmodals could be either higher, equal or lower. A higher degree of formal grammaticalization is what one would expect and this is indeed frequently attested.

[②] on the evidence of Swedish må in its postmodal 'feel' meaning in (40), in which må is a regular verb, modals can be formally more grammaticalized than corresponding postmodals. 文中关于瑞典语的叙述根据这句话而来。具体例子的论述参见 van der Auwera and Plungian(1998)3.4.1部分。

"要"是一种后情态用法,其语法化程度跟期待一致,高于情态用法的"要",也跟被"广泛证实"的其他语言的共性相一致。

至于主观化的问题,Traugott(1995)曾经指出主观化的单向性在语法化早期具有很强的普遍性,但在语法化的后期阶段就可能会出现反例。本文的研究也表明,在语法化后期阶段,语法化程度高并不一定意味着主观性也高。

5　小结

本文讨论了现代汉语里一种惯常的表现形式——"要"类惯常表达。它的典型形式是"每/到类时间词+要",而描述性文本是其解读为惯常义的必要条件。"要"类惯常表达常在语篇中做始发句,用来引进话题或作为背景凸显后续句的内容。其来源与条件复句密切相关。从明末到清末,"要"在条件复句中的使用经历了从前项到后项的转移。常用于表可能的结果小句,使"要"语境吸收了"倾向发生"的语义。时间就是一种条件,所以当条件句的前项是特定的时间结构,而"要"所在的结果小句又是有规律的特征性行为或事件时,"要"类惯常表达就出现了。惯常表达中的"要"已经超出情态范畴,属于后情态用法。这时的"要"语法化程度高于助动词"要",但其主观性却低于做助动词时的"要"。

现代汉语里的惯常范畴研究还很不够,本文只讨论了其中的一种表现形式。它与其他表达惯常的形式,如"会""爱"等有何异同,惯常表现与情态、时体又有怎样的关系等问题都尚需讨论。另外汉语方言中还有比共同语更成熟的惯常标记,对它们的研究更是值得关注的课题。

参考文献

陈泽平　1998　《福州方言研究》,福州:福建人民出版社。

范晓蕾　2016　助动词"会"情态语义演变之共时构拟——基于跨语言/方言的比较研究。*Language and Linguistics* 17.2:195—233.

古川裕　2006　关于"要"类词的认知解释——论"要"由动词到连词的语法化途径,《世界汉语教学》第1期。

柯理思　2007　汉语里标注惯常动作的形式,载张黎等主编《日本现代汉语语法研究论文选》,北京:北京语言大学出版社。

柯理思　2009　西北方言的惯常性行为标记"呢",《咸阳师范学院学报》第3期。

李明　2001　汉语情态动词的历史演变研究,北京大学博士学位论文。

刘小梅　1997　《国闽客语的动态文法体系及动态词的上加动貌语意》,台北:文鹤出版有限公司。

卢卓群　1997　助动词"要"汉代起源说,《古汉语研究》第3期。

吕叔湘(主编)　1999　《现代汉语八百词》(增订本),北京:商务印书馆。

马贝加　2002　"要"的语法化,《语言研究》第4期。

彭睿　2008　"临界环境与语法化项"关系刍议,《语言科学》第3期。

彭睿　2011　临界频率和非临界频率——频率和语法化关系的重新审视,《中国语文》第1期。

彭小川　2002　广州话的动态助词"开",《方言》第2期。

沈家煊　2001　语言的"主观性"和"主观化",《外语教学与研究》第4期。

杨黎黎　2015　汉语情态助动词的主观性和主观化,新加坡国立大学博士学位论文。

Bybee, Joan, Revere Perkins and William Pagliuca　1994　*The Evolution of Grammar — Tense, Aspect, and Modality in the Languages of the World*. Chicago: University of Chicago Press. 中译本《语法的演化——世界语言的时、体和情态》,陈前瑞等译,北京:商务印书馆,2017。

Comrie, Bernard　1976　*Aspect*. Cambridge: Cambridge University Press.

Diewald, Gabriele　2002　A model for relevant types of contexts in grammaticalization. In Ilse Wischer & Diewald Gabriele (eds.). *New Reflections on Grammaticalization*. 103—120. Amsterdam: John Benjamins.

Heine, Bernd　2002　On the role of context in grammaticalization. In Ilse

Wischer & Diewald Gabriele (eds.). *New Reflections on Grammaticalization.* 83—101. Amsterdam: John Benjamins.

Heine, Bernd & Mechthild Reh 1984 *Grammaticalization and Reanalysis in African Languages.* Hamburg: Helmut Buske.

Heine, Bernd & Tania Kuteva 2002 *World Lexicon of Grammaticalization.* Cambridge: Cambridge University Press.

Hopper, Paul J. & Elizabeth C. Traugott 2003 *Grmmaticalization.* Cambridge: Cambridge University Press. 中译本《语法化》(第二版),张丽丽译,台北:"中研院"语言学研究所,2013。

Lehmann, Christian 2002 *Thoughts on Grammaticalization.* Second revised edition. Erfurt: Seminar für Sprachwissenschaft der Universität (ASSidUE, 9).

Narrog, Heiko 2012a Beyond intersubjectification: Textual uses of modality and mood in subordinate clauses as part of speech-act orientation. *English Text Construction* 5.1:29—52.

Narrog, Heiko 2012b *Modality, Subjectivity, and Semantic Change: A Cross-Linguistic Perspective.* Oxford: Oxford University Press.

Traugott, Elizabeth C. 1982 From propositional to textual and expressive meanings: Some semantic-pragmatic aspects of grammaticalization. In Winfred P. Lehmann & Yakov Malkiel (eds.). *Perspectives on Historical Linguistics.* 245—271. Amsterdam: John Benjamins.

Traugott, Elizabeth C. 1995 Subjectification in grammaticalization. In D. Stein & S. Wright (eds.). *Subjectivity and Subjectivisation: Linguistic Perspectives.* 31—54. Cambridge: Cambridge University Press.

Traugott, Elizabeth C. 2003 From subjectification to intersubjectification. In Raymod Hickey (ed.). *Motives for Language Change.* 124—139. Cambridge: Cambridge University Press.

Traugott, Elizabeth C. 2010 (Inter)subjectivity and (inter)subjectification: A reassessment. In Davidse et al. (eds.). *Subjectification, Intersubjectification and Grammaticalization.* 29—71. Berlin: Mouton de Gruyter.

van der Auwera, Johan and Vladimir A. Plungian 1998 Modality's semantic map. *Linguistic Typology* 2.1:79—124.

不同类型重动句的产生时代和来源[*]

赵林晓　杨荣祥

（天津科技大学法政学院　北京大学中文系）

0　引言

　　重动句，即在一个句子里同一个动词重复使用的句子，是现代汉语常用且构成形式颇为特殊的一种句式，早先黎锦熙（1924）称之为"动词之复牒法"，王力（1984[1944]）称之为"叙述词复说"，后来有人称之为"动词照抄现象"（黄正德，1988，见戴浩一，1990）、"复动句"（温锁林，1999）、"动词拷贝结构"（李讷、石毓智，1997）等。在现代汉语语法研究中，重动句很受重视并且已取得了丰厚的研究成果，但它的历时研究却相对薄弱。学界对它的来源、产生时代、演变路径等都探讨得不够深入，更未达成共识。由于重动句缺乏明显的形式标记，在历时文献中搜集材料的难度较大，使得我们对重动句的来源与历时演变都还认识得很不清楚，因此，通过对历时语料的调查描写，全面探讨重动句的来源、分类以及历时演变

---

[*] 本文是国家社科基金项目"汉语重动句的起源与历时演变研究"（编号：15CYY031）和教育部人文社会科学重点研究基地重大项目（编号：12JJD740011）的研究成果。

是非常必要的。

重动句究竟产生于什么时代？来源于什么结构？如何分类？早先的研究大都认为它产生于清代(参见王力,1984[1944];岳俊发,1984),也有个别学者指出宋代就已经产生,并举出了几个早期例句(参见赵长才,2002),但具体的产生时代还存在争议。重动句在近代汉语时期肯定已经产生,但长期以来,由于缺乏对近代汉语重动句的全面系统研究,学界对近代汉语重动句的独立性认识不够,提出的诸多观点也值得商榷,如:重动句要到清代才有;重动句的产生是为了填补"V得OC"或"VO不C"句式消失后留下的空白(参见李讷、石毓智,1997);重动句的产生是因为"宾补争动",即宾语和补语都拒绝和动词分开(参见戴耀晶,1998);等等。我们认为,作为一种贯穿近代汉语各个阶段的句式,重动句与处置式等其他特殊句式一样,是在汉语发展过程中自然产生的,有其独立的产生与发展轨迹。因此,我们在调查近代汉语时期数十种白话文献的基础上,试图重新对重动句进行分类,分析不同小类重动句的来源、产生途径及历时演变,并推断不同小类的产生时代。

近代汉语重动句可以依据不同的标准分为不同的类,而不同类型的产生时代和来源并不完全一致。有的小类宋代已产生,有的却要到清初才出现,有的可能来源于连动式,有的来源于话题链结构,有的则来源于假设复句或因果复句等。下面我们先梳理近代汉语重动句的分类,然后以类为纲分别讨论它们的产生时代和来源。

1 近代汉语重动句的分类

刘维群(1986)、李讷、石毓智(1997)、张旺熹(2002)、刘雪芹

(2003)都曾对现代汉语重动句做过分类,他们的分类对认识现代汉语重动句的基本面貌是有意义的,但对于近代汉语重动句的分类并不完全适宜。分类最好是将形式标准和语义标准结合起来。就重动句来说,依据构成形式分类比较直观,但分出的小类内部的语法意义未必一致;依据意义分类,又常常会有见仁见智的问题。本文对重动句的分类拟以形式分类为主,按语义标准分出的类贯穿在形式分类之中,力求使类与类之间有明确的区分标准,同时有利于揭示各小类在形式和意义方面的特点,有利于解释不同小类的来源和历时演变。

1.1 形式分类

根据重动句后段 VP 的构成形式来划分,可以分为如下五类。

Ⅰ.后段"VP"为"V 不 C"的"VOV 不 C"式

补语"C"由表达成意义的"得"或表抽象结果义、完成义动词(如:住、成、着、尽)以及趋向动词充当。例如:

(1)秀才被绞看看死,两行泪珠落纷纷。开口叫言叫不得,看看身死付阴君。(《明成化说唱词话丛刊》)

(2)一地里寻平安儿寻不着,急的傅伙计插香赌誓。(《金瓶梅》第 95 回)

(3)写婆惜衣饰写不尽,却写一句婆子,妙绝。(《金圣叹全集·批〈水浒〉》)

(4)后世有烧山烧不出来,毕竟烧死的。(明·吕天成《齐东绝倒》)

Ⅱ.后段"VP"为"V 得 C"的"VOV 得 C"式

补语"C"的形式十分多样,可以由各类谓词和谓词性结构充当。此类句式在重动句各小类中使用频率最高,产生时间较早,其内部的构成情况也比较复杂。根据补语的语义指向又可将其分为五小类:补语指向述语并评价或描述述语、补语指向受事、补语指向述语且补语表示可能性、补语指向施事并对施事进行评价描述、补语指向述语且补语表示程度高。(参见赵林晓、杨荣祥,2014)各举一例:

(5)写施恩写得好。(《金圣叹全集·批〈水浒〉》)

(6)因说起春梅怎的骂申二姐骂的哭涕,又不容他坐轿子去。(《金瓶梅》第75回)

(7)二姐说我的哥,你既说没娶婆,我给你当家也当的过。(《聊斋俚曲·增补幸云曲》第17回)

(8)二位兄弟方才舍下吃酒吃得不爽利,还到酒肆中去。(《六十种曲·杀狗记》)

(9)早年进京会试,走过两次海船,晕船晕的了不得。(《二十年目睹之怪现状》第86回)

Ⅲ. 后段"VP"为"VCO$_2$"的"VO$_1$VCO$_2$"式

此类句式重复使用的动词各自带宾语,后一动词同时带补语,本文称之为两宾类重动句。根据补语的构成又可分为:补语是"得"的"VO$_1$V得O$_2$"、补语是"到"的"VO$_1$V到O$_2$"、补语是趋向动词的"VO$_1$VC$_{趋}$O$_2$"、补语是其他谓词的"VO$_1$VC$_{谓}$O$_2$"。各举一例:

(10)别人看脉只看得本身的病患。(《平妖传》第4回)

(11)王匠说:"你说话好欺人,我读书读到《孟子》,难道这三个字也认不得,随你叫谁看。"(《警世通言》卷24)

(12)哭情人哭出他银一锭。一头送,一头哭,一头袖了银。(《挂枝儿》)

(13)你想奶奶做想迷了心了。将来不可知的,但此时还是妄想。(《聊斋俚曲集·磨难曲》第21回)

Ⅳ.后段"VP"为动结式或动趋式的"VOVC"式

根据补语的性质分为动结式"VOVC$_{结}$"和动趋式"VOVC$_{趋}$"两类:

(14)玉箫又道:"你老人家乡里妈妈拜千佛,昨日磕头磕勾(够)了。"(《金瓶梅》第20回)

(15)我是讨喜钱讨惯了,所以错听。(《歧路灯》第105回)

(16)天下本无事,游山游出来。(《金圣叹全集·批〈水浒〉》)

(17)这些戏文都是你磕头磕出来的,请问你该不该做?(《李渔全集·肉蒲团》)

Ⅴ.后段"VP"为带数量短语的"VO$_1$VO$_量$"式

"VO$_量$"其实是对"VO$_1$"中动作次数、动作持续时间或者宾语"O$_1$"数量的说明或评价。例如:

(18)迤里取路来到金明池上,钓鱼钓了一日,不曾发市。(《警世通言》卷20)

(19)那玳安一来也有酒了,叫门叫了半日才开。(《金瓶梅》第50回)

(20)绍闻向冰梅要茶水姜汤要了两三遍。(《歧路灯》第18回)

1.2 意义分类

上文在进行形式分类时也适当考虑到了不同小类的语法意义,主要是根据补语的语法意义来说的,例如在对"VOV得C"进行分类时按照补语的语义指向分了五小类。但仅仅根据补语的语法意义进行分类并不适用于所有重动句。在现代汉语重动句研究中,唐翠菊(2001)根据"VP_1"(述宾结构"VO_1")与"VP_2"(述补结构)之间是否存在致使关系,将重动句分为致使性重动句和非致使性重动句两类。唐文的这种分类针对的是现代汉语中由动结式构成的重动句"$VOVC_{结}$"和由带"得"述补结构构成的重动句"VOV 得 C"。唐文指出,现代汉语致使类重动句的补语一般都指向主语,非致使类重动句的补语指向呈现复杂态势。

我们借鉴上述方法对近代汉语重动句进行意义分类。上文从形式上分出的五类重动句中,同一形式类之下能分为致使类和非致使类的有三类:"VOV 得 C"、两宾类重动句"VO_1VCO_2"和动结式重动句"$VOVC_{结}$"。而"VOV 不 C""$VO_1VO_量$"与动趋式重动句"$VOVC_{趋}$"则没有致使非致使的区分,可以统称为非致使类重动句。由于唐文的分类只是针对动结式重动句和"VOV 得 C"式重动句做出的,文中提到的致使类重动句补语都指向主语不适用于两宾类重动句,致使性的两宾类重动句的补语许多都指向后宾语"O_2",这可能与两宾类重动句的来源和特点有关,见下文。此外,一些非致使类重动句的补语也是指向主语的,可见补语指向主语并不是致使类重动句的充分条件。这也说明,仅根据补语的语义指向来判定致使与非致使并不可靠,还应以"VP_1"与"VP_2"是否具有致使关系为主要判断标准。下面各举三例致使类与非致使类重动句,前三例为致使类,后三例为非致使类:

(21)碧峰道:"你今日寻徒弟寻的费了力,我今日个等你等的费了神。(《西洋记》第 1 回)

(22)你打他打破头,浑身上下血交流,我也拿你这降人的,试试你这狗骷髅。(《聊斋俚曲集·禳妒咒》第 18 回)

(23)我的少爷,你这可是看鼓儿词看邪了。(《儿女英雄传》第 9 回)

(24)刘东山见他说话说得慷慨,料不是假,方才如醉初醒,如梦方觉。(《拍案惊奇》卷 3)

(25)写鲁达写出性情来,妙笔。(《金圣叹全集·批〈水浒〉》)

(26)你办事办老了的,还不记得,倒来难我们。(《红楼梦》第 55 回)

例(22)属于两宾类致使重动句,但它的补语并非指向主语,而是指向后宾语"头"。例(24)补语"慷慨"指向主语,但它是对主语状态的描写,并不是致使类重动句。

1.3 近代汉语重动句与现代汉语重动句分类的差异

近代汉语重动句与现代汉语重动句的分类并不完全一致。近代汉语跨越几个历史时期,不同小类的重动句在各个时代平面的语法系统中价值也不尽相同。现代汉语重动句研究中关注较多的是"VOV 得 C"类与动结式重动句,对其他类型的重动句不够重视。以"VOV 不 C"为例,"VOV 不 C"在现代汉语重动句系统中并不构成单独的类,而是作为"VOV 得 C"的否定形式使用的。但"V 不 C"其实比"V 得 C"产生得更早,"V 不 C"一开始并非作为"V 得 C"的否定形式使用,而是表达一种否定的结果。(参见蒋绍愚,1995)重动句"VOV 不 C"中的"V 不 C"在近代汉语中也常表示否定的结果,相当于现代汉语中的"VO 没 VC"。如:

(27)(曹可成)走进门时,只见浑家依旧坐在房里绩麻,光景甚是凄凉。口虽不语,心下慌张,想告债又告不来了,不觉眼泪汪汪,又不敢大惊小怪。(《警世通言》卷 31)

例(27)"想告债又告不来了"指主语"曹可成"觉得妻子借债没

借来。就产生时代来看,重动句"VOV 不 C"也不是在"VOV 得 C"之后作为它的否定形式产生的。"VOV 不 C"的一个小类——由获得义动词"得"做补语的"VOV 不得"式,在晚唐五代就已萌芽,比"VOV 得 C"产生得还早。近代汉语语料中"VOV 不 C"的出现频率也很高,仅次于"VOV 得 C"式。"VOV 不 C"式在近代汉语重动句系统中的地位显然要比它在现代汉语共时平面中的高。

两宾类重动句"VO_1VCO_2"在现代汉语重动句研究中一直被忽略,已有的对现代汉语重动句的分类常常不把它作为单独的类,现代汉语研究界多认为它是动结式重动句"VOVC"又带上宾语之后形成的。(参见李临定,1984)通过考察它的历时演变,可以发现这种句式在近代汉语重动句系统中很值得注意,它是跨小句语法化的结果,并不是动结式重动句"VOVC"带上宾语之后形成的。它的产生时代比动结式重动句"VOVC"还要早,用例数量在近代汉语语料中也相当可观(笔者将另文讨论)。

2 各类重动句的产生时代

已有研究对重动句产生时代的追溯,有越追越远的趋势,起初持清代说的居多,后来又有学者提出明代说和宋代说,(参见王力,1984[1944];赵长才,2002;崔山佳,2004;刘子瑜,2008)这反映了学者们对近代汉语材料挖掘的逐步深入。但这些研究大都是在研究述补结构演变时顺带提及此问题,列举的材料也是零星的一两条例句,缺乏对重动句整体及各小类产生时代的考察。下面我们以上文分出的五类句式为纲,对近代汉语各类重动句的产生时代做大致的推断。

2.1 "VOV 不 C"式

这是近代汉语重动句各小类中产生最早的一类,在晚唐五代已萌芽。如:

(28)僧俗晓言皆有异,何须如此苦相尤。扫地风吹扫不得,添瓶瓶到(倒)不知休。(《敦煌变文校注》卷4)

宋代已有"VOV 不得"式的确切用例,且由抽象结果义、完成义动词(如:住、成、尽等)构成的"VOV 不 $C_动$"也已产生并广泛使用,如:

(29)这般人不惟得於书,胸中如此,做事全做不得。(《朱子语类》卷19)

(30)且如人过险处过不得,得人扶持将过。(《朱子语类》卷20)

(31)后世子孙见它学周公孔子学不成,都冷淡了,故又取一时公卿大夫之显者,缵辑附会以成之。(《朱子语类》卷137)

(32)而今见面前人都怎地衰,做善都做不力。(《朱子语类》卷43)

例(32)"做不力"相当于"没下力气,做得不够用力"。金元时期,由趋向动词构成的"VOV 不 $C_趋$"也已出现,产生伊始就是可能式的用法,如:

(33)做个夫人做不过,做得个积世虔婆,教两下里受这般不快活。(《董解元西厢记》卷4)

2.2 "VOV 得 C"式

该式至迟在宋代已产生,上文分出的五类"VOV 得 C"中,补

语语义指向述语并对述语进行评价或描述的一类宋代产生且用例较多,如:

(34)文振看文义看得好,更宜涵泳。(《朱子语类》卷24)

(35)见说人做官做得如何,见说好底,自是快活,见说不好底,自是使人意思不好。(《朱子语类》卷59)

(36)圣人说数说得疏,到康节,说得密了。(《朱子语类》卷67)

补语指向受事的一类在宋代也已产生,但用例一直不多,如:

(37)唐时添那服制,添得也有差异处。(《朱子语类》卷89)

补语表示可能性的可能式"VOV得C"产生于元代,充当补语的也大都是趋向动词,如:

(38)(旦唱)你那里休聒,不当一个信口开合。知他命福是如何?我做一个夫人也做得过。(元·王实甫《西厢记》)①

例(38)可以看作上文例(33)"做个夫人做不过"的肯定形式。可以说从元代起,可能式"VOV得C"与可能式"VOV不C"就形成一组搭配形式,对"VO"的可能性进行肯定或否定的评估,这也标志着可能式重动句的成熟。② 明清至现代汉语仍然沿用此用法,明代对举式的用例如:

(39)圣叹每言作文最争落笔,若落笔落得着,便通篇增气

---

① 元代王实甫《西厢记》版本较多,笔者核对了吴晓铃校注本(人民文学出版社,1954)和王季思校注、张人和集评本《集评校注西厢记》(上海古籍出版社,1987),该例句均如此。

② 可能式"VOV不C"在金元时代出现并不意味着原有的实现式"VOV不C"的消失,上文我们提到,近代汉语中的许多"VOV不C"都表示结果未实现的含义,相当于现代汉语的"VO没VC"。现代汉语"VO没VC"大约在清代之后才逐步开始使用的,对此我们还会另撰文讨论。

力,若落笔落不着,便通篇减神彩。(《金圣叹全集·批〈西厢〉》)

补语指向施事并对施事进行评价描述的"VOV 得 C"产生得较晚,明代才见用例。致使类"VOV 得 C"就包含在这一类中,且明代许多此类重动句的补语由完整的小句充当。如:

(40)那劳承、那般顶戴,似盼天仙盼的眼哈,似叫观音叫的口歪。(《牡丹亭》第 36 出)

(41)秦母原没有病,想儿子想得这般模样,听见儿子回来,病就去了一半。(《隋史遗文》第 17 回)

(42)想娇儿想的我无颠无倒。盼娇儿,除非是梦儿中来到。(《金瓶梅》第 59 回)

(43)害相思害得我心神不宁。茶不思,饭不想,酒也懒去沾唇。(《挂枝儿》)

补语指向述语且表示程度高的"VOV 得 C"产生得最晚,明代用例极少,清代才有较多用例。这是由于构成此类重动句的程度补语"V 得 C"明代才出现。(参见杨平,1990;杜轶,2008)此类重动句常用补语有"很、紧、极、了不得"等。如:

(44)你心里终日想其妻子想得极了,故精神恍惚,开眼见他,是个眼花。(《拍案惊奇》卷 32)

(45)早年进京会试,走过两次海船,晕船晕得了不得。(《二十年目睹之怪现状》第 86 回)

2.3 两宾类重动句"VO₁VCO₂"式

上文提到,两宾类重动句依据形式可分为"VO₁V 得 O₂""VO₁V 到 O₂""VO₁VC_趋O₂"与"VO₁VC_谓O₂"四类,这四类当中前两类产生的时代较早,宋代已有许多用例,如:

(46)俞亨宗云:"某做知县只做得五分。"曰:"何不连那五

分都做了。"(《朱子语类》卷112)

(47)书册中说义理只说得一面。(《朱子语类》卷13)

(48)(净)读书直读到鸡鸣。(末)一夜睡不着。(《张协状元》第2出)

(49)至云:"看《孟子》已看到七八章。见孟子於义利之辨,王霸之辨,其剖判为甚严。"(《朱子语类》卷51)

由其他谓词构成的两宾类重动句"$VO_1VC_谓O_2$"按语义又分为非致使类和致使类两种,致使类"$VO_1VC_谓O_2$"产生于元代,如:

(50)射鹿射死人(标题)为李猪儿首告:"因射鹿,将刘伴叔悞射伤身死,伊父刘福要讫人口、车牛、地土等物。"(《元典章·刑部》卷4)

(51)官里无贪淫贪欲贪能性,都子为忧国忧民忧成病。(《元刊杂剧三十种》)

趋向动词构成的两宾类重动句"$VO_1VC_趋O_2$"式明代才产生,如:

(52)看他写一"过"字便写出如许分寸,而又毫不费手。(《金圣叹全集·贯华堂选批唐才子诗》)

2.4 动结式或动趋式重动句"VOVC"式

非致使类动结式重动句"VOVC"在宋代萌芽,明代才真正产生并广泛使用,明代用例如:

(53)月令提刚辛酉,理伤官格。子平云:伤官伤尽复生财,财旺生官福转来。(《金瓶梅》第29回)

(54)写双文此日之得意真写杀也。(《金圣叹全集·批〈西厢〉》)

致使类动结式重动句产生得更晚,要到清代才有,如:

(55)我念书念疲了,偶然去走了走。(《聊斋俚曲集·磨难曲》第16回)

(56)姑爷你读书读迂了,儿女总是一般,又道是子无嫡庶。(清·乾隆唐氏古柏堂本《灯月闲情十七种》)

动趋式重动句"VOVC$_趋$"也产生于明代,最常见的用法是出现在判断句谓语"是……的"结构中间,如:

(57)秋鸿道:"你花去了银钱,失去行李,怎么连那话儿都不见了?"进忠道:"是后来害疠疮害去的。"(《梼杌闲评》第23回)

(58)我这病也生生是爱你爱出来的。(《醒世姻缘传》第53回)

2.5 "VO$_1$VO$_量$"式

该式根据数量短语的性质又分为名量类、时量类与动量类。名量类产生较早,宋代萌芽,明代有较多用例。如:

(59)(蔡)京作事都作两下:取燕有功,则其子在;无功,则渠不曾主。(《朱子语类》卷133)

(60)连轿子钱就是四钱银子,买红梭儿来买一石七八斗,勾你家鸦子和你一家大小吃一个月。(《金瓶梅》第58回)

例(59)评价蔡京的做事风格,"蔡京做事都做两种(准备)","下"是类别量词,相当于"种、类、样"。

时量类重动句明代才产生,动量类产生得最晚,清代才出现,分别举两例:

(61)那玳安一来也有酒了,叫门叫了半日才开。(《金瓶梅》第50回)

(62)到次日清晨,老婆先来穿上衣裳,蓬着头走出来,见

角门没插,吃了一惊。又摇门摇了半日摇不开。(《金瓶梅》第23回)

(63)咱两个久相交,保官保了好几遭,你还甚么不知道?(《聊斋俚曲集·磨难曲》第14回)

(64)黑暗中摸到门首,举手敲门敲了十数下。(《海上花列传》)

2.6 由以上论述可以看出,以往研究中用一刀切的办法来确定重动句产生时代的做法并不科学。只有通过系统地梳理重动句各小类的产生时代,才能完整呈现出重动句的产生与演变过程。概括来说,从晚唐五代至清代,重动句的家族成员逐步积累、不断壮大,沉积到了现代汉语平面上,才呈现出如此复杂的格局。不同结构类型的重动句产生时代有先有后,即便是同一结构类型的重动句,其内部的不同小类也不一定是在一个时代内集中产生的。各小类在不同时代先后产生,这本身就是近代汉语重动句发展演变的表现,而这些都体现出了重动句产生和发展的动态性和复杂性。

重动句的产生与演变遵循一个大的前提,即每一种句式都不是孤立的存在,都不可能脱离它所处的时代。重动句的某些小类先产生,某些小类后产生,整体上是与汉语的历史演变各阶段相适应。以致使类"VOV得C"与致使类"VOVC"为例,由于它们的补语都指向施事,而指向施事的述补结构"V得C"与动结式"VC"都产生得较晚,要到宋代才有。(参见吴福祥,1999;刘子瑜,2008)那么由这种指向施事的述补结构构成的致使义重动句自然产生得更晚,分别在明代和清代才产生。再如上文提到的程度补语构成的"VOV得C"清代才有较多用例,是因为表示程度高的述补结构

"V得C"明代才产生。

下面我们将重动句各小类的产生时代归纳为下表,以便更清晰地展示各小类的产生顺序:

各类重动句产生时代表

产生时代	种类				
	VOV不C	VOV得C	VO$_1$VCO$_2$	VOVO$_量$	VOVC
晚唐	"VOV不得"				
宋	VOV不C$_动$	非致使类 VOV得C	VOV得O; VOV到O	名量类 VOVO$_量$	
元	可能式 VOV不C	可能式 VOV得C	致使类 VO$_1$VC$_谓$O$_2$		
明		致使类 VOV得C	非致使类 VO$_1$VC$_谓$O$_2$	时量类 VOVO$_量$	非致使类 VOVC
清				动量类 VOVO$_量$	致使类 VOVC

3 近代汉语重动句的来源

已有研究大都借鉴语法化学说,认为重动句来自话语结构,(参见李讷、石毓智,1997;赵长才,2002)但这种说法有些泛泛而论,因为似乎汉语所有句式的来源都可以用话语结构来源说来解释。关于重动句的来源真正需要回答的问题是:重动句具体来自哪种话语结构?不同种类的重动句来源是否相同?从话语结构到重动句经历了哪些演变步骤?如何划定来源结构与真正重动句的界限?下面我们从几个方面尝试回答上述问题:

3.1 几种来源结构

以往研究中提出的单一来源说未能注意到重动句系统的复杂性,我们认为重动句并非只有一种来源。不仅不同结构类型的重动句来源并不完全相同,就是同一结构类型的重动句下属的不同小类也可能来源于不同的结构。根据对历时材料的梳理,我们认为重动句的来源至少有以下几种:

Ⅰ.来源于前VP("VO$_1$")做次话题,后VP(述补结构或述宾结构)对前VP进行评价或说明的次话题结构,两个VP共用一个主语。这种结构大都侧重于说理或评价而不是描摹陈述客观事实,叙实特征不明显,因此前VP能够看成是次话题,两个VP之间是"话题-说明/评价"关系。赵长才(2002)曾提出"VOV得C"式重动句主要来源于这种结构。我们认为其他几种类型的重动句也与这种来源有关,可以说这种次话题结构是重动句的主要来源形式。例如:

(65)自家先恁地浮躁,如何要发得中节!做事便事事做不成,说人则不曾说得着实。(《朱子语类》卷120)

(66)如鸡抱卵,看来抱得有甚煖气,只被他常常恁地抱得成。(《朱子语类》卷8)

(67)如人行路,行到一处了,又行一处。(《朱子语类》卷16)

(68)到得圣人大道,只是个中。然如今人说那中,也都说错了。(《朱子语类》卷124)

(69)且如今人做事,亦自蓦地做出来,那里去讨几微处。(《朱子语类》卷27)

(70)如今读书,恁地读一番过了,须是常常将心下温过。(《朱子语类》卷66)

由以上举例可以看出,上文分出的五类重动句都与这种来源有关。例(65)是"VOV 不 C"类,"V 不 C"表示可能性否定;

(65)—(66)是"VOV得C"类,分别是补语评价"VO"实现的可能性,补语指向述语并评价或描述述语;例(67)是侧重于说理而非叙实的"VO₁V到O₂";例(68)—(69)分别是非致使类动结式和动趋式"VOVC";例(70)是"VOVO量"。

Ⅱ.来源于语段中的连动结构,前VP与后VP原本分别是独立的陈述,按照事件发生的时间顺序在语段中先后出现,共用一个主语,所用动词相同。由于是对客观事件的描摹,前VP("VO₁")之前往往有别的VP,前VP叙实性较强,两个VP之间是时间先后关系。这种结构也是重动句的主要来源之一,五类重动句中大多与这种来源有关。如:

(71)善友既被签目损,连唤恶友名字:"恶友!恶友!此有大贼,损我两目。"不知已先去矣。既唤不应,又更大声唱叫。(《敦煌变文校注》卷5)

(72)王婆既见夫人恁地说,即时便来孝义店铺屋里,寻郭大郎,寻不见。押铺道:"在对门酒店里吃酒。"(《喻世明言》卷15)

(73)这厮倒来我面前又说海阇黎许多事,说得个没巴鼻。(《水浒传》第45回)

(74)师云:"每日直钩钓鱼,今日钓得一个。"(《祖堂集》卷5)

(75)如一块物事,剥了一重皮,又剥一重皮,至剥到极尽无可剥处,所以磨弄得这心精光。(《朱子语类》卷126)

(76)先拜佛名号多时,然后念经,一气念了二十来遍。说这赵尼姑奸狡……只管延挨,要巫娘子忍这一早饿对付他。(《拍案惊奇》卷6)

(77)半月前有媒婆来曾说亲,不拟三言两句便说成,就选今朝好日子,便取将归来。(《永乐大典戏文三种·小孙屠》第8出)

(78)这些孩子,日逐在河里吵嘴,吵恼了就打,打痛就哭,累着大人们呴气,好不愈赖!(《野叟曝言》第23回)

这种来源形成的"VOV 不 C"与来源Ⅰ形成的不同之处在于,其中的"V 不 C"是对客观结果的叙述,相当于"没 VC",如例(71)—(72)。"VOV 得 C"各小类中来自于这种来源形式的比较少,如例(73)。两宾类重动句中一些客观叙述类的"VO_1V 得 O_2"和描述类的"VO_1V 到 O_2"来自这种结构。"$VO_1VO_量$"式重动句有一大部分来源于这种结构,"$VO_量$"是对前 VP 中动作数量或宾语数量的补充说明。动结式重动句"VOVC"也有一部分与这种来源有关,如例(77)—(78)。

Ⅲ. 来源于具有假设让步关系的纵予复句,前 VP 与后 VP 依靠联结词组合在一起,所用动词相同,共用一个主语,两个 VP 之间是假设让步关系,常用联结词"就是/便……也……"。如:

(79)这个土有四万七千年,就是刚钻钻他也钻不动些须,比生铁也还硬三四分。(《西游记》第24回)

(80)大约他要说的话、作的事,你就拦他也莫想拦得个住手住口。(《儿女英雄传》第16回)

(81)这没帐的官司就告状也告不出甚么来,徒自费钱费事,不如安静为便。(《醒世姻缘传》第28回)

(82)倒不因穷做不起,就是做十领绸道袍也做起了。(《醒世姻缘传》第23回)

上文提到的五类重动句中,来源于这种结构的有:可能式

"VOV 不 C"、可能式"VOV 得 C"、一部分两宾类重动句"VO$_1$VCO$_2$"和表示可能义的动趋式重动句"VOVC$_趋$"。值得注意的是,这种来源结构带有说话人浓厚的主观色彩,前 VP 往往是一种极端夸张的假设,后 VP 往往是对前 VP 所提出假设的可能性进行肯定或否定,故而表示动作实现可能性的重动句大都与这种来源有关。

Ⅳ. 来源于前一分句带能愿动词("要""欲""想"等)的转折复句。前 VP(能愿动词+"VO")往往可以独立成句,表示施动者有意愿进行某种活动,后 VP 陈述前 VP 的结果或评价前 VP 实现的可能性,前后两个小句(前 VP 和后 VP)之间往往具有转折语义关系。由这种结构演变而来的重动句并不多,只有"VOV 不 C"和极少数"VOV 得 C"与这种来源有关。如:

(83)因举《西域记》云:"西天有贼,盗佛额珠,<u>欲取其珠</u>,佛额渐高,<u>取不得</u>。遂责云……"(《祖堂集》卷 10)

(84)如今欲寻他无处寻,<u>欲叫他叫不应</u>,去来!去来!(《西游记》第 14 回)

(85)这是<u>要取奉那王氏</u>,但怎地也<u>取奉得来不好</u>。(《朱子语类》卷 130)

例(83)施动者"贼"先是"欲取其珠",结果是"取而未得",完整地展示了施动者先有意愿进行某种行为,然后行为最终受阻未达成目的的全过程。

Ⅴ. 来源于说话人对两个 VP 因果关系判定的因果句结构,两个 VP 所用动词相同,共用一个主语,带有强烈的主观色彩。与这种来源结构关系最密切的是致使类重动句。如:

(86)(净)"既然死了,难道要你还我财礼?这也罢了,你因什么哑了?"(丑作摇手势介老旦)"<u>因哭妹子就哭哑了</u>。"

(《古本戏曲丛刊(二集)·新刻出相点板樱桃记(明末刊本)》上卷)

(87)大节下怎么好好的哭起来？难道是<u>为争粽子吃争恼了</u>不成？(《红楼梦》第31回)

(88)为李猪儿首告："<u>因射鹿</u>,将刘伴叔悮射伤身死,伊父刘福要讫人口、车牛、地土等物。"(《元典章·刑部》卷四)

致使类动结式重动句"VOVC"大都来源于这种结构,如例(86)—(87),说话人将"哭妹子"与"哭哑了"、"争粽子吃"与"争恼了"之间判定为因果关系,这种判定不一定符合客观事实,带有说话人对两个VP之间关系的主观判断色彩。此外,一部分致使类两宾重动句"VO₁VCO₂"也来自这种结构,如例(88)因为"射鹿"所以"射伤刘伴叔"。

需要指出的是,因果范畴是比致使范畴更高的上位概念,几乎所有的致使关系都可以被抽象化为因果关系,而许多因果关系却不是致使关系。来源结构中大都使用因果连词"因(为)",但在融合为致使类重动句之后,显然两个VP之间的关系已经进一步语法化为联系更紧密的致使关系,对这一问题我们将另文讨论。

3.2 重动句的语法化链条

Givón(1979)提出"句法结构和词法结构来源于话语策略的固化",重动句正是通过话语结构中跨小句融合形成的。语法化理论用链条式的演变来描述语法形式的语法化过程："话语——句法——形态——形态音位——零形式",在这一过程中,语法形式的内部结构不断由松散变得紧密。重动句从来源结构到真正产生,总的来说也经历了由松散到紧密的语法化过程。

就以上几种来源结构演变出的重动句来说,它们的语法化程度并不相同,由来源Ⅲ形成的重动句语法化程度最低,保留的复句特征最多,即使到了现代汉语中也大都带有联结词;由来源Ⅰ形成的重动句语法化程度最高,前 VP 可以看成次话题,已基本丧失陈述功能;其他几种来源的重动句语法化程度处于两者之间。五种来源中,只有来源Ⅱ连动结构的前 VP 与现实世界的时间过程发生联系,具有叙实特征,其他四种来源结构中的前 VP 则都是概括性的话题或说话人假设的、判定的情况,陈述性都很弱,这就为重动句融合为一个小句创造了条件。在融合为重动句式后,不同来源的重动句在一定的语境中还会呈现出来源结构的一些特征。如由连动句式演变而来的重动句,前 VP 在加上一定的体助词或语调后还能独立成句,如:"寻他寻不着——寻了他(好久),寻不着。"再如,由纵予关系复句演变而来的重动句,在一定的语境中也能呈现出纵予复句的特点,如:"这哄吃屎的孩子哄不过,来哄我老人家!(《醒世姻缘传》第 79 回)——即使哄吃屎的孩子也哄不过,来哄我老人家。"

篇幅所限,从来源结构到真正重动句的具体演变路径笔者拟另文讨论。本文要指出的是,重动句语法化的过程并不止步于真正重动句的形成,可以说重动句最初是来自话语结构中分散的小句,后由联结词或某种语义关系将两个 VP 组织在一个句子之内构成联结式重动句,随着语义结合更加紧密,联结词后来也消失了,发展为融合紧密的重动句小句。在重动句继续发展成熟之后,它还进一步语法化为重动短语充任定语、状语等句法成分。据此可以大致勾勒出重动句从来源结构到重动短语的语法化链条,近代汉语重动句的产生与发展的全过程可以用这一链条来进行解释。也正是由于这一语法化链条的复杂性,近代汉语重动句才呈现出动态和复杂的局面。

3.3 来源结构与真正重动句的判定

由于阅读古书时存在断句的问题,判定一个句子结构究竟是来源结构还是真正的重动句就需要一个标准。我们认为当两个VP整体上充任某个复句的分句或整体上充当某种句法成分时,它就是真正的重动句或者说重动短语。重动句最常出现在假设复句或因果复句的分句位置上,假设复句的分句如上文2.2例(39)"若落笔落得着/若落笔落不着",因果复句的分句如:

(89)庄周曾做秀才,书都读来,所以他说话都说得也是。(《朱子语类》卷125)

重动句还常常内嵌在句子内部充当某种句子成分,比如整体上充当心理感知义动词的宾语、在系词"是"后充当判断谓语或内嵌在定中短语内部做定语等,这种情况下的重动句可以称为重动短语结构,这是重动句发展成熟的标志,也是重动句进一步语法化的表现。如:

(90)雪窦又道:我恐逃之逃不得,大方之外皆充塞,忙忙扰扰知何穷,八面清风惹衣裓。(《碧岩录》卷1)

(91)我是讨喜钱讨惯了,所以错听。(《歧路灯》第105回)

(92)你如今遣兴遣出来的东西,不是甚么无用之物,就是你皮里的光彩,面上的娇艳,底下去了一分,上面就少了一分。(《无声戏》卷6)

4 结语

综上所述,重动句的形成和发展是一个逐步累积的漫长过程,历史上进入重动句的最初有述补结构"V不C""V得C""V得O",然后有述补带宾结构"VCO",再有动结式"VC",又有动词带数量短语结构"VO$_量$"。这些不同结构构成的不同类型的重动句分别有自己的产生时代和演变路径,共同建构了近代汉语重动句错综复杂的局面。就来源来说,重动句并非单一来源,它的来源很复杂,由不同来源演变而来的重动句语法化程度不一,其内部结构也不一致。Givón(1995)曾指出"从本体论上说,规则的复杂性和共时层面上的混乱现象几乎都是历时变化的脚印"。随着我们对重动句的来源与历时演变的研究走向深入,现代汉语重动句研究中存在的许多争议性问题也有望得到合理的解释。

参考文献

崔山佳　2004　《近代汉语语法历史考察》,武汉:崇文书局。
戴浩一　1990　以认知为基础的汉语功能语法刍议(上),叶蜚声译,《国外语言学》第4期。
戴耀晶　1998　试说汉语重动句的语法价值,《汉语学习》第2期。
杜　轶　2008　汉语"V得C"结构的起源与演变,北京大学博士学位论文。
蒋绍愚　1995　内部构拟法在近代汉语语法研究中的运用,《中国语文》第3期。
黎锦熙　1924　《新著国语文法》,上海:商务印书馆。
李临定　1984　动词的宾语和结构的宾语,《语言教学与研究》第3期。
李　讷、石毓智　1997　汉语动词拷贝结构的演化过程,《国外语言学》第3期。
刘维群　1986　论重动句的特点,《南开学报》第3期。
刘雪芹　2003　现代汉语重动句研究,复旦大学博士学位论文。
刘子瑜　2008　《〈朱子语类〉述补结构研究》,北京:商务印书馆。
唐翠菊　2001　现代汉语重动句的分类,《世界汉语教学》第1期。
王　力　1984[1944]　《中国语法理论》,载《王力文集》第1卷,济南:山东

		教育出版社。
温锁林	1999	汉语句子的信息安排及其句法后果——以"复动句"为例,载邢福义主编《汉语法特点面面观》,北京:北京语言文化大学出版社。
吴福祥	1999	试论现代汉语动补结构的来源,载江蓝生、侯精一主编《汉语现状与历史的研究》,北京:中国社会科学出版社。
杨 平	1990	带"得"的述补结构的产生和发展,《古汉语研究》第1期。
岳俊发	1984	"得"字句的产生和演变,《语言研究》第2期。
张旺熹	2002	重动结构的远距离因果关系动因,载徐烈炯、邵敬敏主编《汉语语法研究的新拓展》,杭州:浙江教育出版社。
赵长才	2002	动词拷贝结构(VOV得C)的形成过程,第六届古汉语研讨会论文。
赵林晓、杨荣祥	2014	近代汉语"VOV得C"重动句的来源及历时演变,第十六届全国近代汉语学术研讨会(南昌江西师范大学,2014年10月)论文,《中国语文》即刊。

Givón, Talmy 1979 *On Understanding Grammar*. New York: Academic Press.

Givón, Talmy 1995 *Functionalism and Grammar*. Amsterdam: Benjamins.

后　　记

　　2015年10月31至11月1日，第八届汉语语法化问题国际学术研讨会在中国人民大学举行。会议由中国社会科学院语言研究所与中国人民大学文学院共同主办，中国人民大学文学院承办，商务印书馆协办。来自美国、日本、新加坡和中国台湾、香港及大陆的70余名学者出席了会议，会议收到论文70余篇。

　　现将部分会议论文辑成《语法化与语法研究》（八），收入本集的论文均在这次会议上宣读过，会后又经过作者认真修改。由于各种原因，还有一些会议论文未能收入本集，这是我们引以为憾的。

　　本论文集的编辑和出版得到商务印书馆的大力支持，谨致谢忱。

《语法化与语法研究》（八）编委会
2017年3月

图书在版编目(CIP)数据

语法化与语法研究. 八/吴福祥,陈前瑞主编. —北京：商务印书馆,2017
ISBN 978-7-100-14932-7

Ⅰ.①语… Ⅱ.①吴… ②陈… Ⅲ.①汉语—语法—文集 Ⅳ.①H14-53

中国版本图书馆CIP数据核字(2017)第141962号

权利保留,侵权必究。

YUFĂHUÀ YǓ YǓFĂ YÁNJIŪ
语法化与语法研究
（八）
吴福祥　陈前瑞　主编

商 务 印 书 馆 出 版
（北京王府井大街36号　邮政编码100710）
商 务 印 书 馆 发 行
北京市十月印刷有限公司印刷
ISBN 978-7-100-14932-7

2017年7月第1版　　开本 850×1168 1/32
2017年7月北京第1次印刷　印张 15¾
定价：58.00元